IM MOMENT

NEUE FORSCHUNGEN ZUR FOTOGRAFIE AUS SACHSEN UND DER LAUSITZ

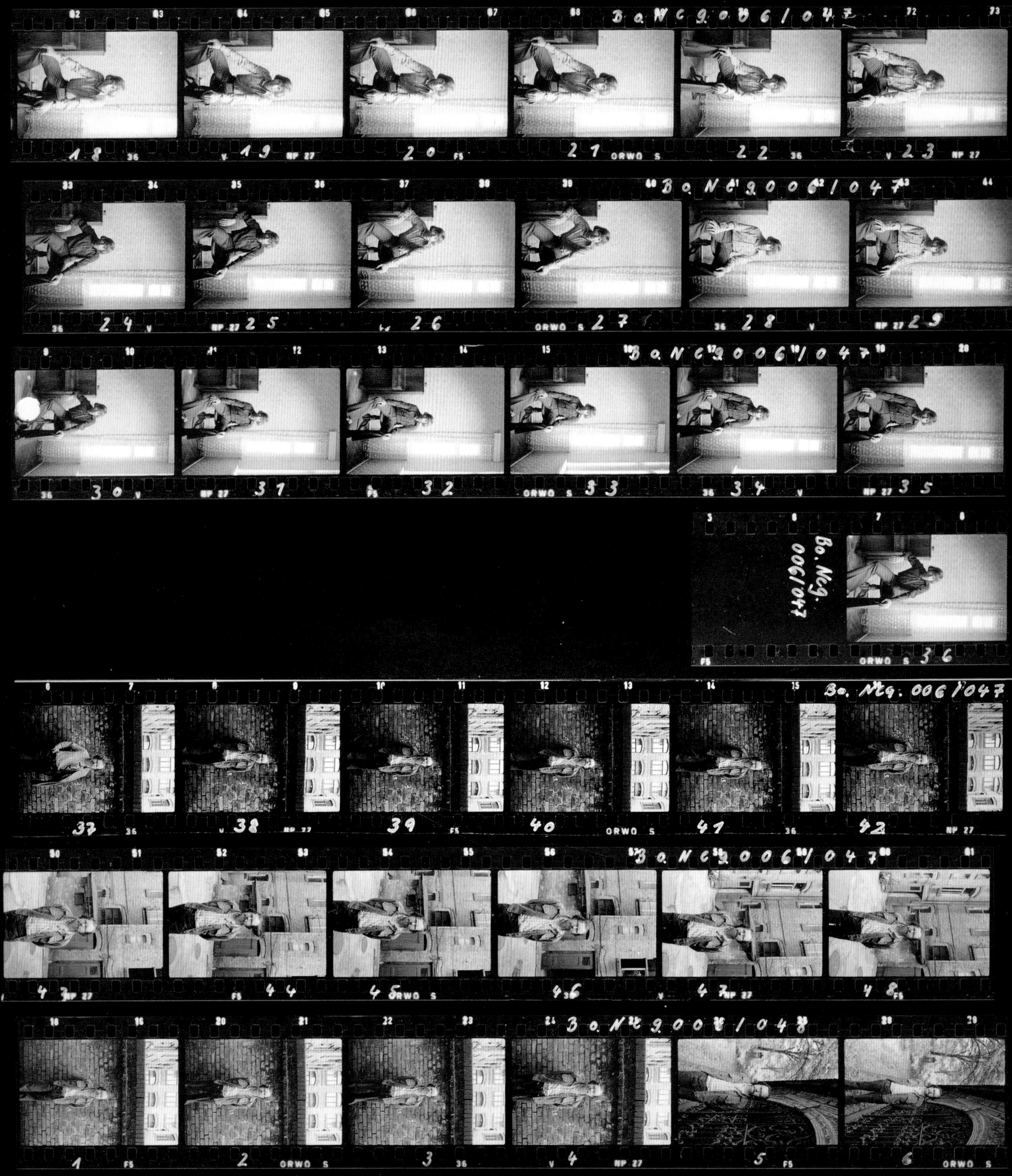
Bo. Ncg. 006/047
ORWO S
NP 27

Im Moment

NEUE FORSCHUNGEN ZUR FOTOGRAFIE AUS SACHSEN UND DER LAUSITZ

GÖRLITZER SAMMLUNGEN
STAATLICHE KUNSTSAMMLUNGEN DRESDEN

SANDSTEIN VERLAG

Inhalt

Vorwort

Von Oktober 2017 bis März 2018 präsentierten der Kunstfonds, Staatliche Kunstsammlungen Dresden, und das Kulturhistorische Museum Görlitz gemeinsam im Görlitzer Kaisertrutz die Sonderausstellung »Im Moment. Fotografie aus Sachsen und der Lausitz«. Sie versammelte rund 300 Werke von mehr als 40 teils namhaften Fotografinnen und Fotografen aus fünf Jahrzehnten. Einige der Serien wurden dabei erstmals öffentlich gezeigt und im Ausstellungskatalog publiziert. Die umfangreiche Schau bot darüber hinaus die Gelegenheit, im Rahmen einer wissenschaftlichen Konferenz neue Forschungen zur Fotografie aus Sachsen und der Lausitz zusammenzuführen. Als gemeinsame Veranstaltung des Kunstfonds, des Kulturhistorischen Museums Görlitz und der Oberlausitzischen Gesellschaft der Wissenschaften fand diese Tagung vom 8. bis zum 10. März 2018 in Görlitz statt. Ihre thematische Vielfalt dokumentiert der vorliegende Band.

Ausgangspunkt der Konferenz waren aktuelle Forschungen zu den in der Ausstellung präsentierten Werken und deren Einordnung in einen größeren historischen Kontext. Diesen spannt Eva Pluhařová-Grigienė in ihrem Beitrag über methodische Fragestellungen zur historiografischen Betrachtung des Mediums anhand der jüngeren tschechischen Fotografie auf. Aspekten der Ausstellungspraxis von Fotografie bzw. der Fotografie als musealem Sammlungsgegenstand widmen sich Christin Müller in einem Rückblick auf Ausstellungen zur Fotografie aus Sachsen und der Lausitz sowie Silke Wagler in ihrem Beitrag über ein fotografisches Auftragswerk der späten DDR als Bestandsgruppe des Kunstfonds.

Einen größeren Raum innerhalb des Bandes nehmen die unter verschiedenen Blickwinkeln argumentierenden Beiträge zu einzelnen Werkgruppen von Fotografinnen und Fotografen ein. So widmen sich Bertram Kaschek und Robert Lorenz in ihren Betrachtungen den in Wuischke bei Bautzen entstandenen Schriftstellerporträts von Christian Borchert, Agnes Matthias beschreibt eine neu entdeckte Bildserie aus dem Spätwerk von Evelyn Richter, Susanne Altmann rekonstruiert die Teamarbeit von Tina Bara und Alba D'Urbano als künstlerische Technik, Elisabeth Pichler widmet sich einem in der Ausstellung gezeigten Bildzyklus von Jens Klein, Kai Wenzel ordnet die in der Ausstellung erstmals in einen künstlerischen Kontext gestellten Fotografien Günter Rapps historisch ein und Sylvia Ziegner gibt schließlich einen Überblick über das fotografische Werk von Hajo Rose.

Die Funktionen und Möglichkeiten der Fotografie als erzählerisches Medium analysieren Katja Böhlau anhand von Bildstrecken in DDR-Modezeitschriften sowie Gisela Parak am Beispiel der »Kreiskommission Fotografie« in Freiberg. Yana Milev exemplifiziert schließlich, wie die Fotografie als Quelle für kultursoziologische Fragestellungen dienen kann. Den Band rundet eine 2018 während der Ausstellung und mit Unterstützung der Kulturstiftung des Freistaates Sachsen neu entstandene Fotoserie der Leipziger Künstlerin Margret Hoppe ab, die in diesem Band erstmals publiziert wird. Sie widmet sich verschwundenen Orten der Görlitzer Fotografiegeschichte.

Wir danken allen Autorinnen und Autoren, die ihre Beiträge für diesen Band zur Verfügung gestellt haben. Der Dank gilt gleichermaßen der Oberlausitzischen Gesellschaft der Wissenschaften für ihre Unterstützung bei der Durchführung der Tagung und der Realisierung des Buches, der Lektorin Karin Damaschke für ihre sorgfältige Bearbeitung der Manuskripte sowie den Mitarbeiterinnen und Mitarbeitern des Sandstein Verlags für die Gestaltung und Herstellung des Buches. Wir hoffen und wünschen, dass der Band für den weiteren wissenschaftlichen Diskurs zur Fotografie aus Sachsen und der Lausitz einige Impulse zu geben vermag.

SILKE WAGLER UND KAI WENZEL

CHRISTIN MÜLLER

Ein Blick zurück und nach vorn – auf das fotografische Geschehen in Sachsen und der Lausitz

Die fotografischen Handschriften und Haltungen in Sachsen und der Lausitz lassen sich weder auf eine bestimme Arbeitsweise noch auf ein Thema eingrenzen – zu verzweigt sind die Wurzeln der fotografischen Produktionsstätten und zu vielgestaltig die künstlerischen Interessenfelder. Als Einführung wird deshalb das gegenwärtige fotografische Geschehen als erweiterter Kontext für die folgenden vertiefenden Aufsätze aus verschiedenen Perspektiven umrissen.

BEOBACHTUNGEN LOKALER UND REGIONALER EIGENHEITEN

Die Charakteristik einer Region ist eine Art Hintergrundrauschen für das künstlerische Schaffen oder aber Basis von Werken, die auf strukturelle, politische oder kulturelle Eigenheiten reagieren. Im Gebiet der ehemaligen DDR fand durch die Wiedervereinigung eine rasante Veränderung des Lebensraums statt, die das Gesellschaftssystem ebenso wie die Infrastruktur betraf und bis heute eine starke Reibungsfläche für die künstlerische Auseinandersetzung bietet. 15 Jahre nach dem Mauerfall begab sich Falk Haberkorn (*1974 in Berlin) mit Sven Johne (*1976 in Bergen/Rügen) auf die Suche nach den Spuren dieses Strukturwandels in Landschaft und Gesellschaft. Innerhalb von vier Wochen legten die beiden Künstler 8 000 Kilometer Strecke durch die neuen Bundesländer zurück. Als Zeitrahmen wählten sie zwei historische Ereignisse des Herbstes 1989: den 40. Jahrestag der DDR am 7. Oktober und den Mauerfall am 9. November. Ergebnis dieser Reise ist ein »fotografischer Roadmovie«[1] in Schwarz-Weiß mit dem Titel »Ostdeutschlandfahrt (After the Goldrush)« (Abb. 2). Die Aufnahmen entstanden direkt aus dem Auto heraus. Die schwarzen Ränder des Autofensters und ein Rückspiegel rahmen die vorgefundenen Szenerien: kahl geschlagene, entleerte Landschaften, gigantische Verkehrswege und Fertighäuser, ein Überangebot an Autohäusern und Kaufparks, neue und verlassene Industrieanlagen und Wohneinheiten. Neu gestaltete und gebliebene Struktu-

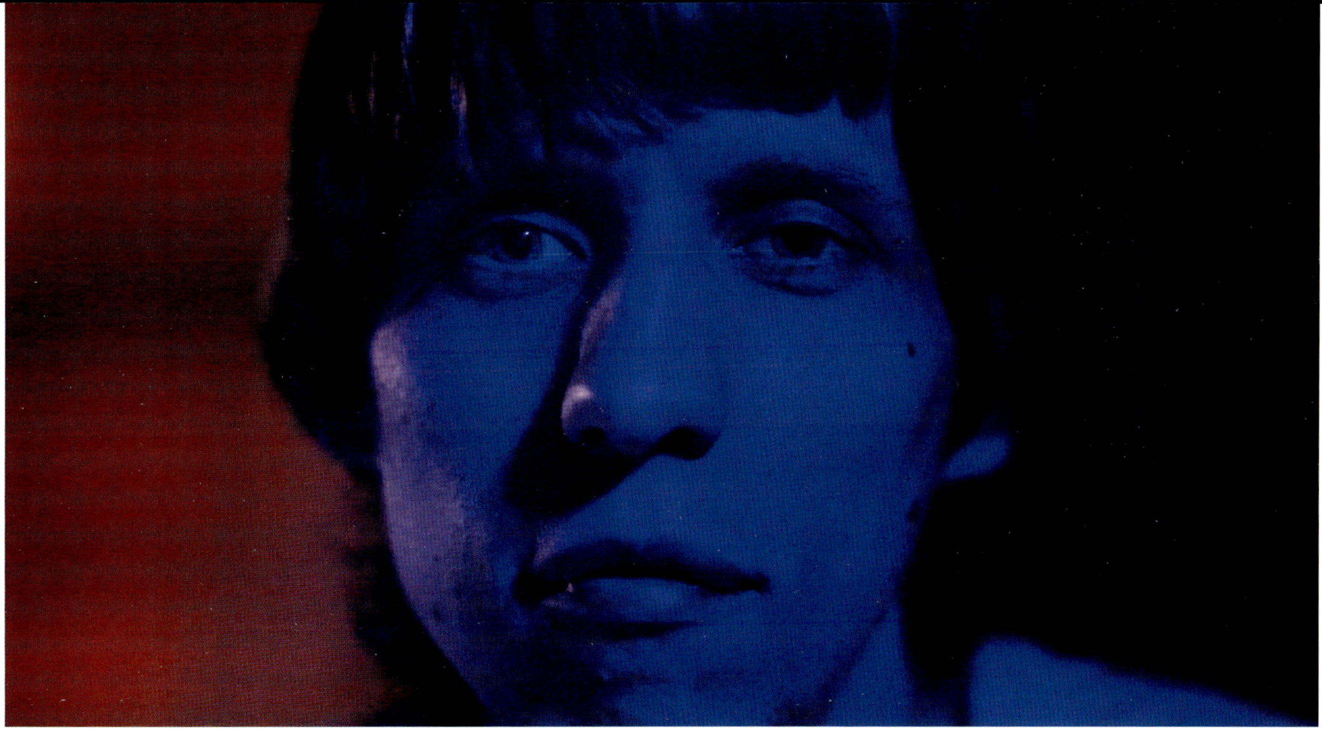

Abb. 1

JANA SCHULZ | *Blaue Perle* | 2013/14

Ein-Kanal-Projektion, HD-Video, Farbe, Ton, Loop

ren stehen einander gegenüber wie neue und alte Ideologien. Ähnliche fotografische Forschungsreisen haben Pieter Hugo für das »ZEITmagazin« und Thomas Victor für das Magazin »SPIEGEL« und ein Buchprojekt unternommen.[2] Während Letztere in direkte Kommunikation mit den Anwohnern traten, verfolgte Haberkorn einen konzeptuellen Ansatz. Mit dem Blick eines distanzierten Beobachters hielt er den vorgefundenen Zustand des Landes querschnittartig und nüchtern fest und machte über die Rahmung des Autofensters seine Perspektive sichtbar.

Dieser großräumigen Betrachtung der neuen Bundesländer steht die Auseinandersetzung mit dem Mikrokosmos der kleinen Eckkneipe »Blaue Perle« im Leipziger Westen gegenüber (Abb. 1). Jana Schulz (*1984 in Berlin) interessierte sich in ihrer gleichnamigen Videoarbeit für die Besucherinnen und Besucher der Kneipe, für das Pingpong ihrer Blickwechsel, die illusionsaufgeladene Atmosphäre und Realitätsflucht. Die Videoarbeit trotzt der Geschwindigkeit des Alltags. Sie besteht aus ruhigen fotografischen Aufnahmen der Barbesucher und des Raums, eingetaucht in das schillernde bunte Discolicht. Eine Neukomposition von Spielautomatentönen rhythmisiert das Geschehen. Es ist eine exemplarische Milieustudie, die präzise Einsamkeit, Illusion und die Schwierigkeit der Kommunikation als Themen unserer Zeit verhandelt.

Ausgangspunkt für die künstlerische Recherche zu Sven Johnes »Wanderung durch die Lausitz« (Abb. 3) war ein konkretes Ereignis: In einem Artikel der »Sächsischen Zeitung« von 2005 wurde von knapp 20 Schafen berichtet, die in der

1 URL: http://spectorbooks.com/de/falk-haberkorn-after-the-gold-rush-journey-to-eastern-germany-fall-2004 (letzter Zugriff am 30.10.2018).

2 Pieter Hugo: Land ohne Lächeln, in: ZEITmagazin, 21.9.2017. Die Fotoreportage von Thomas Victor erschien 2018 in Auszügen auf SPIEGEL Online (URL: www.spiegel.de/panorama/gesellschaft/ostdeutschland-die-strasse-der-traeume-der-road-trip-a-1200497.html, letzter Zugriff am 30.10.2018) sowie als Buch (Raphael Thelen/Thomas Victor: Straße der Träume. Ein Roadtrip auf der B 96, Berlin 2018).

Abb. 2

FALK HABERKORN | *Ostdeutschlandfahrt (After the Goldrush)* | 2004/05

Insgesamt 124 Fotografien, Silbergelatinepapier, Installationsansicht aus der Ausstellung: »Im Moment. Fotografie aus Sachsen und der Lausitz«, Kaisertrutz Görlitz, 2017/18

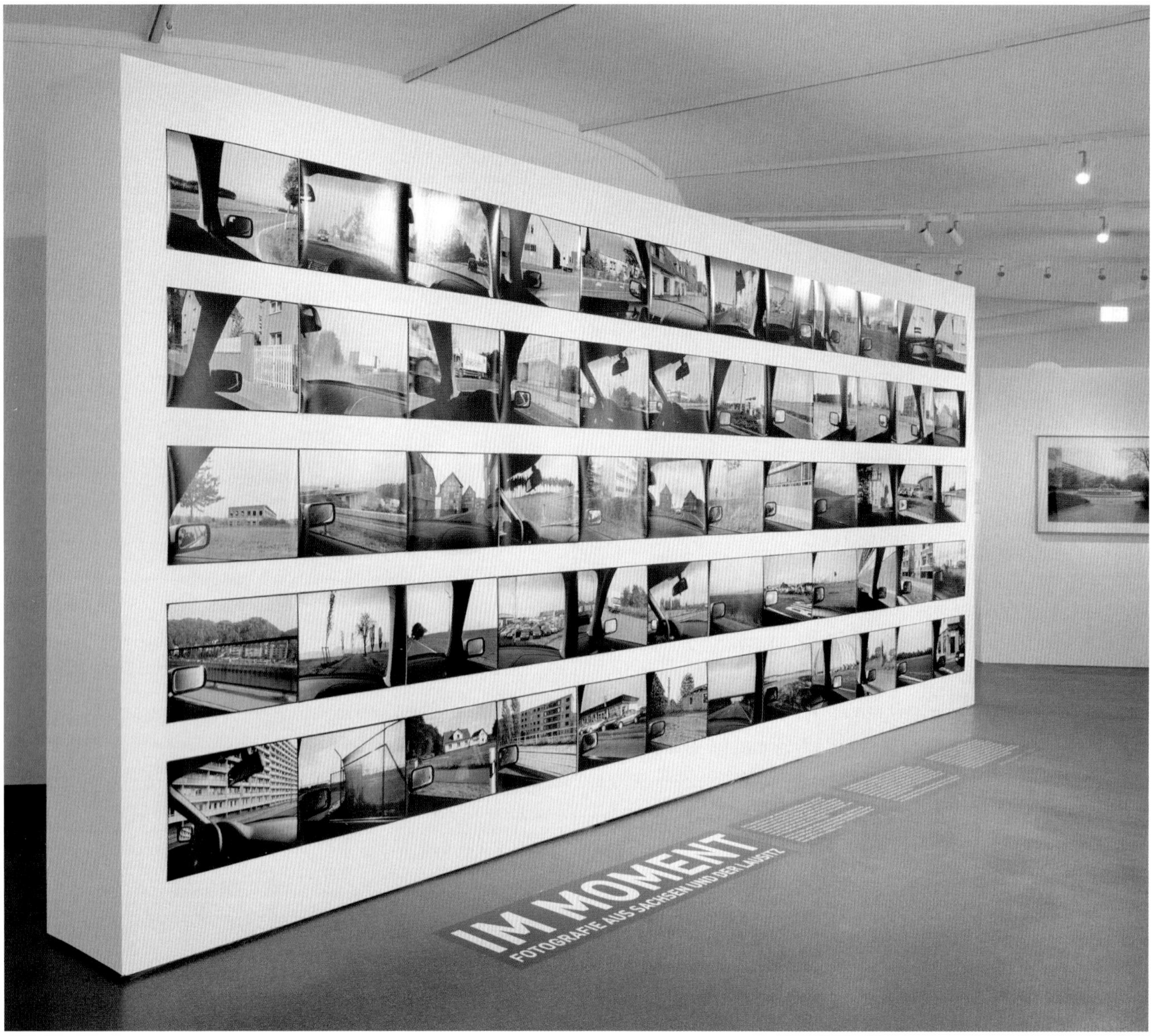

Abb. 3

SVEN JOHNE | *Forrest Village*

Diptychon, aus: »Wanderung durch die Lausitz«, 2006, C-Print

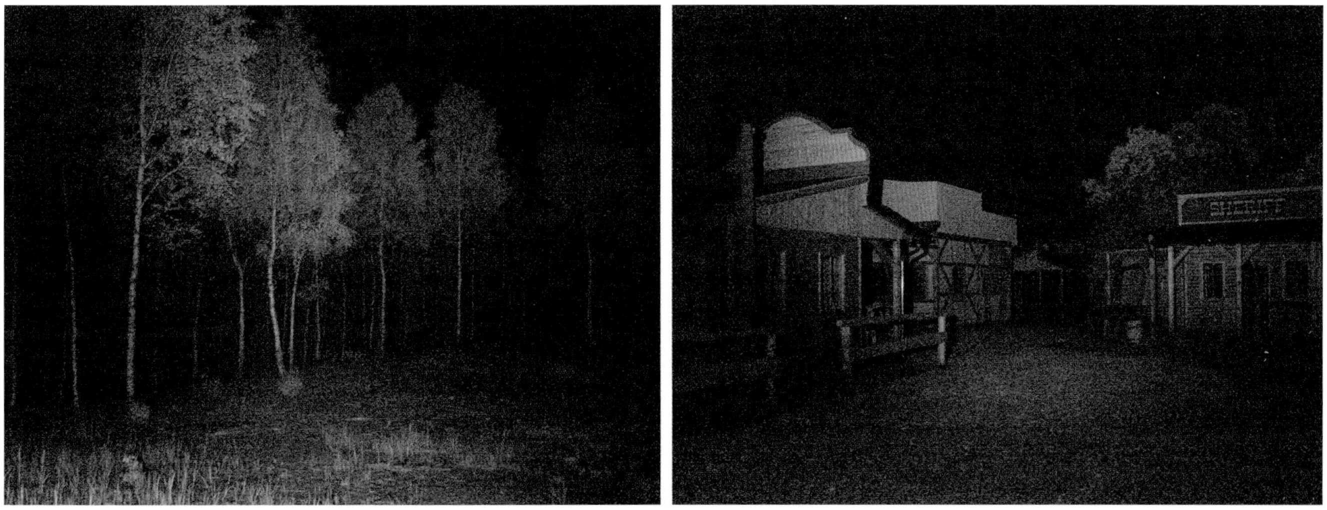

Nähe einer ehemaligen Kohlebahn in der Lausitz von Wölfen gerissen worden waren. Über Nachforschungen fand Johne heraus, dass sich in der Region zwar nach 150 Jahren wieder Wolfsrudel angesiedelt hatten, es jedoch noch keine Bilder der nachtaktiven Tiere gab. Er besorgte sich eine Infrarotkamera, las Fachliteratur, lernte Fährtenlesen und begab sich nachts auf die Suche nach den Wölfen. Seine Wanderung startete Mitte 2006 in dem Ort Podrosche und endete nach fünf Nächten im 80 Kilometer entfernten Zosel. Von den Wölfen fand Johne nur Spuren, stattdessen hielt er Kurioses fest, das ihm auf seinem Weg begegnete. Ein Walddorf hatte etwa auf gemeinsamen Beschluss seiner 34 stimmberechtigten Bewohner den Namen »Forrest Village« erhalten. Die Siedlung war zu einer Westernstadt umgestaltet und eine Bisonherde angesiedelt worden. Die Bewohner organisierten nun Veranstaltungen wie Goldschürfen im Dorfteich. Johnes scheinbar sachliche Berichte über die sächsische Provinz enthalten – wie die Unschärfe der Infrarotaufnahmen – Raum für Fiktion, die der Künstler auszugestalten weiß.

Während Sven Johne nach Erzählungen in Orten sucht, beschäftigt sich Sebastian Stumpf (*1980 in Würzburg) mit Ideologien, die sich auf der Oberfläche von Stadt- und Landschaftsgestaltung abzeichnen. In seinen Performances für die Kamera verlässt Stumpf gängige Bewegungs- bzw. Handlungsmuster von Orten, um kleine beiläufige Irritationen zu erzeugen. Das Setting für seine Videoarbeiten »Inseln«, »Zuflüsse« und die fotografische Serie »Abraum« (alle 2014) bildet die ehemalige Tagebaulandschaft südlich von Leipzig, die seit Anfang der 1990er Jahre renaturiert wird (Abb. 4). Zum Zeitpunkt der Aufnahmen befand sich die Landschaft noch in einem Prozess der Transformation. Die Restlöcher des Braunkohleabbaus wurden geflutet und die Bepflanzung war noch spärlich. Mit artistischen Sprüngen in den Fotografien und klaren Bewegungslinien bzw. Positionierungen in den Videoarbeiten unterstreicht Stumpf die Künstlichkeit der neuen Landschaft, in der ein Mensch wie ein Fremdkörper wirkt. Zugleich ermöglicht seine Präsenz eine Vorstellung von den Größenverhältnissen der abstrakt gewordenen Natur.

Abb. 4

SEBASTIAN STUMPF | *Zuflüsse* | 2014

Videoprojektion mit Ton

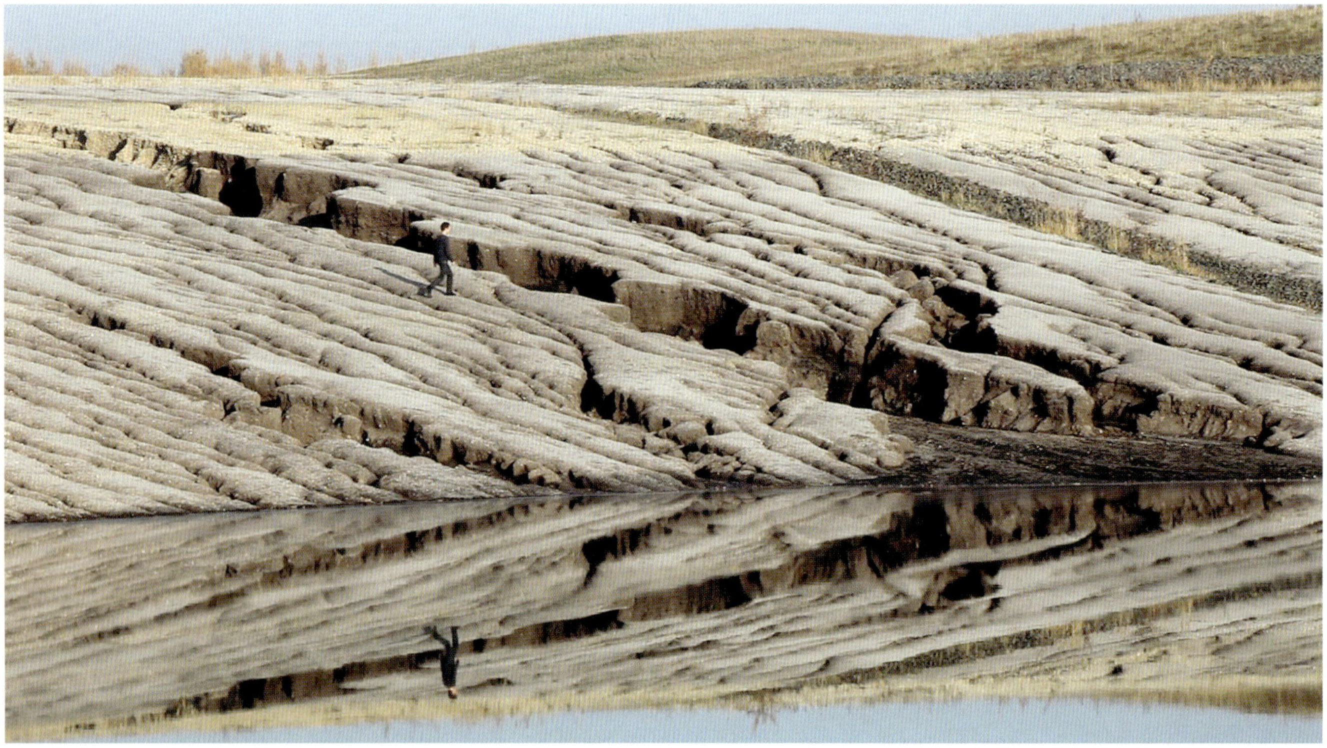

Die Künstlerin Luise Schröder (*1982 in Potsdam) arbeitete in ihrer Auseinandersetzung mit der visuellen Geschichtsschreibung der Stadt Dresden auf andere Weise performativ. Ihre Werkgruppe zum Mythos Dresden (Abb. 5) rahmt zwei historisch bedeutende Ereignisse: die Kriegszerstörung 1945 und die Jahrhundertflut von 2002. Über die Auseinandersetzung mit Bildbänden, Postkarten und Zeitungen, die vor und nach 1990 veröffentlicht wurden, untersuchte Schröder, wie Dresden als Projektionsfläche für Ideen und Ideologien diente und dient. In einem Video können wir die Künstlerin dabei beobachten, wie sie das gefundene Bildmaterial übereinanderschichtet und es Feuer, Sand und Wasser aussetzt. Ergebnis sind eine Videoarbeit und sieben Fotografien, in denen sich Schwelbrand und Wasser durch die Bilder fressen, sich Häuser, Fassaden, Straßen, Menschen und Landschaften ebenso wie Zeit und Raum durchdringen – und sich somit die historischen Ereignisse mit dem Bildmaterial wiederholen.

AUSBILDUNGSSTÄTTEN ALS SPURENLEGER

Die Hochschule für Grafik und Buchkunst in Leipzig ist die einzige Ausbildungsstätte in Sachsen, an der es den Studiengang künstlerische Fotografie gibt. Alle bisher und einige der im Folgenden genannten Künstlerinnen und Künstler haben in einer der Klassen studiert. Die Auseinandersetzung mit Fotografie hat an der Hochschule eine lange Tradition. Ab 1893 wurde Reprofotografie unterrichtet. Eine

Abb. 5

LUISE SCHRÖDER | aus: *Arbeit am Mythos* | 2011

7 Archivprints und HD-Video

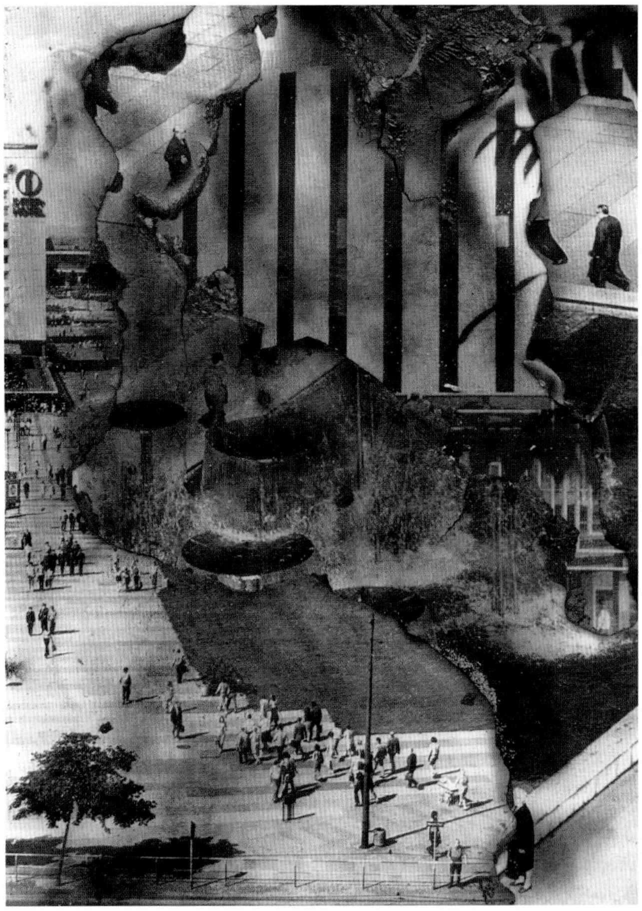

Klasse für künstlerische Fotografie existiert seit 1905. Derzeit ist das Studienfach in ein Grund- und Hauptstudium gegliedert. Die Regelstudienzeit beträgt zehn Semester, abgeschlossen wird mit einem Diplom oder nach weiteren vier Semestern mit einem Meisterschülerabschluss. Der Fachbereich präsentiert sich auf der hochschuleigenen Homepage mit einem weiten Medienverständnis: »Die Lehre der künstlerischen Fotografie an der HGB [ist] heute durch eine Offenheit gekennzeichnet, die den Prozess der Bilderzeugung in analoger wie digitaler Form vermittelt und ein Spektrum künstlerischen Ausdrucks thematisiert, das über die ursprünglichen Grenzen des Mediums hinausreicht: Fotografie als bildgebendes Medium, auch in Verbindung zu Text und Buch, zum Bewegtbild in Film und Video, als raumbezogene Installation.« Als wesentliches Ziel wird die Herausbildung einer »künstlerischen Haltung und Bildsprache«[3] benannt. Seit der Umstrukturierung des Studiengangs 1993 wird im Hauptstudium in vier Fachklassen gelehrt: Die Klasse für Fotografie und Bewegtbild wird seit 2003 von Tina Bara (*1962 in Kleinmachnow) geleitet. Seit 1993 unterrichtet Joachim Brohm (*1955 in Dülken) die Klasse für Fotografie und Medien. Heidi Specker (*1962 in Damme) lehrt seit 2011 in der Klasse für Fotografie und die Klasse für Fotografie im Feld der zeitgenössischen Kunst unterstand von 2011 bis zum Sommersemester 2018 der Leitung von Peter Piller (*1968 in Fritzlar).

VERANKERUNGEN DER REGION IN AUSSTELLUNGSPROJEKTEN

Der Bezug zu lokalen Entwicklungen und die Vielgestaltigkeit der fotografischen Tendenzen in Sachsen waren bereits Thema in diversen Ausstellungen, Veranstaltungen und Symposien. Exemplarisch werden hier drei Projekte vorgestellt, die jeweils einen anderen Zugriff auf das Lokale verfolgen. Eine umfassende Präsentation der fotografischen Tradition und gegenwärtigen Arbeitsweisen zeigte »Leipzig. Fotografie seit 1839«. Das Kuratorenteam um Christoph Tannert berief

3 Selbstverständnis des Fachbereichs, URL: www.hgb-leipzig.de/lehre/fotografie (letzter Zugriff am 7.11.2018).

sich auf die Vorreiterrolle des fotografischen Gewerbes in der Stadt. Beispielsweise lassen sich einen Monat nach der Erstpräsentation des Mediums 1839 in Paris Anzeigen von Wanderdaguerreotypisten in Leipzig nachweisen, eröffnete Berta Wehnert-Beckmann 1843 als erste Frau ein Fotografieatelier, veröffentlichte die »Leipziger Illustrirte Zeitung« 1883 das erste gerasterte Foto in einer Zeitung und erhielt Frank Eugene Smith 1913 die weltweit erste Professur für Fotografie. Vorgestellt wurden sich verändernde Bildauffassungen und Motivwelten von rund 190 Fotografinnen und Fotografen. Die Schau begann in der Frühphase der Fotografie und gliederte sich anschließend entlang von historisch wichtigen Ereignissen – von den Weltkriegen und der Nachkriegszeit über den Mauerbau und die Wiedervereinigung bis hin zur Gegenwart. Das Spektrum der Exponate und Leihgeber war weit, sodass sich an den drei Ausstellungsorten, GRASSI Museum für Angewandte Kunst, Stadtgeschichtliches Museum und Museum der bildenden Künste Leipzig, ein Kaleidoskop des Umgangs mit dem Medium Fotografie in Leipzig von der Frühzeit bis in die Gegenwart eröffnete.

Für einen thematischen Zugriff entschieden sich die Kuratoren Wolfgang Hesse, Andreas Krase und Katja Schumann mit der Ausstellung »Mensch! Photographien aus Dresdner Sammlungen«, die 2006 im Dresdner Kupferstich-Kabinett stattfand. Mit der Wahl der Porträtfotografie als Thema konzentrierten sie sich auf eines der wichtigsten Genres der Fotografie und präsentierten unterschiedliche Porträtansätze sowie eine Genealogie des Mediums. Zugleich wurde über einen breiten Zugriff auf die Einsatzfelder der Porträtfotografie Dresden als Ort fotografischer Forschung, Wissenschaft, Lehre, technischer Entdeckungen, der Herstellung von Kameras, Kinoapparaten und Fotopapieren vorgestellt. Gezeigt wurden knapp 400 Fotografien aus etwa 80 Bildserien aus dem Kupferstich-Kabinett und der Deutschen Fotothek der Sächsischen Landesbibliothek – Staats- und Universitätsbibliothek Dresden sowie weiteren regionalen Sammlungen. Neben künstlerischen waren auch angewandte Fotografien unter anderem aus Medizin und Wissenschaft sowie Apparate zu sehen. Drei thematische Stränge – »Körper«, »Zeiten« und »Identitäten« – veranschaulichten fotografische Sichtweisen auf den Menschen aus verschiedenen Perspektiven. Das Kapitel »Körper« legte den Schwerpunkt auf die Betrachtung von Körperlichkeit im klassischen Porträt, auf Freikörperkultur Ende des 19. Jahrhunderts, Körper als Urformen der Kunst, auf die Vermessung von Körpern in der Polizeifotografie und die zeitgenössische Auseinandersetzung mit dem Körper. Zentral bei »Zeiten« waren Menschendarstellungen in verschiedenen Zeiten und geografischen Räumen und »Identitäten« thematisierte die Auseinandersetzung mit der Polarität von Individuum und Stereotyp in der Kabinettbild-Industrie, Kompositfotografie, bei inszenierten Dokumentationen von militärischen Gruppen, bei polizeilicher Erkennungsmethodik und in künstlerischen Ansätzen.

Das Leipziger Festival für Fotografie »f/stop« fragte 2018 in seiner achten Ausgabe mit dem Titel »Zerrissene Gesellschaft« nach der fotografischen Begleitung von Aushandlungs- und Kommunikationsprozessen und den Möglichkeiten von Fotografie, Medium demokratischer Vermittlung zu sein. In der Ausstellung verbanden die Kuratoren Anne König und Jan Wenzel diese Fragestellung mit den gesellschaftspolitischen Veränderungen in Ostdeutschland im Zuge der Wiedervereinigung. Das In-situ-Projekt »Das Jahr 1990 freilegen« auf dem Wilhelm-Leuschner-Platz im Leipziger Stadtzentrum platzierte über eine Installation mit Fotografien von Andreas Rost, Tagebucheinträgen von Christian Borchert, Textcollagen von Elske Rosenfeld und Texten von Jan Wenzel soziale und wirtschaftliche Entwicklungen und individuelle Beobachtungen zum Wendejahr mitten in den heutigen Stadtalltag. In der Hauptausstellung auf dem Gelände der Leipziger Baumwollspinnerei konfrontierte das Kuratorenteam über fotografische

Arbeiten Prozesse des Verschwindens, der Veränderung und des Nachlebens aus den 1990er Jahren mit ähnlichen Entwicklungen etwa in Frankreich und Ereignissen der Gegenwart wie dem NSU-Prozess. In der Ausstellung fungierte Fotografie als »ein Mittel der Vergegenwärtigung und Erinnerung«[4] und durch das produktive Gegeneinanderschneiden von verschiedenen fotografischen und textlichen Beobachtungen wurde eine diskursive Betrachtung der Ereignisse initiiert.

BEDEUTENDE VOR- UND NACHLÄSSE IN SACHSEN

In den Sammlungen der sächsischen Museen befinden sich in Vor- und Nachlässen größere Konvolute von Fotografinnen und Fotografen, die aus der Region stammen oder das fotografische Geschehen nachhaltig beeinflusst haben. Beispielhaft sollen das Archiv von Evelyn Richter (*1930 in Bautzen) im Museum der bildenden Künste Leipzig, der Teilnachlass von Christian Borchert (1942 in Dresden – 2000 in Berlin) im Kupferstich-Kabinett und der Deutschen Fotothek in Dresden, der fotografische Nachlass Wols' (1913 in Berlin – 1951 in Paris) sowie der Teilvorlass Timm Rauterts (*1941 in Tuchel) im Kupferstich-Kabinett in Dresden genannt werden. Auf die zwei wichtigen Vertreter der sozialdokumentarischen Fotografie der DDR, Evelyn Richter und Christian Borchert, gehen Agnes Matthias bzw. Robert Lorenz und Bertram Kascheck in ihren Beiträgen in diesem Sammelband ein. Das künstlerische Schaffen von Wols und Timm Rautert wird an dieser Stelle vorgestellt. Beide Positionen stehen auf unterschiedliche Weise für ein Nachdenken über die Möglichkeiten der fotografischen Bildsprache.

Abb. 6

WOLS | *Ohne Titel (Pavillon de l'Élégance – Création de la Maison Alix [Germaine Krebs])* | 1937

Silbergelatineabzug (Postkarte)

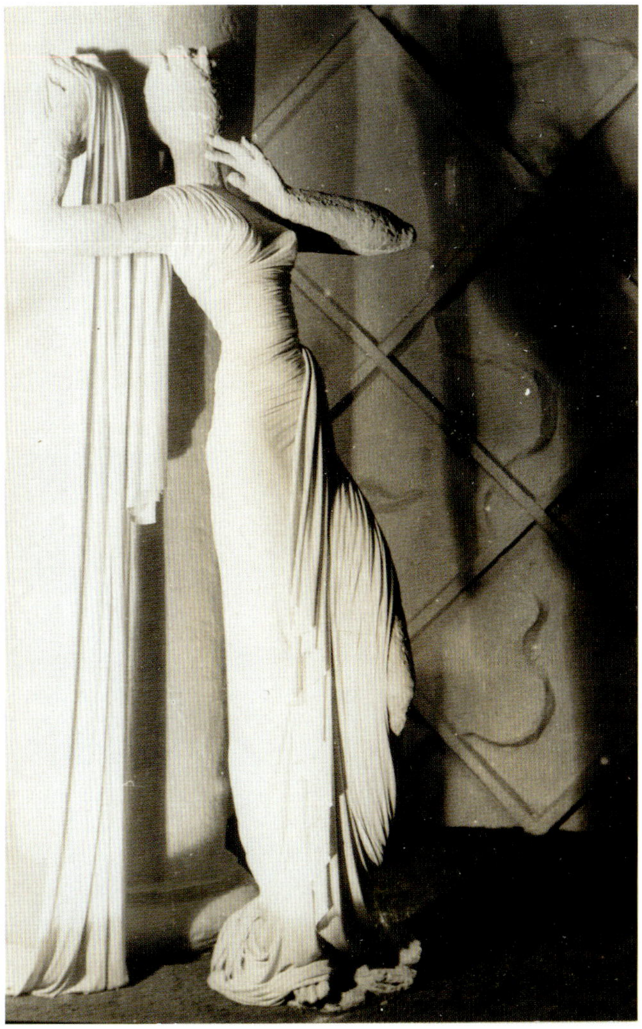

Der Künstler Wols, geboren 1913 als Alfred Otto Wolfgang Schulze in Berlin und aufgewachsen in Dresden, ist vor allem über sein malerisches und grafisches Werk bekannt, das mit der Präsentation auf der ersten und zweiten documenta (1955 und 1959) und Biennale in Venedig (1958) früh große Aufmerksamkeit erregte. Seine künstlerische Ausbildung begann 1931 mit einer Assistenz im Atelier der Dresdner Fotografin Genja Jonas. 1932 ging er nach Paris und zog damit in eines der

4 Anne König/Jan Wenzel: Zerrissene Gesellschaft, URL: https://f-stop-leipzig.de/de/hauptausstellung (letzter Zugriff am 8.11.2018).

Abb. 7

TIMM RAUTERT | *Selbst mit Kamera gedreht (um 0° 180°)* | 1972

aus: »Bildanalytische Fotografie«, 1968–1974, Negativmontage auf Karton

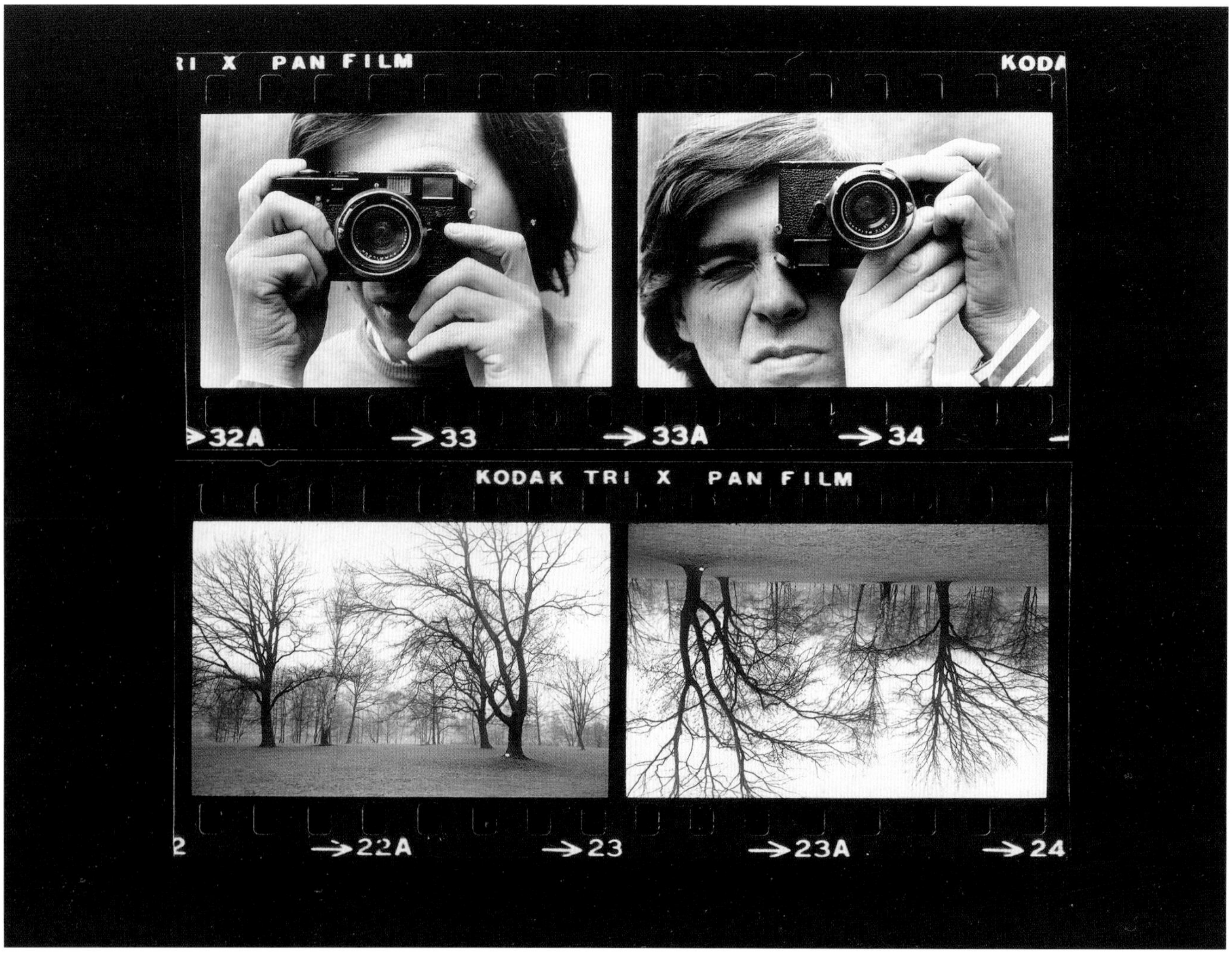

Abb. 8

ANNA VOVAN | aus: *Words (untitled)* | 2017

Fotogramm auf Fuji Crystal Archive Paper

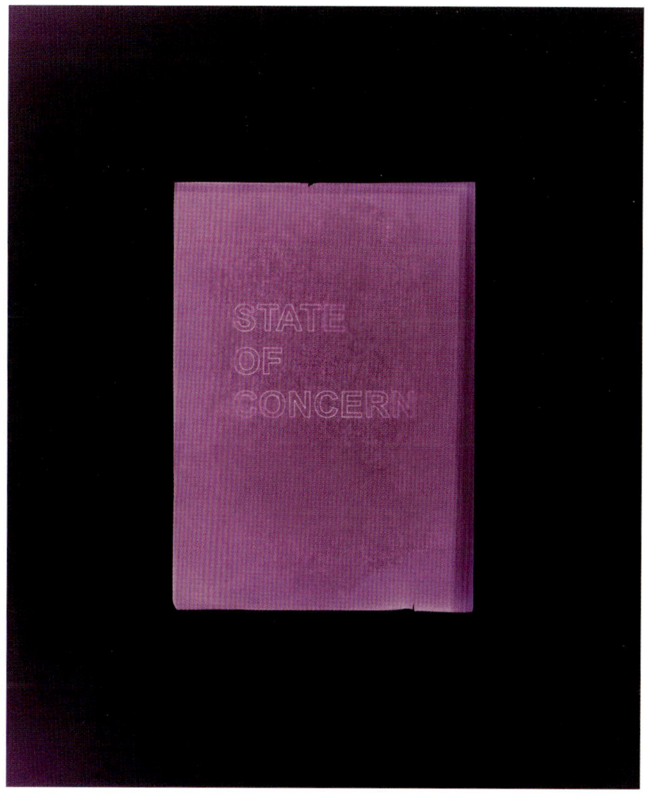

wichtigsten Zentren der künstlerischen Fotografie. Bis 1939 entwickelte er dort ein singuläres fotografisches Werk, das er nur bruchstückhaft nach Ende des Zweiten Weltkriegs fortsetzte. Wols experimentierte umfassend mit dem Porträt, fotografierte in den Straßen von Paris, war Auftragsfotograf im Pavillon de l'Élégance auf der Weltausstellung 1937 und wandte sich schließlich dem Stillleben zu (Abb. 6). Es existieren nur wenige Vintage Prints, jedoch zahlreiche Neuabzüge, die im Rahmen der ersten umfangreichen postumen Ausstellungen der Fotografien von Wols in den 1960er und 1970er Jahren angefertigt wurden. In der Sammlung des Dresdner Kupferstich-Kabinetts befinden sich rund 1000 dieser Neuabzüge, der schriftliche Nachlass aus dem Archiv von Wols' Schwester Elfriede Schulze-Battmann sowie einige wenige Vintage Prints. Eine umfangreiche Aufarbeitung fand 2013 in der Ausstellung und Publikation »Wols Photograph. Der gerettete Blick« statt.

Das Werk von Timm Rautert zeichnet eine umfassende Auseinandersetzung mit dem Medium Fotografie aus. Er hat sowohl journalistische Projekte (frei und im Auftrag) als auch eine grundlegende Befragung des Mediums über seine Werkgruppen zur »Bildanalytischen Fotografie« verfolgt. Über seine Professur für künstlerische Fotografie von 1993 bis 2007 an der Hochschule für Grafik und Buchkunst prägte er eine ganze Reihe junger Fotografinnen und Fotografen, die inzwischen selbst vielfach Aufmerksamkeit für ihre künstlerischen Werke erhalten haben.[5] Rauterts »Bildanalytische Fotografie« kam 2014 mit 56 Einzelpositionen in die Sammlung des Kupferstich-Kabinetts in Dresden (Abb. 7). In diesem Werkzyklus beschäftigte er sich vielperspektivisch mit den Bedingungen der Fotografie – von der Aufnahme bis zum fertigen Print. Es sind sorgsam und ernsthaft durchgeführte Versuchsanordnungen, häufig schwingt etwas leiser Humor mit, wenn Rautert akribisch Belichtungszeiten bei gleicher Blende und ohne Motiv durchfotografiert, auf eine Fotografie das Wort »Photographie« schreibt oder den »Kontakt eines zur Hälfte belichteten Negativs, Kassette halb aufgezogen, nach 2 s (gezählt 21, 22) wieder geschlossen. 14. 6. 71, 14 Uhr, Tageslicht, bedeckt« erstellt. Der Werkzyklus wurde 2016 in einer Ausstellung, einem Katalog und einem Symposium zunächst in einer ersten Sichtung im Kupferstich-Kabinett vorgestellt und wird aktuell kleinteiliger bearbeitet.

5 U. a. Claudia Angelmaier, Viktoria Binschtok, Falk Haberkorn, Grit Hachmeister, Margret Hoppe, Sven Johne, Ricarda Roggan, Adrian Sauer, Oskar Schmidt, Sebastian Stumpf und Tobias Zielony.

Abb. 9

KATARÍNA DUBOVSKÁ |

Unknown Plant at the Edge of the Arctic | 2017/18 (ongoing)

Mixed Media, mehrteilige Werkgruppe
Installationsansicht ASPN Leipzig, 2018

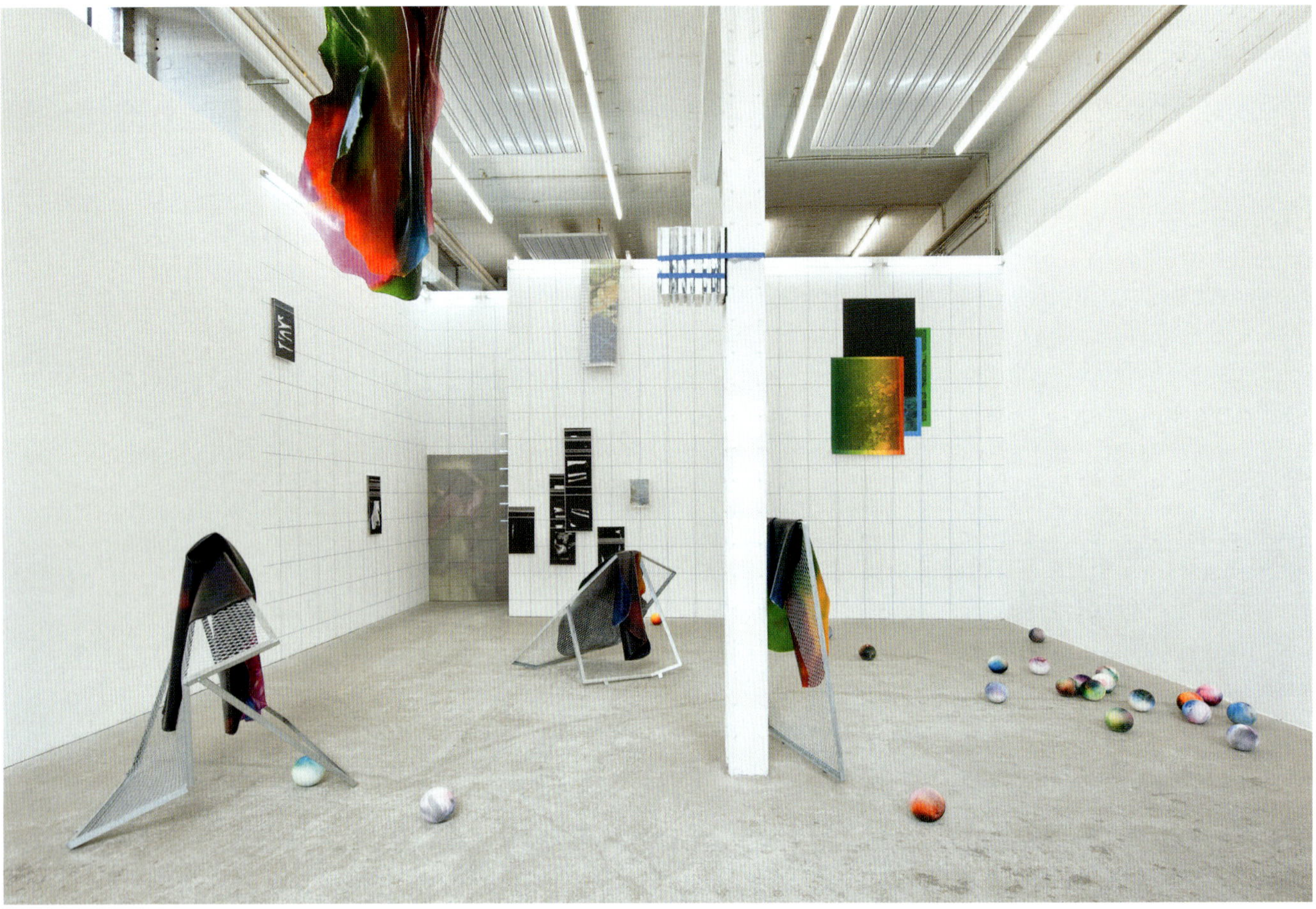

ERKUNDUNGEN VON GRENZGEBIETEN DER FOTOGRAFIE

Das zeitgenössische Arbeiten mit Fotografie schließt derzeit ein Nachdenken über das Medium selbst ein. Mit dem Einzug des Digitalen erweitern sich nicht nur die Materialien und Aufzeichnungsmöglichkeiten, es verändert sich auch die Wahrnehmung des Analogen, ebenso wie sich in hybriden Bildformen der fotografische Aktionsraum vergrößert. In das Grenzgebiet zwischen visueller und sprachlicher Fixierung begibt sich Anna Vovan (*1980 in Ettenheim) mit ihrer Werkgruppe »Words (untitled)« (Abb. 8). Sie sammelt Wörter, die ihr im Alltag begegnen. Die gefundenen Wörter und Wortgruppen aus Nachrichten, Gesprächen und Texten transformiert und fixiert sie performativ in Fotogrammen. Im Zusammenspiel von Schärfe und Unschärfe verlieren die Begriffe ihre Festigkeit. Aus dem Text wird »wortwörtlich« ein Schriftbild, das instabil und vieldeutig ist, ohne unbestimmt zu sein. Gezeigt wird kein konkreter Bildgegenstand, sondern vielmehr ein Umkreisen eines Gedankens oder einer Beobachtung, wobei Fotografie und Text produktiv verschwimmen.

Katarína Dubovská (*1989 in Ružomberok/Slowakei) stellt mit »Unknown Plant at the Edge of the Arctic« ihr gewähltes Medium selbst infrage. Sie löst die Fotografie von ihrer engen referenziellen Bindung und lässt sie frei in Raum und Form flottieren (Abb. 9). Die Basis der Installation ist die visuelle Erforschung einer unbekannten Pflanze. Ein Gitterraster verspricht Halt für die flüssig gewordenen Abbilder der Pflanze, die in der Verschränkung von digitalen Bildgebungsverfahren und neu erfundenen hybriden Aufzeichnungsformen entstehen. Durch das Experimentieren mit pflanzlichen und fotografischen Aggregatzuständen reflektiert Dubovská über die Materialität und Abbildfunktion des Mediums im postfotografischen Zeitalter.

Mit seinem »Glossar« befragt Adrian Sauer (*1976 in Berlin) den Status quo der Fotografie. In lexikalischen Artikeln, ohne visuelle Verweise, nimmt er die historischen Grundfesten des Mediums wie »Licht«, »Autor« oder »Perspektive« in den Blick. Er denkt über Nutzerphänomene wie »Cloud«, »Meme« oder »Sharing« und technikbedingte Erweiterungen wie »Metadaten« und »Bot« nach, benennt beständige Eigenschaften des Mediums in »Fake« und »Tod« und analysiert in »Farewell (Photography)« das, was in der fotografischen Gegenwart zu Ende geht (Abb. 10). Die Werkform einer Plakatinstallation verweist auf Wesenszüge der zeitgenössischen Fotografie. Auf Plakate gesetzt, bewegen sich die Artikel des Glossars frei im Raum, lassen sich über Verweise netzartig lesen und bleiben so – wie die Entwicklung des Mediums Fotografie – unvollendet.

FAREWELL (PHOTOGRAPHY)

Was jetzt kommt ist für Euch nicht so schön
Aber wenn man gehen soll, soll man gehen
Eure Zeit, sie liegt so lang zurück
In DDR und Bundesrepublik
So wie damals wird es nie mehr sein
Die alte Zeit, sie war so schwer wie Blei[1]

Die Fotografen fühlen sich betrogen. Sie vermissen die Zeit, als es noch einiges an Wissen bedurfte, um ein Bild zu machen. Für ein gutes Bild brauchte man nicht bloß Kenntnisse in Kameratechnik und Lichtführung. Man brauchte auch Kenntnisse in der Dunkelkammer. Ganz zu schweigen von der Vielzahl an Geräten, die notwendig waren, um gute Fotos machen zu können. Wir wollen auch nicht vergessen, dass man für das Einfangen des entscheidenden Augenblicks zudem noch Geduld und Glück benötigte, mithin einen langen Atem.

Das ist jetzt, da nun wirklich jeder fotografiert, vorbei. Es braucht nicht einmal das Vorhaben, ein Foto zu machen, damit eines entsteht. Das passiert einfach so nebenher. Mit dem Telefon. Diese Computer machen die Fotos inzwischen tatsächlich selbst. Überwachungskameras sind nur die sichtbare Spitze des Eisbergs. Sichtbar auch nur deswegen, weil sich Datenschützer dafür interessieren. Zumindest in Deutschland.

Hier teilen sich Fotografen und beispielsweise Industriearbeiter das gleiche Schicksal: Sie werden in der postindustrialisierten Wirtschaft nicht mehr benötigt. Man kann aber nicht sagen, dass nicht mehr fotografiert würde. Wie wäre es also stattdessen mit *Farewell Photographer*?

1 Christiane Rösinger: „Was jetzt kommt", auf: *Lieder ohne Leiden*, Staatsakt 2017, Nr. 6

↘ **Zigarette**

↘ **Recording**

Abb. 10

ADRIAN SAUER | aus: *Glossar* | *2018*

Plakatinstallation, 26 Plakate

EVA PLUHAŘOVÁ-GRIGIENĖ

Fotogeschichte schreiben nach 1989. Schwerpunkte und Aufgaben am Beispiel Tschechiens

Aus den zahlreichen Initiativen, die 1989 den 150. Geburtstag der Fotografie feierten, stach eine umfangreiche Ausstellung in Prag hervor.[1] Denn die Schau »Co je fotografie. 150 let fotografie. What is Photography? 150 Years of Photography« nahm sich ambitioniert zum Ziel, eine bislang fehlende ausgewogene Darstellung der Geschichte des Mediums zu präsentieren (Abb. 1). Zu diesem Zweck versammelte sie wichtige Beiträge aus Mittel- und Osteuropa, die bis dahin in Überblickswerken und Ausstellungen zur Historie der Fotografie, die im Westen geschrieben bzw. kuratiert worden waren, keine Berücksichtigung erfahren hatten. Im begleitenden Katalog erklärte eine der führenden Kuratorinnen der Schau, Daniela Mrázková, optimistisch, dass die Ausstellung, die 1 200 Werke aus 20 Ländern versammelte, nach Jahrzehnten der politisch motivierten Teilung der Welt in ein sozialistisches und ein kapitalistisches Lager einen Vorgeschmack auf die Wiederherstellung der kulturellen Einheit Europas bieten würde.[2] Die bisherige Abwesenheit von Beispielen aus Mittel- und Osteuropa im westlich geprägten Kanon der Fotogeschichte erklärte sie dabei erstens als Resultat des Kalten Krieges, der den kreativen Austausch, Kooperationen und somit auch Kenntnisse und schließlich eine gegenseitige Wertschätzung verhindert habe, und zweitens mit einem Mangel an Überblickswerken nationaler Fotohistoriografien innerhalb der Länder Mittel- und Osteuropas. Diese zu schreiben, definierte sie als dringendste Aufgabe der einheimischen Forschung.

Heute, nach über 25 Jahren, die seit dem Zusammenbruch des Ostblocks vergangen sind, scheint der »lange Schatten Jaltas« jedoch noch immer die Wahrnehmung der Fotogeschichten der Region zu verdunkeln. Die hier verwendete Metapher des polnischen Kunsthistorikers Piotr Piotrowski bezieht sich auf die Jalta-Konferenz, auf der im Februar 1945 Franklin D. Roosevelt, Winston Churchill und Josef Stalin über die geopolitische Neuorganisation Europas verhandelt und Einflusssphären festgelegt hatten.[3] Piotrowski zufolge hat diese Einteilung der Welt in West und Ost nachhaltige

Abb. 1

DANIELA MRÁZKOVÁ (HG.) | *Co je fotografie. 150 let fotografie. What is Photography? 150 Years of Photography* | Prag 1989

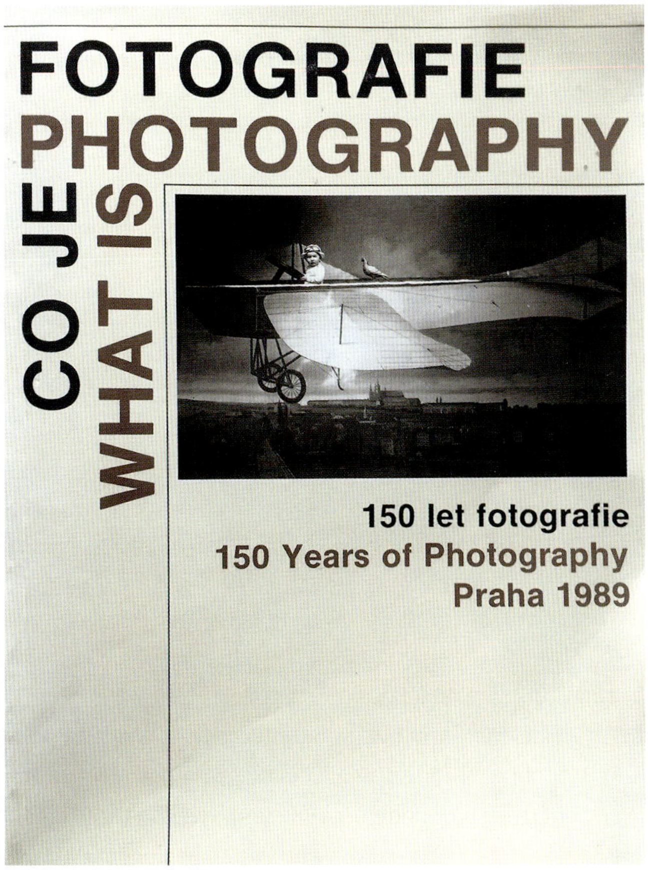

Folgen, nicht zuletzt für die Kunstgeschichte aus Mittel- und Osteuropa, die nach wie vor international nicht im gleichen Maße sichtbar sei wie die westliche Forschung. Dieses Urteil kann auch auf die Fotoforschung übertragen werden: Fotohistorikerinnen und -historiker aus der Region bemängeln eine asymmetrische Wahrnehmung, die lokale Sichtweisen ignoriert, sowie auch die Tatsache, dass außer der Geschichte der Avantgarde Fotografie aus Mittel- und Osteuropa international immer noch ein Nischenthema darstellt. Obwohl in der Tschechoslowakei und in den anderen sowjetischen Satellitenstaaten die sozialistische Herrschaft nur etwas über 40 Jahre dauerte, prägt die geopolitische Teilung des Nachkriegseuropas die Wahrnehmung dieser Großregion bis heute. Dies wird deutlich, wenn etwa Ausstellungen zeitgenössischer Fotografie aus den Ländern Mittel- und Osteuropas, die im ehemaligen Westen stattfinden, wie »The other side: Photography from Eastern Europe« (Bielefeld 2012) oder »Contemporary Photography from Eastern Europe. History. Memory. Identity« (Mailand 2009), »Andersartigkeit« und »kulturelle Distanz« betonen.[4]

Der folgende Beitrag sucht am Beispiel der tschechischen Fotohistoriografie nach möglichen Gründen für den nachrangigen Stellenwert der Fotoforschung aus Mittel- und Osteuropa im internationalen Kontext, stellt Schwerpunktthemen der tschechischen Fotoforschung der 1990er und 2000er Jahre vor und spricht offengebliebene Fragen an.

NACH 1990 – ÜBERGANGSJAHRE

Bald nach der politischen Wende begannen tschechische und slowakische Fotoforscherinnen und -forscher, die Lage der Fotografie im Land angesichts der überwundenen politischen Restriktionen neu zu beurteilen. Zuvor marginalisierte Positionen wurden erstmals einer breiteren Öffentlichkeit

1 Der Beitrag fußt auf einer Auswahl des Materials, das ich ausführlicher in meinem Kapitel »From Authenticity to Intimacy: Practicing Photography and Studying its History in Czechoslovakia and the Czech Republic«, erschienen in: Gil Pasternak (Hg.): Handbook of Photography Studies, London 2020, S. 391–411, verwendet habe.

2 Daniela Mrázková: Introduction, in: dies. (Hg.): Co je fotografie. 150 let fotografie. What is Photography? 150 Years of Photography, Prag 1989, S. 10–12, hier S. 10.

3 Piotr Piotrowski: In the shadow of Yalta: Art and Avant-Garde in Eastern Europe 1945–1989, London 2009.

4 Roman Bezjak: Introduction, in: Wüstenrot Stiftung/Roman Bezjak (Hg.): The other side: Photography from Eastern Europe. 31. Bielefelder Fotosymposium, Heidelberg/Berlin 2012, S. 4 f.; Filippo Maggia: So close, so far, in: ders. (Hg.): Contemporary Photography from Eastern Europe. History. Memory. Identity, Mailand 2009, S. 13.

präsentiert. Diese zum überwiegenden Teil dokumentarischen Bilder sollten hernach den Kern eines neuen Kanons der jüngeren tschechoslowakischen Fotogeschichte bilden, die in zahlreichen Ausstellungen, Katalogen und Monografien gezeigt wurden.

Bohuslav Blažek gehörte 1990 zu den Ersten, die diese Kanonisierung einleiteten. In einer Artikelserie mit dem Titel »Die Alternative«, veröffentlicht in der Fachzeitschrift »Československá fotografie«, unterteilte er die zuvor an den Rand gedrängten Fotografien in die Kategorien »verbotene«, »nicht verbietbare« und schließlich »verdächtige Fotografie«.[5] Zu ihnen gehören etwa die weltbekannten Aufnahmen der Niederschlagung des Prager Frühlings im August 1968 von Josef Koudelka (*1938) oder Dagmar Hochovás (1926–2012) Serien über Gedenkveranstaltungen von Legionären, also Männern, die während des Zweiten Weltkriegs in den Reihen der alliierten Armeen gekämpft hatten, und von Nonnen – beides unliebsame Themen im Staatssozialismus. Dazu gezählt wurden von Blažek außerdem ironische Darstellungen des politischen und gesellschaftlichen Lebens in der ČSSR, etwa von Dana Kyndrová (*1955), aber auch Projekte mit einer verhalten kritischen bzw. ambivalenten Haltung gegenüber den Verhältnissen im »real existierenden Sozialismus«, wie solche Jindřich Štreits (*1946).

Alle diese Positionen wurden mit einer gewissermaßen »inoffiziellen«, dem Staat gegenüber in Opposition befindlichen Kultur identifiziert, während die restliche fotografische Produktion damit stillschweigend als »offiziell« galt. Dieses binäre Modell sozialistischer Kultur wird in den Geschichtswissenschaften seit einigen Jahren als unzureichend kritisiert, da es dem komplexen Zusammenspiel von Werten, Ideen und Lebensrealitäten nicht gerecht wird.[6] Dennoch bildet es bis in die jüngste Zeit den Rahmen, in dem Fotogeschichte seit der Wende verfasst wurde und der es erforderlich erscheinen lässt, die jeweils behandelten Aufnahmen und deren Urheber der einen oder anderen Seite zuzuordnen. Während also als »alternativ« angesehene Fotografie der 1980er Jahre über die folgenden zwei Jahrzehnte zum Gegenstand einer umfangreichen Darstellung in Ausstellungen, Monografien und Museumskatalogen wurde, blieb die Kategorie einer »offiziellen Fotografie« diffus und weitestgehend unerforscht. Allenthalben wurde sie als »langweilig« oder »uniform« charakterisiert.[7] Zu bedenken ist jedoch, dass dieses vorgeblich formale Urteil davon ablenkt, zentrale Fragen zu stellen, etwa nach den Machtverhältnissen innerhalb der institutionellen Organisation der fotografischen Praktiken im Land.

Der Fotograf, Kurator, Theoretiker und Zeitzeuge Josef Moucha begründet diese partielle Blindheit mit der Tatsache, dass die führenden Fotokritiker, die seiner Generation entstammten, eine kritische Distanz vermissen ließen.[8] Als Folge dessen hätten die zahlreichen Überblicksausstellungen und Kataloge, die seit den 1990er Jahren produziert wurden, wenig mehr als eine Wiederholung lange bekannter Daten und Kontexte generiert. Moucha stellt in diesem Zusammenhang auch die unbequeme Frage nach der Mitgliedschaft in der Kommunistischen Partei und was diese für Fotohistorikerinnen und -historiker bedeutete. Als Beispiel nennt er das einflussreiche Paar Daniela Mrázková und Vladimír Remeš. Remeš' Parteimitgliedschaft – so wird suggeriert – habe geholfen, die Karriere beider, die während des Sozialismus als Redakteure in Fotografie und Fernsehen führende Positionen innegehabt hatten, zu befördern, und dies habe sich auch nach der Wende nicht negativ auf ihre beruflichen Optionen ausgeübt. Es ist zwar richtig, dass Mrázková und Remeš etwa zu Propagandapublikationen wie »Sílu nám dává strana« (Kraft gibt uns die Partei, Prag 1982) beigetragen haben,[9] doch nutzten sie ihre Positionen und guten Kontakte nach Russland auch dazu, ideologisch heikle Themen wie sowjetische Avantgarde- und Kriegsfotografie im Osten wie Westen

Abb. 2

INSTITUTE FOR THE STUDY OF TOTALITARIAN REGIMES (HG.) | *Praha objektivem tajné policie. Prague through the Lens of the Secret Police* | Prag 2008

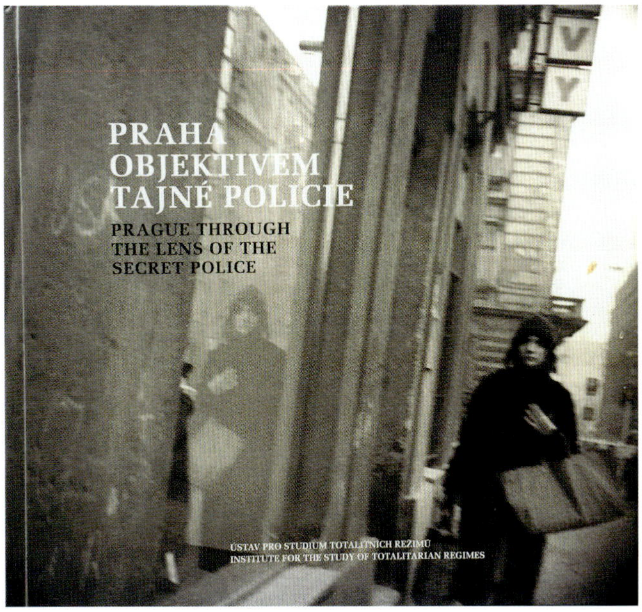

bekannt zu machen.[10] Dies lässt Moucha allerdings unerwähnt. Dieses Beispiel mag illustrieren, wie der Wunsch nach einer moralischen Zuordnung den Blick auf die Komplexitäten des Handelns zwischen »offizieller« und »inoffizieller« Sphäre verstellt, was bislang von der lokalen Forschung nur ungenügend angesprochen wurde.

Auffällig in diesem Zusammenhang ist auch, dass in den zahlreichen Überblicksdarstellungen zur Fotogeschichte seit den 1990er Jahren der Gebrauch des Mediums durch den Staat, etwa durch die Staatssicherheit, fehlt. 2008 widmete sich die vom Institute for the Study of Totalitarian Regimes realisierte Wanderausstellung »Praha objektivem tajné policie. Prague through the Lens of the Secret Police« den Praktiken der fotografischen Überwachung durch den staatlichen Geheimdienst Státní bezpečnost, kurz StB (Abb. 2). Im begleitenden Buch stellt Jan H. Vitvar diese als Kehrseite der heute so geschätzten dokumentarischen Praxis der 1980er Jahre – wie von Kyndrová und Štreit vertreten – dar, denn auch hier würden sonst versteckte Aspekte einer sozialistischen Realität gezeigt.[11] Speziell ausgebildete Mitglieder der Überwachungsabteilung, die 1989 aus 795 Männern und Frauen bestand, verfolgten Regimekritiker wie Dissidenten, kirchliche Würdenträger oder Ausländer mit kleinen versteckten Kameras. Der Katalog bietet statt einer Erklärung der systematischen und massenhaften Überwachung lediglich den Hinweis, dass es sich bei den Verfolgern um kranke Individuen gehandelt habe und entledigt sich damit einer Auseinandersetzung mit den strukturellen Gründen für die lange Zeit erfolgreichen Praktiken des Überwachungsstaats.

Das zunächst dringlichste Anliegen der Fotoforschung nach der Wende, nämlich die Revision bzw. Umschreibung des Kanons durch die Ergänzung zuvor aus ideologischen Gründen an den Rand gedrängter fotografischer Praktiken, zeitigte jedoch keine grundlegende neue Reflexion des Konzepts dessen, was überhaupt Gegenstand von Fotoforschung sein solle. Dies führte nicht zuletzt zu neuen Marginalisie-

5 Bohuslav Blažek: Alternativa I: Zakázané fotografie, in: Československá fotografie 41/5 (1990), S. 207–224; ders.: Alternativa II: Nezakazátelné fotografie, in: Československá fotografie 41/6 (1990), S. 259–266; ders.: Alternativa III: Podezřelé fotografie, in: Československá fotografie 41/7 (1990), S. 315–320.

6 Alexei Yurchak: Everything Was Forever, Until it Was No More. The Last Soviet Generation, Princeton 2006; Pavel Kolář/Michal Pullmann: Co byla normalizace? Studie o pozdním socialismu, Prag 2016.

7 Vgl. etwa Vladimír Birgus/Jan Mlčoch: Tschechische Fotografie des 20. Jahrhunderts, Prag 2009, S. 198.

8 Josef Moucha: Confronting History, in: fotograf 10/18 (2011), S. 112–114.

9 Ebd., S. 113.

10 Vgl. etwa Daniela Mrázková/Vladimír Remeš: Das andere Rußland. Junge Photographen sehen die Sowjetunion, München 1986.

11 Jan H. Vitvar: Aparát v rukou nemocného aparátu. A Camera in the Hands of a Sick State, in: Institute for the Study of Totalitarian Regimes (Hg.): Praha objektivem tajné policie. Prague through the Lens of the Secret Police, Prag 2008, S. 6–12, hier S. 11.

rungen, denn die tschechische Fotoforschung ist bis in die jüngste Zeit größtenteils einem traditionellen kunsthistorischen Modell gefolgt, in dem es vor allem darum ging, Werke aufgrund ihrer fotografischen Qualitäten in Genre und Stile einzustufen. Was sich nicht innerhalb etablierter Kategorien einordnen ließ, blieb lange Zeit unbeachtet. Ein heute bekanntes Beispiel ist Miroslav Tichý (1926–2011), der im tschechischen Kontext wahrscheinlich unbekannt geblieben wäre, hätte ihn nicht der Kurator Harald Szeemann für die internationale Kunstwelt 2004 »entdeckt«.[12] Tichý überschritt die Grenzen sozial akzeptierten Verhaltens, indem er ab den 1950er Jahren Kameras anfertigte, mit denen er heimlich vor allem Frauen beim Sonnenbaden oder Einkaufen ablichtete.

Die 1990er Jahre brachten der Fotografie aber nicht nur neue Freiheiten, sondern auch Verluste bzw. Unsicherheiten institutioneller und vor allem ökonomischer Art. Einen frühen Lagebericht der Fotografie in dieser neuen Situation lieferte der Band »Česká a slovenská fotografie dnes« (Tschechische und slowakische Fotografie heute), der 1991 von einem Autorenkollektiv herausgegeben wurde. Ursprünglich war er als erste Sonderausgabe der traditionsreichen Vierteljahresschrift »Revue fotografie« geplant gewesen. Doch die Zeitschrift hatte – wie andere Qualitätsjournale auch – nicht lang genug unter den kapitalistischen Bedingungen überleben können.

In diesem Band äußert der einflussreiche Fotohistoriker und Fotograf Vladimír Birgus die Ansicht, dass die tschechische und slowakische Pressefotografie, die im Sozialismus als bedeutendste fotografische Sparte angesehen gewesen war, nun schlecht aufgestellt sei. Zunächst habe die frühere Zensur das Ihre dazu beigetragen, nur mittelmäßige Qualität zuzulassen, sodass es inzwischen an Talenten mangele. Zudem könnten die einheimischen Pressefotografen aufgrund eines viel geringeren Budgets, des niedrigeren Standards technischer Ausrüstung sowie der schlechteren Druckqualität kaum mit ausländischen Kollegen konkurrieren.[13] Auch gäben die steigenden Preise für Papier und Druck sowie die Kommerzialisierung von Periodika wenig Grund zu Optimismus über die Zukunft des Genres. Dennoch entwickelte sich der Markt für Pressefotografie lebhaft. Neue Zeitschriften entstanden, von denen sich manche durchsetzten. Allen voran das Wochenmagazin »Reflex« mit dem regelmäßig Bilder beisteuernden Fotojournalisten Jan Šibík (*1963) hob das Niveau der Pressefotografie, die nun in Farbe produziert werden konnte. Parallel dazu wurden neue Fotoagenturen gegründet, wie »Radost« in Prag, die sich an »Agence Vu« und »Magnum« orientierten, aber schon nach kurzer Zeit schließen mussten.[14] 1995 wurde von Daniela Mrázková der Czech Press Photo Award ins Leben gerufen, der dem tschechischen Fotojournalismus zu mehr Sichtbarkeit verhalf und dessen Archiv in das 2016 eigens gegründete Czech Photo Centre eingegangen ist.

Ein Tabu, das nach 1989 gebrochen wurde, war die Frage der tschechoslowakischen staatlichen Einheit. In der politischen Realität des sozialistischen Staates mit zwei Titularnationen galten slowakische Anliegen oft als zweitrangig. Die slowakische Kritik in Bezug auf die Fotogeschichte wurde 1991 in dem teilweise noch immer aktuellen Essay »Československá fotografie?« (Tschechoslowakische Fotografie?) des Fotografen und Fotohistorikers Václav Macek zum Ausdruck gebracht. Darin beklagt der Autor, dass der Begriff »tschechoslowakische Fotografie« meist eine eklatante Ignoranz in Bezug auf die Geschichte des Mediums in der Slowakei verdecke, die sich dort unter historisch völlig anderen Umständen und kulturellen Einflüssen entwickelt habe als in den tschechischen Landesteilen. Obwohl Maceks Vorschlag, stattdessen besser von einer tschechischen und einer slowakischen Fotografie zu sprechen, im Grunde sofort, also schon vor der Teilung des Staates 1993, zur Norm wurde, erscheinen seine Bemerkungen nach wie vor relevant in Bezug auf die Beiträge von ethnischen und religiösen Minderheiten wie beispielsweise der Roma oder Juden zur Fotogeschichte in den historischen tschechischen Ländern, die wenig erforscht sind. Und dieser Befund kann auf die Fotohistoriografien in Mittel- und Osteuropa ausgeweitet werden, auch wenn in jüngster Zeit das Interesse insbesondere an jüdischer Fotografie aus der Region angestiegen ist.[15]

Während der gesamten 1990er Jahre ist in den Diskursen zur Fotografie eine große Verunsicherung spürbar. Diese war zunächst bedingt durch den großen Wandel der Transformationsjahre von Staatssozialismus und Planwirtschaft zu Demokratie und Marktwirtschaft, dann aber auch durch die technische Revolution von Computerisierung, Internet und digitaler Fotografie. Diese Entwicklungen stellten alle bisherigen Einstellungen und eingeübten Bewertungskategorien infrage, zumal sich die Grenzen zwischen den etablierten Sparten Dokumentarfotografie, Reportage, angewandte Fotografie und Kunstfotografie zusehends auflösten (und dies selbstredend nicht nur im Osten Europas). Nicht alle Neuerungen wurden begrüßt: Die Haltung alteingesessener Kommentatoren gegenüber der Kommerzialisierung der Fotografie sowie auch gegenüber der verstärkten Nutzung von Fotografie in der zeitgenössischen Kunst war zumindest ambivalent, sodass solchen Fotografinnen und Fotografen wie Veronika Bromová (*1966), die zu den Ersten gehörte, die mit digital manipulierter Fotografie arbeiteten, vonseiten der angestammten Fotokritiker vehemente Ablehnung aufgrund von vermeintlicher Banalität und Effekthascherei entgegenschlug.[16]

In den 2000er Jahren wurden diese Diskussionen nicht mehr geführt. Wie andernorts auch wurde nun nicht mehr zwischen Fotografen und Künstlern unterschieden, um sich zu vergewissern, ob man es mit Fotografie oder Kunst zu tun hatte, sondern man sprach von fotobasierten Kunstwerken. Diese wurden zum Gegenstand von Ausstellungen und Katalogen, ergänzt durch Projekte, die sich in eine soziologisch-dokumentarische Tradition stellten. Ein thematischer Schwerpunkt dieses ersten Jahrzehnts nach der Jahrtausendwende bildete die Introspektion. Während zuvor die Fotografie vor allem als Fenster betrachtet worden sei, das einen Blick auf die Welt erlaubt habe, so Tomáš Pospěch 2003, würde sie nun als Rahmen begriffen, der das tschechische Publikum dazu einlade, einen Blick nach innen zu werfen.[17] Beliebt waren tagebuchartige Dokumentationen des Alltags, die das Selbst in seiner Beziehung zu seiner nächsten Umwelt beobachteten und befragten. Hier traten besonders auch Frauen in Erscheinung wie beispielsweise Libuše Jarcovjáková und Dita Pepe.

Das Interesse an Introspektion mittels der Fotografie machte sich ebenso auf breiterer gesellschaftlicher Basis bemerkbar, etwa in der Ausstellung »Tenkrát na Východě. Češi očima fotografů. Once Upon a Time in the East: Czechs through the Eyes of Photographers«, die 2009/10 im Dům u Kamenného zvonu in Prag gezeigt wurde. Sie versammelte bekannte

12 Marc Lenot: The Invention of Miroslav Tichý, in: Études photographiques, 23 (2009), S. 216–238.

13 Vladimír Birgus: Česká a slovenská fotografie 80. let, in: Kolektiv autorů: Česká a slovenská fotografie dnes, Prag 1991, S. 2–17, hier S. 9 f.

14 Antonín Dufek: Fotografie 1989–2000, in: Rostlislav Švácha/Marie Platovská (Hg.): Dějiny českého výtvarného umění, Bd. 6.2, Prag 2007, S. 981–999, hier S. 984.

15 Vgl. stellvertretend die Sondernummer zur jüdischen Fotografie in Polen Nowa Etnografia 7/2015–8/2016, darin u. a. Grażyna Kubica: Fotografia etnograficzna dokumentująca życie Żydów w Polsce – charakterystyka ogólna. Ethnographic Photography Documenting Jewish Life in Poland – an Outline.

16 Vgl. die entsprechende Kritik von Robert Silverio in: Tomáš Pospěch (Hg.): Česká fotografie: 1938–2000 v recenzích, textech, dokumentech, Hranice 2010, S. 333–335.

17 Tomáš Pospěch: On Czech photography of the 1980s and 1990s, in: Muzeum umění Olomouc (Hg.): Česká a slovenská fotografie osmdesátých a devadesátých let 20. století, Hranice [2]2003, S. 11–23.

Abb. 3

VLADIMÍR BIRGUS/MIROSLAV VOJTĚCHOVSKÝ | *Jistoty a hledání v české fotografii 90 let. Certainty and Searching in Czech Photography of the 1990s* | Praha 1996

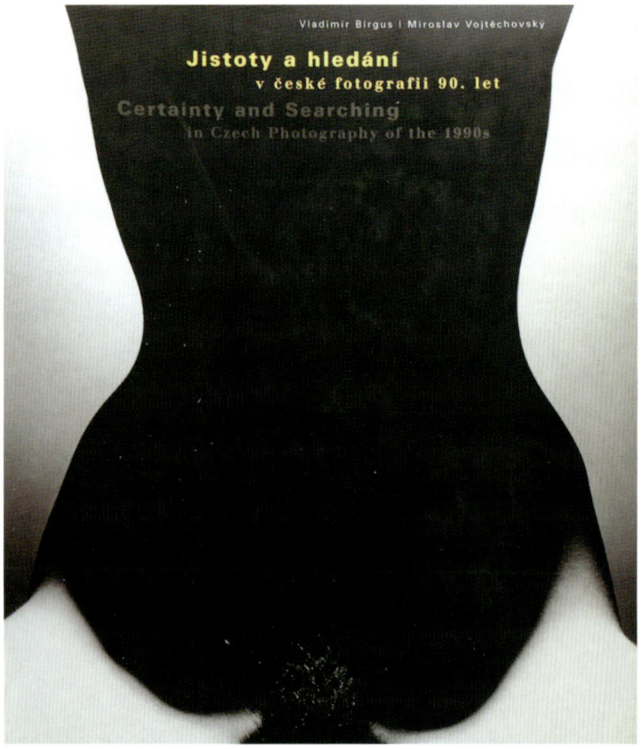

Dokumentarfotografien der 1960er bis 1980er Jahre, die kombiniert wurden mit Aufnahmen der Tschechoslowakischen Presseagentur (ČTK) und Überwachungsfotos des StB sowie mit Werbung und Amateurfotografien. Diese Auswahl aus einer großen Bandbreite von Aufnahmen wollte den Alltag der einfachen Leute in den Blick nehmen und dabei sowohl die gewissermaßen »offizielle« Bildwelt als auch die Flucht ins Private zeigen. Die Kuratoren Vladimír Birgus und Tomáš Pospěch begründeten diese Zielsetzung mit der Beobachtung, dass die junge Generation nicht mehr bewusst die Härten des Alltags im Staatssozialismus kennengelernt habe, während für die ältere Generation diese Epoche den Hintergrund für ihre Jugenderinnerung bilden würde.[18] Dies würde die Gefahr einer nostalgischen Wahrnehmung der sozialistischen Vergangenheit bergen, bebildert durch Fotografien, die vermeintlich das gute Leben zeigten, das die Diktatur einst versprochen habe. Als Gegengewicht seien die Aufnahmen der Staatssicherheit sowie kritische Dokumentarfotografie miteinbezogen worden. Mit diesem Ansatz machten Birgus und Pospěch auf die normative Kraft des Faktischen aufmerksam, die Gefahr, jenes für bare Münze zu nehmen, das Werbung und zensierte Pressefotografie zeigten. Obwohl es sicherlich diskussionswürdig ist, ob dieser Ansatz aufgeht, stellte die Ausstellung die noch immer relevante Frage nach dem Umgang mit dem visuellen Erbe der Vergangenheit angesichts der leichten Verfügbarkeit aller Arten von Bildern im Internet und deren potenziell geschichtsvergessener bis agitatorischer Nutzung im Zeitalter des Postfaktischen und der sogenannten Antipolitik. Die Authentizität der Bilder liegt eben nicht in ihnen selbst begründet, sondern in den wissenschaftlich fundierten Erzählungen, in die wir sie als Forschende und Kuratierende in Publikationen und Ausstellungen einbetten.

FAZIT

Während der letzten drei Jahrzehnte hat sich die Fotohistoriografie in Tschechien vor allem auf die Erstellung von Überblicksarbeiten und Ausstellungen zu den Schlüsselereignissen sowie auf Fotografen-Monografien konzentriert (Abb. 3 und 4). Diese dienten der Korrektur, Ausweitung und Aktualisierung des Kanons sowie, übergeordnet, dem Versuch des Schreibens einer nationalen Fotogeschichte als kohärenter Erzählung einer Abfolge von Themen, Stilistiken und Techniken der Fotografie.

Theoretische Reflexionen der Methoden und Erkenntnisinteressen der Fotoforschung wurden indes kaum vorgenommen. Als mögliche Ursache hierfür benennt Pospěch ein allgemeines Misstrauen in »Theoretisierung« innerhalb der älteren Generation von Fotoforscherinnen und -forschern.[19] Er erklärt dies damit, dass die Fotografie bis in die 1990er Jahre nicht eigentlich als Gegenstand der Kunstgeschichte gegolten habe und der Großteil des Schreibens über Fotografie somit nicht in akademischen Foren stattgefunden habe, sondern in populären Fachzeitschriften. Zusätzlich, so mag spekuliert werden, ist es aber auch möglich, dass die Fotoforschung ähnlich der tschechischen Kunstgeschichtsschreibung unter den Langzeitnachwirkungen der marxistisch-leninistischen Doktrin leidet. Denn diese unterstellte jegliche wissenschaftliche Forschung der ideologischen Erziehung des sozialistischen Individuums. Eine Folge dieses Anspruchs war in den tschechischen Geisteswissenschaften eine demonstrative Distanznahme zu allem, was der ideologischen Indienstnahme verdächtig werden konnte, so auch gegenüber Theoriebildung im Allgemeinen.[20]

Aufgrund des lange Zeit dominierenden nationalen Paradigmas in der Fotoforschung in Mittel- und Osteuropa sind komparative Ansätze, die lokale fotografische Praktiken nicht nur mit jenen in Nordamerika und Westeuropa abgleichen, sondern regionale Verbindungen wieder sichtbar machen, nach wie vor ein Desiderat.[21]

Abb. 4

VLADIMÍR BIRGUS/JAN MLČOCH | *Tschechische Fotografie des 20. Jahrhunderts* | Prag 2009

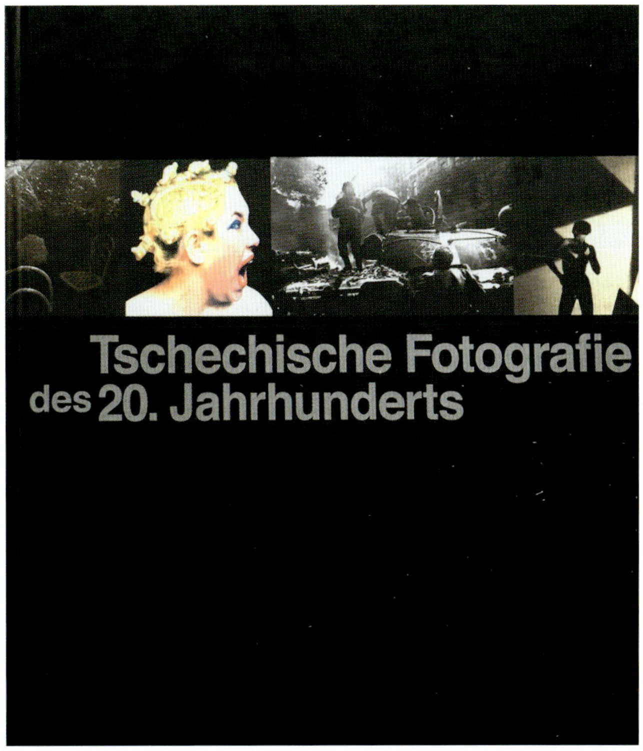

Während die gerade beschriebenen Ansätze vor allem in der Kunstgeschichte verankert sind, ist in den vergangenen Jahren ein sprunghaft angestiegenes interdisziplinäres Interesse an der Fotogeschichte in den Ländern Mittel- und Osteuropas zu verzeichnen. Bislang konzentriert sich dieses oft von Historikerinnen und Historikern getragene Interesse auf Fragen nach Praktiken kollektiver Erinnerung sowie nach der Produktion, dem Erhalt und dem Wandel innerhalb politischer, kultureller und sozialer Räume. In diesem Bereich fokussieren sich die meisten Studien auf fotografische Praktiken in der DDR und der Sowjetunion. Eine systematische Erforschung der materiellen, institutionellen und diskursiven Bedingungen der Produktion und Verbreitung von Fotos in der Tschechoslowakei sowie in Mittel- und Osteuropa insgesamt beginnt jedoch gerade erst.

18 Vladimír Birgus/Tomáš Pospěch: Tenkrát na Východě: Češi očima fotografů 1948–1989. Once Upon a Time in the East: Czechs through the Eyes of Photographers, 1948–1989, Prag 2009, S. 10.

19 Tomáš Pospěch: Myslet fotografii. Česká fotografie: 1938–2000, Prag 2014, S. 240.

20 Vgl. zur Kunstgeschichte Milena Bartlová: Czech art history and Marxism, in: Journal of Art Historiography 7/12 (2012); URL: http://arthistoriography.files.wordpress.com/2012/12/bartlova.pdf (letzter Zugriff am 10. 10. 2018).

21 Helena Rišlinková: On the conception of the exhibition, in: Muzeum umění Olomouc (Hg.): Česká a slovenská fotografie osmdesátých a devadesátých let 20. století, Hranice ²2003, S. 7–9, hier S. 7.

ROBERT LORENZ

Im Dichterwinkel. Christian Borchert in Wuischke/Wuježk

Denkt man über die Kultur- und Kunstgeschichte der Oberlausitz nach, so gelangt man immer wieder zu Begriffspaaren, die Spannungsfelder umreißen. Zwei zentrale hierbei sind Offenheit und Geschlossenheit sowie Weltläufigkeit und Peripherie. Die Spezifik der Oberlausitz liegt nun darin, dass diese Begriffspaare und die mit ihnen umrissenen Phänomene sich nicht in Amplituden ablösen, sondern gleichzeitig auftreten und oft aufeinander beziehen. Ein Ort, an dem dies für den Zeitraum von fast zwei Jahrzehnten nachvollzogen werden kann, ist das deutsch-sorbische Dörfchen Wuischke/Wuježk auf der Nordseite des Czorneboh/Čornobóh. Hier bildete sich in den 1970er Jahren um einige zentrale Lyrikerinnen und Lyriker der DDR ein Künstlerfreundeskreis, der erst 1990 erlosch und zu dem über viele Jahre hinweg auch Christian Borchert zählte. Der Wuischker Kreis hat im Werk des bedeutenden Fotografen eine Spur hinterlassen, die bisher nicht thematisiert wurde und der hier im Text und anhand einiger Bilder nachgegangen werden soll.

Paul Kaiser und Claudia Petzold haben 1997 mit der Ausstellung »Boheme und Diktatur in der DDR« am Deutschen Historischen Museum Berlin sowie dem gleichnamigen umfangreichen Katalog eine bis heute in ihrer Ausführlichkeit und Bandbreite nicht übertroffene Gesamtschau der künstlerischen Subkultur der DDR in den 1970er und 1980er Jahren vorgelegt.[1] Sie gingen in ihrem »Boheme«-Begriff dabei zunächst von Helmut Kreuzer und seiner unterdessen klassischen Definition von 1968 aus. Kreuzer macht im Zentrum vieler berühmter Boheme-Kreise oft charismatische Einzelpersönlichkeiten aus, die für einen gewissen Zeitraum dessen Gravitationszentrum bilden. Die Kreise sind dabei nicht hermetisch abgeschlossen, sondern stehen temporären Gästen bis weit ins bürgerliche Milieu hinein offen. Ihre festen Mitglieder eint ein programmatischer Individualismus, ein Wille zur Abweichung von der geltenden Norm und der Versuch des wenigstens temporären Aufbaus einer nomadischen, ungebundenen Existenz. Oft werden symbolisch nicht konforme Distinktionsformen in Habitus, Jargon und Mode gewählt.[2]

Diese Definition ist, das wird bei Kaiser und Petzold deutlich, nicht deckungsgleich auf die DDR in ihrer politischen Strukturiertheit und ihre Boheme-Zirkel anwendbar. Denn auch wenn sich nach dem Machtwechsel von Walter Ulbricht zu Erich Honecker 1971 unter der nun ausgegebenen Richtschnur von der »Weite und Vielfalt« für einige Jahre bisher ungeahnte Möglichkeitsräume eröffneten, darf man nicht verkennen, »[...] dass die Autonomiebestrebungen in der DDR unter den

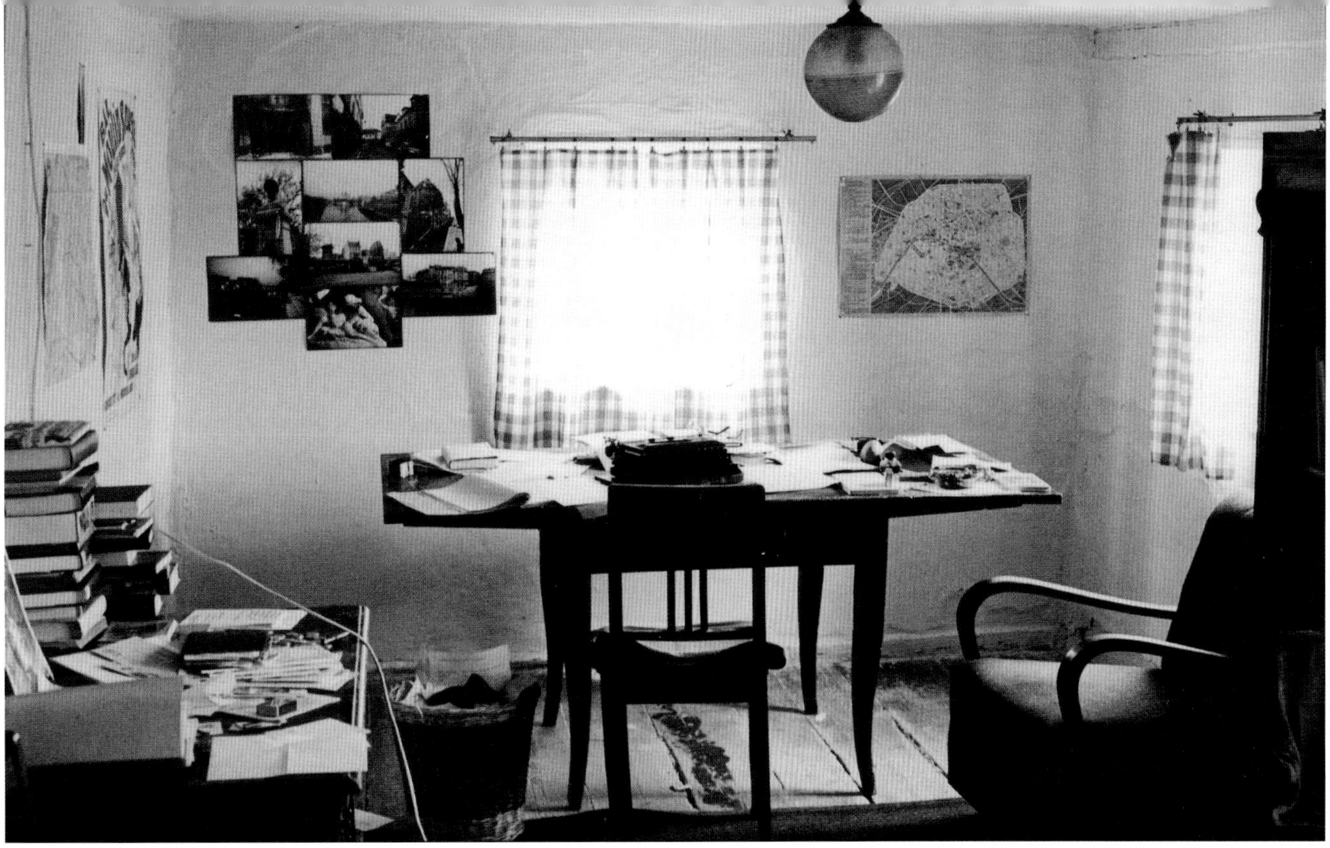

Abb. 1

CHRISTIAN BORCHERT | *Der Schreibtisch von Heinz Czechowski in seinem Ende der 1970er Jahre erworbenen Haus in Wuischke Nr. 2* | 1987

Interessant ist unter anderem der historische Stadtplan des unzerstörten Dresden an der Zimmerwand. Mit Dresden verbanden sowohl Czechowski wie auch Borchert enge biografische und emotionale Beziehungen, die Zerstörung der Stadt 1945 beschäftigte beide künstlerisch immer wieder.

Bedingungen einer Diktatur nicht die Züge einer politisch ausgerichteten ›Gegenkultur‹ angenommen haben oder annehmen konnten, von ihren Vertretern größtenteils auch gar nicht in diesem Sinne intendiert waren«.[3] Letztlich war es immer die SED, die den Rahmen für Versuche eines möglichen »Freischwimmens« festlegte. Daher war »Subkultur in der DDR immer durch das Spannungsverhältnis von Anpassung und Widerstand, Flüstern und Schreien, Integrations- und Zentrifugalkräften geprägt«.[4] Die Boheme-Zirkel der DDR waren laut Kaiser und Petzold denn auch mehr »lose Solidar- und Notgemeinschaften«[5], eine »Ergänzungskultur«[6], die den Kontrollgriff der Gesellschaft nie völlig abschütteln konnte und dies in den allermeisten Fällen auch gar nicht beabsichtigte. Dies wird nach Kaiser und Petzold[7] bereits dadurch deutlich, dass ihre Mitglieder nur selten die völlige Ablehnung staatlicher Aufträge praktizierten, was aber aufgrund des weitestgehenden Fehlens eines nicht staatlichen Kunst- und Literaturmarktes wirtschaftlich in der Regel auch schlicht nicht möglich gewesen wäre. Allerdings boten die Boheme-Zirkel temporär Freiräume für symbolische Aggressionen, womit sie letztlich einen nicht zu unterschätzenden Anteil an der innenpolitischen Destabilisierung der DDR hatten. In Habitus und Selbstinszenierung fällt bei vielen Zirkeln eine starke

1 Paul Kaiser/Claudia Petzold: Boheme und Diktatur in der DDR. Gruppen, Konflikte, Quartiere 1970–1989, Berlin 1997.

2 Vgl. ebd., S. 19 f.

3 Ebd., S. 19.

4 Ebd., S. 22.

5 Ebd., S. 17.

6 Ebd., S. 19.

7 Ebd., S. 18 f.

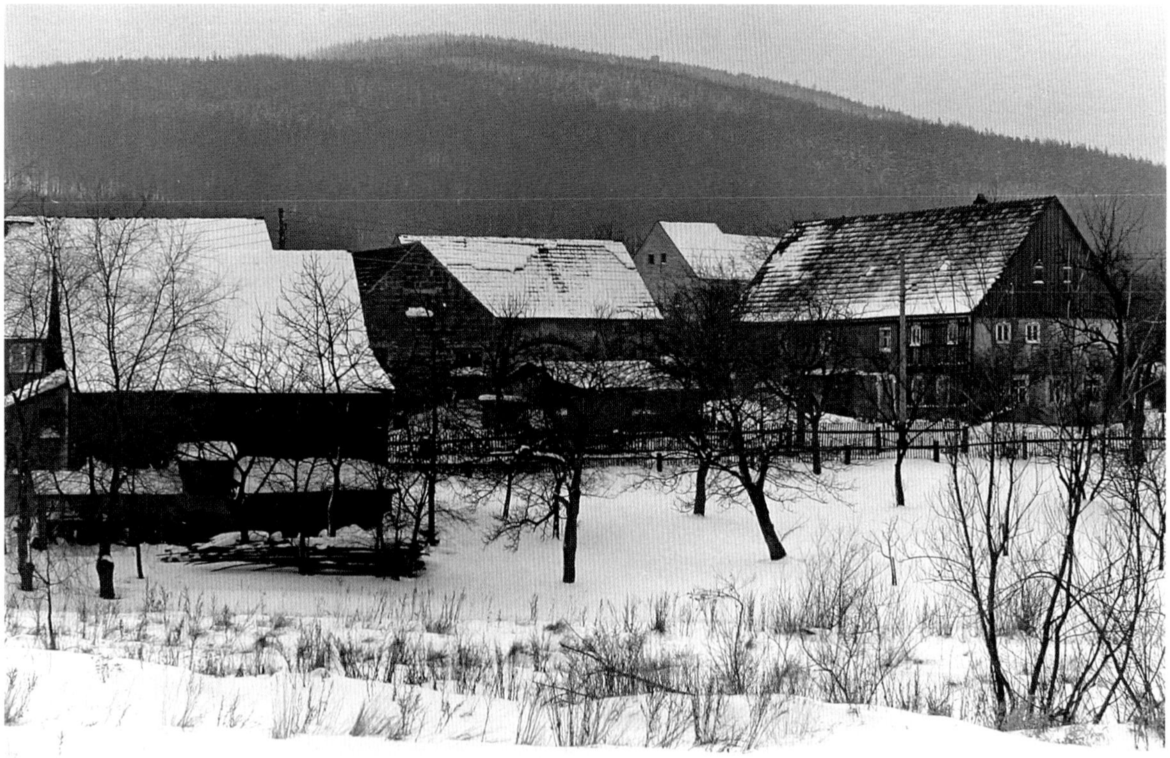

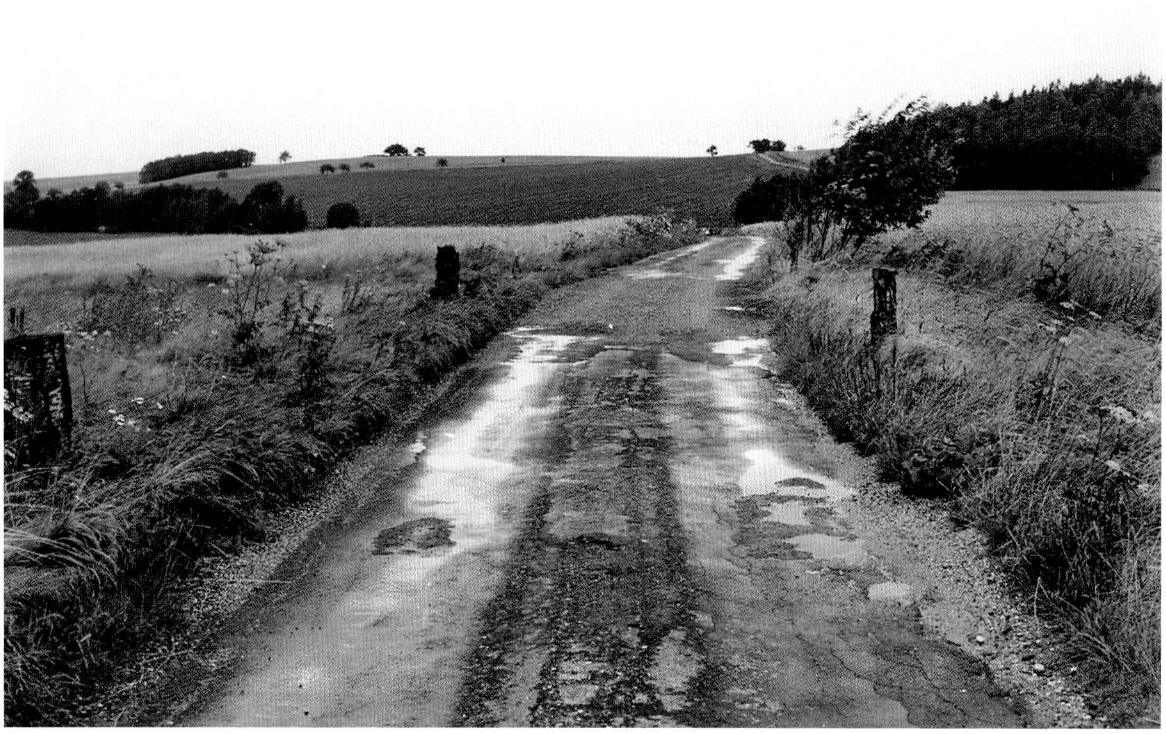

Abb. 2 (oben)

CHRISTIAN BORCHERT | *Wuischke/Wuježk im Winter 1981*

Teilansicht des Dorfes gegen den Czorneboh/Čornobóh.
Das Bild wurde von der Wiese aus aufgenommen, die die Wassermühle und die beiden benachbarten Gehöfte, die im Dorf bald »Künstlerviertel« genannt wurden, räumlich vom restlichen Dorf trennt.

Abb. 3 (unten)

CHRISTIAN BORCHERT | *Die in den 1980er Jahren durch Frost und staatliche Vernachlässigung stark reparaturbedürftige Verbindungsstraße von Wuischke ins Nachbardorf Steindörfel/Trjebjeńca*

Die abgesägten und nicht wieder nachgepflanzten Obstbäume an den Straßen im Tal tauchen als Motiv in verschiedenen Texten von Kito Lorenc auf.

Romantisierung des Künstlertums auf sowie eine gewisse Vorliebe für das Spiel mit kulturellen Codes des Bürgertums des 19. Jahrhunderts und der Jahrhundertwende. In einer Konsequenz waren sie allerdings doch dem anarchischen Geist der »klassischen« Boheme verpflichtet – im »vollzogenen Ausstieg aus den Machtmechanismen und damit einhergehend im freiwilligen Abschied von einer Kaderkarriere«.[8]

Kaiser und Petzold rückten für ihr Ausstellungsprojekt überwiegend Zirkel aus den Bezirksstätten als Beispiele dieser Abkehr ins Zentrum. Dass auch jenseits der wichtigen Städte in den ländlichen Regionen der DDR interessante und bedeutsame Gruppen bestanden, zeigt nicht zuletzt das Beispiel Wuischke/Wuježk im damaligen Bezirk Dresden, Kreis Bautzen.[9] In dem kleinen Ortsteil der Gemeinde Hochkirch/Bukecy erwarb das Berliner Lyriker-Ehepaar Adolf Endler und Elke Erb zu Beginn der 1970er Jahre die ehemalige Wassermühle in der Bachaue am nördlichen Dorfrand, die sie als Zweitwohnsitz vor allem in der warmen Jahreshälfte bewohnten.[10] 1976 zog der sorbische Lyriker Kito Lorenc mit seiner Familie in ein Bauerngehöft in der unmittelbaren Nachbarschaft, um hier als einziges Mitglied des Wuischker Kreises ganzjährig als freischaffender Schriftsteller zu leben und zu arbeiten. Am Ende des Jahrzehnts trat schließlich noch Heinz Czechowski hinzu, der ein letztes benachbartes einstiges Bauerngehöft erwarb. Die drei Dichter-Grundstücke entwickelten sich in den folgenden Jahren zum Mittelpunkt und temporären Lebensort einer sich jeden Sommer erneut oft für mehrere Wochen hier einfindenden Schar von Gästen, wobei Elke Erb über die gesamte Zeit des Bestehens hinweg die zentrale verbindende Größe der Gruppe darstellte. Zu den wiederkehrenden Besucherinnen und Besuchern gehörten unter anderen die Lyriker Sascha Anderson, Volker Braun, Benedikt Dyrlich, Rainer Kirsch, Wulf Kirsten, Uwe Kolbe, Brigitte Strutzyk, B. K. Tragelehn und Bernd Wagner, die Maler Horst Bachmann, Ralf Kerbach und A.R. Penck, die Fotografen Christian Borchert, Ulrich Burchert und Helga Paris, der sorbische Komponist Juro Mětšk sowie häufig auch Lektoren des Aufbau-, Reclam- und Domowina-Verlags, zu denen die Wuischker Dichter teils enge freundschaftliche Beziehungen unterhielten. Anhand dieses Personentableaus wird deutlich, dass Wuischke für über ein Jahrzehnt ein in dieser Konstellation in der DDR einzigartiger Begegnungsort für zentrale Akteure der Berliner Prenzlauer-Berg-Szene, der Sächsischen Dichterschule sowie der sorbischen Kunstszene wurde.

Heinz Czechowski beschrieb 1991 in einem Text seine Wuischker Jahre so: »In der DDR leistete sich, wer es konnte, eine Zweitwohnung auf dem Lande. Was für den Vermögenden eine Datscha am Seeufer war, war dem weniger Bemittelten ein leerstehendes Gehöft. Hier lebte man, wenn man beispielsweise Schriftsteller ist, verhältnismäßig unbehelligt vom Schriftstellerverband und der Partei. In den siebziger

8 Ebd., S. 19.

9 Die hier dargelegten Informationen zu Wuischke/Wuježk entstammen dem biografischen Wissen des Autors, der, 1977 geboren, seine Kindheit innerhalb des Wuischker Künstlerkreises erlebte, sowie den Lebenserinnerungen seiner Mutter. Bisher existiert keinerlei Übersichtstext über den Kreis mit seinen einzelnen Mitgliedern.

10 Vermittler des Kaufes war der bedeutende Oberlausitzer Maler Horst Bachmann, der in seinem Zweitberuf als Schätzer von Sturmschäden für die Versicherung in vielen Dörfern um Bautzen Gehöfte kannte, deren alt gewordene Besitzer Käufer suchten.

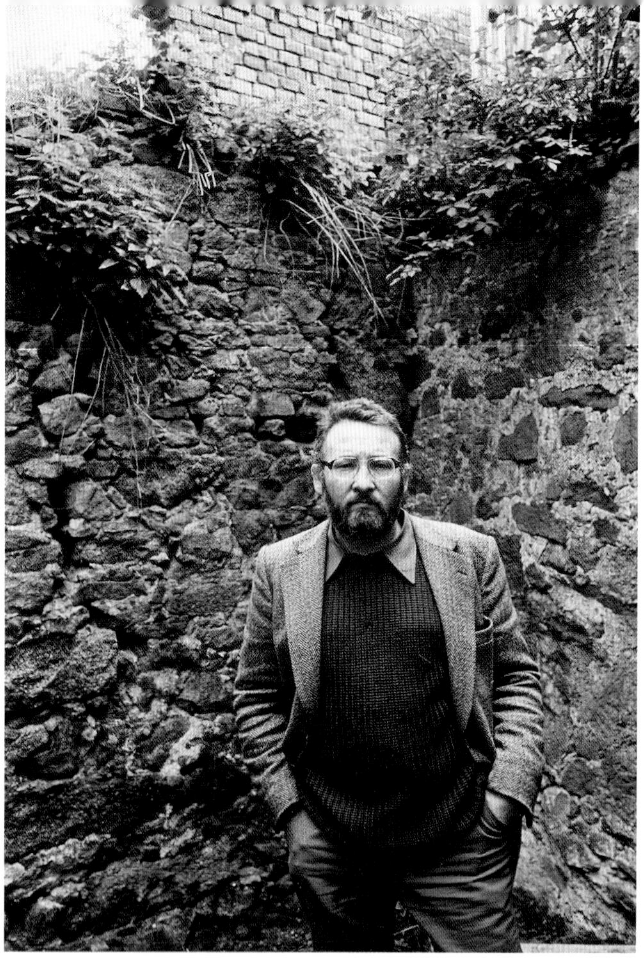

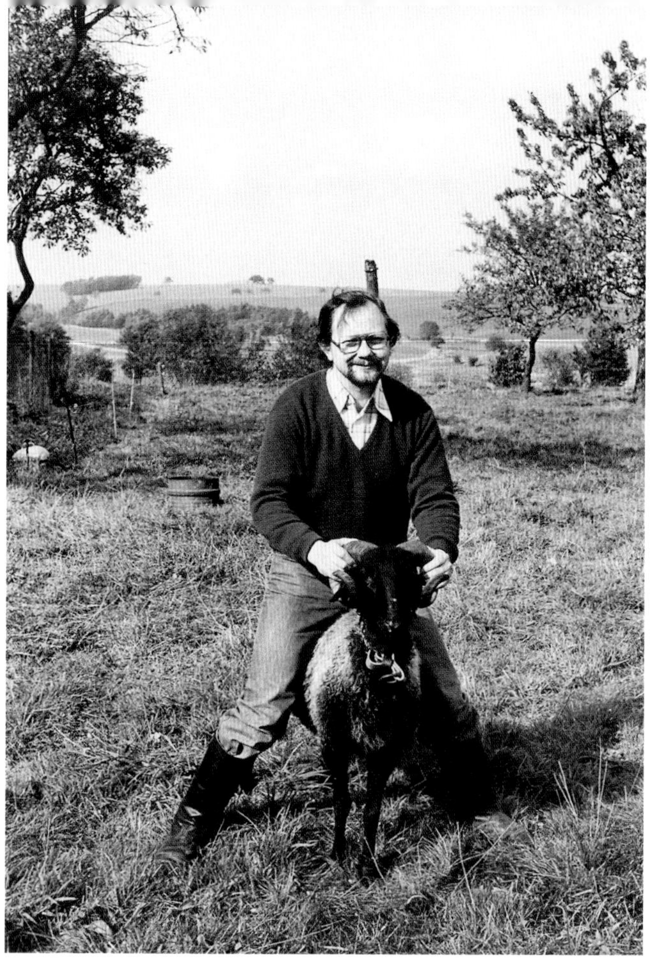

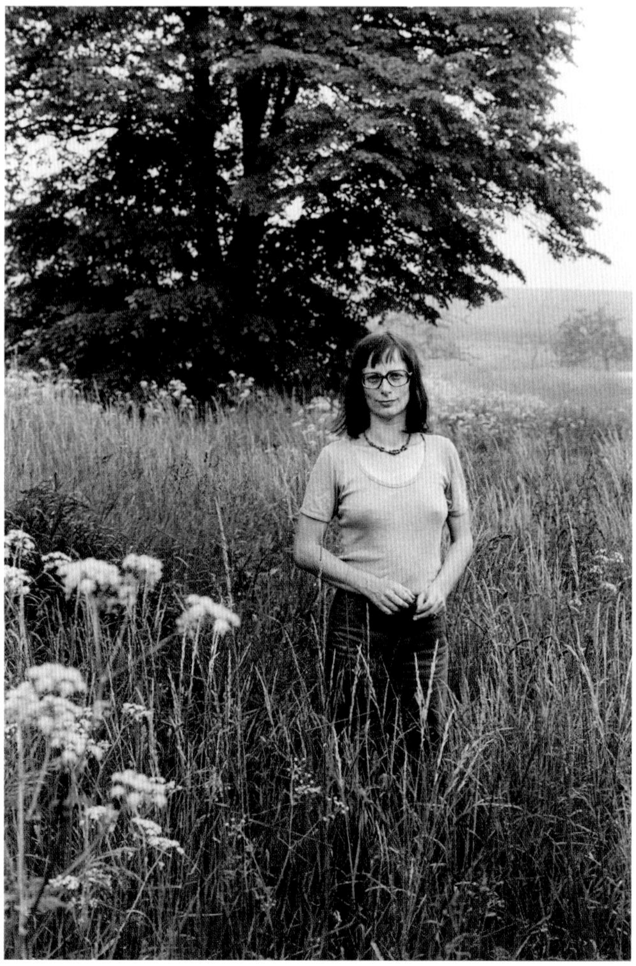

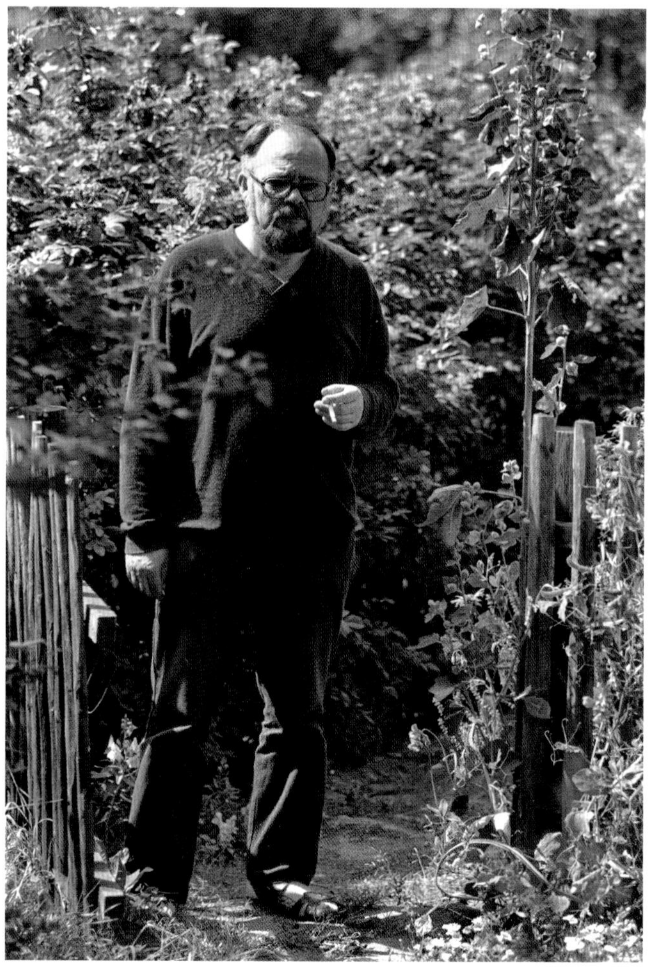

S. 32

Abb. 4 (oben links)

CHRISTIAN BORCHERT | *Adolf Endler in Wuischke Nr. 3 (ehemalige Wassermühle)* | 1976

Abb. 5 (oben rechts)

CHRISTIAN BORCHERT | *Heinz Czechowski auf der Wiese vor seinem Haus Wuischke Nr. 2* | 1978

Abb. 6 (unten links)

CHRISTIAN BORCHERT | *Elke Erb im Bachtal nördlich von Wuischke in Richtung Meschwitz/Mješicy* | 1979

Abb. 7 (unten rechts)

CHRISTIAN BORCHERT | *Kito Lorenc im Garten seines Hauses Wuischke Nr. 4* | 1985

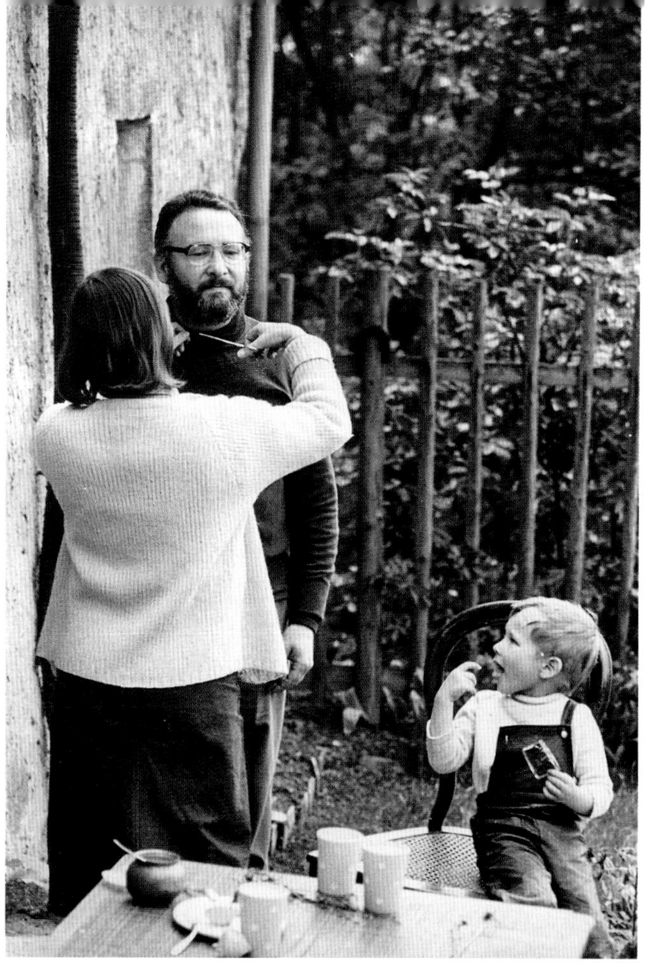

S. 33

Abb. 8 (oben)

CHRISTIAN BORCHERT | *Die Familie Endler/Erb vor ihrem Haus in Wuischke* | 1976

Abb. 9 (unten)

CHRISTIAN BORCHERT | *Das »Hauseckenfoto« der Familie Lorenc des Jahres 1986*

Es ist eines von 16 Bildern, die in jährlichem Abstand zwischen 1979 und 1997 in Wuischke entstanden.

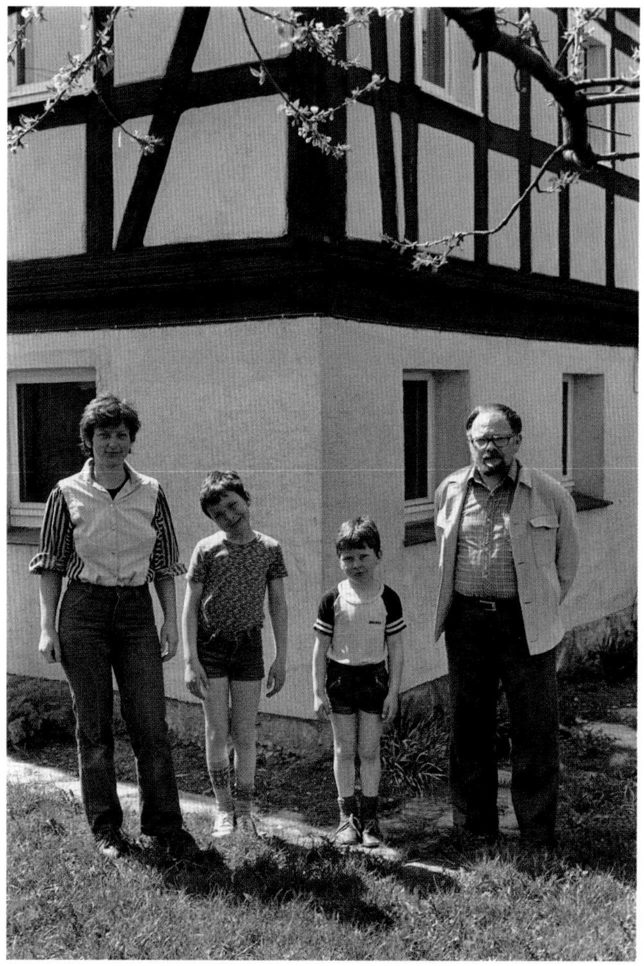

Abb. 10

CHRISTIAN BORCHERT | *Gartenszene auf dem Mühlengrundstück Endler/Erb* | 1985

Rechts übers Beet gebückt Elke Erb, ganz links am Tisch Sergej Gladkich, Autor und Russisch-Übersetzer aus Ost-Berlin. Gladkich war vielen DDR-Bürgern aus dem staatlichen Bildungsfernsehen bekannt, wo er als russischer Muttersprachler in der Sendung »Russisch für Sie« regelmäßige Auftritte hatte.

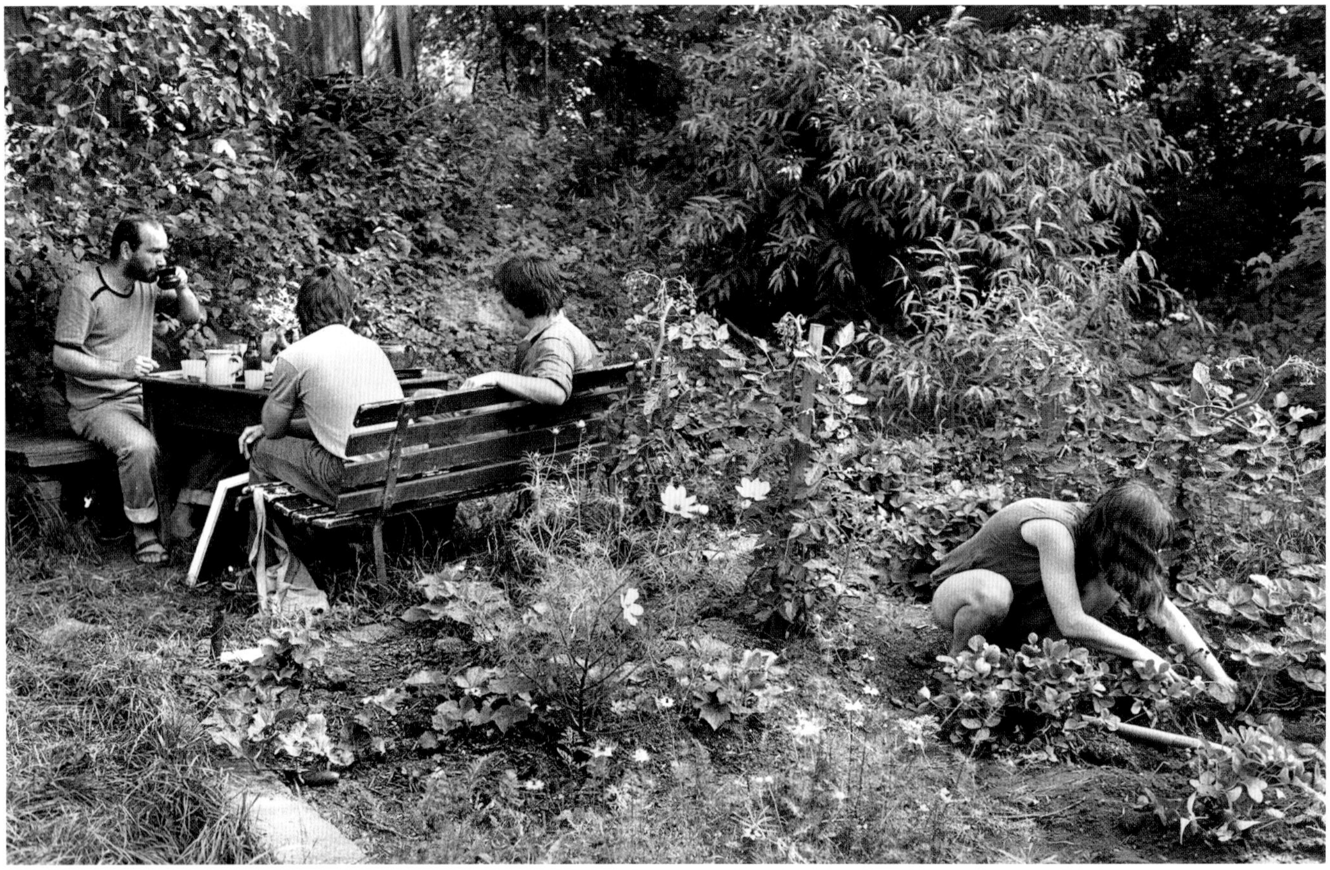

Jahren erwarb ich in Wuischke ein Gehöft mit Umgebindehaus, schöner alter Scheune und einer großen Streuobstwiese. Alles in verfallenem Zustand, aber noch bewohnbar. [...] Und hier am Fuß des Schwarzen Berges lebten wir einige Jahre innerhalb einer Kommune weitgehend Gleichgesinnter.«[11] Die Wuischker »Kommune« nun zeichnete als Künstlerkolonie jenseits dieser recht allgemeinen Charakterisierung aus, dass sie sich nicht vom Leben der übrigen Dorfbewohner abzusondern suchte, sondern die Begegnung mit der Dorfwelt, und hier vor allem mit ihrem sorbischen Aspekt, als Inspirationsquell suchte und nutzte. Das Dorf, die umliegende Landschaft und ihre Menschen finden sich als wiederkehrende Spur im Werk verschiedener Mitglieder des Kreises. Czechowski schrieb zur besonderen Exotik und Aura des Geheimnisvollen der zweisprachigen Lausitz der DDR-Jahre: »Auch in einem deutschen Dorf anderswo in Sachsen wäre ich wahrscheinlich über lange Zeit ein Fremder geblieben. Das Besondere aber, das ich im Alltag des Dorfes zu erkennen glaubte, war jene Atmosphäre, die sich von der anderer Dörfer, die ich kannte, unterschied. Die Begegnungen mit Nachbarn im Dorfkonsum, an den Wirtshaustischen von Hochkirch oder Meschwitz kennzeichneten sich durch die Toleranz, die man uns, den Fremden, entgegenbrachte. Vielleicht ist sie nachwirkender Ausdruck der Unterwerfung, auf

Abb. 11

CHRISTIAN BORCHERT | *Auf der Maifeier im Gemeindehauptort Hochkirch/Bukecy* | 1985

Das in die Kamera blickende Geschwisterpaar im Zentrum sind die Söhne von Kito Lorenc. Die sorbische Aufschrift an der Fassade des Dorfgasthofs wurde bei der Sanierung nach 1989 entfernt.

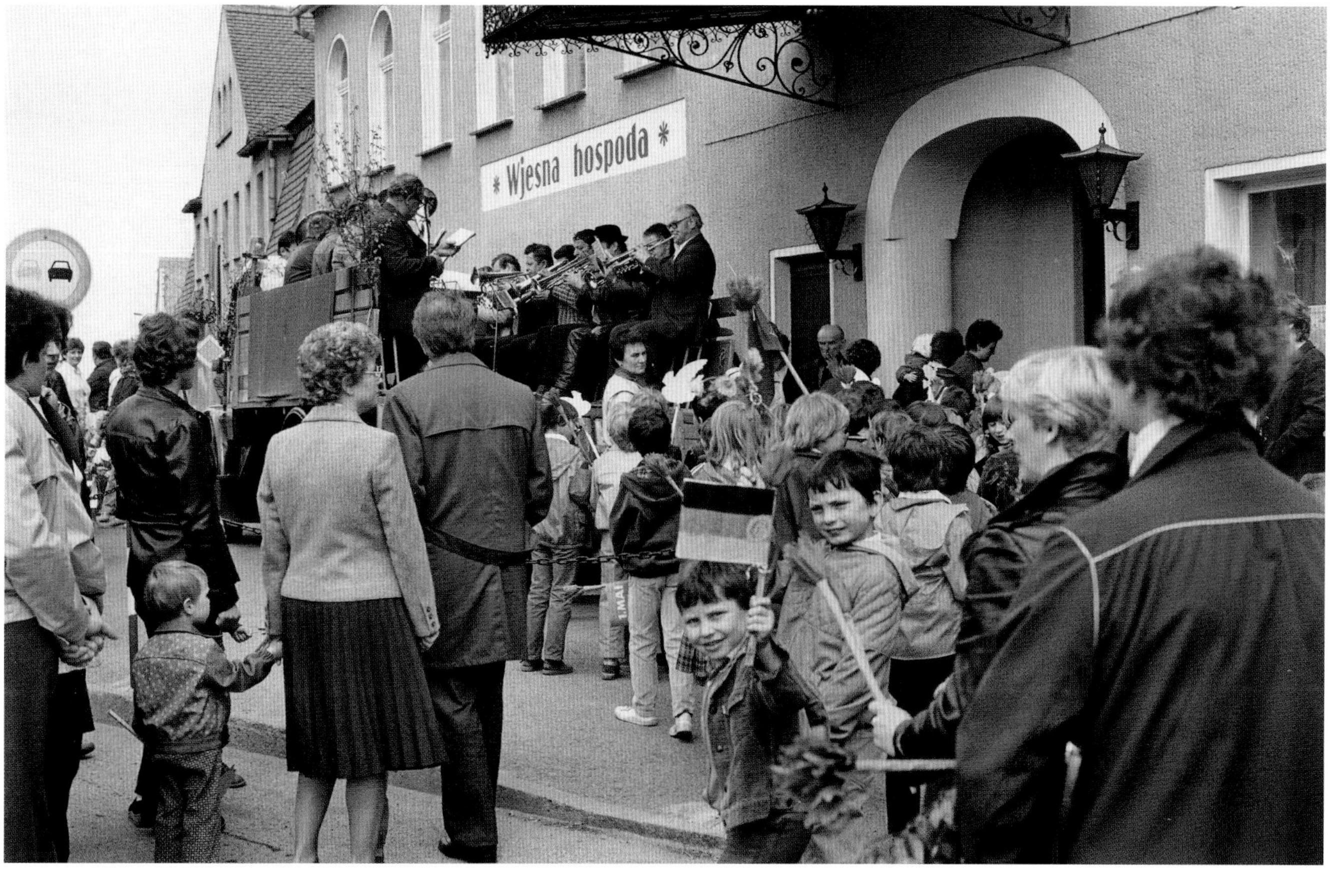

die sich die Sorben im Zusammenleben mit ihren deutschen Nachbarn verständigt hatten. Aber sie ist auch, so scheint mir, die Form des jahrhundertelangen Überlebenswillens, mit denen die Sorben den Deutschen begegnen.«[12] Viele der Wuischker Gäste machten sich ähnlich wie Czechowski, häufig buchstäblich, ihren persönlichen Reim auf das Sorbische in der Lausitz. Eine komplett andere, geduldete Wirklichkeit neben und in der offiziellen Realität – dieses für die DDR außergewöhnliche Erlebnis[13] fand sein Echo so im Werk sehr unterschiedlicher Künstlerinnen und Künstler. Hier ist nicht der Ort, um Wuischke/Wuježk dergestalt nachzuspüren; ein solches Sammlungsunternehmen steht als großes Desiderat, nicht zuletzt auch aus der Perspektive der Sorabistik und einer am deutsch-sorbischen Kontakt interessierten Lausitzer Kultur- und Beziehungsgeschichte, noch aus. Wie hierbei in einer solchen Kompilation die beiden Welten der Dorfbevölkerung und des Künstlerkreises immer wieder in der

11 Heinz Czechowski: Im verlorenen Paradies, in: ders.: Nachtspur. Gedichte und Prosa, Zürich 1993, S. 46–54, hier S. 49 f.

12 Ebd., S. 51.

13 Mehr zu diesem Aspekt in: Robert Lorenz: Schlesische Metamorphosen. Ethnografie Görlitzer Identitätserzählungen nach 1990, Bautzen 2018, S. 35 f.

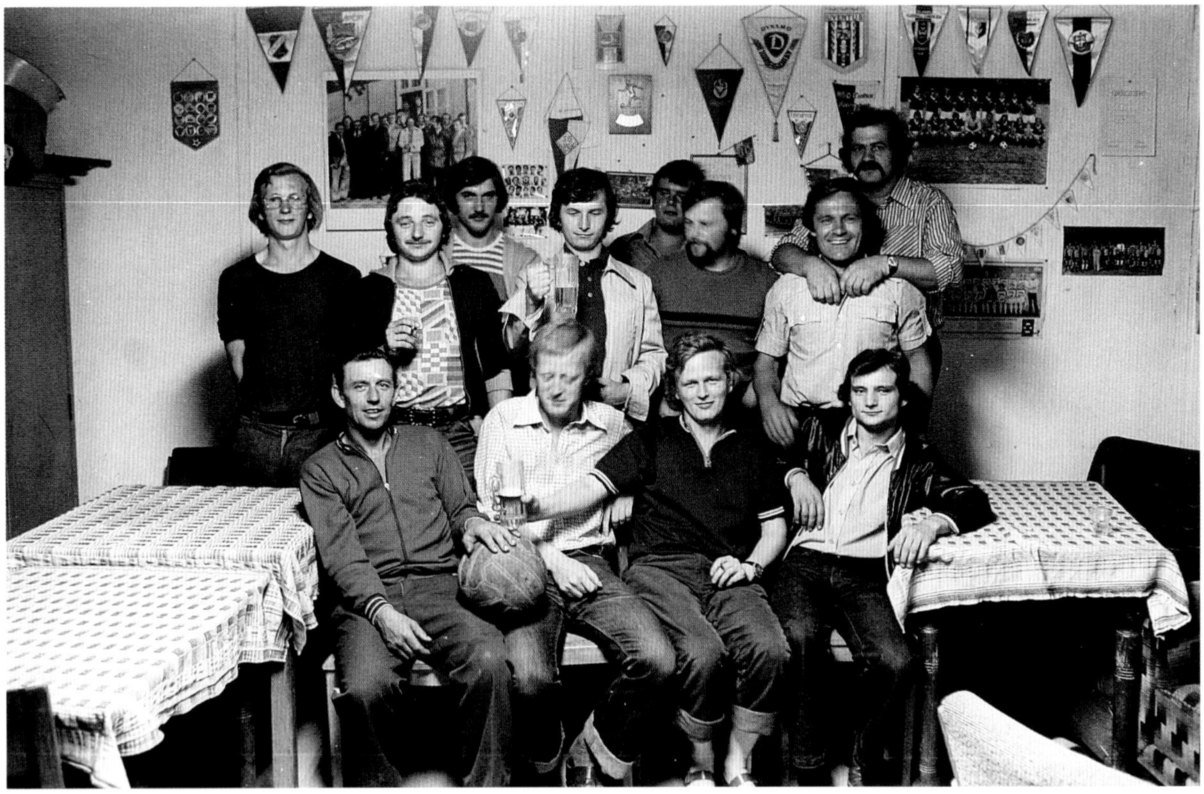

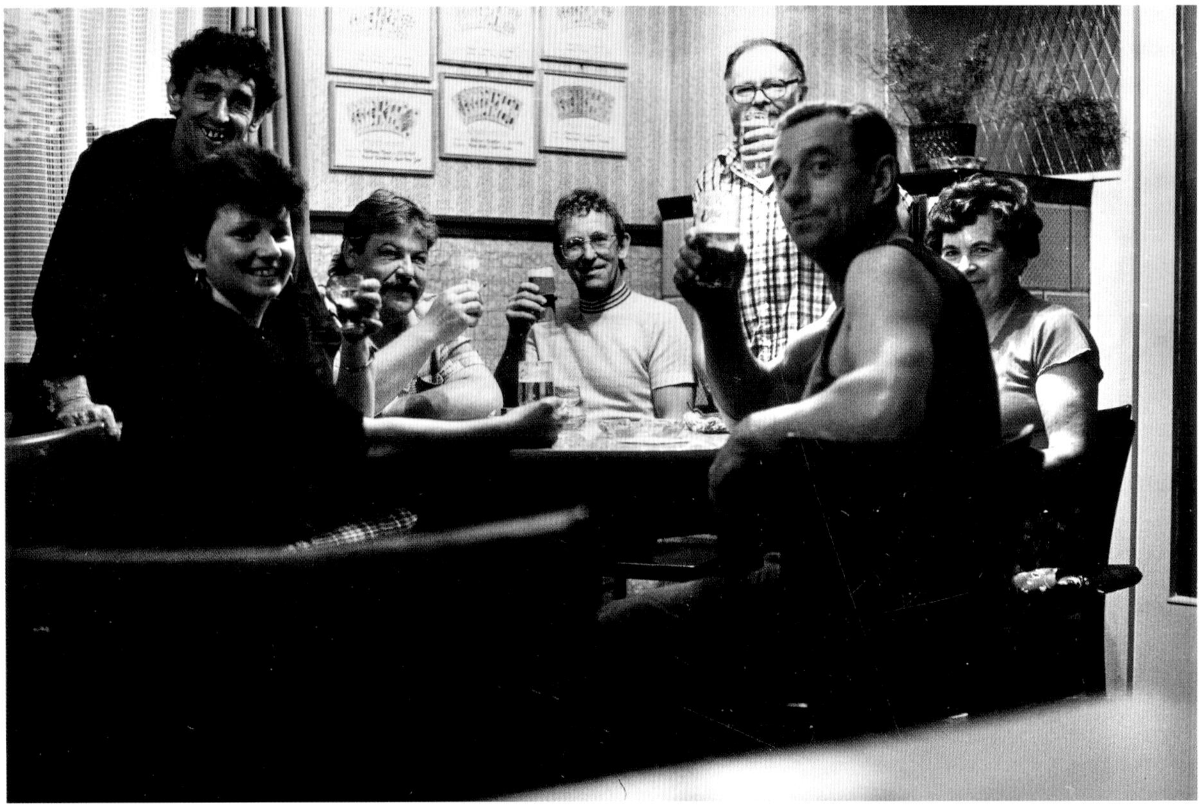

Abb. 12 (links oben)

CHRISTIAN BORCHERT | *Im Vereinsheim der Fußballer von Wuischke* | 1978

Abb. 13 (links unten)

CHRISTIAN BORCHERT | *Gemeinsam mit Kito Lorenc (hinten rechts, stehend) in der Dorfkneipe von Meschwitz/Mješicy* | 1988

Die Gaststätte existiert heute nicht mehr.

Perspektive der Künstler das Gespräch aufnehmen würden,[14] soll an einem kleinen Beispiel verdeutlicht werden, das zugleich die Brücke zu den Wuischker Fotografien Christian Borcherts schlagen hilft.

Als das Ehepaar Endler/Erb die einstige Wassermühle des Dorfes erwarb, war Bestandteil des Vertrags, dass die langjährige Bewohnerin des Hauses, die Rentnerin Emma Urban, ihr Wohnrecht in einigen Räumen der Mühle behielt. Frau Urban war damit bis zum Ende des Bestehens des Kreises im Jahr 1990 eine der präsentesten Personen »des Dorfes« im Alltag der Künstler, ihrer Familien und ihrer Sommergäste und fand als solche auch den Weg in ihr Schreiben und Dichten. Bei Adolf Endler liest sich das in einem mit »Nachrichten aus dem sozialistischen Dorf« überschriebenen Tagebuchfragment aus dem Februar 1983 so: »Schließlich die drei oder vier Warzen an meinem Körper, ach, wie krieg' ich die wieder los? – ›Damals‹, sagt Frau Urban, ›damals haben wir unsere Warzen ganz einfach zum Verschwinden gebracht; von der Nachgeburt einer Kuh wurde bei abnehmendem Mond ein Stückchen abgeschnitten, mit diesem Stück die Warze bestrichen und das Gedicht aufgesagt: ›Was ich sehe, das bestehe,/Was ich streiche, das vergehe ...‹ – Ja, so ist es damals, in der vorsozialistischen Ära gewesen!, klingt es in der Beschreibung durch Frau Urban bedauernd und antisozialistisch mit. Ich werde mich mit meiner Warzenträchtigkeit abfinden müssen.«[15] Bei Kito Lorenc ist Emma Urban Ausgangspunkt für das Wortspiel eines Gedichts,[16] womit er Endlers Perspektive noch ein paar Umdrehungen weitertreibt:

Urbanität

Was heißt hier Urbanität!
Meint Frau Urban im Dorf:
Der sogenannte urbane Mensch
ist ein Schwein,
wie mein geschiedener Mann,
der war aus der Großstadt
und dort wollte er auch wieder hin,
damit ihn keiner erkennt,
wenn er mit seinen diversen Weibern
rumurbanisiert

In beiden Texten wird deutlich, wie Endler und Lorenc mit dem im Horizont des Dorfes gegründeten Ausgangsmaterial spielen, es seines realen Kontextes entheben, es künstlerisch weiterverarbeiten und neu kontextualisieren. In ähnlicher Art und Weise wurden Wuischke und seine Menschen immer wieder zum Zündfunken und dienten keineswegs nur als Hintergrundrauschen für den zeitweilig vollzogenen Ausstieg aus dem Alltag der DDR einiger freigeistiger Künstler. Auch für Christian Borchert – der Frau Urban auf einem seiner gelungensten Wuischke-Bilder verewigte.[17]

Christian Borchert stieß in der Mitte der 1970er Jahre durch seine Freundschaft mit dem Ehepaar Endler/Erb zum Wuischker Kreis. Er gehörte in den Jahren darauf zu den (nach Möglichkeit) jährlich eintreffenden Gästen und hielt auch über das Ende des Kreises 1990 hinaus Kontakt zur

14 Dem Motiv des Gesprächs mit der sorbischen Dorfbevölkerung geht Kito Lorenc in einem Wuischke-Prosatext aus dem Jahr 1978 dezidiert nach: Kito Lorenc: Einstand, in: ders.: Der zweiseitige Beitrag. Prosastücke, Bautzen 2015, S. 38–45.

15 Adolf Endler: Tarzan am Prenzlauer Berg. Sudelblätter 1981–1983, Leipzig 1994, S. 214 f.

16 Kito Lorenc: Urbanität, in: ders.: Erinnerung an eine Nacht im Freien, Klagenfurt 2009, S. 56.

17 Ein anderes Beispiel für eine solche Wiederkehr einer Person aus dem »Gastort« einer Künstlerkolonie im Werk verschiedener ihrer Mitglieder ist der Fischer Lars Gaihede aus dem nordjüdländischen Skagen, wo von 1874 bis ca. 1900 einer der einflussreichsten skandinavischen Malerzirkel bestand. Siehe: Voss, Knud: Die Maler des Lichts. Nordische Kunst auf Skagen, Weingarten 1995.

Abb. 14

CHRISTIAN BORCHERT | *Emma Urban, die Alt-Mieterin der Wassermühle des Ehepaars Endler/Erb, mit ihrem Fahrrad vor dem Dorfkonsum von Wuischke* | 1987

Das Geschäft schloss kurz nach der deutschen Wiedervereinigung.

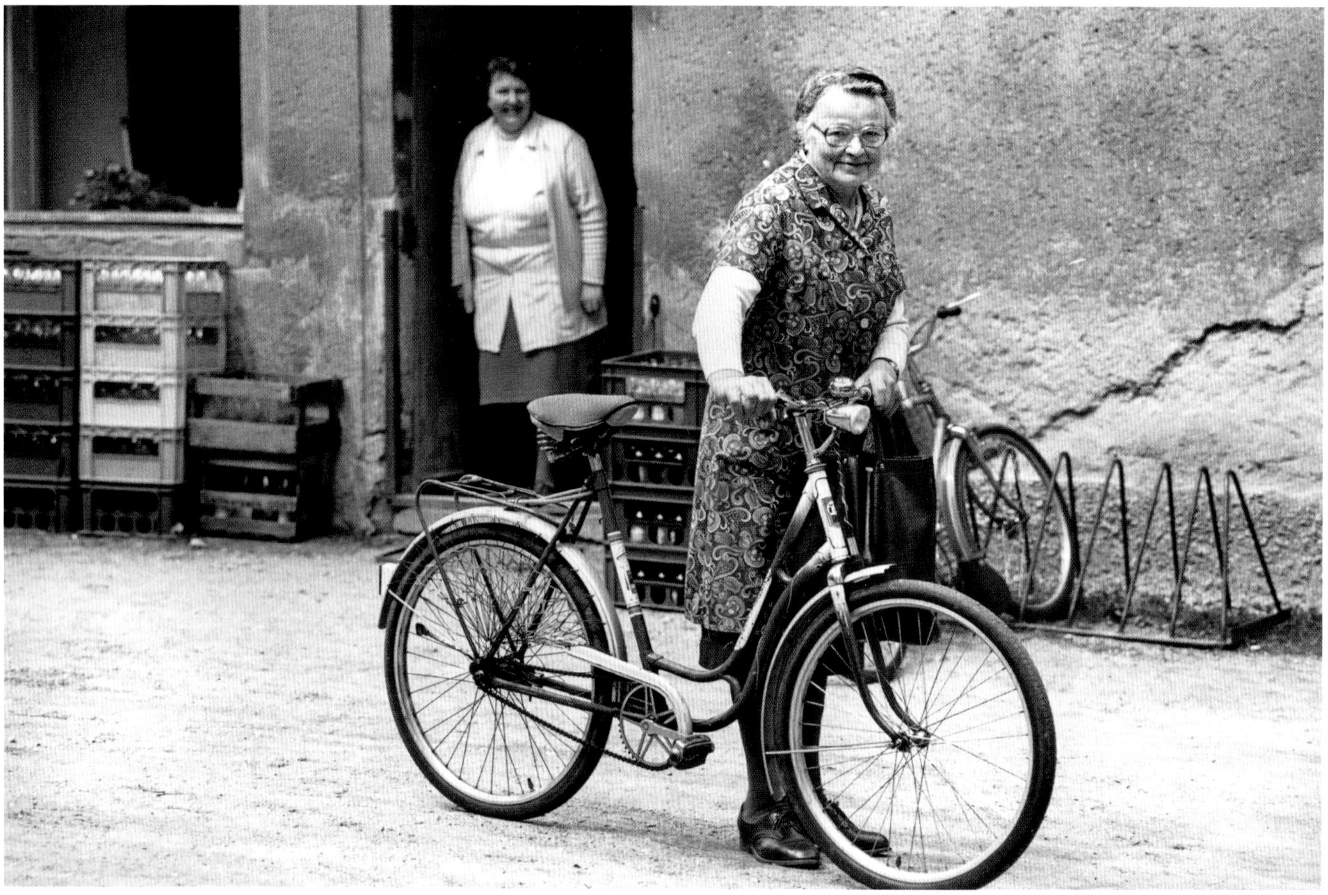

befreundeten Familie von Kito Lorenc.[18] Die Stetigkeit seiner Besuche in Wuischke wird in eindrucksvoller Weise durch die Familienbildserie der Familie Lorenc dokumentiert, die Borchert jeweils einmal im Jahr vor der stets gleichen Ecke ihres Hauses ablichtete. Die insgesamt 16 Bilder decken den Zeitraum zwischen 1979 und 1997 ab.[19] Dass Wuischke mit seinen Dichterfamilien für den allein lebenden freischaffenden Fotografen über Jahre hinweg mehr war als ein regelmäßig aufgesuchter Urlaubsort,[20] wird nicht zuletzt daran deutlich, dass sich Borchert in den 1980er Jahren zeitweise selbst mit der Absicht trug, im benachbarten Meschwitz/Mješicy ein kleines Häuschen zu erwerben.

Gibt man in der Suchmaske der Deutschen Fotothek Dresden, in der Borcherts fotografischer Nachlass bewahrt wird, den Suchbegriff »Wuischke« ein, so erhält man genau 80 Treffer. Der Motivkreis erweitert sich noch etwas, wenn man einzelne Mitglieder des Künstlerkreises sucht. Damit stellen Borcherts Fotos den größten bisher bekannten bildkünstlerischen Beitrag aus dem Kontext des Wuischker Kreises dar. Im Rahmen seines Gesamtwerks lassen sich einige der Wuischker Motive in bekannte Langzeitprojekte wie die Künstler- und Familienporträts einordnen. Es finden sich aber auch bei Borchert sonst eher selten auftretende Freiluft-Stillleben ohne Menschen. Einzelne der fotografisch festgehaltenen

Szenen aus den Dörfern am Czorneboh können schließlich zu seinen bis heute besonders gern gezeigten, fein beobachteten DDR-Alltagssituationen gezählt werden. Wenn es also einerseits geboten ist, seine Bilder aus Wuischke in den Kontext seines übrigen Schaffens zu stellen, so bleibt andererseits festzuhalten, dass Borchert am Czorneboh nicht nur Motivsuche betrieb, sondern seine Bilder durch die über die Jahre hinweg gepflegten Freundschaften ebenso eine starke private Komponente enthalten. Auch in Wuischke war Christian Borchert das, was er in seiner von August Sander inspirierten Arbeit immer sein wollte: der Chronist. Zugleich war er aber auch der fotografierende Freund.

In der in dieser Doppelrolle getroffenen Motivauswahl Borcherts finden sich aus Wuischke so gut wie keine Aufnahmen, die gängigen Bildklischees »der Boheme« und ihrem gern als besonders feieraffin imaginierten Lebenswandel entsprechen. Vielmehr begegnen uns sensible Stillleben und Porträts, die das über Jahre hinweg gewachsene Vertrauen der Abgebildeten zum Fotografen dokumentieren. Die dritte Gruppe umfasst Bilder, die Borchert »draußen im Dorf« aufgenommen hat. Besonders auf sie trifft einmal mehr die Beschreibung von Borcherts Werkethos zu, das Katja Leiskau 2011 so umriss: »In seiner Arbeit ist präzise Gegenwartsschilderung untrennbar verbunden mit dem Bedürfnis des Bewahrens von Gewesenem. Er stellte seine Mitmenschen respektvoll und ohne Beschönigung ihrer Lebenszusammenhänge dar. Eine gewisse Tristesse des ostdeutschen Alltags kommt deutlich zum Ausdruck, indes unterlegt mit einer Würde, die aus Wahrhaftigkeit entsteht und von einer gewissen Einvernehmlichkeit mit den Verhältnissen und einer Zuneigung zu den Dargestellten zeugt.«[21] Borchert wiederholt hier auf fotokünstlerischer Ebene, was an den Textbeispielen von Czechowski, Endler und Lorenc zuvor bereits aufgezeigt wurde – es ist die Neugierde am Leben der Menschen in der Nachbarschaft der Künstlerkolonie, das dadurch Eingang in die eigene künstlerische Betrachtung erfährt. Mal entstehen seine Bilder in Begleitung eines der Künstlerfreunde, mal ohne. Sie zeigen Ausschnitte aus dem Leben eines durch die LPG geprägten, etwas abgelegenen kleinen Dorfes in der deutsch-sorbischen Oberlausitz, wobei Elemente des »traditionellen« Dorflebens neben solchen der sozialistischen Zeit stehen. Viele der abgebildeten älteren Menschen gehören zur letzten Generation der sorbischen Muttersprachler im Ort, und auch andere Aspekte der jüngeren Kultur- und Transformationsgeschichte der Oberlausitz scheinen in ihnen auf. Neben diesem wichtigen zeitgeschichtlich-dokumentarischen Aspekt bleibt aber wie immer bei Christian Borchert ebenso hier die zeitlose bildsprachliche Qualität und zarte Schönheit seiner Fotos als eigener Wert stehen. In der noch zu schreibenden Geschichte und Werkschau der Wuischker Dichterinnen und Dichter werden sie als Bild-Texte ihren eigenen, bedeutsamen Platz einnehmen.

---

18 Wie eng diese Freundschaft war, belegt unter anderem die Tatsache, dass Borchert Kito Lorenc gestattete, Fragmente des Tagebuchs seines verstorbenen Vaters für eine zentrale Passage der 1994 uraufgeführten Tragigroteske »Die wendische Schiffahrt« zu verwenden. Vgl. Kito Lorenc: Die wendische Schiffahrt, Bautzen 2004, S. 131–136.

19 Vgl. Silke Wagler/Kai Wenzel (Hg.): Im Moment. Fotografie aus Sachsen und der Lausitz, Dresden 2017, S. 132–139.

20 Bei seinen Sommerbesuchen wählte Borchert in der Regel das Heck seines hinter der Scheune der Wassermühle geparkten Wartburg-Kombi als Schlafort. Auch in diesem Detail offenbart sich sein über die Jahre entwickelter einsamer Lebensstil.

21 Katja Leiskau: Bilder gegen das Verschwinden. Der Fotograf Christian Borchert (1942–2000), in: Jens Bove: Christian Borchert. Fotografien von 1960 bis 1996, Dresden 2011, S. 8–13, hier S. 8.

BERTRAM KASCHEK

Poetologie der Fotografie. Christian Borchert und der Wuischker Kreis

»Een jutet Foto muss sein wie een Jedicht.« Dieser verschiedentlich kolportierte Ausspruch zählte zu den Kernsätzen Arno Fischers, mit denen er sein »geniales Schweigen« während des Unterrichts in seiner Privatwohnung am Ost-Berliner Schiffbauerdamm bisweilen durchbrach.[1] Der Ausspruch selbst verkörpert in seiner epigrammatischen Kürze bereits das Formideal, das Fischer hier wohl vorschwebte: eine überschaubare Gestalt, deren konsonante oder dissonante, in jedem Fall aber wohlgegliederte innere Struktur schnell zu erfassen ist; eine Gestalt, deren Wirksamkeit nicht allein im Darstellungsgegenstand, sondern in ihrer formalen Organisation begründet ist; eine Gestalt, deren Wirkung auf die Betrachterinnen und Betrachter sich bereits entfaltet, bevor diese sie zur Gänze gelesen und analysiert haben; eine kunstvolle visuelle Klanggestalt also, die uns in Schwingung versetzt, uns nicht nur optisch anregt, sondern auch existenziell bewegt. Freilich hat Fischer seinen Ausspruch nicht selbst erfunden, sondern er schreibt damit – unter umgekehrten Vorzeichen – den horazischen Topos des »ut pictura poesis« (Ein Gedicht sei wie ein Gemälde) fort, der schon seit der Antike das Nachdenken über Kunst begleitet und zum gegenseitigen Vergleich zwischen bildkünstlerischer und literarischer Formgebung einlädt.[2] Dass nun Fischer die Fotografie der literarischen Kleinform des Gedichts zuordnet, zeugt von Bescheidenheit und Selbstbewusstsein zugleich. Denn die Selbstbegrenzung im Umfang geht mit dem Anspruch auf größtmögliche Verdichtung in Form und Inhalt einher. Fischer nimmt hier nicht nur die subjektive Ausdruckskraft lyrischen Sprechens für den Fotografen in Anspruch, sondern auch die Nähe der Gedichtform zum Zauberspruch: Jedes gelungene Foto müsse ein Geheimnis in sich tragen. Der alte Vorwurf an die Fotografie, sie könne bloß technische Abbilder liefern, soll damit entschieden zurückgewiesen werden.

Denkt man an einzelne bekannte Fotografien Arno Fischers, etwa sein Bild von der »Staten Island Ferry, New York« aus dem Jahr 1978, aus dem Berlin vor der Teilung durch die Mauer (Abb. 1) oder selbst einige seiner Modeaufnahmen, dann leuchtet Fischers Ausspruch vom Foto als einem Gedicht unmittelbar ein. Sie alle zeugen von einem nach authentischer Form strebenden fotografischen Gestus und sind zu eindringlichen, unvergesslichen Ikonen geworden, die zumindest den Anschein erwecken, sie würden »unabhängig von konkreten Entstehungskontexten [...] verallgemeinerungsfähige Aussagen« formulieren.[3]

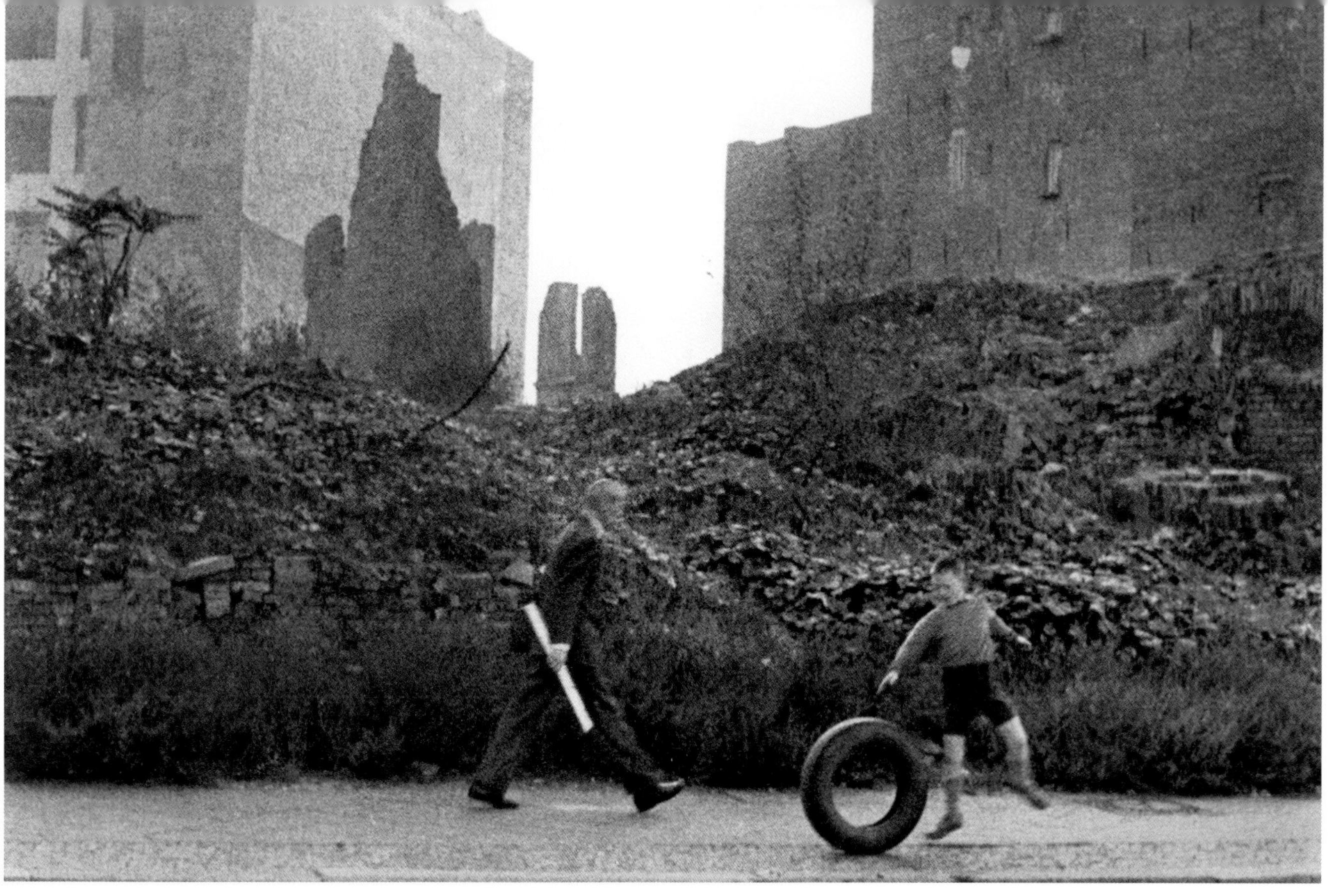

Abb. 1

ARNO FISCHER | *Friedrichstraße in Kreuzberg. West-Berlin* | 1956

Silbergelatinepapier

Denkt man hingegen an zentrale Werkkomplexe des Fotografen Christian Borchert, der im Zentrum dieses Beitrags steht, sind es vermutlich weniger lyrische Kategorien, die einem zunächst in den Sinn kommen. Denn mit Borchert und seinen Künstlerporträts, seinen Aufnahmen vom Wiederaufbau der Semperoper, seinen Familienporträts oder seiner Arbeit mit Filmbildern verbindet sich gemeinhin eher die Vorstellung eines nüchternen Dokumentarismus, der formal von der sachlichen Strenge eines systematisierenden Zugriffs auf seinen vorab konzeptuell bestimmten Gegenstand geprägt ist. Exemplarisch sei hier sein wohl bekanntester Werkkomplex herausgehoben: die »Familienporträts« von 1983 (und 1993).[4] Agneta Jilek hat diese Bildserie als eine Form »visueller Soziologie« charakterisiert, in der einerseits das einheitlich-typische Bild der Kleinfamilie in der DDR (bestehend aus einem verheirateten Elternpaar und relativ jungen Kindern) entworfen wird, zugleich aber auch das Fortbestehen verschiedener, sozial ausdifferenzierter Milieus in der vermeintlich klassenlosen Gesellschaft der DDR zur Anschauung kommt.[5] Der atmosphärische Grundton dieser fotografischen Bestandsaufnahme wirkt gewiss eher prosaisch als

1 Mündliche Mitteilung von Andreas Rost, Februar 2018. Vgl. auch Barbara Dietl/ Nadja Zobel: Die Studenten, in: Das Magazin, April 2002, S. 19, wo es über den Lehrer Arno Fischer aus studentischer Perspektive heißt: »Erahnt er eine Handschrift, so fördert er sie; weg von modischem Schnick-Schnack oder kommerziellen Tendenzen, hin zu einem eigenen Ausdruck. Im besten Fall heißt es dann schon mal ›det Bild is een Jedicht, det hat Poesie‹.«

2 Vgl. Rensselaer W. Lee: Ut Pictura Poesis. The Humanistic Theory of Painting, in: The Art Bulletin 22 (1940), S. 197–269.

3 Andreas Krase: Die Zeitlosigkeit des Moments oder die Aufhebung des Alltäglichen im Alltag: Der Photograph Arno Fischer, in: T. O. Immisch/Klaus E. Götze (Hg.): Arno Fischer. Photographien, Leipzig 1997, S. 137–147, hier S. 140.

4 Christian Borchert: Familienporträts. Fotografien 1974–1994, hg. von Mathias Bertram und Jens Bove, Leipzig 2014.

5 Agneta Jilek: Dokumentarische Fotografie und visuelle Soziologie. Christian Borcherts »Familienporträts« aus der DDR, in: Zeithistorische Forschungen/ Studies in Contemporary History 10 (2013), S. 321–330.

lyrisch, zumal dem Einzelbild in der auf ein strukturell-vergleichendes Sehen angelegten Serie – zumindest dem ersten Anschein nach – weniger Gewicht zukommt.

Gleichwohl dürfte es ein lohnendes Unterfangen sein, Borcherts fotografische Praxis und Bildsprache auf ihre Beziehungen zur zeitgenössischen Dichtung hin zu befragen. Denn ab Mitte der 1970er Jahre unterhielt er enge, teils sehr vertraute Beziehungen zu einer Reihe von Lyrikern. Und es besteht guter Grund zur Annahme, dass diese engen Verbindungen sein Verständnis von Fotografie als Kunstform nicht unberührt gelassen haben. So sollen im Folgenden zunächst jene Evidenzen zusammengetragen werden, die nahelegen, dass Borchert ein größeres Interesse an Literatur und Dichtung hatte, und die darauf hindeuten, dass er die Nähe von Dichtern gezielt gesucht hat. Neben persönlicher Sympathie und künstlerischer Affinität mag hier bisweilen auch ein Moment strategischen Kalküls mit im Spiel gewesen sein. Im Zentrum meiner Überlegungen soll die zweite Hälfte der 1970er Jahre stehen, in der sich ein deutlicher Wandel in Borcherts fotografischer Arbeit erkennen lässt, der – so meine These – nicht zuletzt durch seine Auseinandersetzung mit poetologischen Fragen beflügelt worden ist. Angesichts der stark dogmatischen Ausrichtung der offiziellen Fototheorie in der DDR bot das Nachdenken von Dichterinnen und Dichtern über Fragen von Form und Wirklichkeitsbezug lyrischen Schreibens Borchert ein alternatives Theorieangebot zur Ausarbeitung seiner eigenen ästhetischen Haltung.

CHRISTIAN BORCHERTS WEG ZU DEN DICHTERN

Ein früher Hinweis auf Borcherts literarische Interessen findet sich in der Mappe seiner Fotografenfacharbeiterprüfung von 1967, die vier auf Karton gezogene Fotografien enthält.[6] Neben einem eindrücklichen Porträt seines Vaters Erich Borchert (als Typus des charaktervollen Arbeiters), einer Aufnahme der Baustelle der Prager Straße in Dresden (die im Sinne des Neuen Sehens und der Bauhaus-Ästhetik formale Strukturen betont) und einer Nachtaufnahme der Berliner Karl-Marx-Allee am Straußberger Platz (die mit den Leuchtreklamen für Pentacon-Kameras und ORWO-Filme auch eine medienreflexive Dimension besitzt) findet sich eine fotografische Arbeit (Abb. 2), die offenbar als Entwurf für ein Plakat gedacht war, das junge Menschen zur Lektüre anregen sollte. In leicht schräger Aufsicht blicken wir auf die Rücken von zwölf gebundenen Büchern, deren Auswahl zum einen ihren typografisch interessant gestalteten Einbänden, zum anderen aber sicher auch ihrem Inhalt geschuldet ist. Auffällig sind hierbei die internationale Ausrichtung des vorgeschlagenen Lektüreprogramms und die fast vollkommene Abwesenheit von Autoren aus der DDR. Als einziger Vertreter wirkt Hermann Kant mit seinem Roman »Die Aula« (1965), dessen Treue zum DDR-Staat bei aller ironischen Kritik an den Verhältnissen für die meisten Rezensenten offenbar nicht infrage stand, fast schon wie ein pflichtschuldiges Alibi.[7] Mit Ernest Hemingway (»49 Stories«, Aufbau Verlag, 1965), Jean-Paul Sartre (»Die Wörter«, Aufbau Verlag, 1965) und Max Frisch (»Mein Name sei Gantenbein«, Verlag Volk und Welt, 1966) werden dagegen in der DDR als dekadent

6 Berlinische Galerie – Museum für Moderne Kunst, Fotografie und Architektur, Nachlass-Inv.-Nr. 03.03.01. bis 03.03.04.

7 Zur zeitgenössischen Rezeption von Kants Roman vgl. Wolfgang Emmerich: Kleine Literaturgeschichte der DDR, Berlin 1997, S. 203f.

8 Lenins Begriff der »Parteilichkeit« wurde im Wesentlichen von Berthold Beiler – parallel zur Bitterfelder Konferenz – im fotografischen Diskussionszusammenhang verankert. Vgl. Berthold Beiler: Parteilichkeit im Foto, Halle/Saale 1959.

9 Für eine genauere Rekonstruktion der Konzeption und Rezeption dieses Projekts vgl. Bertram Kaschek: Face to Face. Christian Borchert's Artist Portraits from 1975/76, in: Journal for Modern European History 16 (2018), S. 545–566.

Abb. 2

CHRISTIAN BORCHERT | *Foto-Grafik als Teil von Borcherts fotografischer Facharbeiterprüfung* | 1967

Silbergelatineabzug auf Karton aufgezogen

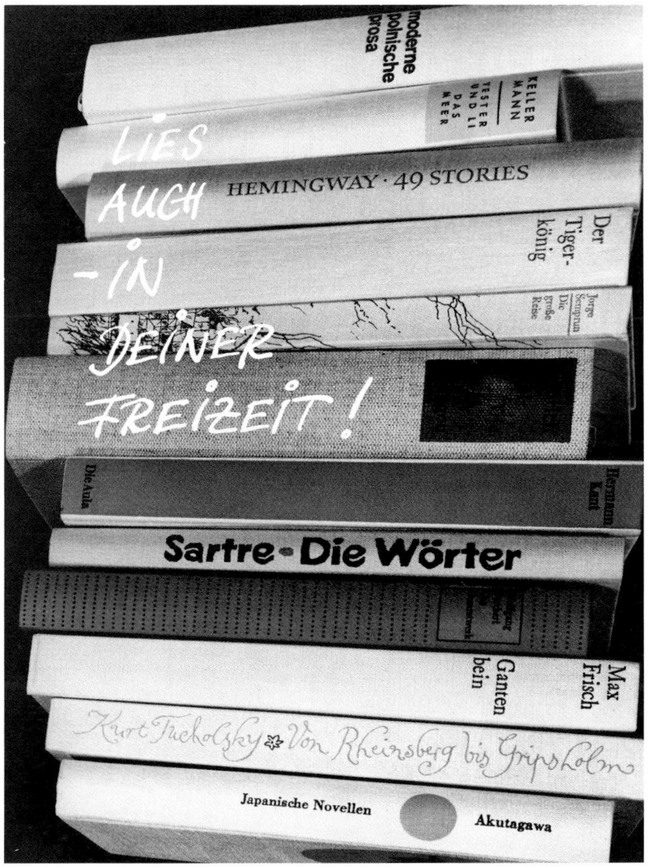

und bürgerlich geltende Autoren – wenn auch immerhin in Ost-Editionen – zur Lektüre empfohlen. Lyrik taucht in dieser frühen Auswahl nicht auf. Was sich jedoch bereits zeigt, ist eine zwar leise, aber deutlich artikulierte Distanzierung Borcherts von den Vorgaben und Erwartungen des Systems. Anders als bei dem zur gleichen Zeit ausgeführten Fotoauftrag für den propagandistischen Bildband »Ich schwöre« über die Nationale Volksarmee, zu dem Borchert 167 linientreue Armee- und Manöver-Fotos beisteuerte, ließ er sich bei seiner Prüfungsaufgabe nicht auf die allgemein geforderte »Parteilichkeit« verpflichten.[8] Der eher scheue und ängstliche Borchert, der auch später nie die offene Konfrontation mit staatlichen Autoritäten suchte, testete hier vorsichtig die Möglichkeiten geistiger Bewegungsfreiheit im Realsozialismus. Es sollte jedoch noch Jahre dauern, bis er sich zu einer freiberuflichen Existenz entschloss. Zunächst trat er im Mai 1970 in die Redaktion der »Neuen Berliner Illustrierten« (NBI) ein und nahm dann knapp ein Jahr später ein Fernstudium der Fotografik an der Hochschule für Grafik und Buchkunst (HGB) Leipzig auf, das er im Herbst 1974 abschloss. Wenig später, im April 1975, kündigte er bei der NBI, um von nun an als freiberuflicher Fotograf tätig zu sein.

Sein erstes großes Projekt in der Freiberuflichkeit, eine umfangreiche Serie von Künstlerporträts, entstand vom Frühjahr 1975 bis zum Herbst des Folgejahrs. Borchert suchte in diesem Zeitraum über 200 Künstlerinnen und Künstler auf, zunächst vor allem Maler und Bildhauer, dann auch Filmschaffende, Komponisten und Schriftsteller. Dabei fotografierte er seine Modelle zumeist aus der Halbdistanz und immer in die Kamera blickend in ihren Wohn- oder Atelierräumen, das heißt ihren privaten und kreativen Rückzugsorten.[9] Die erste umfangreiche Schau mit Bildern dieser Serie war die Ausstellung »Schriftsteller vor der Kamera«, die am 18. November 1976, also nur zwei Tage nach der Ausbürgerung Wolf Biermanns, in der Berliner Buchhandlung »Das internationale Buch« eröffnet wurde. Diese Ausstellung zur rechten Zeit am rechten Ort rückte Borchert mit einem Schlag ins Rampenlicht der intellektuellen Öffentlichkeit der DDR. Denn etwa die Hälfte der rund 40 dort im Porträt gezeigten Schriftsteller hatte die von Stephan Hermlin und Stefan Heym initiierte Petition gegen Biermanns Ausbürgerung unterschrieben. So musste die Schau, obwohl von langer Hand geplant, als spontane kunstpolitische Intervention erscheinen. Entsprechend groß war die Aufmerksamkeit des Publikums.

Werkbiografisch bedeutsam sind die Künstlerporträts für Borchert vor allem deshalb, weil er durch dieses Projekt zur

Künstlerszene der DDR aufschließen konnte, der er als Sohn eines Sattlers und einer Büglerin keineswegs von Haus aus angehörte. Die Serie, die ihn in die Lebens- und Produktionsräume der unterschiedlichsten Künstler führte, erschloss ihm eine neue Welt, und es ist davon auszugehen, dass Borchert das Projekt ganz bewusst zu diesem Zweck an den Anfang seiner Freiberuflichkeit gestellt hatte. Der große öffentliche Erfolg dieser Bilder ebnete ihm dann gewiss auch den Weg zur Aufnahme in den Verband Bildender Künstler im November 1977. Bereits im Februar desselben Jahres hatte das Dresdner Kupferstich-Kabinett ein Konvolut von 70 Künstlerporträts für seine Sammlung erworben. Und schließlich wurden acht seiner Künstlerporträts in die große Hallenser Ausstellung »Medium Fotografie« aufgenommen. Als jüngster Teilnehmer dieser Überblicksschau kam Borchert die Rolle zu, eine weit zurückreichende Tradition künstlerischer Fotografie bekrönen zu dürfen.[10]

Trotz all dieser Erfolge haderte Borchert sehr bald mit vielen Bildern aus dieser Serie – nicht zuletzt, weil er in ihnen seinen forcierten Willen zu Komposition und formaler Bildgestaltung erkannte, der heute noch an den oft über 100 Aufnahmen umfassenden Kontaktbögen pro porträtierter Person nachvollziehbar ist. Bereits 1978 vermerkte Borchert in einem Brief an Alfred Neumann vom Fotokinoverlag, die Künstlerporträts seien für ihn weniger aufgrund der entstandenen Fotografien als vielmehr aufgrund der Begegnungen mit wichtigen Künstlern und deren Werken von Bedeutung.[11] Borchert hatte sich auf jede dieser Porträtsitzungen nach bestem Vermögen vorbereitet – im Falle der Schriftsteller nicht zuletzt durch Lektüre, wie aus der begleitenden Korrespondenz deutlich wird. Weitere Dokumente aus seinem Nachlass belegen sein zu dieser Zeit erwachendes Interesse an zeitgenössischer Lyrik: etwa eine ganze Reihe von Tonbändern mit Rundfunkmitschnitten von Lesungen und Diskussionen aus den Jahren 1975 bis 1977 – unter anderen mit Volker Braun, Rainer Kirsch, Bernd Jentzsch oder Christa Wolf, vor allem aber mit den besonders systemkritischen Autoren Wolf Biermann und Reiner Kunze.[12] Zudem finden sich in seinen Unterlagen händische Abschriften von Gedichten aus Reiner Kunzes kontroversem Gedichtband »Sensible Wege« (1969) auf einem benutzten Briefumschlag.

Die Jahre ab 1975 bedeuteten für Borchert eine intensive Annäherung an Fragen des künstlerischen Schaffens und an künstlerische Lebensformen. Sie müssen für den bislang vor allem im Rahmen funktionsgebundener Bildproduktion tätigen Fotografen eine ungeheure Befreiung und Herausforderung zugleich dargestellt haben. Denn im Rahmen seines tendenziell enzyklopädisch angelegten Projekts, das weder den Dissidenten noch den staatstreuen Künstlern einen klar erkennbaren Vorzug gab, kam er mit Persönlichkeiten zusammen, deren Temperamente und ästhetische Zielstellungen oft sehr weit auseinanderlagen. Hier ist es nun besonders interessant, dass es gerade die Lyriker waren, zu denen Borchert sich offenbar hingezogen fühlte und mit denen er auch über das Porträtprojekt hinaus engere Kontakte unterhielt. Zunächst schloss er zu einer Gruppe von Dichtern auf, die ab den frühen 1970er Jahren in der sorbischen Oberlausitz, genauer in Wuischke/Wuježk am Czorneboh, nach und nach drei beieinanderliegende Gehöfte erworben hatten, um in größtmöglicher Distanz zum offiziellen Kulturbetrieb zu leben und zu arbeiten. Den Anfang hatte hier das in Berlin am Prenzlauer Berg lebende Dichterehepaar Elke Erb und Adolf Endler mit dem Erwerb eines alten Mühlgebäudes gemacht, das als Sommerresidenz dienen sollte. Wenig später zog die Familie ihres sorbischen Kollegen Kito Lorenc dauerhaft in den Nachbarhof. Und schließlich kaufte der in Halle ansässige Heinz Czechowski ein weiteres benachbartes Umgebindehaus, um es gemeinsam mit seiner damaligen Partnerin notdürftig instand zu setzen.[13]

Borchert besuchte Wuischke zum ersten Mal im Juni 1976, um Porträtaufnahmen von Elke Erb, Adolf Endler und Kito Lorenc zu machen. Ab 1978 zählte er dann über zwei Jahrzehnte zu den regelmäßigen Sommergästen in Wuischke.[14] In Berlin freundete er sich zudem in den späten 1970er Jahren mit dem Lyriker Richard Pietraß an, der für ihn ein besonders intimer Vertrauter wurde. Und schließlich trat Borchert ab 1981 in Dresden wieder in – teils sehr regen – Kontakt zu seinem Kindheits- und Schulfreund Peter Gehrisch, der zu diesem Zeitpunkt noch als Lehrer tätig war, gerade aber auch als Lyriker hervorzutreten begann. Darüber hinaus zählte Bernhard Theilmann, »schlosser und verseschreiber« sowie Mitbegründer der Dresdner Obergrabenpresse und nach der Wende des Stadtmagazins »SAX«, zu seinem engeren Freundeskreis.[15]

Mit Erb, Czechowski, Pietraß und Gehrisch kam es im Laufe der Jahre verschiedentlich zu gemeinsamen Projekten: Die vier Genannten haben Texte für und über Borchert verfasst, die in Katalog- und Buchpublikationen eingegangen sind. Kito Lorenc wiederum nutzte Tagebuchaufzeichnungen von Borcherts Vater für sein 1993 geschriebenes und 1994 in Bautzen uraufgeführtes Theaterstück »Die wendische Schiffahrt«.[16] Erich Borchert (1900–1980) war ab den späten 1940er Jahren von der Idee eines eigenhändigen Bootsbaus geradezu besessen gewesen und hatte über 20 Jahre lang in einem Schuppen in Dresden-Pieschen an einem Jollenkreuzer gezimmert. Er träumte von einer Segelreise auf der Elbe, dem offenen Meer entgegen, doch bei der Jungfernfahrt schlug das Boot bereits kurz vor Torgau leck.[17] Christian Borchert hat diese Geschichte unter Freunden immer wieder detailreich nacherzählt, und Lorenc hat schließlich Elemente daraus in seine Theatergroteske über einen sorbischen Erfinder eingearbeitet, dessen historisches Vorbild – der in der Lausitz als »Kanal-Wirth« bekannte Johann Paul Wirth (1878–1945) – den ehrgeizigen Plan verfolgte, die Spree schiffbar zu machen und so die Lausitz mit der großen weiten Welt zu verbinden.

Dass die Geschichte seines Vaters Eingang in die sorbisch-deutsche Literatur fand, muss Borchert berührt haben, hatte er doch selbst den Bootsbau des Vaters nicht nur über viele Jahre mit der Kamera begleitet, sondern den Vater die Geschichte von Plan, Bau und Jungfernfahrt bereits 1975 auch auf Tonband sprechen lassen.[18] Für sein eigenes Schaffen und seine Karriere als künstlerischer Fotograf waren freilich die direkt auf ihn bezogenen Texte seiner Dichterfreunde von größerem Belang. Der fotohistorisch gut informierte Borchert wird sich im Klaren darüber gewesen sein, welch entscheidende Rolle literarische Begleittexte für die Wahrnehmung und historische Rezeption von Fotografien immer schon gespielt haben. Als Bewunderer von August Sander stand ihm gewiss dessen Erstveröffentlichung »Antlitz der Zeit« (1929) vor Augen, die mit einem einleitenden Essay von Alfred

10 Andreas Hüneke u. a. (Hg.): Medium Fotografie, Halle 1977, S. 212–215.

11 Sächsische Landesbibliothek – Staats- und Universitätsbibliothek (= SLUB) Dresden, Handschriftensammlung, Mscr. Dresd. App. 2802, 2264 (5–6).

12 SLUB Dresden, Mediathek, Tonbänder aus dem Nachlass von Christian Borchert.

13 Vgl. Heinz Czechowski: Die Pole der Erinnerung: Autobiographie, Düsseldorf 2006, S. 157–159.

14 Vgl. Robert Lorenz: Fotografie gegen das Verschwinden. In Erinnerung an Christian Borchert, https://brotlos.weebly.com/fotografie-gegen-das-verschwinden.html (letzter Zugriff am 5. 8. 2018). Vgl. auch den Beitrag von Robert Lorenz im vorliegenden Band, S. 28–39.

15 Zit. nach Detlef Krell: Biografische Notizen – Bernhard Theilmann, S. 7, Beiheft zu Bernhard Theilmann: Das Geheimnis der Brücken. Gedichte, Dresden 2019.

16 Kito Lorenc: Die wendische Schiffahrt. Zwei Dramen, Bautzen 2004.

17 SLUB Dresden, Handschriftensammlung, Mscr. Dresd. App. 2808, 121–131.

18 Ein Fotoalbum zum Bootsbau findet sich in Borcherts schriftlichem Nachlass: SLUB Dresden, Handschriftensammlung, Mscr. Dresd. App. 2802, 540. Die Tonbänder verwahrt die Mediathek der SLUB Dresden: Tonbänder aus dem Nachlass von Christian Borchert [46].

Abb. 3

CHRISTIAN BORCHERT | *Porträt Heinz Czechowski* | 1976

Silbergelatinepapier

Abb. 4 (rechts)

CHRISTIAN BORCHERT | *Kontaktbogen zum Porträt Heinz Czechowski*

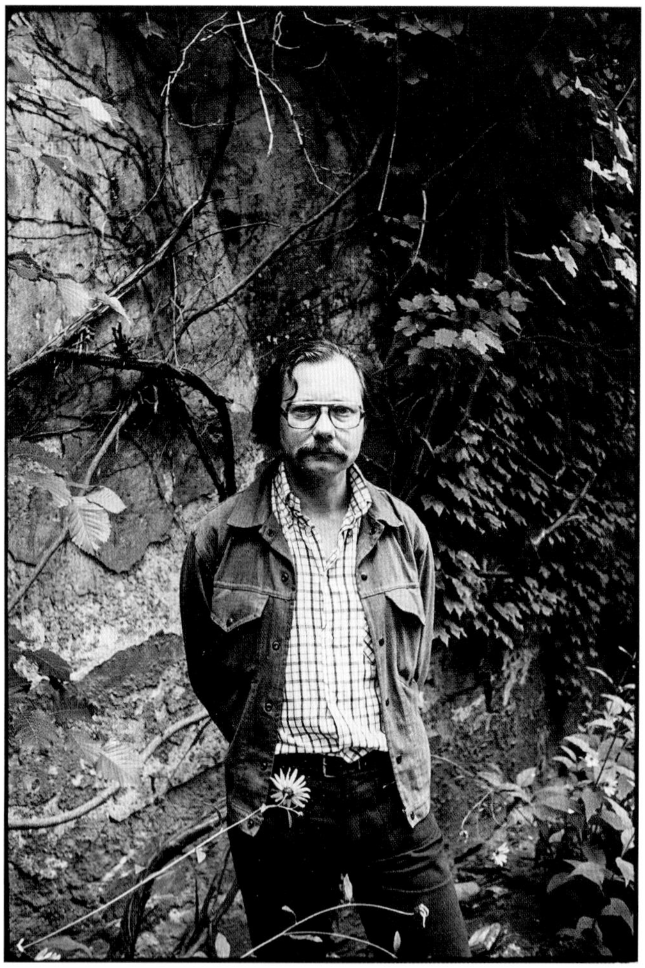

Döblin versehen war. Vom Prestige Döblins, der zu diesem Zeitpunkt bereits ein etablierter Autor war und dessen unmittelbar zum Bestseller avancierendes Hauptwerk »Berlin Alexanderplatz« im selben Jahr auf den Markt kam, hat der damals noch unbekannte Sander sicher erheblich profitiert.[19] Auch wenn in erster Linie wohl eine menschliche und künstlerische Affinität zwischen Borchert und »seinen« Dichtern die Grundlage für ihre Zusammenarbeit bildete, ist doch anzunehmen, dass er sich vom Kontakt mit Literaten ähnliche positive Effekte erhoffte. Schließlich hat er in den Jahren nach 1975 seine freiberufliche Entwicklung mit einer bemerkenswerten Energie und Zielstrebigkeit vorangetrieben.

Da der vorliegende Band Sachsen und vor allem die Lausitz ins Zentrum stellt, möchte ich meine weiteren Ausführungen auf Heinz Czechowski und Elke Erb konzentrieren, ohne damit die Bedeutung von Richard Pietraß oder Peter Gehrisch für Borcherts Leben und Werk in Abrede zu stellen.[20] Hier jedoch soll es vor allem um die in der zweiten Hälfte der 1970er Jahre zu verzeichnende Neuausrichtung von Borcherts fotografischer Praxis gehen, die durch seinen Austausch mit Czechowski und Erb offenbar maßgeblich bestärkt wurde.

CHRISTIAN BORCHERT UND HEINZ CZECHOWSKI

Mit Czechowski war Borchert erstmals 1976 im Kontext seiner Künstlerporträts in Kontakt getreten (Abb. 3). Von einer Porträtsitzung kann bei diesem Treffen nicht die Rede sein, denn wie die Kontaktbögen (Abb. 4) verraten und wie es von Czechowski selbst später beschrieben wurde, hat sich der Porträtist von seinem Modell ambulant an dessen Lieblingsorte in dessen damaligem Wohnort Halle/Saale führen lassen.[21] Über 100 Aufnahmen sind dabei entstanden, und offenbar hat Czechowski – anders als manch anderer der von

19 Dass Sanders Buch auch in Walter Benjamins »Kleiner Geschichte der Photographie« (1931) Erwähnung fand, dürfte den postumen Ruhm Sanders und seinen Status als konzeptueller Künstler ebenfalls maßgeblich befördert haben.

20 Richard Pietraß steuerte zu Borcherts Publikation »Berliner« (erschienen 1986 im West-Berliner ex pose verlag) einen einleitenden Essay bei. Peter Gehrisch begleitete in der zweiten Hälfte der 1980er Jahre Borcherts Arbeit mit »Bildern aus Dokumentarfilmen«, die 1993 schließlich in die gemeinsame Publikation »Dresden – Flug in die Vergangenheit« (Dresden, Verlag der Kunst) mündete.

21 Heinz Czechowski: Mit Dresden leben. Anmerkungen zu Christian Borchert, in: Christian Borchert: Semperoper Dresden. Bilder einer Baulandschaft, Dresden 1985, S. 245–263, hier S. 251 f.

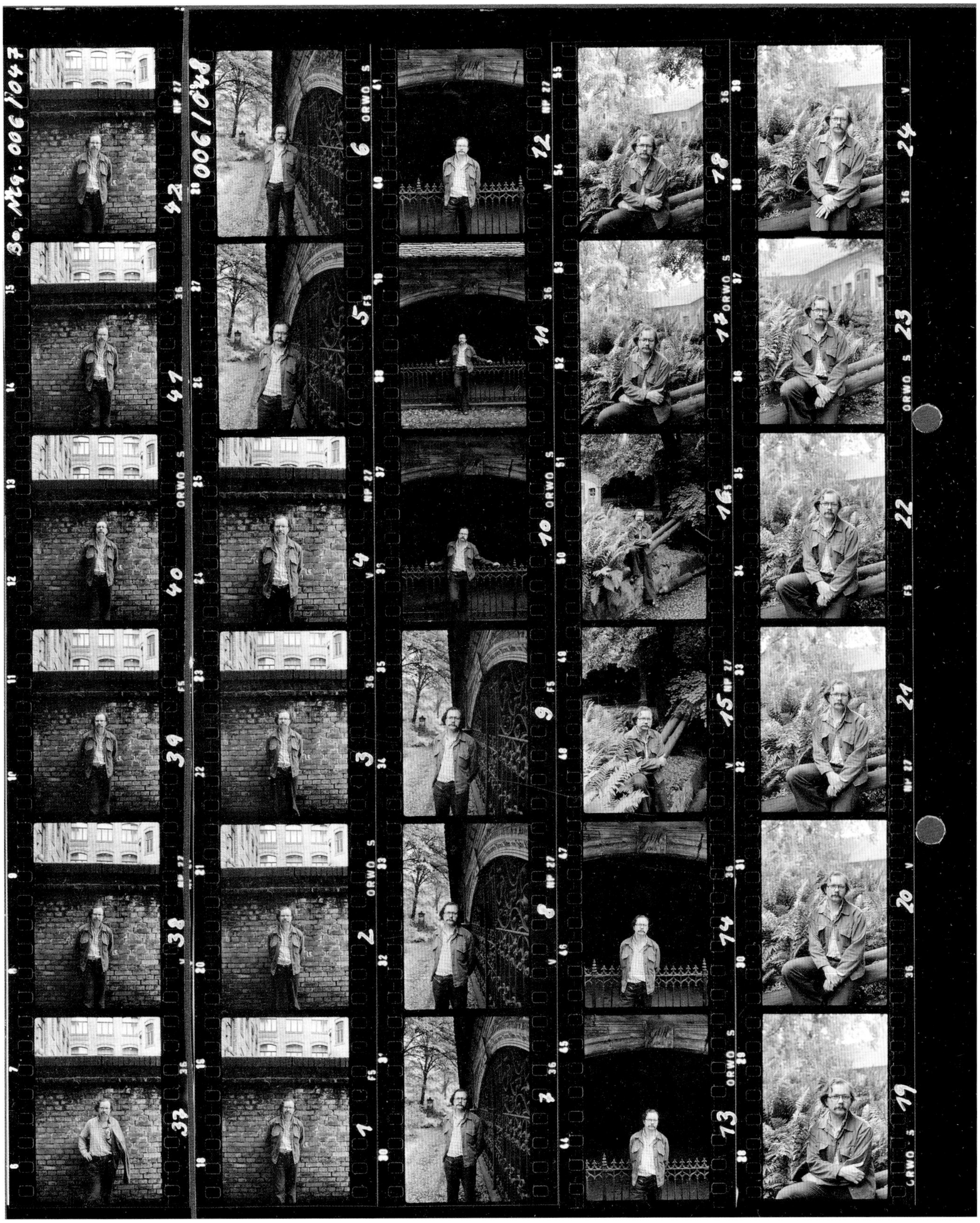

Borchert Porträtierten – diese kraft- und zeitraubende Form des wiederholten Positionswechsels nicht als qualvolle Zumutung empfunden, sondern als Zugeständnis des Fotografen, sich als Modell einen ihm gemäßen Ort und Hintergrund für sein Bildnis suchen zu dürfen.

Fotograf und Autor waren sich anscheinend als jeweils im »Exil« lebende gebürtige Dresdner im Geiste verwandt – vor allem darin, dass sie trotz ihres bewussten Weggangs nicht von der Stadt losgekommen sind und sich künstlerisch anhaltend mit ihr auseinandergesetzt haben.[22] »Dresden«, so formulierte Czechowski bereits 1974 im kurzen Essay »Mit unverstellter Stimme«, »ist für mich eine Vielfalt erregender Widersprüche. Auch mein Erlebnis anderer Landschaften ist von dieser Stadt geprägt, deren Untergang ich als Kind erlebt habe.«[23] In dieser frühen und dauerhaft nachwirkenden Erfahrung der Zerstörung Dresdens und einer Kindheit am Rande der Ruinenstadt traf Czechowski sich mit Borchert, der zum Zeitpunkt der Bombardierung drei Jahre alt war und in einem benachbarten Stadtviertel aufwuchs. Beiden wurde die Auseinandersetzung mit ihrer Heimatstadt zu einem nie abschließend bewältigten, schmerzlichen Lebensthema, das sie freilich nicht nur in enger autobiografischer Perspektive auffassten. Vielmehr sahen sie Dresden auch stellvertretend als Chiffre, als paradigmatischen Ort deutscher Geschichte im 20. Jahrhundert.[24] Angesichts der Reisebeschränkungen in der abgekapselten DDR haftet dieser Stellvertreterfunktion nicht zuletzt ein kompensatorisches Moment an, das Czechowski 1981 folgendermaßen umschrieben hat: »[...] wenn wir bedenken, daß man sich nicht aussuchen kann, wo wir uns, im Wortsinne, umsehen können, dann sucht man überall nach den Wurzeln und strengt sich an, sie zu entdecken. So habe ich immer versucht, etwas vom fortdauernden Atem der Welt, von ihrer Synchronizität und Diachronität in solch winzigem Raum, Platz, Ort ahnbar zu machen.«[25]

Borcherts erster groß angelegter Versuch, durch die Konzentration auf einen einzigen Ort »eine besondere Ahnung zu erhalten von dem, was immer vom Gegenwärtigen aus in die Tiefen der Zeit hineinreicht«,[26] war seine unmittelbar im Anschluss an die Künstlerporträts begonnene Dokumentation des Wiederaufbaus der kriegszerstörten Semperoper (1977 bis 1985). Es sei dahingestellt, ob die Idee hierzu durch die Resonanz befördert wurde, die er im Austausch mit Czechowski erfahren hatte. Bemerkenswert ist in jedem Fall die Tatsache, dass Borchert diese ambitionierte Unternehmung im Frühjahr 1977 ohne jeden Auftrag aus einer gewissen inneren Notwendigkeit heraus begann. Erst zwei Jahre später wurde er vom Verlag der Kunst unter Vertrag genommen, um das Projekt unter finanziell nun weitgehend gesicherten Verhältnissen mit dem Ziel eines repräsentativen Bildbandes fortzusetzen.[27] Dass Czechowski schließlich als Textautor für den Begleitessay hinzugezogen wurde, erscheint angesichts dessen Bindung an seine Geburtsstadt nur konsequent.

22 Im Hinblick auf Czechowski behandelt diesen Aspekt Renatus Deckert: Ruine und Gedicht. Das zerstörte Dresden im Werk von Volker Braun, Heinz Czechowski und Durs Grünbein, Dresden 2010, S. 97–114.

23 Heinz Czechowski: Mit unverstellter Stimme, in: ders.: Schafe und Sterne. Gedichte, Halle/Saale 1974, Essay als Klappentext.

24 Vgl. Christel und Walfried Hartinger: Gespräch mit Heinz Czechowski, in: Heinz Czechowski: Ich, beispielsweise, Leipzig 1982, S. 117–133, hier S. 117.

25 Ebd., S. 119 f.

26 Ebd., S. 120.

27 SLUB Dresden, Handschriftensammlung, Mscr. Dresd. App. 2802, 2650 (5–7).

28 Czechowski, Mit unverstellter Stimme (wie Anm. 23), Klappentext. Zur Selbstzuschreibung der Chronistenrolle vgl. auch Heinz Czechowski: Nachtspur, in: ders.: Nachtspur. Gedichte und Prosa 1987–1992, Zürich 1993, S. 193–201, hier S. 196; Renatus Deckert: Gespräch mit Heinz Czechowksi, in: ders. (Hg.): Die wüste Stadt. Sieben Dichter über Dresden, Frankfurt/Main 2005, S. 35–56, hier S. 43 f.; Heinz Czechowski: Die Pole der Erinnerung. Autobiographie, Düsseldorf 2006, S. 159, 222.

Die Nähe zwischen dem Fotografen und dem Lyriker ergab sich allerdings nicht allein aus dem verbindenden Thema Dresden, sondern vor allem auch aus einem verwandten Wirklichkeitszugriff. Czechowski hat sich selbst immer wieder die Rolle des Chronisten zugeschrieben, der es als seinen »Auftrag« empfindet, im »gegenwärtigen Moment Geschichtliches sichtbar zu machen, auf dem unsere Existenz beruht«.[28] In diesem Sinne sah sich auch Borchert als Chronist, der sinnfällige wie unscheinbare Konstellationen in vorübergehenden Situationen festhält und »in der Gegenwart nach den Spuren unserer Herkunft sucht«.[29]

Was den Lyriker Czechowski für den Fotografen Borchert besonders anschlussfähig macht, ist dessen Verpflichtung auf die Konkretion des Wirklichen. Wiederholt hat Czechowski seine Gedichte als »Gelegenheitsgedichte« charakterisiert, die sich dem Realen in Form des Gelegentlichen stellen »und so eine Dimensionierung aus der besonderen Betroffenheit spannen«.[30] Man müsse das Reale »im Konkreten sehen, es liegt im Konkreten, nur im Konkreten und nur eingeschlossen darin ist es der Poesie zugehörig«.[31] Diese starke Rückbindung der schriftstellerischen Produktion an eine von Gelegenheiten bestimmte, also unvorhersehbare Erfahrung von Wirklichkeit, aus der heraus allein ein lyrisches Gebilde zu entwickeln sei, entspricht jener fotografischen Haltung Borcherts, die sich nach Abschluss der eher steifen, streng komponierten Künstlerporträts zunehmend herausbildete und die als »Umschwung zum Flüchtigen« charakterisiert werden kann.[32] Zunehmend kam es ihm nun auf ein Offenhalten für den Zufall an, von dem er hoffte, dass er ihm »mehr Wirklichkeit bringt, mehr Realität«.[33] Sich auf Situationen einzulassen, aufmerksam zu sein gegenüber den Dingen, die einem begegnen oder widerfahren, ist für den Fotografen wie für den Lyriker gleichermaßen eine Kerntugend. Beiden geht es darum, die Momente, da die Dinge und Ereignisse sie berühren, betreffen, angehen, »als Schnittpunkte zu begreifen und zu fixieren, an denen die Elemente des gewesenen und des gegebenen Lebens sich kreuzen«.[34]

Bei aller neuen Offenheit für den Zufall widerstreben Borchert gleichwohl alle vordergründigen Effekte der Form und des Inhalts. Und auch hier trifft er sich mit Czechowski, der als Lyriker weniger ein effektvoller Reimer, sondern in erster Linie ein Rhythmiker ist, der letztlich dem Brecht'schen Paradigma einer »reimlosen Lyrik mit unregelmäßigen Rhythmen« folgt. So pflegt er eine gestische Sprachform, die das »übliche Klappern« etwa des »fünffüßigen Jambus« und die klangliche Schließung durch den Reim vermeiden möchte, um sich vorbehaltlos und flexibel neue Inhalte der Gegenwart sprachlich-lyrisch erschließen zu können.[35] Dieser Primat des Inhaltlichen, der freilich nach wie vor durch ein strenges Formbewusstsein kontrolliert wird (aber eben durch eines, das vor dem glatten Wohlklang zurückschreckt), entspricht wiederum der quasi-dokumentarischen Chronistenpflicht, die Czechowski sich auferlegt hat.

---

29 Vgl. Czechowski, Mit Dresden leben (wie Anm. 21), S. 250.

30 Hartinger, Gespräch (wie Anm. 24), S. 117, 128 f. Richard Pietraß ergänzt den ursprünglich Goethe'schen Begriff des Gelegenheitsgedichts um den des »Verlegenheitsgedichts«, das ihm jeweils von anderen – oft anlassbedingt – abverlangt werde. Vgl. Jürgen Engler: Gespräch mit Richard Pietraß, in: Richard Pietraß: Die Gewichte. Hundert Gedichte, Ebenhausen 2001, S. 109–123, hier S. 111.

31 Hartinger, Gespräch (wie Anm. 24), S. 129.

32 So Jutta Voigt/Peter Pachnicke: Tonbandgespräch mit Christian Borchert, Oktober 1980, SLUB Dresden, Handschriftensammlung, Mscr. Dresd. App. 2802, 2115 (1–13), hier (7).

33 Ebd., (8).

34 Hartinger, Gespräch (wie Anm. 24), S. 121.

35 Bertolt Brecht: Über reimlose Lyrik mit unregelmäßigen Rhythmen, in: Klaus Schuhmann: Lyrik des 20. Jahrhunderts. Materialien zu einer Poetik, Reinbek bei Hamburg 1995, S. 200–206. Zu Czechowskis Orientierung an Brechts Poetologie vgl. auch Czechowski, Die Pole (wie Anm. 13), S. 76 f.

Dies ist zugleich ein weiteres Motiv und Movens, das auch bei Borchert im Anschluss an die Künstlerporträts immer stärker zum Tragen kommt. Das von Sander angeregte Begehren, Gesellschaft im Porträt zu erfassen, weitet sich in der zweiten Hälfte der 1970er Jahre auf Architektur, vor allem aber auf Momente des Alltagslebens aus. So tritt das relativ spontane fotografische Sich-Einlassen auf Aspekte der gesehenen Wirklichkeit bei Borchert gegenüber einem vorab festgelegten Konzept im Sinne Sanders zunehmend in den Vordergrund – zumindest bis zum großen Zyklus der »Familienporträts« von 1983, dem wieder eine konzeptuelle Setzung und eine kompositorische Grundidee zugrunde liegt. Doch sind diese Porträts letztlich ebenfalls beseelt von einem poetischen Wunsch: der Suche nach dem genauen Text, diesem »Abbild des Lebens«.[36]

Dass Borchert und Czechowski, der übrigens auch selbst fotografierte, sich über poetologische und fototheoretische Fragen bereits vor ihrer gemeinsamen Arbeit am Buch über die Semperoper ausgetauscht haben, belegt nicht zuletzt das Gedicht »L'execution de Zuckermann« aus Czechowskis Publikation »Was mich betrifft« von 1981.[37] Inspiriert ist es durch eine im Bildband »C'était la France« (1976) abgedruckte historische Aufnahme eines anonymen Fotografen, auf die Czechowski offenbar von Borchert hingewiesen wurde, worauf der Dank in einer Anmerkung am Buchende hindeutet.[38] Tatsächlich befand sich der Band in Borcherts Besitz und Czechowski hat ihn wohl in dessen Wohnung eingesehen. Allerdings scheint er sich dabei keine Notizen gemacht zu haben, denn die Bildlegende am Ende des Bandes benennt als Sujet nicht die Hinrichtung von »Zuckermann«, sondern die »Exécution de Zuckermeyer [...]«.[39] Dieser Alois Zuckermeyer war, was Czechowski nicht wusste, ein deutscher Deserteur, der jenseits der Landesgrenze im Vogesenstädtchen Remiremont als Maurer gearbeitet und dort im Juni 1898 ein siebenjähriges Mädchen vergewaltigt und dann durch sieben Messerstiche ermordet hatte.[40] Das Mädchen konnte den schnell gefassten Täter vor seinem Tod im Krankenhaus noch identifizieren. Ein halbes Jahr später wurde er zum Tode verurteilt und schließlich am 8. Februar 1899 in Remiremont hingerichtet.

Da die eben skizzierten Hintergründe der Exekution im Bildband nicht genannt werden, musste die doppelseitig abgedruckte Fotografie (Abb. 5), die den regennassen Hinrichtungsplatz mit bereits aufgestellter Guillotine und wartendem Publikum zeigt, für Czechowski ein historisches Rätselbild sein. So imaginiert sein Gedicht die Begegnung mit dem Foto – »Dem Dunkel eines Archivs entrissen / Oder aus einem Pappkarton / hervorgekramt« – als einen zufälligen Archiv- oder Schuhschachtelfund. In Anbetracht seines Nichtwissens um die genauere Identität des Delinquenten deutet das lyrische Ich das Foto sodann als »Historisches Zeugnis, / Das keine Lehren erteilt: Wer / War denn Zuckermann?«. Von diesem Befund aus gerät das Gedicht zu einer

36 Heinz Czechowski: Kein näheres Zeichen. Gedichte, Halle/Saale 1987, S. 24.

37 Heinz Czechowski: Was mich betrifft, Halle/Saale 1981, S. 42 f.

38 Ebd., S. 92. In »Kein näheres Zeichen« von 1987 widmete Czechowski Borchert das Gedicht »Wintertag« (S. 33). Und das 1990 entstandene Gedicht »Bauernsterben« (S. 255 f.) aus »Nachtspur« handelt von einer gemeinsamen fotografischen Erkundung eines verfallenen Gehöfts in Dresden-Alt Trachau. Vgl. Czechowski, Die Pole (wie Anm. 13), S. 262–264.

39 Vincent Brugère-Trélat (Hg.): C'était la France. Chronique da la vie quotidienne des Français avant 1914 racontée par la photographie, Paris 1976, Abb. 151, S. 108 f. (Foto), S. 175 (Bildlegende).

40 Vgl. Résumé de l'affaire Zückermeyer, in: Journal Industriel Vosgien 1898–1899, zit. nach: http://guillotine.cultureforum.net/t2335-alois-zuckermeyer-1899 (letzter Zugriff am 28. 2. 2019).

41 Die deutsche Übersetzung erschien erst 1985. Vgl. Roland Barthes: Die helle Kammer. Bemerkung zur Photographie, Frankfurt/Main 1985, S. 106 f.

Abb. 5

ANONYM | *Execution publique de Zuckermeyer* | 1899

Doppelseite aus: »C'était la France«, S. 108 f.

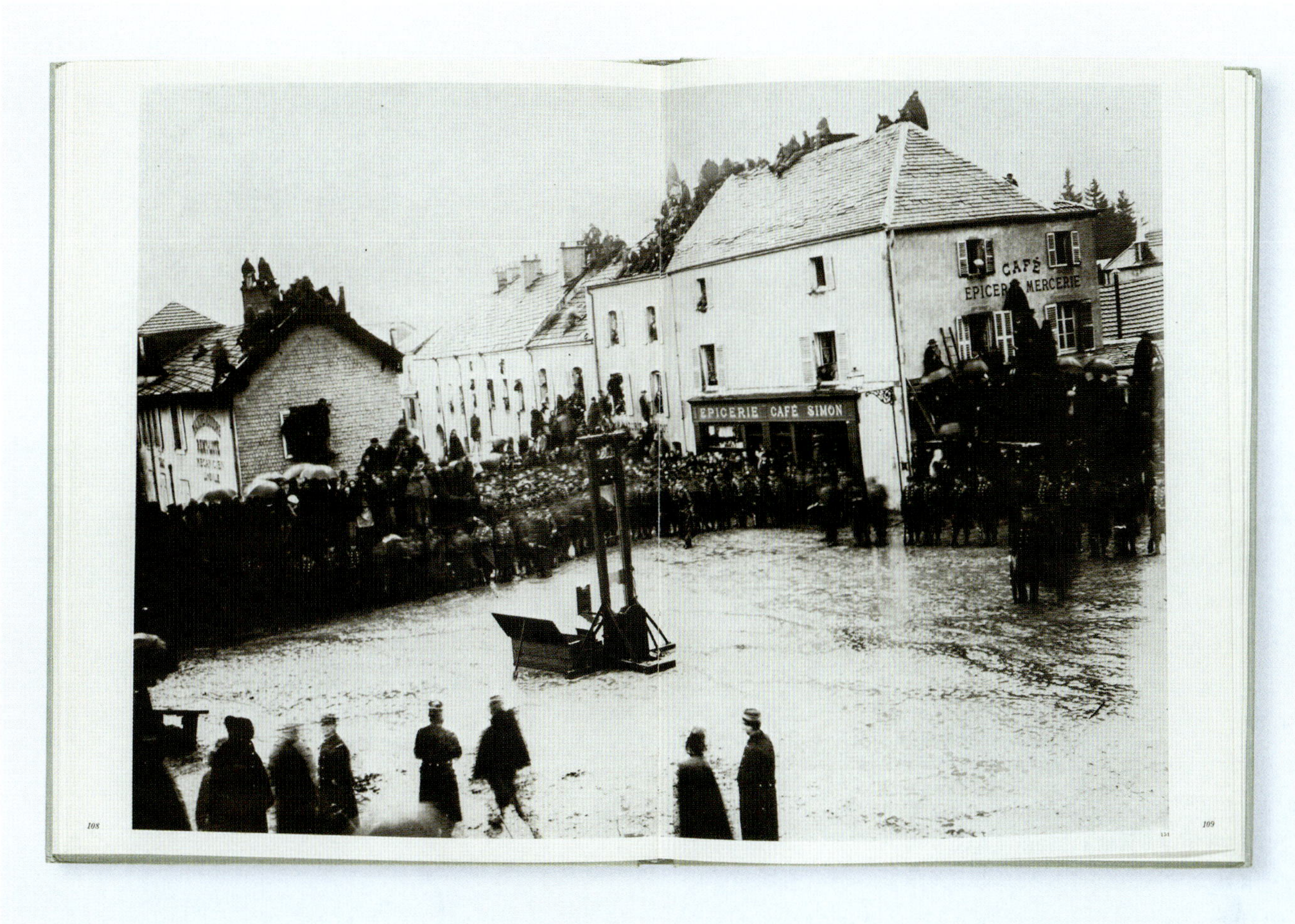

melancholischen Meditation über die eigentümliche Zeitlichkeit des fotografischen Bildes, das uns zwar auf einen Moment vor der Hinrichtung festlegt, uns zugleich aber die Gewissheit über Zuckermanns bevorstehenden Tod als bereits vergangenes Ereignis vermittelt: »Wir wissen nichts/Von einem Zwischenfall/Auf den letzten Metern/Vom Café bis zum Gerüst.« In lyrischer Form reflektiert Czechowski somit über jene Parallelität von Zukunft und Vergangenheit im Foto, die Roland Barthes fast zeitgleich in »La chambre claire« (1980) am Beispiel von Alexander Gardners Porträt des zum Tode verurteilten politischen Attentäters Lewis Payne zum Thema gemacht hat.[41] Dass Czechowski eine solche Lesart des Bildes gesprächsweise mit Borchert erörtert hat, ist anzunehmen und zeigt, dass Dichter und Fotograf sich auch ohne Kenntnis des späten Barthes auf der Höhe des aktuellen Diskurses bewegten.

Abb. 6

CHRISTIAN BORCHERT | *Porträt Elke Erb* | 1976

Silbergelatinepapier

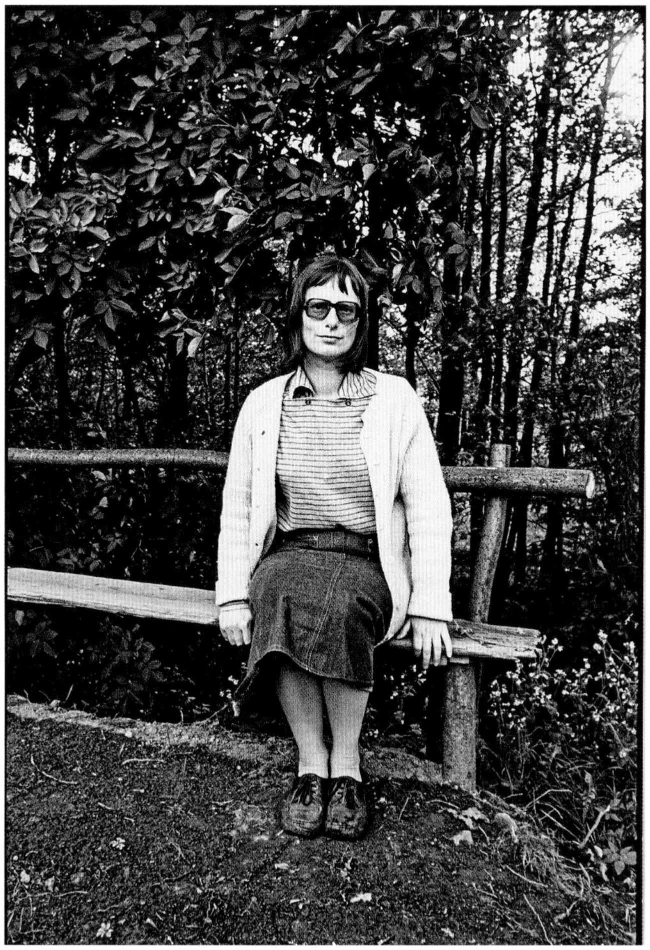

CHRISTIAN BORCHERT UND ELKE ERB

Borcherts Freunden wohlbekannt, jedoch in der Fachliteratur bislang unerwähnt ist der Umstand, dass Borchert zwischen 1978 und 1980 in einer Liebesbeziehung zu Elke Erb (Abb. 6) stand, nachdem diese sich 1978 von ihrem Ehemann Adolf Endler getrennt hatte. Mit ihr unternahm Borchert mehrere Auslandsreisen: im Sommer 1978 in die Slowakei, ein Jahr später nach Rumänien und 1980 schließlich nach Georgien und Moskau.[42] Nach dieser letzten Reise löste sich das Verhältnis im Laufe des Jahres 1980, wobei Borchert und Erb einander weiterhin freundschaftlich verbunden blieben. Anders als bei Czechowski gibt es kein vorab gesetztes biografisches Thema, das Borchert und Erb über ihre intime gegenseitige Zuneigung hinaus miteinander verbunden hätte. Zudem handelt es sich um durchaus unterschiedliche, ja geradezu konträre Charaktere. Borchert ist ein Sammler, der alles in Ordnung bringen und in Ordnung halten will, bisweilen mit geradezu zwanghaften Zügen. So spiegelt die formale Strenge seiner Künstlerporträts nicht zuletzt auch diesen Charakterzug. Elke Erb dagegen ist notorisch spontan, im Leben wie in ihrem Schreiben. Briefe von Elke Erb an Borchert aus den Jahren 1978 bis 1980 zeugen von ihrer ebenso großmütigen wie unkonventionellen, dabei aber keineswegs unverbindlichen Haltung in Beziehungsangelegenheiten.[43]

Zum Zeitpunkt des Beziehungsbeginns erschien gerade ihr zweiter Gedichtband »Der Faden der Geduld« (1978), der ein längeres Gespräch mit Christa Wolf enthält, in dem Elke Erb ausführlich über die Texte des Bandes und ihre künstlerischen Überzeugungen Auskunft gibt.[44] Erbs ästhetisch-poetologische Reflexionen zeugen nicht zuletzt von einer ethischen Haltung, deren Kernanliegen es ist, den Dingen in ihrer literarischen Darstellung keine Gewalt anzutun. Hergebrachte Reim- oder Versschemata, die einem Gegenstand sachfremd übergestülpt werden, meidet Erb ebenso wie die Nachahmung literarischer Modelle, selbst wenn sie diese – wie etwa Texte Heinrich von Kleists – bewundert. Ihr Credo beinhaltet »eine Scheu vor nicht eigenständigen Formen«.[45] Die meisten Texte in »Der Faden der Geduld« sind Miniaturen im Blocksatz, vielleicht um die lyrische Gestalt nicht schon mittels der Erscheinungsform des Druckbildes allzu offensichtlich zu markieren. So macht Lyrik sich hier für den flüchtigen Blick von der Prosa fast vollkommen ununterscheidbar. Was Erb dabei nach eigener Angabe anstrebt, ist eine »größere Nähe zum Gegenstand, zum Material, das ich aufnehme. Ich lasse den Gegenstand manchmal ganz allein stehen. [...] Ich mache mit den Gegenständen im Grunde dasselbe, was ich möchte, daß man es mit mir tut: direkt vor mich hintreten, mich sein lassen und mich aufnehmen.«[46] Im Bewusstsein der Trennung des Subjekts von seinem Gegenüber soll es demnach durch ein gelassen-passives Aufnehmen doch zu einer Berührung kommen – beim Schreiben wie beim Lesen der Texte. Letztlich geht es Erb um die »Majestät des einzelnen Seins«, um »eine Art Würdigung durch das Hinstellen«.[47]

In diesem Sinne verfolgt Erb ein Programm der vorbehaltlosen Anerkennung ihres Gegenübers – sei dies nun eine Person, ein Ding, ein Ereignis oder eine Situation. Es ist ein Programm gegen die Zurichtung der Welt durch schablonenhafte Begriffe und Sätze.[48] Dabei war der Autorin durchaus bewusst, dass ihre un- und antikonventionellen Texte oft rätselhaft erscheinen, nicht auf klare Pointen zulaufen und sich in ihrem Gehalt mitunter nicht unmittelbar erschließen. In einem »Mit Gunst!« betitelten Stück verteidigt sie denn auch jene Texte, die einem »erst in einem günstigen Augenblick« aufgehen. Schließlich müsse es für solche Momente Texte geben, da es »diese günstigen Augenblicke« ja andernfalls umsonst gäbe.[49]

Dass auch ihre Texte selbst durchweg aus solchen Augenblicken resultieren, macht Erb gleich zu Beginn des Bandes in einem Stück über »Zufälle und Geduld« deutlich, wenn sie schreibt: »Jeder Text dieses Bandes ist aus einem Getroffenwordensein entstanden, jeder hatte auf seinen Zufall zu warten.«[50] Wie um dies eigens zu markieren, tragen viele Texte des Bandes Datierungen, die – durchaus im Sinne Czechowskis – ihre Gebundenheit an ganz bestimmte Gelegenheiten markieren. Zudem sind die Texte streckenweise chronologisch angeordnet. In Erbs Datierungswesen ist demnach ein Echtzeitparadigma wirksam, das zu einer »eigentümlichen Unablösbarkeit des Geschriebenen vom datierten Moment seiner Entstehung« führt, indem es den Schreibvorgang mit der Lebenszeit der Autorin in eins setzt und die Texte geradezu indexikalisch an bestimmte Anlässe und Situationen bindet.[51] Auch Erb ist also in gewissem Sinne eine Chronistin, wobei es ihr freilich weniger um das aktuelle Tagesgeschehen oder um historische Spurensuche geht als vielmehr um ihr eigenes Affiziertwerden von jenen Dingen und Ereignissen, die gemeinhin nicht von Historikern oder Chronisten verzeichnet werden.[52]

Nach mündlicher Auskunft Erbs waren literarische und poetologische Fragen kaum je Gegenstand ihrer Gespräche mit Borchert.[53] Allerdings ist schwer vorstellbar, dass dieser als Frischverliebter nicht wenigstens die aktuelle Publikation

42 Nachzuvollziehen anhand der Kontaktbögen in der Deutschen Fotothek Dresden. Zu den Bildresultaten dieser Reisen vgl. auch Bertram Kaschek: Osteuropa als Blickschule. Christian Borcherts anonyme Porträtaufnahmen der 1970er Jahre, in: Dresdner Kunstblätter 62/1 (2018), S. 14–23.

43 Die Briefe befinden sich im schriftlichen Nachlass Borcherts in der Handschriftensammlung der SLUB Dresden.

44 Christa Wolf: Gespräch mit Elke Erb, in: Elke Erb: Der Faden der Geduld, Berlin/Weimar 1978, S. 109–139.

45 Ebd., S. 114.

46 Ebd., S. 112.

47 Ebd., S. 120.

48 Zu dieser sich mit der Philosophie Theodor W. Adornos berührenden Haltung Erbs vgl. Jan Kuhlbrodt: Von der Beweglichkeit. Genre und Selbstreflexion bei Elke Erb, in: Text + Kritik. Zeitschrift für Literatur, Heft 214, IV/2017, S. 82–86, hier S. 83.

49 Erb, Der Faden (wie Anm. 44), S. 99 f.

50 Ebd., S. 10–12, hier S. 10.

51 Daniel Falb: Ein Tag im Leben der Sprache. Daten bei Elke Erb und Hanne Darboven, in: Text + Kritik. Zeitschrift für Literatur, Heft 214, IV/2017, S. 87–96, hier S. 87, 89.

52 Vgl. ebd., S. 91. Vgl. hierzu auch Erb: Der Faden (wie Anm. 44), S. 65.

53 Gespräch des Autors mit Elke Erb in Wuischke am 30. August 2018.

seiner Freundin mit einer gewissen Neugier studiert hat. Dabei dürfte ihm aufgefallen sein, dass Erbs Datierungswesen eine gewisse Nähe zu seiner eigenen Beschriftungspraxis bei der Archivierung seines fotografischen Materials aufweist. Und auch Erbs Wunsch nach unbedingter Anerkennung des Gegenübers müsste ihm bei der Lektüre aufgefallen sein, hatte er doch sich selbst ein vergleichbares Programm von Anfang an auf die Fahnen geschrieben. Bereits in seinem ersten großen Porträtzyklus, den er als studentische Jahresarbeit an der HGB Leipzig während dreier Aufenthalte in Ungarn realisierte, war es sein erklärtes Ziel gewesen, die Menschen an ihrer Bildwerdung zu beteiligen, sie zu gleichberechtigten Partnern im Porträtprozess zu machen.[54] Doch das visuelle Idiom einer kontrastreichen Weitwinkelfotografie, das er aus Bewunderung für Irving Penn für sein Unternehmen wählte, wurde ihm im Rückblick sehr bald suspekt. Die Verzerrungen des Weitwinkels und die bisweilen extreme Hell-Dunkel-Regie der Aufnahmen führten seines Erachtens zu einem Bildeffekt, der die Porträtierten verformt und nicht sie selbst sein lässt – obwohl doch gerade das sein Ziel war.[55] Und auch bei den Künstlerporträts ging es ihm darum, dass die Porträtierten Ort und Pose selbst bestimmen sollten, um zu einem adäquaten Selbstausdruck zu gelangen. Hier vermied er Verzerrungen, indem er den Dargestellten in der Regel mehr Raum ließ. Je stärker er aber den Umraum mit einbezog, desto größer wurde sein Bemühen um eine ideale Komposition, das sich in einer großen Anzahl von Aufnahmen während der einzelnen Porträtsitzungen niederschlug. Auch hier unterlief ihm, wie er selbstkritisch feststellte, bisweilen ein spürbarer Übergriff auf die Integrität der Porträtierten.[56]

Mit Elke Erb begegnete ihm nun eine Dichterin, die im Hinblick auf das Verhältnis zu ihrem Gegenüber nicht nur von einem ähnlichen künstlerischen Begehren angetrieben wurde, sondern bereits ebenso eigenständige wie eigenwillige sprachliche Formen gesucht und gefunden hatte, mit denen sie ihren Ansprüchen an sich selbst gerecht werden konnte. Borchert traf in ihr also auf eine souveräne menschliche und künstlerische Haltung, die ihm, dem Novizen auf dem Feld der Kunst, eine Orientierungshilfe bei der Realisierung seiner eigenen ethisch-ästhetischen Ideale sein konnte.

Dass ein Austausch über ästhetische Fragen letztlich doch stattgefunden haben muss, belegt Elke Erbs Text »Das eigene Bild«, den sie für Borcherts ersten größeren Ausstellungskatalog verfasste. Diese immerhin 48 Seiten und über 30 Abbildungen umfassende Broschüre begleitete seine Ausstellung »Gruppenbilder und Künstlerporträts« in den Kunstsammlungen Cottbus und der Neuen Galerie in Dresden und bildete darüber hinaus den Auftakt zur Katalogreihe »Fotoedition«, die der Cottbuser Sammlungsleiter Ulrich Wallenburg initiiert hatte und über die nächsten zehn Jahre erfolgreich fortführen sollte.[57] Erbs Essay reflektiert vor allem jene Qualität von Borcherts Bildern, die man als ihre Mimikry an private Gelegenheitsfotografie bezeichnen könnte. Laut Erb rufen sie die »Schätze häuslicher Schachteln, Schubladen und Mappen« in Erinnerung.[58] So wird Borcherts Fotografie als Kunst vorgestellt, die auf Tuchfühlung mit einer kunstfernen, massenhaft praktizierten Bildkultur geht und eine maximale Distanz zu jenen Merkmalen sucht, die sie als künstlerisch ausweisen könnten: »Es fällt [...] auf, daß seinen Bildern Überraschungseffekte und andere Pointen fast fehlen, mit denen ein großer Teil der Kunstfotografie beschäftigt ist und die unterschiedlichsten Aussagen erzielt. Seine Fotografie sucht ihr Auskommen im gewöhnlichen Alltag.«[59]

Auf formaler Ebene macht sich dieser Anspruch durch die Vermeidung suggestiver Kontraste und Unschärfen bemerkbar. So weisen die meisten Bilder der späten 1970er Jahre eine möglichst genaue und detailreiche grafische Durchzeichnung in mittleren Grauwerten auf. Und auch hierin erkennt Erb nicht nur eine bildästhetische, sondern eine erkenntnistheoretisch-ethische Dimension: »Das Irreale einer Fotografie, nämlich, daß sie blufft und ›im Dunkeln läßt‹, ihren wahrheitsfeindlichen Widerstand macht er zerspringen in fast heitere Energien genauester Sichtbarkeit.«[60]

Interessanterweise thematisiert Erb in ihrem Essay den Umstand, dass die Seiten von Borcherts Fotos »in ihrer (von der Kamera abhängigen) Proportion als Bildrahmen von Bedeutung sind«. Der Rahmen vermittle einerseits Ernst, Strenge und Reinheit der Arbeitshaltung, habe andererseits aber auch eine Schutzfunktion, indem er »das Bild sowohl einfriedet (es erlaubt, es vielleicht auch relativiert: Hier ist ja nur das) als auch billigt. Er enthält die gleiche Billigung, die Borchert so, wie er sie für sich selbst wünscht, den Abgebildeten entgegenbringt, sein Prinzip, zunächst das Gegenüber uneingeschränkt zu akzeptieren.«[61] Die Gruppenporträts (vor allem im öffentlichen Raum), denen Borchert sich im Anschluss an seine Künstlerporträts widmet, bieten ihm laut Erb »eine Möglichkeit, die Ausdruckswerte des Rahmens von seinem Zwangscharakter zu befreien. Die Gruppen machen die Flächen, in die sie das Bild teilen, beweglicher sichtbar, sie setzen ihre Aussagewerte frei. Die arbeitenden Flächen lassen das Bild innerhalb des Rahmens selbständig werden.«[62] Erb erkennt in Borcherts Gruppenbildern also letztlich jene selbstständigen Formen, die auch sie selbst mit sprachlichen Mitteln anstrebt. Anders als in den Einzelporträts gibt es nun keinen klaren Fokus, keine Zentrierung, sondern eben wechselnde Gruppierungen, die ein je eigenes Spiel der Formen eröffnen, das den Rahmen auch in souveräner Leichtigkeit überschreiten kann, um das Bild als ein visuelles Fragment der Wirklichkeit auszuweisen.[63] Was Borchert anstrebt, ist offenbar eine zwanglose Willkür oder ein unwillkürliches Sich-Fügen, das ohne jede Überwältigung zustande kommt.

Interessant sind Erbs Ausführungen zur Rolle des Rahmens nun vor allem deshalb, weil Borchert just mit der Cottbuser Ausstellung seine ab etwa 1975 gepflegte Gewohnheit, einen hauchdünnen schwarzen Negativrand mitabzuziehen, aufgab und seine Bilder hier erstmals rahmenlos präsentierte.[64] Während seine Bilder bislang also stets eine sichtbare Grenze hatten, die als grafisch-linearer Wert die Bildwirkung mitbestimmte und den jeweiligen Abzug als in sich geschlossene Ganzheit behauptete, öffnete er nun seine Bilder zu allen Seiten hin. Zwar bleibt die Proportion der Bildseiten nach wie vor von der Kamera (bzw. vom Negativformat) abhängig, doch ist dies nicht mehr am Bild selbst abzulesen. Somit ist die Authentizität der Bildgrenzen (im Sinne einer Entsprechung zum Bildformat im Sucher der Kamera) nicht

54 Vgl. die auf Gesprächen mit Borchert beruhende Besprechung von Gerhard Ihrke: Gesichter zwischen Donau und Theiß, in: Fotografie 5 (1975), S. 28–33.

55 Vgl. Gegen das Verschwinden. Matthias Flügge im Gespräch mit Christian Borchert am 13. Januar 1996, in: Christian Borchert: Zeitreise. Bilder einer Stadt. Dresden 1954–1995, Dresden 1996, S. 201–205, hier S. 202.

56 Voigt/Pachnicke, Tonbandgespräch (wie Anm. 32), (2).

57 Elke Erb: Das eigene Bild, in: Galerie Kunstsammlung Cottbus (Hg.): Christian Borchert. Gruppenbilder und Künstlerporträts, Cottbus 1980, S. 6–9.

58 Ebd., S. 6.

59 Ebd. Dem Impressum zufolge wurde das der Künstlerbiografie beigegebene Porträtfoto Borcherts 1978 von Konrad Endler aufgenommen, Elke Erbs zu diesem Zeitpunkt siebenjährigem Sohn. Darin darf man wohl – neben einem Zeichen persönlicher Verbundenheit – eine weitere Geste des Understatements und der kritischen Abstandnahme von einem forcierten Stilwillen erkennen: eine Wiedergewinnung des kindlichen Blicks.

60 Ebd.

61 Ebd., S. 7.

62 Ebd.

63 Vgl. auch Kaschek, Osteuropa (wie Anm. 42), S. 21 f.

64 Vgl. die Ausstellungsansichten im Nachlass: SLUB Dresden, Handschriftensammlung, Mscr. Dresd. App. 2802, 2283, 1–7.

Abb. 7

CHRISTIAN BORCHERT | *Osterreiter in Ralbitz* | 1979

Silbergelatinepapier

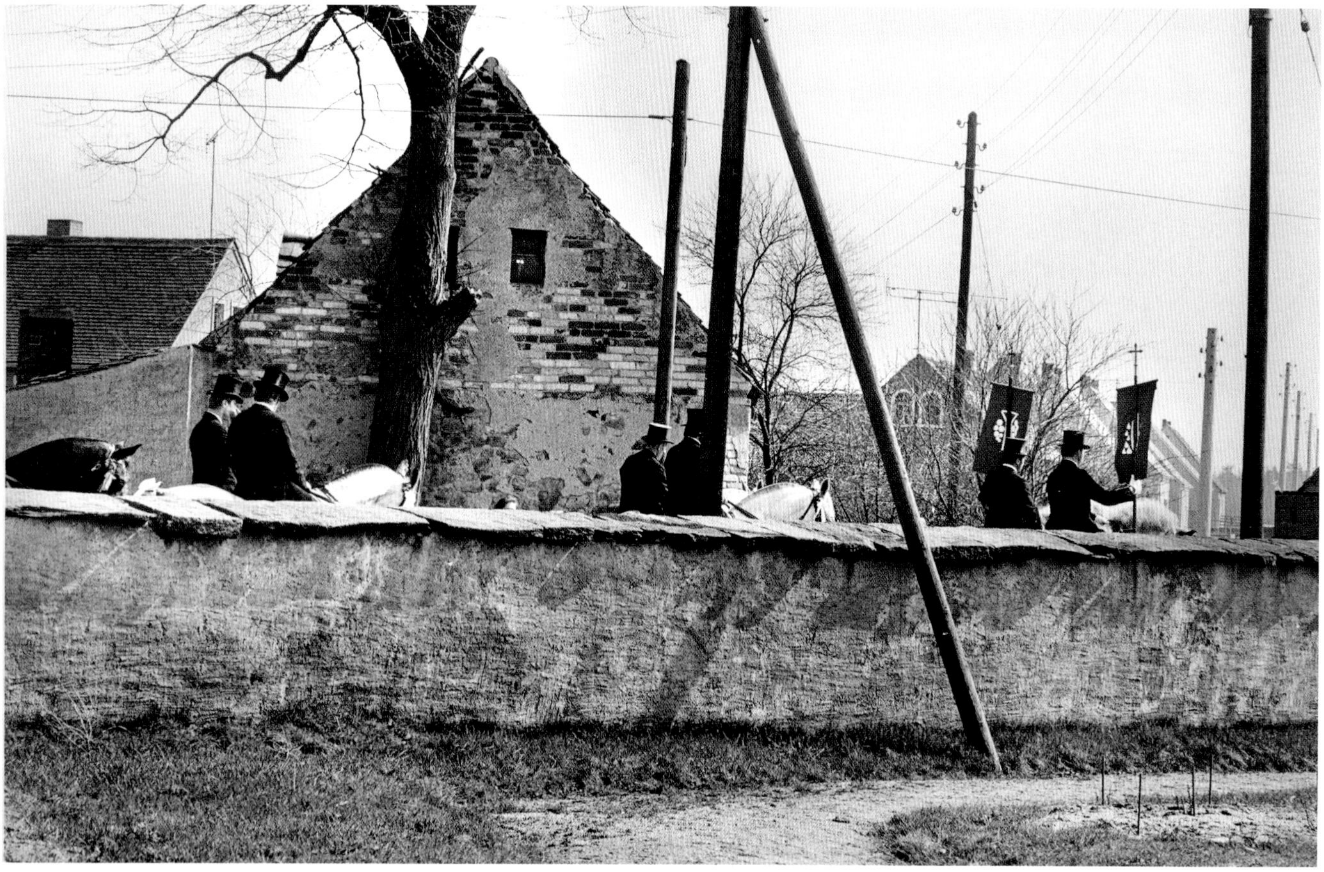

mehr durch den Abzug verbürgt, sondern nur noch der Fotograf selbst kann als »Autor« für die Wahrheit seines Bildes einstehen. Darüber hinaus unterstreicht der Wegfall des schwarzen Rahmens die prinzipielle Willkür der Ausschnittwahl und damit den Fragmentcharakter des fotografischen Bildes: Immer wäre auch ein anderer Standpunkt, ein anderer Blickwinkel, eine andere Ansicht möglich gewesen.

Es lässt sich nicht genau ausmachen, ob Erb sich bei ihrer Thematisierung des Rahmens tatsächlich auf den schwarzen Negativrand bezog oder ob sie in einem allgemeineren Sinne die Bildränder als Bezugsgrößen der Bildwirkung im Blick hatte. Denkbar ist, dass sie beim Verfassen ihres Textes noch ältere Abzüge mit schwarzem Rand vor Augen hatte und Borchert bei der Produktion der neuen Ausstellungsabzüge – gewissermaßen in letzter Sekunde – eine Konzeptionsänderung vorgenommen hat, die dann in einem gewissen Widerspruch zum bereits abgeschlossenen Manuskript stand. Vielleicht aber war der Wegfall des Rahmens letzten Endes auch eine Konsequenz aus der von Erb skizzierten Dynamik seines Werkes – oder gar eine Reaktion auf ihren Text: Nachdem die »arbeitenden Flächen« der Gruppenbilder das Bild »innerhalb des Rahmens selbständig« hatten werden lassen, erschien der Rahmen als Prinzip der »Billigung« des

Bildgegenstands womöglich nicht mehr notwendig. Als »unselbständige Form« und behelfsmäßiges Schema des Übergangs ist er offenbar entbehrlich geworden.[65]

Ein schönes Beispiel für Borcherts in diesem Zuge neu gewonnenes Verständnis von fotografischer Formgebung ist ein in Cottbus ausgestelltes Bild, das er im Jahr zuvor in der Lausitz aufgenommen hatte und das Osterreiter in Ralbitz zeigt (Abb. 7). Borchert hat sie nicht nur aus einer gewissen Distanz, sondern auch über eine Mauer hinweg fotografiert, sodass von den Reitern nur die Oberkörper und von den Pferden nur die Köpfe zu erkennen sind. Das Ereignis bleibt weitgehend verdeckt, es vollzieht sich in räumlicher Entfernung, während im Vordergrund nichts vor sich zu gehen scheint. Umso prägnanter scheint der diagonale Stützpfeiler in den Raum diesseits der Mauer vorzustoßen. Dieser führt den Blick zu einer Gruppe von vier in den Boden gesteckten Stöcken in der rechten unteren Ecke des Bildes, die – hat man sie einmal bemerkt – in einen stillen Dialog mit jenen Leitungsmasten treten, die sich etwas weiter oben am rechten Bildrand nach hinten staffeln und dem aufgrund der Mauer so flach und verstellt wirkenden Bild eine überraschende räumliche Tiefe verleihen. Das Spiel der von den abdeckenden Schieferplatten auf den Mauerputz geworfenen Schatten vollzieht sich dank des diesigen Frühjahrslichts in feinsten Grauabstufungen und bildet eine dezente Gegenbewegung zu dem dominanten diagonalen Stützpfeiler. Je länger man das zunächst so unscheinbare Bild betrachtet, als desto subtiler und stimmiger erscheint seine ästhetische Verfasstheit, ohne dass sich je der Begriff der Komposition im Sinne einer hierarchischen oder konstruiert wirkenden Bildordnung aufdrängen würde. Wiederum ein freies Spiel der Formen also, das darüber hinaus Borcherts Position als außenstehender Betrachter mitthematisiert. Er tritt der ihm fremden Kultur der katholischen Sorben nicht zu nahe, macht deutlich, dass er als Beobachter nicht zum Geschehen jenseits der Mauer gehört, außen vor bleibt und sich mit diesem distanzierten Status bescheidet.

ÜBER BÄUME SPRECHEN

Insgesamt kann Borcherts Fotopraxis der späten 1970er Jahre als andauernde Lockerungsübung begriffen werden. Sichtet man die Kontaktbögen und Arbeitskopien aus dieser Zeit, dann wird ab dem Sommer 1977 eine deutliche Entspannung seiner Arbeitsweise erkennbar. Hatte er sich bei seinen früheren Serien (also den Ungarn-Bildern im Rahmen der Jahresarbeit und den Künstlerporträts) beim Fotografieren fast ausschließlich auf Porträtaufnahmen konzentriert und kaum je den weiteren räumlichen Kontext oder Begleitereignisse mit der Kamera ergänzend festgehalten, öffnete er sich nun zunehmend spontanen Beobachtungen und fotografierte jenseits der nach wie vor im Zentrum seiner Arbeit stehenden Porträts auch ihm bemerkenswerte Situationen, Dingkonstellationen, Architekturen oder Landschaften.

Die neue Offen- und Lockerheit spiegelte sich nicht zuletzt in der Bildauswahl und Präsentation seiner Cottbuser Ausstellung. Die weitgehend zweireihige Hängung der Bilder erzeugte ein zweispuriges Band, das die Besucherinnen und Besucher in ruhigem und gleichmäßigem Takt an den Wänden entlangführte (Abb. 8). Jenseits der kompakt dargebotenen Künstlerporträts vermied Borchert übergreifende thematische Einheiten und mischte Aufnahmeorte sowie Kompositionsformen, um trotz der seriellen Reihung der Bilder keine formale Eintönigkeit aufkommen zu lassen. So heben sich

65 Vgl. Voigt/Pachnicke, Tonbandgespräch (wie Anm. 32), (5): »[…] der schwarze Rand war eine Hilfestellung, die ich heute [Oktober 1980, B.K.] als Bekenntnis nicht mehr nötig habe.«

Abb. 8

CHRISTIAN BORCHERT | *Gruppenbilder und Künstlerporträts* | Cottbus 1980

Ausstellungsansicht

Abb. 9 (rechts)

CHRISTIAN BORCHERT | *In Auschwitz, Polen* | 1979

Silbergelatinepapier

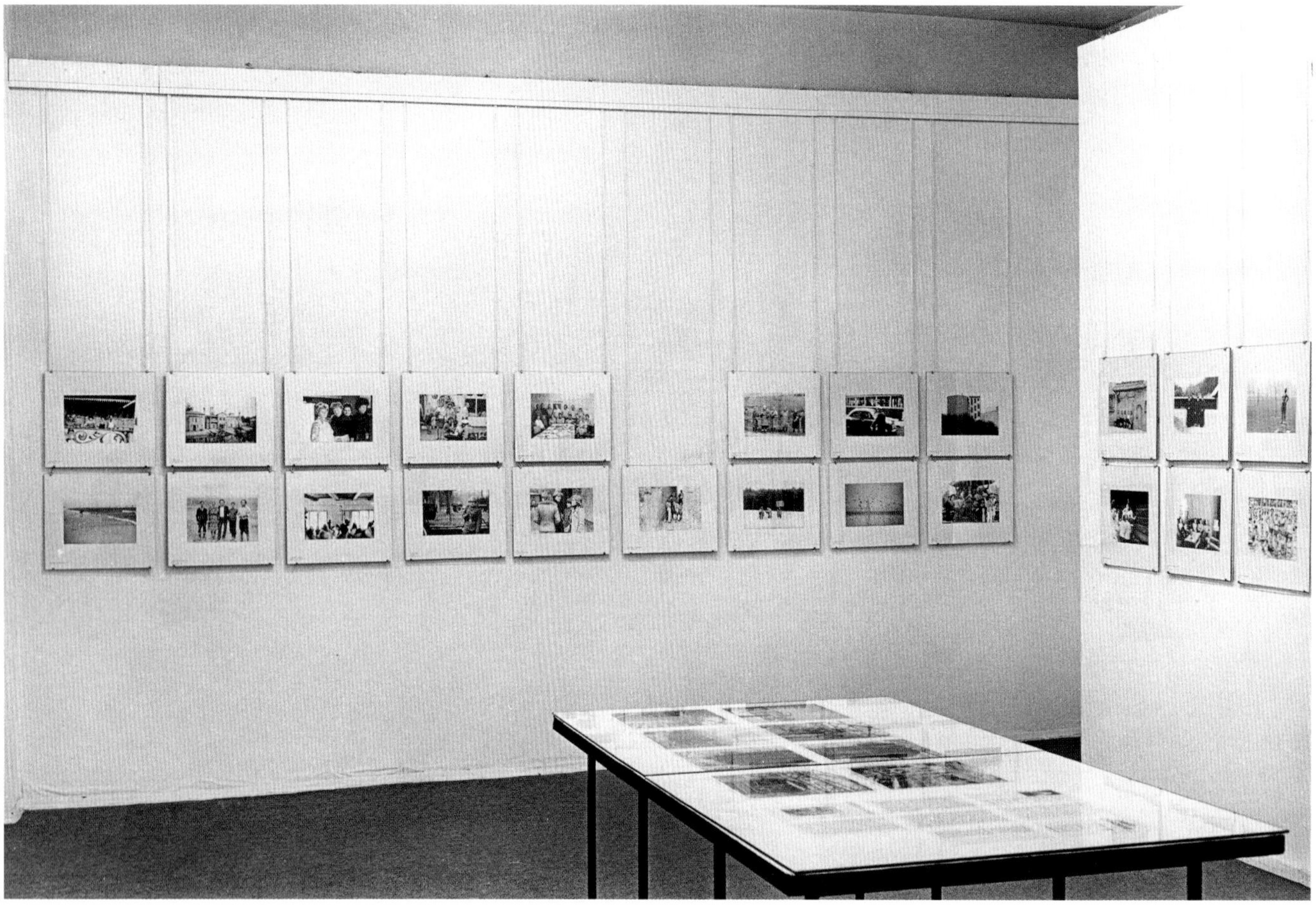

auch die einzelnen Bilder als eigenständige Form- und Sinngebilde deutlicher voneinander ab. Zudem hatte Borchert über die im Titel genannten »Gruppenbilder und Künstlerporträts« hinaus Aufnahmen miteinbezogen, die keine Porträts sind und bisweilen nicht einmal Menschen zeigen: Gebäude in Berlin, Filmkulissen in Potsdam-Babelsberg, Architekturdetails vom Bauhaus in Dessau, Graugänse am Gülper See oder ein Stück Wald am Czorneboh.[66] In solchen Aufnahmen erlaubte er sich einen subtilen Formalismus, der gleichwohl nicht auf die präzise abbildende Qualität der scharf gestellten Linse verzichten mag. Durch diese gelegentlichen menschenfreien Interjektionen gewann die Präsentation zusätzlich an rhythmischer Gliederung und atmosphärischer Komplexität.

Dass es hierbei jedoch nicht nur um eine formalästhetische Auflockerung ging, belegt ein hochformatiges Bild, dessen Verstörungspotenzial nicht unmittelbar ersichtlich ist (Abb. 9). Es handelt sich um eine aus leicht erhöhter Position

66 Auf Vitrinentischen wurden zudem aktuelle Aufnahmen der Semperoper-Baustelle gezeigt.

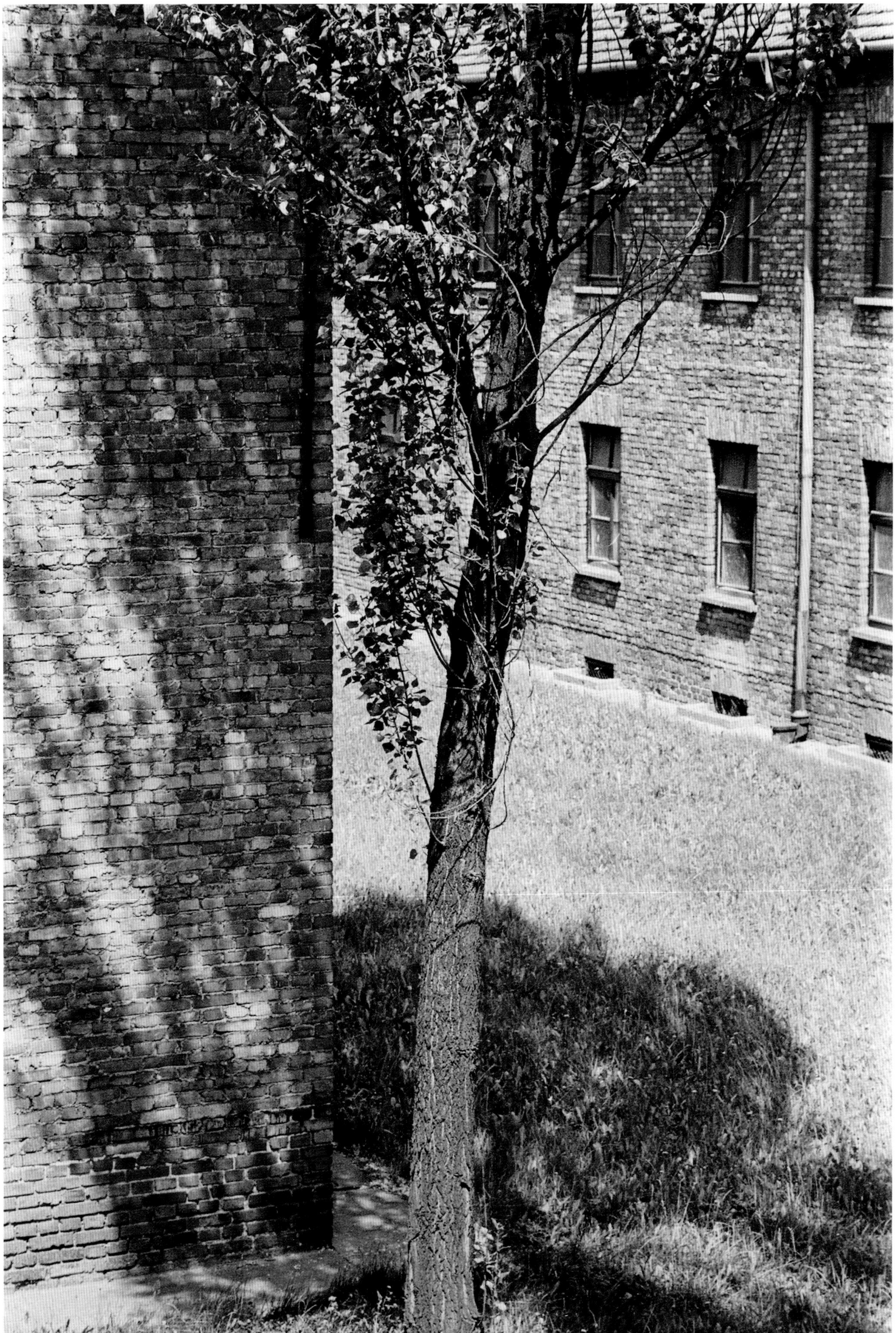

gemachte Aufnahme einer bildmittig platzierten schlanken Espe, deren Silhouette sich vor einer sonnenbeschienenen, durchfensterten Fassade eines Backsteingebäudes abzeichnet und deren Schatten auf eine fensterlose Backsteinwand zu ihrer Linken fällt. Dass auf diesem grafisch reizvollen, im Grunde aber völlig unspektakulären Foto ein Ort des Grauens festgehalten wurde, dürfte den meisten Betrachterinnen und Betrachtern der Ausstellung wohl erst bei der Lektüre des Bildtitels bewusst geworden sein: »In Auschwitz, Polen, 1979«. Ganz beiläufig, ohne jede dramatisierende Geste offenbart Borchert hier die Harmlosigkeit des Augenscheins als trügerischen Oberflächenreiz der Fotografie und erweist sich damit als medien- und selbstkritischer Geschichtstourist. Leser Brechts werden sich zudem an die berühmten Zeilen aus dessen Gedicht »An die Nachgeborenen« erinnert fühlen: »Was sind das für Zeiten, wo/Ein Gespräch über Bäume fast ein Verbrechen ist/Weil es ein Schweigen über so viele Untaten einschließt!«[67] So darf man das Auschwitz-Bild von Borchert, der im Jahr zuvor noch eine Ausstellung über Bäume in der von ihm betreuten Fotogalerie Berlin kuratiert und auch mit eigenen Beiträgen bestückt hatte, vielleicht als Versuch werten, fotografisch über Bäume zu sprechen, ohne die Untaten zu verschweigen.[68]

Fraglich bleibt, ob und inwiefern Borcherts Bild zugleich als Reflex auf die gemeinhin als rein bundesrepublikanisch geltende Debatte um Adornos – letztlich an Brecht anknüpfendes – Verdikt »nach Auschwitz ein Gedicht zu schreiben, ist barbarisch« gelesen werden kann.[69] In jedem Fall aber ist es im Rahmen der im Laufe der 1970er Jahre auch in der DDR zunehmenden Beschäftigung von Schriftstellern und Filmschaffenden mit dem Holocaust zu verorten, die mit Namen wie Jurek Becker, Franz Fühmann, Christa Wolf oder auch Hermann Kant (die Borchert allesamt porträtiert hatte) verbunden ist und mit Frank Beyers Verfilmung von Beckers »Jakob der Lügner« (1974) sicher am stärksten in die Breite wirkte.[70] Jenseits des offiziell propagierten Antifaschismus der SED formierte sich hier ein komplexer Diskurs über historisches Bewusstsein und geschichtliche Verantwortung, bei dem nicht nur die schwer belastete Vergangenheit selbst, sondern vor allem das Verhältnis der Gegenwart zu Letzterer auf den Prüfstand kam.

Dass Borchert sich als Fotograf an diesem Diskurs beteiligt hat, ist an sich schon bemerkenswert. Besonderes Interesse verdient aber vor allem die Form, die er für seinen Beitrag gefunden hat: ein unscheinbares Bild, dessen Sujet von größtmöglicher Allgemeinheit ist. Baum und Backsteingebäude könnten nahezu überall aufgenommen worden sein. Nichts deutet unmittelbar auf die Darstellung eines Konzen-

67 Bertolt Brecht: Die Gedichte, Frankfurt/Main 1981, S. 722–725, hier S. 723. Zur Brecht'schen Grundprägung des ambitionierteren Kunst- und Fotodiskurses der DDR vgl. Sarah E. James: Common Ground. German Photographic Cultures Across the Iron Curtain, New Haven/London 2013, v. a. S. 15–45.

68 In ganz anderer Weise macht Georges Didi-Huberman, mehr als 30 Jahre später, die Birken in Auschwitz-Birkenau zum Thema eines eindringlichen Essays: »Ich habe die Bäume betrachtet, so wie man stumme Zeugen befragt.« Die Rinde oder Borke der Birke, die am Baum haftet, sich löst und uns in die Hände fällt, erkennt er als »Schnittstelle zwischen einem flüchtigen Schein und einer dauerhaften Inschrift«. Sie ist nicht nur Spur, sondern selbst Teil des Baums, der das Grauen bezeugt, indem er sich vom Humus der zahllosen Leichen nährt, die dort verbrannt und verscharrt wurden. Vgl. Georges Didi-Huberman: Borken, Konstanz 2012, S. 81 f.

69 Vgl. Petra Kiedaisch (Hg.): Lyrik nach Auschwitz. Adorno und die Dichter, Stuttgart 1995.

70 Vgl. Amadeu Antonio Stiftung (Hg.): Ausgeblendet? Der Holocaust in Film und Literatur der DDR, Berlin 2011.

71 Thematisch war es innerhalb der Ausstellung mit einem Bild von 1978 verbunden, das polnische Offiziere zeigt, die mit ihren Freundinnen oder Frauen auf den Ruinen des ehemaligen Führerhauptquartiers, der sogenannten Wolfsschanze bei Kętrzyn, für touristische Erinnerungsfotos posieren. Leider fehlen aussagekräftige Ausstellungsansichten der Wand, an der wohl beide Bilder hingen, sodass nicht zu rekonstruieren ist, in welchem räumlichen Verhältnis die beiden Bilder in der Cottbuser Schau zueinander standen.

trationslagers hin. Vielmehr lässt das Spiel von Sonnenlicht und Schatten selbst in Schwarz-Weiß an einen unbeschwerten Sommernachmittag denken und ein vornehmlich strukturell-visuelles Interesse des Fotografen vermuten. Auch innerhalb der Bildabfolge der Ausstellung heischt das Bild nicht nach besonderer Aufmerksamkeit: Als eines von mehreren Fotos, die keine Menschen zeigen, fügt es sich unauffällig in den Rhythmus der Präsentation.[71] Hat man aber einmal seinen Bezugspunkt zur Kenntnis genommen, verändert es die Konfiguration der gesamten Schau. Es unterbricht dann nicht nur den ruhigen Fluss der Bilder, sondern sprengt geradezu das humanistische Kontinuum einer auf Einverständnis beruhenden und Einverständnis vermittelnden Porträtfotografie, indem es den Blick in den Abgrund der deutschen Geschichte des 20. Jahrhunderts lenkt. Zugleich aber bricht es diesen Blick an sonnenbeschienenen Backsteinwänden und verweigert jede direkte oder plakative Anklage: symbolischer Ausdruck dafür, dass das Grauen des Holocaust sich nicht einfach in einem grausamen Symbolbild darstellen lässt. So erweist sich Borchert um 1980 als gereifter Künstler, der nicht zuletzt aus dem Umgang mit Dichtern und Dichtung seine eigenen Schlüsse zu ziehen wusste.

KAI WENZEL

Günter Rapp. Ein Sammler und seine Stilmittel

Der Görlitzer Günter Rapp widmete sich ab der ersten Hälfte der 1960er Jahre mit großer Leidenschaft der Erforschung und Dokumentation von Mühlen auf dem Gebiet der ehemaligen DDR. Im Lauf von drei Jahrzehnten trug er ein umfangreiches Archiv zusammen, das rund 15 000 Fotografien umfasst. Sie wurden bisher vor allem als Quellen für lokalhistorische Forschungen rezipiert.[1] Darüber hinaus lohnt es sich jedoch, die Techniken der Bildkomposition und -erzählung in den Fotografien Günter Rapps genauer zu analysieren. Der vorliegende Text möchte zu diesem Zweck erstmals die Sujets der Fotografien Günter Rapps systematisieren, seine Stilmittel betrachten und vorläufige Überlegungen zu historischen Referenzpunkten seines Bildwerks vorstellen.

BIOGRAFIE UND MOTIVATION

Geboren wurde Günter Rapp (Abb. 1) 1933 in Schwerta/Świecie im östlichen, heute zur Republik Polen gehörenden Teil der Oberlausitz.[2] Gemeinsam mit seiner Mutter und seiner Schwester kam er als Flüchtling 1945 nach Görlitz. Nach der Schulzeit erlernte Rapp in den späten 1940er Jahren zunächst den Beruf des Bandwebers, bevor er sich 1951 zum Dienst in der neu gegründeten Volkspolizei der DDR verpflichtete. Zwei Jahre später wurde er als Gefängniswärter in die Görlitzer Strafvollzugsanstalt versetzt und übte diese Tätigkeit bis zu Beginn der 1980er Jahre aus. Dann wechselte Rapp zur Verwaltung des Görlitzer Städtischen Friedhofs, wo er bis zu seinem Tod 1990 arbeitete.[3]

Während seiner Zeit bei der Volkspolizei begann Rapp, sich intensiv mit der Kulturlandschaft der Mühlen zu beschäftigen. Über seine Motive schrieb er 1976 rückblickend: »Im Ergebnis der Bitterfelder Konferenz 1959 suchte ich mir ein passendes Aufgabengebiet für eine sinnvolle Freizeitbeschäftigung und landete schließlich bei den Windmühlen. Mit der Forschung an den Windmühlen begann ich im Jahre 1964. [...] Ich war von dem Glauben besessen, daß ich mit dieser Arbeit eine nicht wertlose Kulturarbeit leiste und zugleich damit das Ansehen der Volkspolizei stärken helfe.«[4]

Zunächst konzentrierten sich Rapps Forschungen auf die Mühlenlandschaft in der Oberlausitz. Als er diese umfassend erschlossen und dokumentiert hatte, weitete er seinen Radius ab 1972 auf Mühlen im gesamten Gebiet der ehemaligen DDR aus. In Archiven und Bibliotheken sammelte Rapp alle schriftlichen Zeugnisse über Mühlen, derer er habhaft werden konnte. Parallel unternahm er ausgedehnte Reisen zu

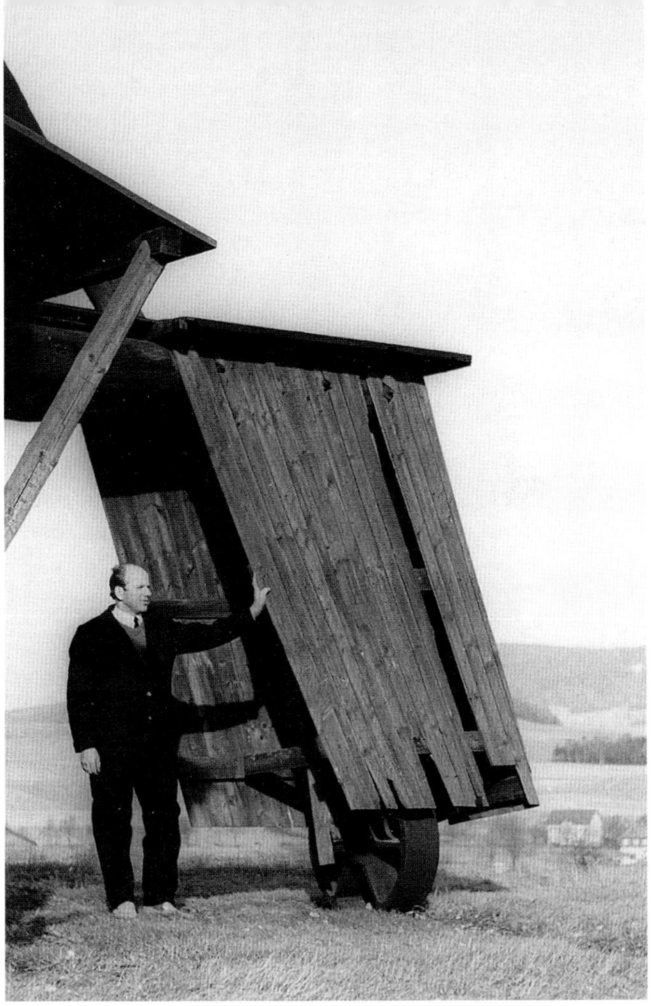

Abb. 1

GÜNTER RAPP | *Selbstbildnis an der Windmühle von Hetzwalde* | 1968

Mühlenstandorten, um diese zu fotografieren, mit Müllern und deren Nachfahren ins Gespräch zu kommen und alle Spuren vor Ort zu sichern. Die auf diese Weise zusammengetragenen Informationen legte er im 90-bändigen Werk »Molendinum ad ventum« nieder, für das er – trotz eines anhaltenden Schreibkrampfs in der rechten Hand – rund 18 700 Schreibmaschinenseiten füllte.[5]

Seine Exkursionen unternahm Günter Rapp oft mit dem Fahrrad oder zu Fuß, wobei er dann für sein Gepäck einen Handwagen durch die Landschaft zog. Er schrieb darüber: »Der Hänger soll jedes Jahr unterwegs sein und nur über den Spätherbst und Winter wieder nach Görlitz kommen. Im Wagen befinden sich 2 Mehlsäcke, 2 Zeltplanen, 1 Luftmatratze, 1 Schlafsack, 1 Sofakissen, 1 große Folie zur Abdeckung des Nachtlagers bei Regen, 1 Plaste-Wasserkanne für 10 Liter Trink- und Waschwasser, 1 Waschbecken, Flickzeug [...], Getränke, Eßwaren, Karten, Fotoausrüstung, Schreibutensilien, später ein Brett als Tisch (an den Hänger anzuhängen mit Stab darunter und 1 Hocker). Der Wagen wird bei meiner Fußwanderung durch die Flußtäler gezogen oder geschoben, sichert unterwegs meine Versorgung und mein Nachtlager und verbleibt bei Ende der Tour in einer Wassermühle, um später wieder abgeholt zu werden. Auf diese Weise habe ich den Hänger bis an den Senftenberger See, bis Ruhland und Ortrand geschoben von Görlitz aus. [...] Wenn ich nun noch einige verrostete Eisenrohre aus dem Wagen herausgucken lasse, wirke ich wie ein Monteur und bleibe unbehelligt und unverdächtig, errege beim Marsch kaum Aufsehen.«[6] Auf diesen Reisen übernachtete Rapp entweder bei Müllerfamilien und Bekannten oder aber unter freiem Himmel, wobei er dann Friedhöfe bevorzugte, da er sich dort am sichersten fühlte.[7]

Aus diesen biografischen Details setzt sich ein eigenwilliges, aber auch einprägsames Bild zusammen: ein in der Görlitzer Strafvollzugsanstalt tätiger Volkspolizist, der seine gesamte

1 Vgl. zum Beispiel das wesentlich auf dem Mühlenarchiv Rapp basierende Buch von Frank Nürnberger: Mühlen in der Oberlausitz einst und jetzt, Spitzkunnersdorf 2015.

2 Hier und nachfolgend: Matthias Wenzel: Das Mühlenarchiv Günter Rapp. Ein gemeinsames Erschließungsvorhaben der Oberlausitzischen Bibliothek der Wissenschaften und der Sächsischen Landesbibliothek / Staats- und Universitätsbibliothek Dresden, in: Görlitzer Magazin 19 (2006), S. 137–141.

3 Freundliche Auskunft von Evelin Mühle, Leiterin des Eigenbetriebs Städtischer Friedhof Görlitz, die in den 1980er Jahren mit Günter Rapp zusammenarbeitete.

4 Oberlausitzische Bibliothek der Wissenschaften Görlitz (= OLB GR), Mühlenarchiv Rapp, Molendinum ad ventum, Bd. 24, S. 34. Die Zitate stammen aus einem Brief Günter Rapps an seinen Vorgesetzten in der Strafvollzugsanstalt, in dem er sich rechtfertigen musste, dass er von einem an der Kulturgeschichte der Mühlen interessierten Herrn aus Berlin eine Postkarte erhalten hatte, die an seine Dienststelle, die Strafvollzugsanstalt Görlitz, gerichtet war.

5 Die Bände des »Molendinum ad ventum« bilden den Kernbestand des in der Oberlausitzischen Bibliothek der Wissenschaften aufbewahrten Mühlenarchivs Rapp. Sie weisen keine systematische Struktur auf, sondern sind eine chronologische Dokumentation aller Informationen und eigenen Beobachtungen, die Rapp zum Thema der Mühlen zusammentragen konnte, ergänzt auch durch zahlreiche Briefabschriften. Eine von Rapp angelegte, ca. 6 000 Karten umfassende Kartei erschließt diese Sammlung.

6 OLB GR, Mühlenarchiv Rapp, Molendinum ad ventum, Bd. 85, S. 47.

7 Freundliche Auskunft von Evelin Mühle (vgl. Fußnote 3).

Abb. 2

GÜNTER RAPP | *Holländerwindmühle Möhrsdorf* | 1965

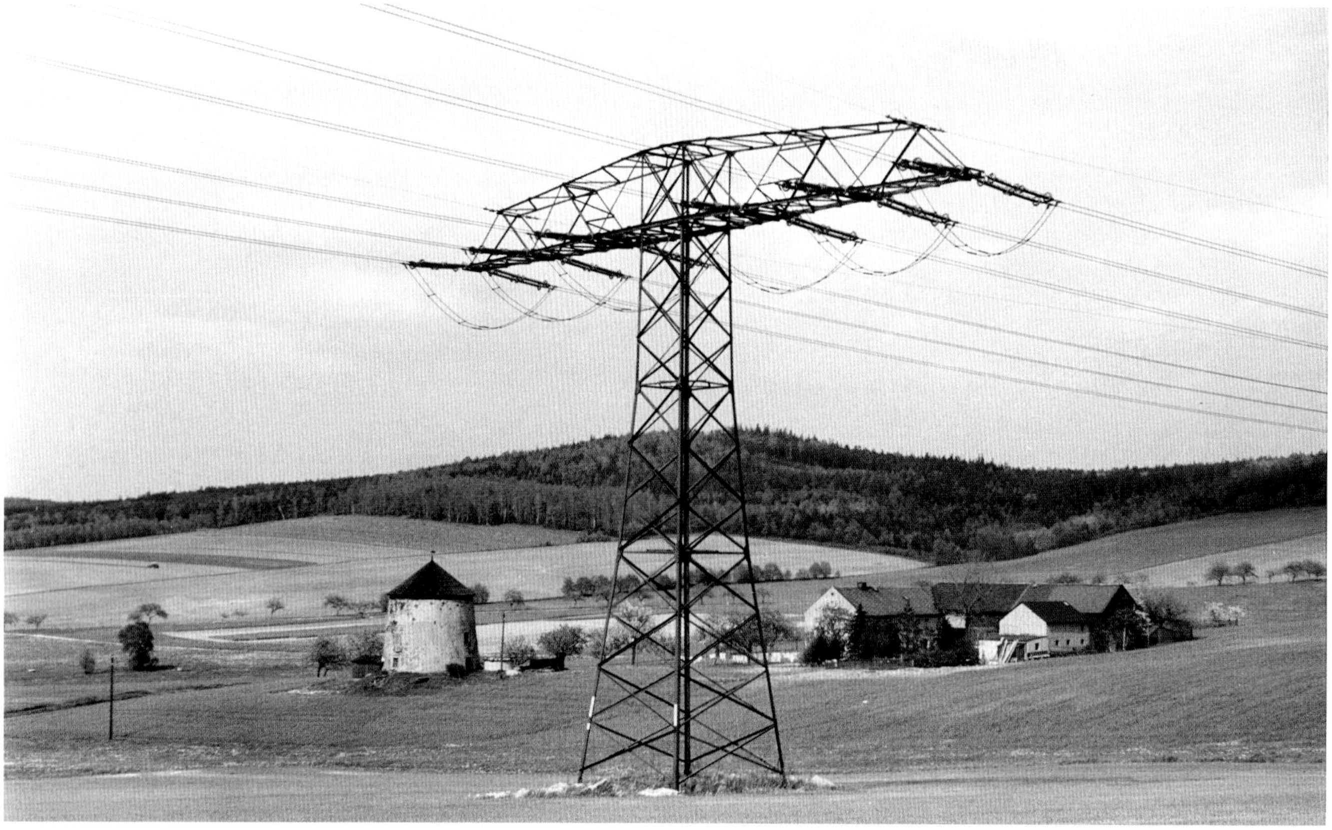

Freizeit dafür nutzt, um sich mit historischen Mühlen zu beschäftigen, der ein weitläufiges Korrespondenznetzwerk zu diesem Thema unterhält, der dafür intensiv Bibliotheken und Archive besucht und ausgedehnte Fußreisen unternimmt und der schließlich eine umfangreiche Sammlung in Text und Bild anlegt.

Man kann wohl annehmen, dass Günter Rapp mit diesem spezifischen Interesse bei seinen Zeitgenossen auch auf Unverständnis stieß und während seiner Touren übers Land misstrauisch beobachtet wurde. Über eine dieser Reisen berichtete er: »Das war meine große Urlaubsreise 1973 durch einen Teil des Bez[irks] Magdeburg. In 17 Tagen bei Sonnenschein und Regen habe ich 1 000 Kilometer mit dem Fahrrad zurückgelegt. [...] Ich war am Ufer der Saale und konnte keinen hellen Saalestrand finden, sondern nur schmutziges stinkendes schäumendes Wasser. [...] Es gab interessante aufregende Erlebnisse und oft wurde ich unterwegs angehal-

8 OLB GR, Mühlenarchiv Rapp, Molendinum ad ventum, Bd. 6, S. 63.

9 Wenzel, Das Mühlenarchiv (wie Anm. 2), S. 141.

10 URL: www.slub-dresden.de/sammlungen/deutsche-fotothek/fotografen/rapp/ (letzter Zugriff am 20. 8. 2018). Durch die Sächsische Landesbibliothek – Staats- und Universitätsbibliothek Dresden (= SLUB), Deutsche Fotothek wird das Bildarchiv von Günter Rapp inzwischen auch auf Wikimedia Commons und im Europeana-Portal bereitgestellt.

11 Beide Apparate nutzte Rapp intensiv und beklagte sich wiederholt in Briefen, wenn einer ausfiel und repariert werden musste.

Abb. 3

GÜNTER RAPP | *Weg zur ehemaligen Windmühle Piskowitz* | 1965

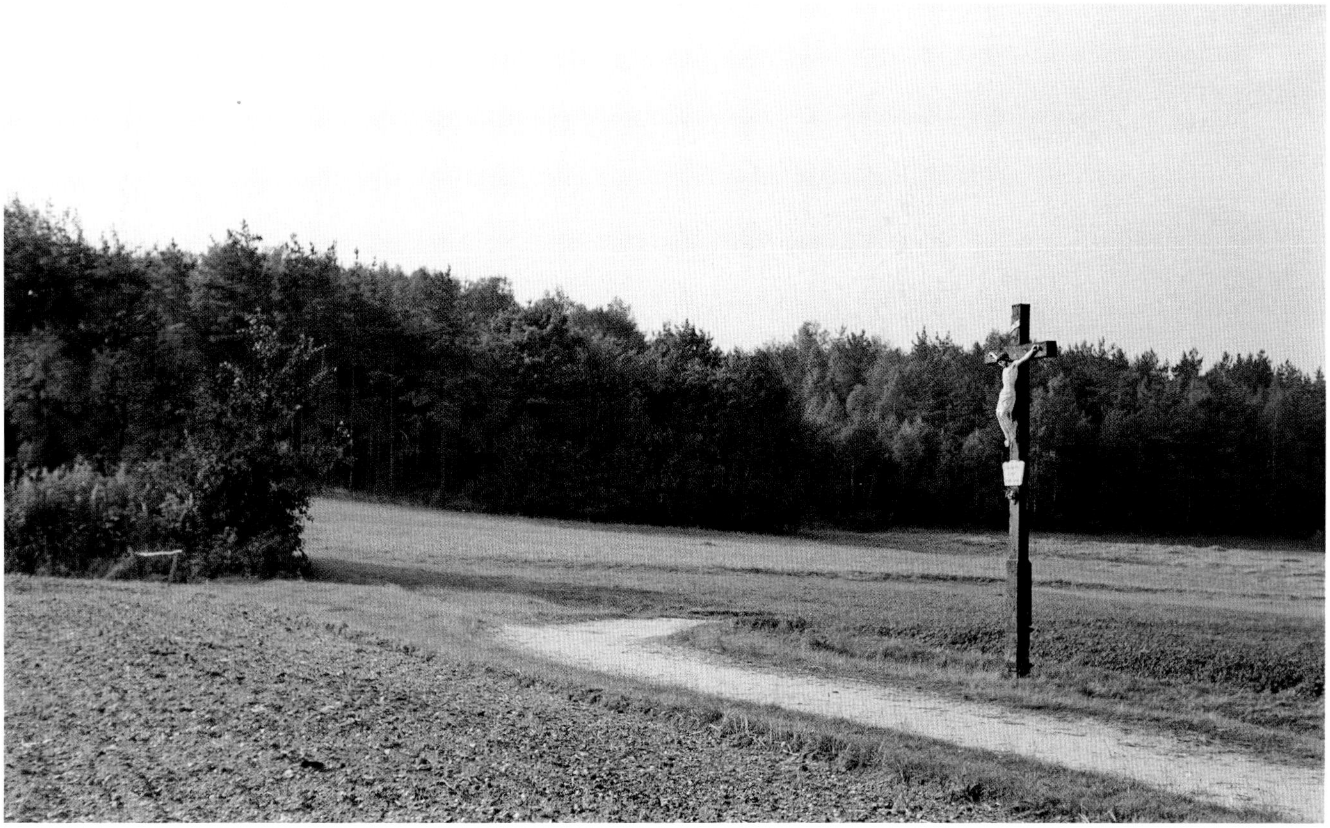

ten und kontrolliert, da man in mir wohl eher einen Landstreicher oder Grenzgänger vermutete, als einen glühenden Heimatfreund. [...] Nichts aber konnte mich trotz aller Schönheit so aufhalten, wie meine untergehenden Freunde, die alten Windmühlen, die mir aus allen Ecken und Winkeln ihr Klagelied zuriefen. Ich konnte sie leider nur noch im Bilde festhalten für die Nachwelt und einiges Material zu ihrer Geschichte zusammentragen. [...] Meine Heimat ist überall dort, wo Windmühlen sind.«[8]

Nach Günter Rapps Tod im Februar 1990 gelangte das Mühlenarchiv seinem Wunsch entsprechend in die Oberlausitzische Bibliothek der Wissenschaften zu Görlitz.[9] Sie übergab die Fotonegative 2005 an die Deutsche Fotothek Dresden, die sie als eine der ersten Spezialsammlungen in Gänze digitalisierte und mit einer Creative-commons-Lizenz online bereitstellt.[10]

Als Fotograf war Günter Rapp ein Autodidakt; die Fotografie war für ihn primär ein Medium zum Sammeln und Archivieren von Objekten. Er arbeitete dabei stets mit Kleinbildtechnik, wie sie von zahlreichen Fotoamateuren in der DDR genutzt wurde. So besaß Rapp eine Exa und eine Praktika FX2 – beides Spiegelreflexkameras der 1950er und 1960er Jahre aus Dresdener Produktion, die noch eine separate Lichtmessung bzw. entsprechende Intuition des Bedieners erforderten.[11] Erst kurz vor Rapps Tod kam eine modernere Praktika MTL 5b hinzu. Ein Stabstativ, das seinen Vorstellungen entsprach,

Abb. 4 (rechts oben)

GÜNTER RAPP | *Weg zum Windmühlenberg bei Dittersbach auf dem Eigen* | 1967

Abb. 5 (rechts unten)

GÜNTER RAPP | *Blick vom Windmühlenberg bei Dittersbach auf dem Eigen* | 1967

stellte er sich selbst her: »Die erste Variante hatte sich nicht bewährt. Ich bekam hier nur einfache Besenstiele und unterwegs merkte ich das Federn des Stab-Stativs, so daß mit Teleobjektiv nichts zu machen ist. So kaufte ich hier jetzt nach Vorhandensein einen Hartholz-Schaufelstiel, sägte die Krümmung weg, sägte von einem Feldspaten die Tülle ab und ging zum Schlosser. Dieser schweißte mir sofort die Tülle an den eisernen Ring an. So montierte ich die Teile [...], oben das Gewinde für das Kugelgelenk an und fertig war der Stock. [...] Der Stock ist nun mein sicheres Fotostativ (unterwegs viele Aufnahmen mit Selbstauslöser gemacht u[nd] Mühlenbes[itzer] mit aufs Bild genommen), ist meine Waffe gegen Hunde und Wildschweine wegen der scharfen 12 cm langen eisernen Spitze, ist mein Sicherungsstab (so verhinderte er mein Abgleiten in den Abgrund der Gröditzer Skala) und ist mein Halt beim Erklimmen von steilen Abhängen.«[12]

BILDTHEMEN, KOMPOSITIONSPRINZIPIEN UND ERZÄHLWEISEN

Die Sujets der Fotografien, die Günter Rapp mit der beschriebenen Ausstattung herstellte, lassen sich in verschiedene Gruppen unterteilen. Am häufigsten hielt er Mühlengebäude bzw. deren Ruinen im Bild fest und ging dabei meist in mehreren Schritten vor: Zunächst dokumentierte er Mühlen in ihrem landschaftlichen Umfeld aus verschiedenen Perspektiven. Dabei wählte er mitunter bewusst Standorte, von denen aus sich durch rahmende Baumstaffagen idyllische Kompositionen ergaben, die wie Fenster in eine vergangene, vormoderne Epoche wirken. Solchen idealisierenden Blicken setzte er Fotografien entgegen, bei denen Elemente der Modernisierung wie Strommasten bildbestimmend sind und in Konkurrenz zum eigentlichen Motiv der jeweiligen Mühle treten (Abb. 2).

Als ein weiteres Charakteristikum der landschaftlichen Situierung seiner Objekte fotografierte Günter Rapp oft die Wege zu den Mühlenstandorten. Dabei postierte er sich gewöhnlich so, dass der Wegverlauf die Bildkomposition dominiert, wodurch ihm prägnante Aufnahmen wie die des Weges zur ehemaligen Mühle von Piskowitz gelangen (Abb. 3). Beispielhaft seien auch die 1967 entstandenen Ansichten des Windmühlenbergs von Dittersbach auf dem Eigen erwähnt.[13] Hier zeigt die erste Aufnahme den zum Windmühlenberg führenden Weg, während ein zweites Bild vom Windmühlenberg herabblickend aufgenommen wurde (Abb. 4 und 5). In beiden Fotografien positionierte Rapp eine Frau als Rückenfigur zentral im Bild, worauf im Folgenden noch einmal zurückzukommen sein wird.

In einem weiteren Schritt hielt Günter Rapp Mühlengebäude aus der Nahsicht fest und entwickelte dafür verschiedene Modi. So finden sich in seinem Archiv Fotografien, bei denen das Motiv frontal in der Bildmitte erscheint, wie es bei den in der ersten Hälfte der 1970er Jahre entstandenen Aufnahmen von Windmühlen in Sachsen-Anhalt und Brandenburg zu beobachten ist. In formaler Hinsicht sind sie den bekannten Fotografien von Bernd und Hilla Becher verwandt, die zur gleichen Zeit mit ähnlicher Konsequenz Fachwerkhäuser, Wassertürme und Industrieanlagen aufnahmen.[14] Seiner

12 Aus einem Brief vom 30. 7. 1989: OLB GR, Mühlenarchiv Rapp, Molendinum ad ventum, Bd. 89, S. 81.

13 Im gleichen Jahr hielt Rapp auch Gespräche mit letzten Zeitzeugen der Dittersbacher Windmühlen fest: ebd., Bd. 20, S. 86 f. und 92 f.

14 Aus der umfangreichen Literatur zum Werk von Bernd und Hilla Becher seien erwähnt: Annika Baacke: Objektivität und Ästhetik, Kontinuität und Veränderung im Werk von Bernd und Hilla Becher, Albert Renger-Patzsch, August Sander und Karl Blossfeldt. Diss. phil., Berlin 2014; Martina Dobbe: Fotografische Bildanordnungen. Visuelle Argumentationsmuster bei Francis Galton und Bernd & Hilla Becher, in: David Ganz/Felix Thürlemann (Hg.): Das Bild im Plural, Berlin 2010, S. 331–350; Susanne Lange: »Was wir tun, ist letztlich Geschichte erzählen«. Bernd und Hilla Becher – Eine Einführung in Leben und Werk, München 2005.

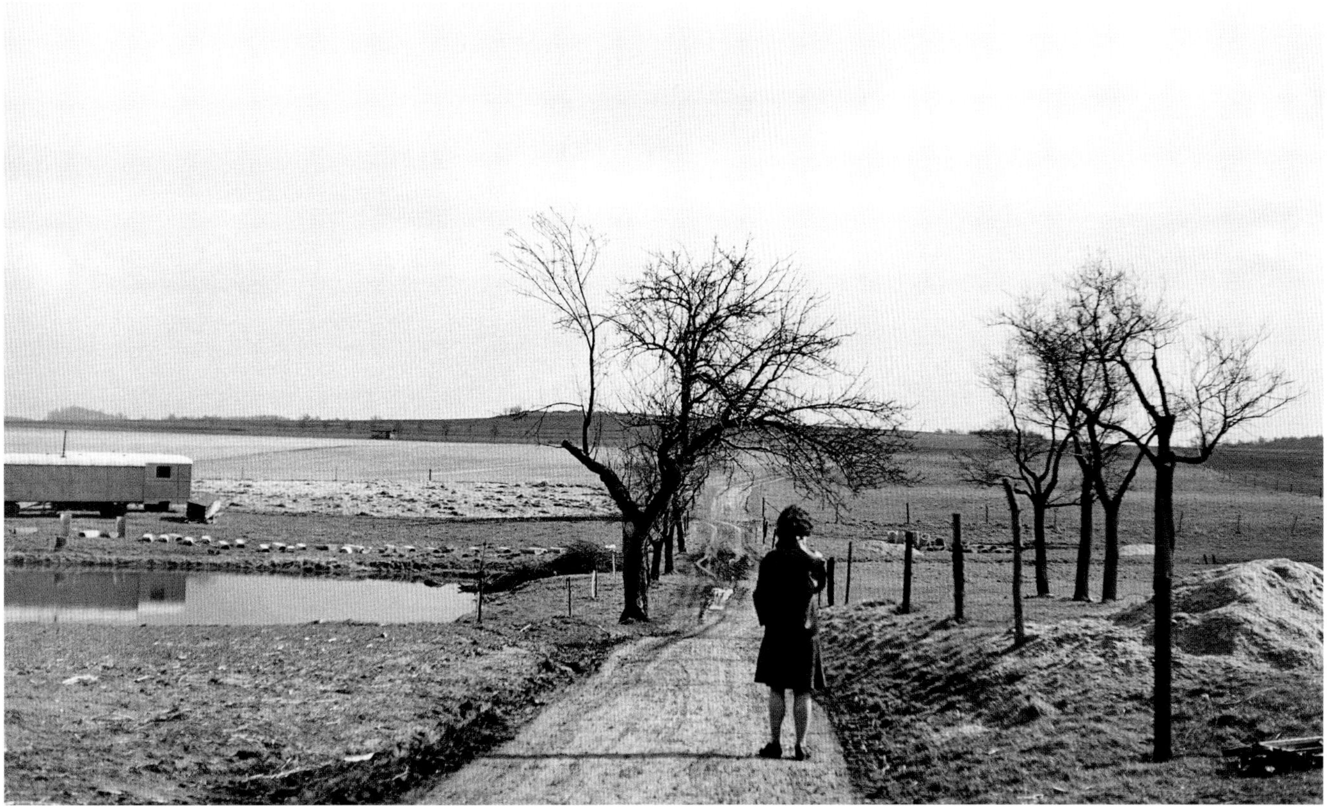

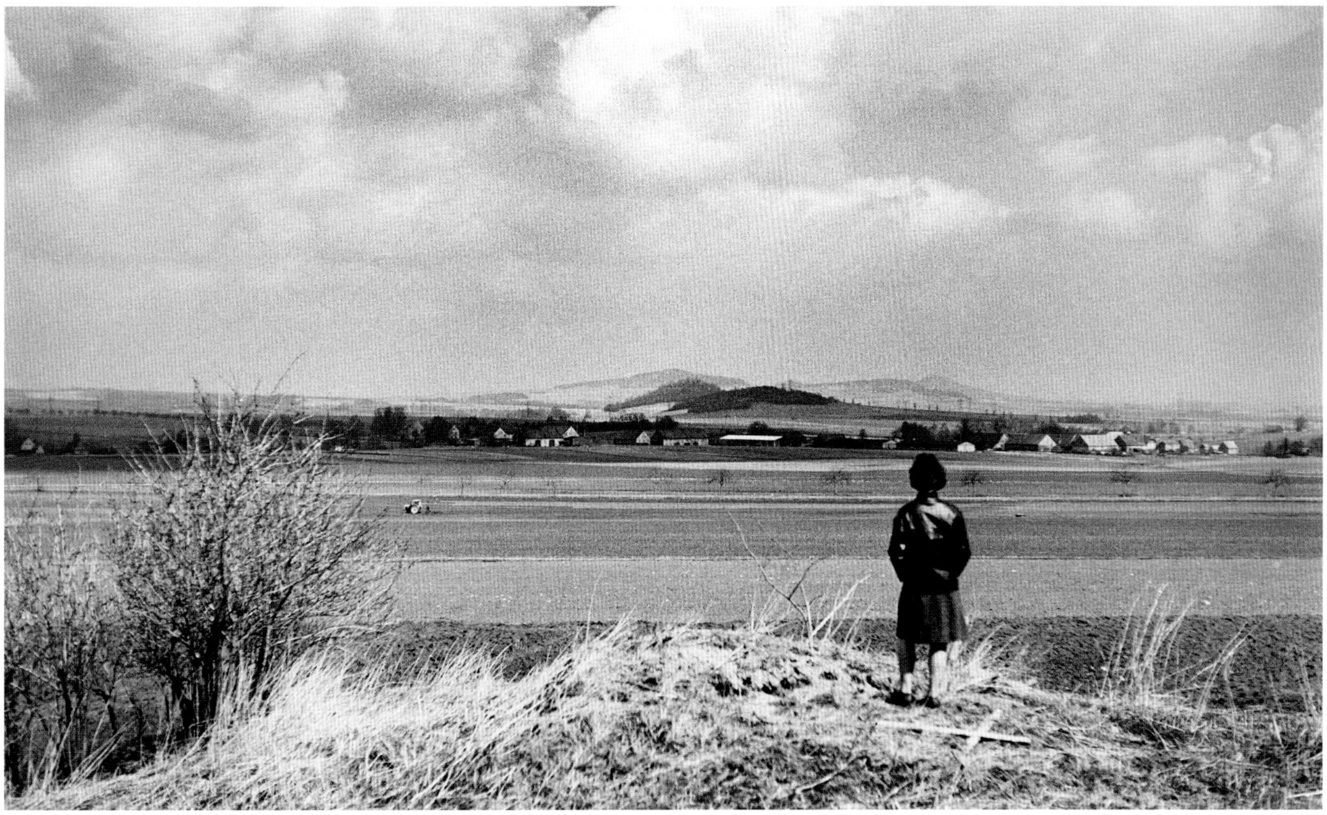

Abb. 6

GÜNTER RAPP | *Bockwindmühle Wormlage* | 1972

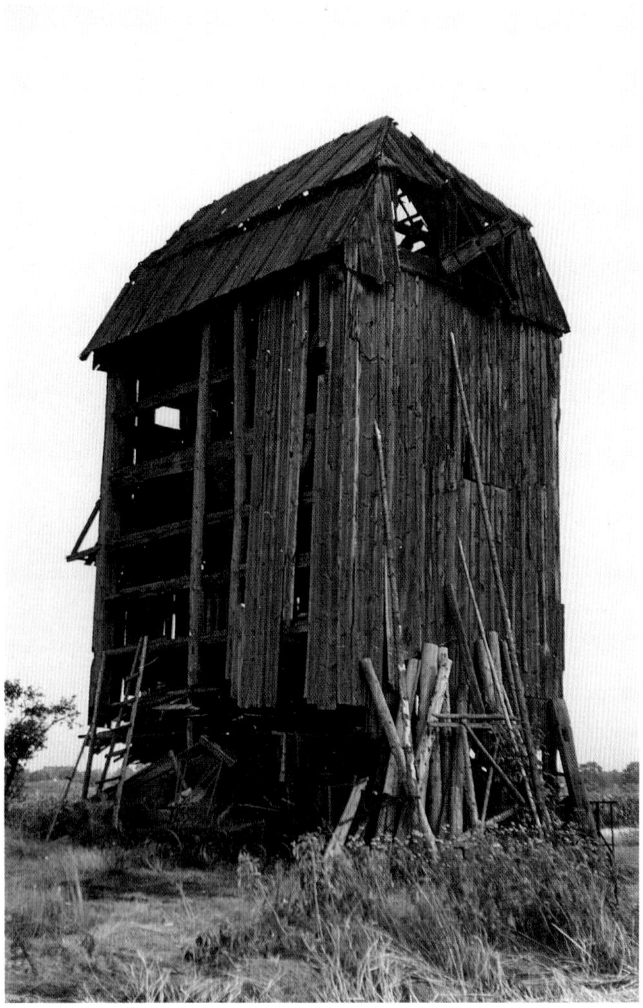

Abb. 7

GÜNTER RAPP | *Bockwindmühle Wormlage* | 1977

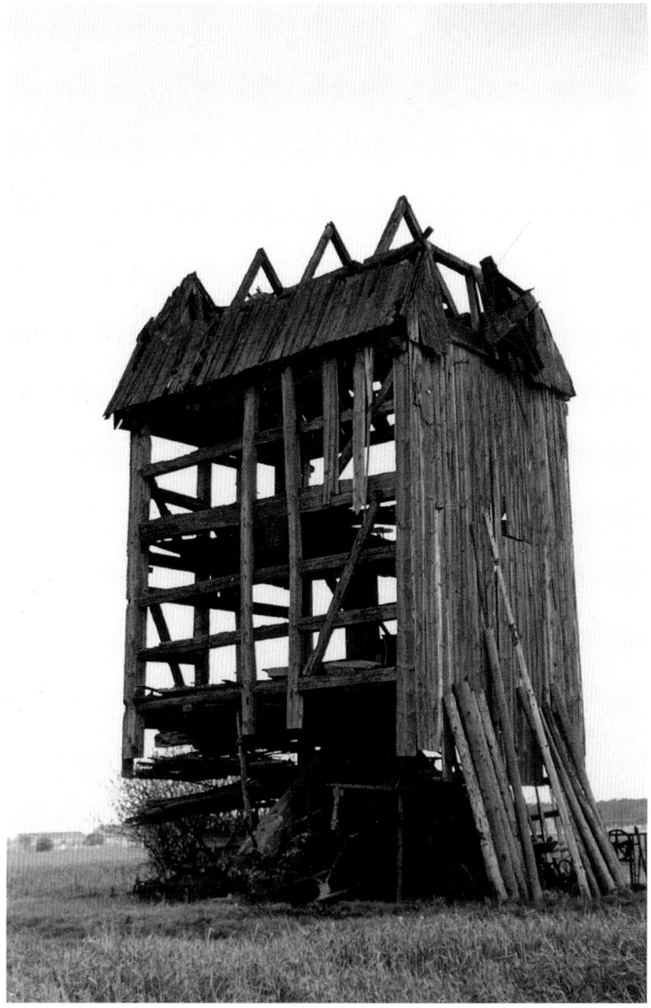

weitaus einfacheren technischen Ausrüstung geschuldet, zeigen die Bilder Günter Rapps jedoch nicht den derart strengen formalen Aufbau, der den Fotografien der beiden Bechers eigen ist. Und da Rapp auch ein umfassenderes bildliches Interesse an den Mühlen verfolgte, beschränkte er sich nicht auf einen immer gleichen Blickpunkt, sondern nahm sie aus diversen Blickwinkeln auf. So variierte er seine Kompositionen, indem er die Mühlengebäude nach wiederkehrenden Schemata entweder links oder rechts aus der Bildmitte rückte und den Bildraum durch weitere Elemente wie ein Haus, einen Baum oder einen Zaun regelrecht sequenzierte. Diese kompositorischen Muster lassen sich über die gesamte Zeit seines fotografischen Schaffens hinweg beobachten. Sie deuten darauf hin, dass Rapp die Mühlen zunächst umkreiste, um Standorte zu finden, von denen aus die Motive seinen Vorstellungen entsprachen.

Abb. 8

GÜNTER RAPP | *Mühlstein der ehemaligen Wassermühle Bröthen* | 1987

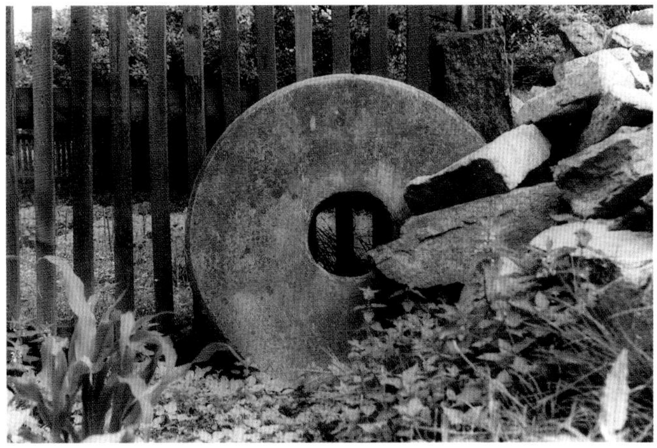

Als weiteres Stilmittel finden sich in seinen Aufnahmen mehrere Formen von Serialität. So kehrte Rapp zu zahlreichen Mühlenstandorten mehrfach zurück, um sie wiederholt aufzunehmen. Das konnte zu verschiedenen Jahreszeiten oder mit größeren zeitlichen Abständen sein, wodurch er Veränderungen – oft leider nur den weiteren Verfall der Mühlen – protokollierte. Ein Beispiel dafür sind die Ansichten der Bockwindmühle von Wormlage, die er im Abstand von fünf Jahren vom gleichen Standort aus herstellte. Die Aufnahmen zeigen, wie viel Substanz die heute fast völlig verschwundene Mühle während dieses kurzen Zeitraums verlor (Abb. 6 und 7).

Mitunter konnte Günter Rapp nur noch Reste einer einstigen Mühle finden, die er aber gleichermaßen sorgfältig fotografierte. Zum eigenständigen Bildthema entwickelten sich für ihn Mühlsteine, die die Essenz der gesamten Mahltechnik darstellen und für Rapp zeichenhafte Qualität besaßen, verwiesen sie doch auf das einstige Vorhandensein einer Mühle. Mit wiederkehrenden Perspektiven lichtete er daher immer wieder Mühlsteine ab, wie etwa 1987 den an einen Zaun gelehnten Stein der ehemaligen Wassermühle in Bröthen bei Hoyerswerda (Abb. 8).[15]

Unter widrigen Lichtbedingungen fotografierte Rapp ebenso in den Mühlengebäuden, wo ihn vor allem die technischen Anlagen interessierten. In welchem Maße er sich mit seinem Sammlungsthema identifizierte, zeigen die häufigen Selbstporträts, für die er sich in oder vor einer Mühle postierte. Inszenatorische Elemente deuten dabei an, dass seine Exkursionen für ihn immer auch eine Gelegenheit zur Flucht aus dem Alltag und zum Eintauchen in eine untergegangene Lebens- und Arbeitswelt boten.

Häufig porträtierte er zudem Müller bzw. deren Angehörige, mit denen er vielfach über Jahrzehnte in Kontakt stand, wie zahlreiche im Archiv überlieferte Briefe belegen. Für die Komposition seiner Porträtaufnahmen nutzte Rapp zwei klassische Prinzipien: In den ersten Jahren wählte er zumeist noch einen Ausschnitt, der sich auf den Kopf bzw. das Gesicht konzentrierte – ein Modus, wie er für die Atelierfotografie oder auch für die ethnografische Fotografie in der ersten Hälfte des 20. Jahrhunderts typisch ist. Später ging er dazu über, Personen in ganzer Figur stehend, sitzend oder bei ihrer Arbeit zu porträtieren. Diese Bildnisse erinnern wiederum allgemein an sozialdokumentarische Fotografien des 20. Jahrhunderts. Zu letztgenannter Gruppe gehört das 1971 entstandene Porträt des Neueibauer Müllers Herbert Zimmermann (Abb. 9), über den Rapp notierte, dass er die schwere Arbeit in seiner Mühle weitgehend allein ausführte aus Furcht, in die LPG eintreten zu müssen: »Es konnte aber auch nicht mehr so weitergehen, denn oft hat er so an die 500 Zentner in der Woche geschroten und in der Mühle her-

15 Zum Besuch dieser Wassermühle siehe OLB GR, Mühlenarchiv Rapp, Molendinum ad ventum, Bd. 83, S. 176.

Abb. 9

GÜNTER RAPP | *Der Müller Herbert Zimmermann in Neueibau* | 1971

umgeschleppt, so daß er manchmal so fertig war, daß er kaum beim Essen den Löffel halten konnte.«[16]

Die Aufzählung der thematischen Felder, in die sich das fotografische Werk Günter Rapps unterteilen lässt, zeigt, dass er bei seiner Dokumentation systematisch vorging. Die beschriebenen Kompositionsprinzipien bzw. Techniken der Bilderzählung musste sich Rapp jedoch nicht erst über einen längeren Zeitraum hinweg erarbeiten. Vielmehr verfolgte er sie schon seit Beginn seiner fotografischen Mühlendokumentation konsequent, was nochmals für sein reflektiertes Herangehen an den selbst gewählten Forschungsgegenstand spricht.

HISTORISCHE REFERENZEN

Günter Rapp schuf seine Fotografien nicht primär mit bildkünstlerischem Interesse. Dennoch gelangen ihm Aufnahmen, die in den bereits erwähnten Werken von Bernd und Hilla Becher oder auch in der Fotoserie zur Windmühle von Brehna, die Helfried Strauß in den 1980er Jahren schuf, ihre nächsten Parallelen besitzen.[17] Zweifellos bewies Rapp viel Intuition bei der Komposition seiner Aufnahmen. Doch lassen sich die angesprochenen Prinzipien, nach denen er seine Fotografien erstellte, nicht allein dadurch erklären. Ob bewusst oder unbewusst, orientierte er sich an historischen Vorbildern; sie bestimmten seine Vorstellungen, wie er einen Gegenstand oder eine Person aufnahm, wie er ein Bild komponierte oder inszenierte. Dieser Aspekt führt zur Frage nach dem Bildwissen Günter Rapps und nach möglichen Referenzen für seine Art der fotografischen Dokumentation. Sie lässt sich nicht leicht beantworten, da von Rapp selbst keine Aussagen dazu überliefert sind. Für eine zumindest hypothetische Rekonstruktion müssen daher seine Fotografien als Quellen herangezogen werden, verweisen doch die in ihnen zu beobachtenden Kompositions- und Erzählweisen auf prominente Vorläufer.

Zu Rapps erstaunlichsten Aufnahmen zählt jene der Überreste der Windmühle von Pielitz bei Bautzen aus dem Jahr 1968 (Abb. 10). Statt eines Gebäudes fungiert hier eine junge Frau als zentraler Akteur der Erzählung. Sie steht auf einem kleinen Hügel – es handelt sich um die überwachsenen Trümmer der einstigen Windmühle – in einer offenen Berglandschaft. Die Frau ist dem Betrachtenden im Profil zugewandt und schaut nach rechts in die Ferne. Rapp wählte für die Aufnahme einen Ausschnitt, bei dem die Horizontlinie des Vordergrunds etwa dem sogenannten Goldenen Schnitt entsprechend im unteren Bilddrittel liegt. In einer ähnlichen Proportionierung ist die Frau im rechten Bilddrittel positioniert. Diese Strukturierung des Bildraums mithilfe eines klassischen Stilmittels lässt vermuten, dass die Fotografie kein spontaner Schnappschuss war, sondern eine wohlüberlegte Inszenierung. Auch spricht die Aufnahme nicht mehr nur für ein dokumentarisches Interesse, sondern zeugt vom Wunsch nach poetischer Erzählung.

Die Landschaft an der ehemaligen Pielitzer Mühle beschrieb Rapp in seinen Aufzeichnungen als romantisch und schwärmte von der Aussicht, die man von dort habe.[18] Durch den Standort, den Rapp für sein Foto wählte, wird dem Betrachtenden der Ausblick in die umgebende Landschaft jedoch weitgehend verwehrt, was die Konzentration auf den Steinhaufen und die Frau noch verstärkt und beide geradezu symbolhaft

16 Ebd., Bd. 10, S. 116.

17 Helfried Strauß/Heinz Czechowski: Die Mühle in Brehna, Frankfurt (Main)/Leipzig 1992.

18 OLB GR, Mühlenarchiv Rapp, Molendinum ad ventum, Bd. 14, S. 149 f.

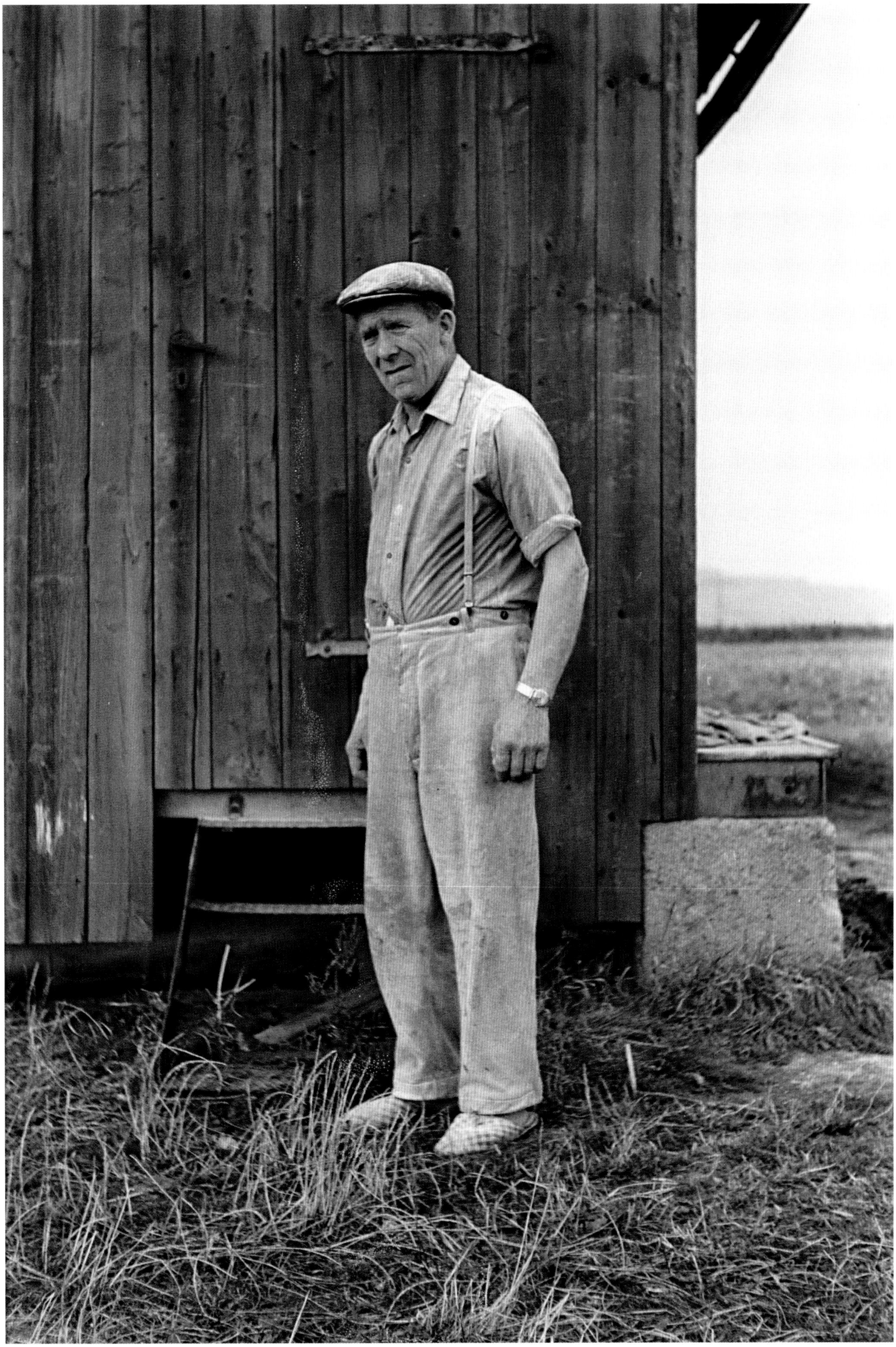

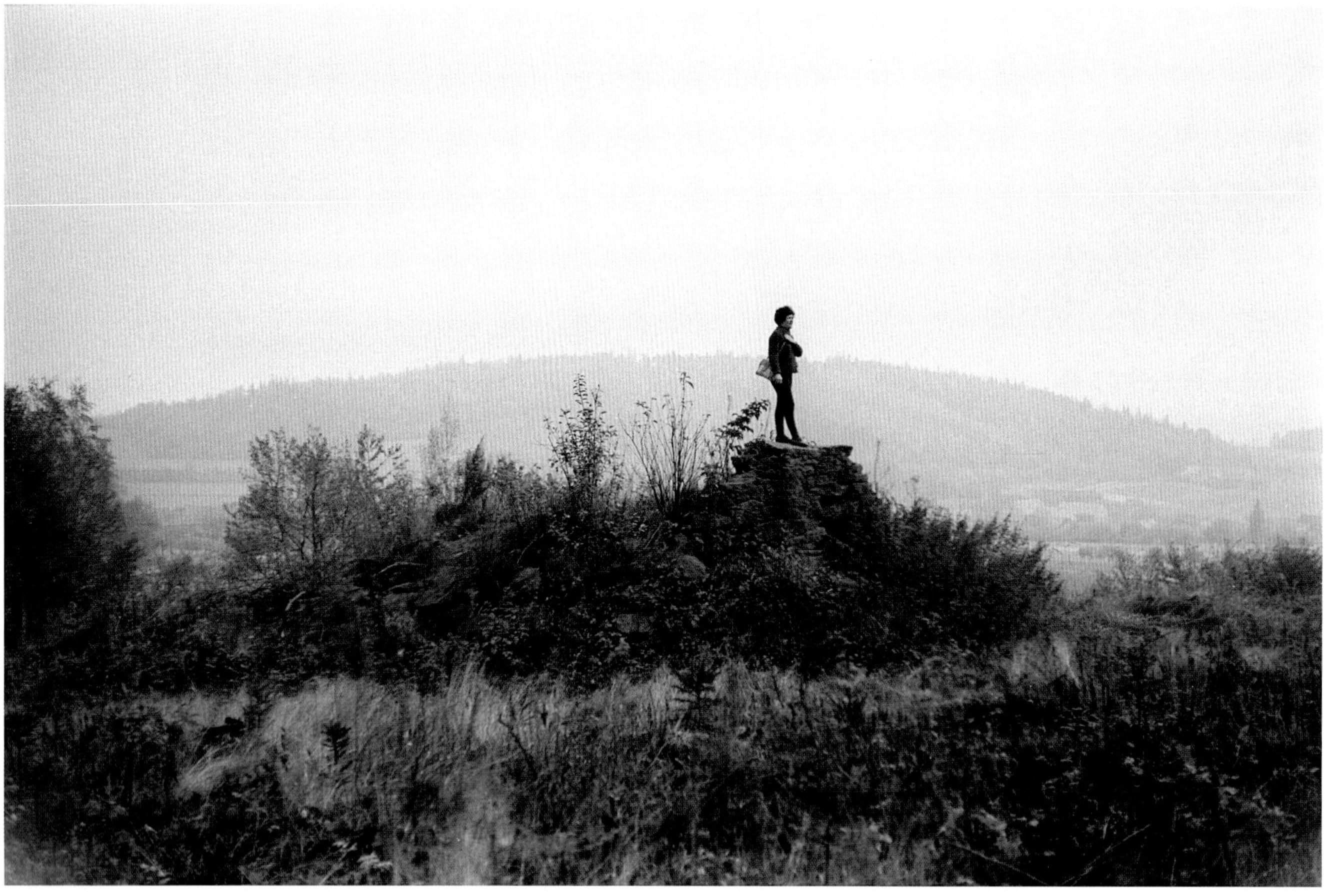

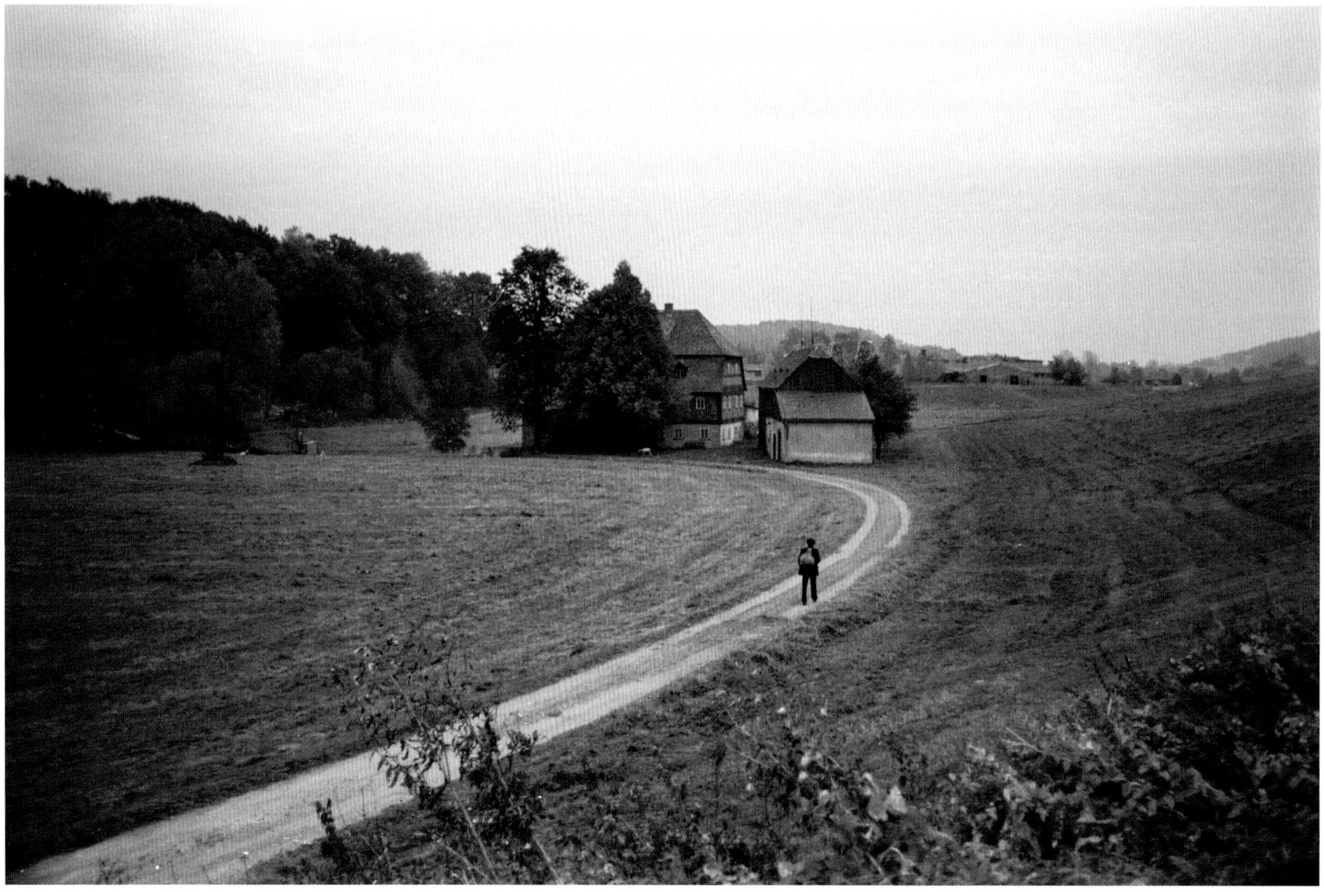

Abb. 10 (links oben)

GÜNTER RAPP | *Die Ruine der Holländermühle Pielitz* | 1968

Abb. 11 (links unten)

GÜNTER RAPP | *Fernsicht zur Hauboldmühle in Sohland an der Spree* | 1987

wirken lässt. Die Kunsttheorie der zweiten Hälfte des 18. und des frühen 19. Jahrhunderts bezeichnete dieses Stilmittel als gesperrten Horizont bzw. als gesperrte Landschaft.[19] In der Kunst jener Epoche, besonders in der Malerei der Dresdener Romantik, sind wohl wesentliche Referenzen für derartige Aufnahmen im Werk Günter Rapps zu suchen. Vor allem die Gemälde der beiden wichtigsten Protagonisten der Landschaftsmalerei der Dresdener Romantik, Caspar David Friedrich und Carl Gustav Carus, erlebten seit den 1950er Jahren durch Postkarten, Kunstdrucke und Bildbände eine enorme Popularität, sodass ihre Kenntnis für Rapp zweifellos vorauszusetzen ist. Als Vergleichsbeispiel sei nur auf das Gemälde »Der Abendstern« aus Friedrichs Spätwerk verwiesen, bei dem eine ähnliche Kompositionslösung wie bei der Fotografie der Ruine der Pielitzer Windmühle vorliegt: ein Hügel, auf dem in einer streng komponierten Abfolge Personen platziert sind und der den Ausblick in die Ferne für die Betrachtenden weitgehend verdeckt.[20]

Noch ein weiteres Stilmittel begegnet in den Fotografien Günter Rapps mehrfach: das der Rückenfigur, die gleichermaßen nach klassischen Proportionsregeln im Bildraum platziert ist. Auch dieses Motiv besitzt seine prominenten Referenzen in der Malerei der Dresdener Romantik, aus der hier wiederum nur ein Beispiel, die Bildallegorie »Erinnerung an Rom« von Carl Gustav Carus aus dem Jahr 1839, herausgegriffen sei. In diesem Gemälde fungieren zwei Rückenfiguren als visuelle Brücke zwischen Publikum und Bildinhalt. Sie fordern dazu auf, sich an der von ihnen vorgeführten Kontemplation in der Landschaft zu beteiligen, ohne dass die Betrachtenden jedoch zu ergründen vermögen, wohin der Blick der Rückenfiguren eigentlich fällt. Dadurch entsteht eine spannungsreiche Dreiecksbeziehung zwischen Publikum, den Figuren im Bild und der dargestellten Landschaft.

Bei zwei Fotografien, die 1987 an der Hauboldmühle bei Sohland an der Spree entstanden, hat Rapp dieses Prinzip mit nachgerade filmischen Mitteln weiter ausgebaut.[21] Zur Dokumentation der Einbettung dieser Mühle in ihrem reizvollen landschaftlichen Umfeld nahm er das Ensemble zunächst aus einiger Entfernung und von einem erhöhten Standort auf (Abb. 11). Der auf die Hauboldmühle zuführende geschwungene Weg fungiert dabei als kompositionsbestimmendes Element, auf dem die Rückenfigur eines Wanderers unterwegs ist. Die im Bildarchiv anschließende Aufnahme fotografierte Rapp dann aus der Perspektive dieses Wanderers und erzeugte so die Illusion, dass der oder die Betrachtende in die Figur und deren Blick auf die Landschaft eintreten kann (Abb. 12).

Bliebe abschließend zu fragen, ob sich neben den aufgezeigten Anleihen an Stilmittel der Malerei der Dresdener Romantik für Günter Rapps Werk auch fotografische Referenzen benennen lassen. Diese Frage lässt sich hier ebenfalls nur vorläufig beantworten und erfordert zukünftig ein noch eingehenderes Studium des umfangreichen Archivs, als es für diesen Beitrag möglich war. Als wichtige Quelle für das Bildwissen Günter Rapps können auch Werke von Fotografinnen und Fotografen angenommen werden, die in der ersten Hälfte des 20. Jahrhunderts im Auftrag des Landesvereins Sächsischer Heimatschutz tätig waren und mit Objektaufnahmen im Bestand der Deutschen Fotothek in Dresden vertreten sind. Zu nennen wären hier vor allem die beiden

19 So zum Beispiel bei Christian Ludwig Hagedorn: Betrachtungen über die Mahlerey, Teil 1, Leipzig 1762, S. 349–357; Johann Georg Sulzer: Allgemeine Theorie der Schönen Künste, Teil 2/1, Leipzig 1775, S. 120 f.

20 Werner Busch: Caspar David Friedrich. Ästhetik und Religion, München 2003, S. 126 f.

21 Zu dieser Wanderung, die Günter Rapp gemeinsam mit Hubertus Boden am 17. 10. 1987 unternahm, siehe: OLB GR, Mühlenarchiv Rapp, Molendinum ad ventum, Bd. 84, S. 41.

Abb. 12

GÜNTER RAPP | *Weg zur Hauboldmühle in Sohland an der Spree* | 1987

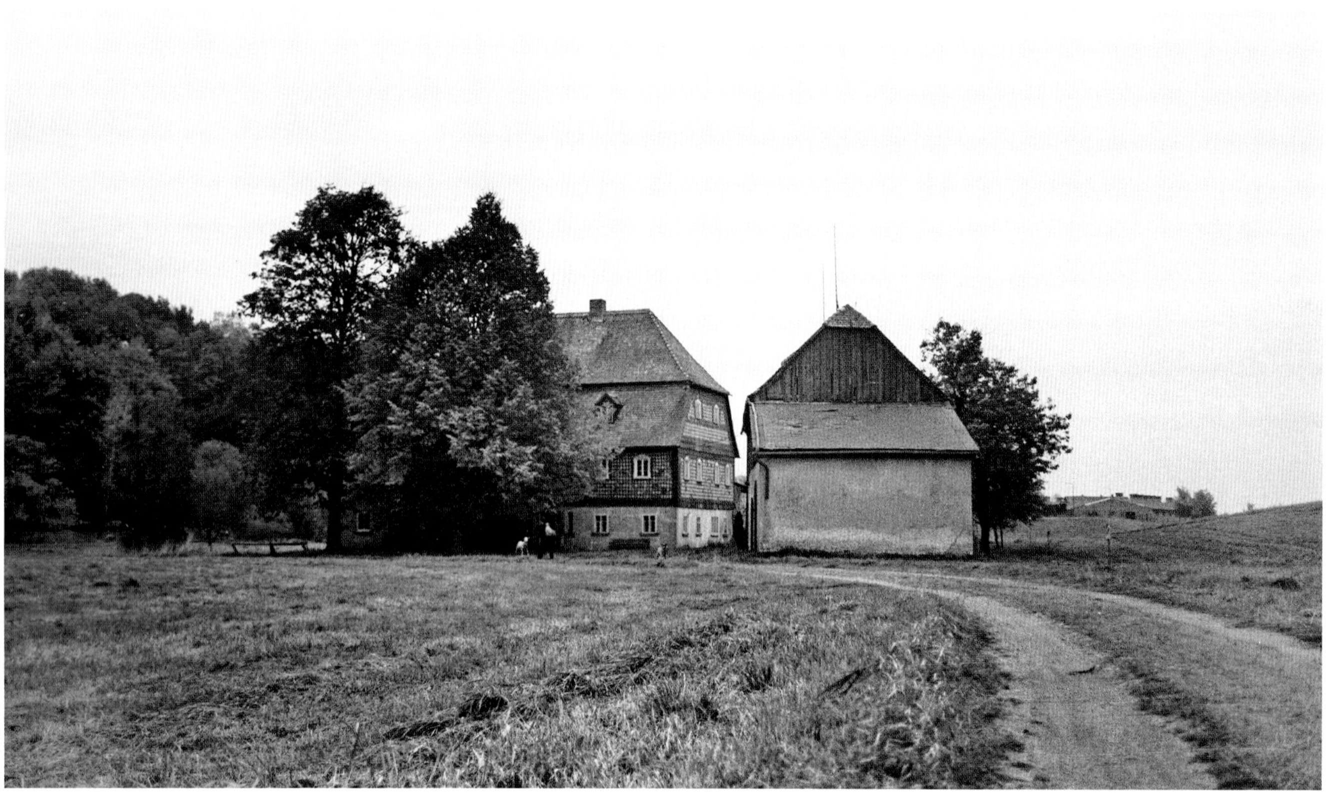

Dresdener Fotografen Konrad Klemm und Max Nowak sowie die Bautzener Fotografin Bertha Zillessen.[22] Wie einige im Mühlenarchiv überlieferte Abzüge aus der Fotothek belegen, unter anderem eine Aufnahme Bertha Zillessens von der Holländerwindmühle in Rodewitz bei Bautzen,[23] war Rapp mit diesem Bestand gut vertraut.

So wie das Leben und Werk Günter Rapps harrt aber auch das der Fotografin Bertha Zillessen noch immer einer grundlegenden wissenschaftlichen Aufarbeitung.[24] Diese wäre nicht nur lohnend, weil es sich bei ihr um eine der ersten professionellen Fotografinnen in Deutschland handelte, sondern weil sie außerdem von der Malerei beeinflusste und überregional verbreitete Werke schuf, über deren Wirkung man gern mehr wüsste. Nach einer mehrfach unterbrochenen Fotografenlehre und Ausbildung zur Landschaftsmalerin ließ sich Bertha Zillessen 1907 in Bautzen nieder, gründete dort ein eigenes Fotoatelier und einen Postkartenverlag. Ihr wichtigster Auftraggeber wurde der 1908 gegründete Landesverein Sächsischer Heimatschutz, für dessen Publikationen sie regelmäßig Abbildungen lieferte und in dessen Auftrag sie darüber hinaus die sehr erfolgreichen Postkartenserien der »Deutschen Heimatbilder« herausgab. Sie zeigen Baudenkmale aus Sachsen und erschienen in hoher Stückzahl, was maßgeblich zur überregionalen Verbreitung der Aufnahmen Zillessens und ihrer Art, Baudenkmale zu fotografieren, beitrug. Neben ihren in der Deutschen Fotothek vorhandenen Werken dürfte Günter Rapp ihre Fotografien auch auf diesem populären Weg kennengelernt haben.

SCHLUSSWORT

Resümierend sei an dieser Stelle festgehalten: Der Görlitzer Günter Rapp verstand sich als Chronist der untergehenden Kulturlandschaft der Mühlen und widmete dieser Arbeit drei Jahrzehnte seines Lebens. Seine primär dokumentarisch intendierten Fotografien erweisen sich als wohlkalkulierte Bilderzählungen in verschiedenen Sujets und mit diversen Stilmitteln. Dadurch gelang es Rapp, sich bei der Fotografie seiner Sammlungsgegenstände über einen objektdokumentarischen Anspruch hinaus zu bewegen und poetische Kompositionen zu erzeugen, die von den Zeugnissen der im Niedergang befindlichen Kulturlandschaft der Mühlen, aber auch von der Freiheit des Unterwegsseins und von Momenten der Weltflucht berichten.

Als Publikum für seine Fotografien hatte Rapp dabei ganz allgemein die Nachwelt vor Augen, wie er es im eingangs wiedergegebenen Zitat formulierte. Insofern rechnete er bei der Herstellung der Bilder und der Auswahl jener Motive, die er in seine Sammlung aufnahm, durchaus mit ihrer Rezeption und Wirkung. Allerdings wurde keines seiner Bilder zu Lebzeiten publiziert und noch heute harrt das Werk in seiner Vielfalt einer umfassenden wissenschaftlichen Erschließung. Günter Rapp verstand sich selbst sicherlich nicht als künstlerischer Fotograf und hätte sich wohl gewundert, dass seine Bilder im Rahmen einer Ausstellung und einer Publikation über künstlerische Fotografie aus Sachsen und der Lausitz erscheinen.[25] Mit den Mühlen hatte er sein Thema gefunden und blieb auf dieses auch weitgehend festgelegt. Die Prägnanz seiner Fotografien liegt aber nicht allein in den Bildgegenständen, sondern in der charakteristischen Art, wie er sie als Sammler aufnahm.

22 Beispielhaft für die fotografische Arbeit Konrad Klemms sei erwähnt: Oskar Zech (Hg.): Heimische Bauweise in Sachsen und Nordböhmen. 507 Abbildungen nach photographischen Originalaufnahmen des Verlegers Konrad Klemm, Dresden 1908; zur Person Max Nowaks vgl. Horst Schneider: Max Nowak. Ein Lichtbildner der Heimat, in: Natur und Heimat 7/3 (1957), S. 90–92; ders.: Max Nowak gestorben, in: Fotografie 12 (1958), S. 188–190; zu Bertha Zillessen vgl. Hagen Schulz: Das photographische Gewerbe in Bautzen von den Anfängen der Photographie bis 1945, in: Jahresschrift des Stadtmuseums Bautzen 6 (2002), S. 7–63. Eine Vielzahl an Fotografien Bertha Zillessens finden sich auch in Reinhold von Lüdinghausen (Hg.): Die Sächsische Oberlausitz. Bauten und Landschaft, Berlin 1922 (hg. mit Unterstützung des Deutschen Bundes Heimatschutz).

23 SLUB Dresden, Deutsche Fotothek, Aufn.-Nr.: df_hauptkatalog_0060755_s (dort jedoch fälschlicherweise als Aufnahme Günter Rapps geführt).

24 2018/19 widmete das Museum Bautzen Bertha Zillessen eine Kabinettausstellung, zu der auch eine Publikation geplant ist.

25 Silke Wagler/Kai Wenzel: Im Moment. Fotografie aus Sachsen und der Lausitz, Dresden 2017, S. 34–41.

AGNES MATTHIAS

Latenz der Bilder. Neue Fotografien von Evelyn Richter

Es ist der Topos des Fundes, der Entdeckung, was die Historiografie auf jedwedem Forschungsfeld forciert und dynamisiert: das Vergessene, das Verschwundene, das Unerwartete.[1] Das, was Entwicklungen plötzlich eine Wende nehmen lässt oder in einer Neuperspektivierung vermeintliche Gewissheiten infrage stellt. Zentraler Fund für die Fotogeschichtsschreibung an sich ist die 1952 vom Fotografen und Sammler Helmut Gernsheim nach langer Recherche in einem Schiffskoffer in einem Londoner Lagerhaus entdeckte bislang älteste Fotografie der Welt: Joseph Nicéphore Niépces (1765–1833) Heliografie, datiert auf 1826/27, die den Blick aus dem Fenster seines Arbeitszimmers auf dem Familiensitz Gras in Saint-Loup-de-Varennes zeigt.[2] Der sogenannte Mexikanische Koffer aus dem Besitz von Robert Capa (1913 bis 1954), der im Jahr 2007 dem International Center of Photography in New York übergeben wurde, stellt hingegen eine wichtige Entdeckung für den Bildjournalismus in der ersten Hälfte des 20. Jahrhunderts dar. Mit dem Inhalt dieses Koffers – drei Pappschachteln mit rund 4 300 verschollen geglaubten Negativen, die auf verschlungenen Wegen nach Mexiko City gelangt waren – verband sich die Hoffnung, endlich Aufklärung über die Entstehung von Capas berühmtester Fotografie aus dem Spanischen Bürgerkrieg, dem »Falling Soldier« aus dem Jahr 1936, zu erhalten, wobei jedoch genau diese Sequenz auf keinem der Filmstreifen zu finden war. Was die Schachteln neben Negativen Capas aber beinhalteten, waren Aufnahmen von der Hand seiner Lebenspartnerin Gerta Taro (1910–1937). Nicht nur, dass deren Œuvre nun stärkere Kontur erhielt, auch wurde deutlich, dass Taro Autorin einiger Fotografien war, die man bislang Capa zugeordnet hatte.[3]

Wie eng aber die Legendenbildung mit solchen Funden verbunden ist, verdeutlicht das Beispiel der Amerikanerin Vivian Maier (1926–2009), die als Autodidaktin exzessiv fotografierte. Mit dem Aufspüren Zehntausender ihrer Negative auf einer Versteigerung kurz vor ihrem Tod und deren anschließender Vermarktung durch verschiedene Dritte ging ihre postume »Erfindung« als Protagonistin der amerikanischen »Street Photography« einher.[4]

Fotohistoriografie ist also ein offener Prozess, ihr Betreiben bedeutet ein stetiges Neuschreiben, Umschreiben und Fortschreiben – in kritischer Reflexion der Fakten, die sie speisen.

Eine auf Funden wie den eben geschilderten basierende Fotogeschichte »ereignet« sich jedoch nicht nur in Metropolen wie London und New York – obgleich mit zunehmender Dichte fotografischer Aktivitäten und ihrer Akteure auch die

Wahrscheinlichkeit zufälliger Entdeckungen steigt –, sondern womöglich ebenso in der ländlichen Provinz. Einer solchen Begebenheit, die sich mit einem kleinen Ort in der Oberlausitz verbindet, sind die folgenden Ausführungen gewidmet.

Neukirch war viele Jahre lang Wirkungsstätte von Evelyn Richter, einer der wichtigsten Protagonistinnen ostdeutscher Fotografie. Sie wurde 1930 in Bautzen geboren und wuchs in dem circa 15 Kilometer südwestlich davon gelegenen Städtchen auf, das immer ihr Rückzugsort bleiben sollte. Nach einer Ausbildung zur Fotografin in Dresden bei Pan Walther (1921–1987) und Franz Fiedler (1885–1956), deren lichtbildnerische Gestaltungsprinzipien in ihren frühen Arbeiten unverkennbar sind, begann sie 1953 ein Studium der angewandt ausgerichteten Fotografik an der Hochschule für Grafik und Buchkunst in Leipzig. Inmitten der Formalismusdebatte »stößt Evelyn Richter mit ihren eigenständigen Interessen und Bildvorstellungen, die den Anforderungen einer realistischen sozialistischen Kunst fern sind, an der Hochschule auf sehr wenig Verständnis«.[5] Ihr wurde ein Stipendium gestrichen, sodass sie ihren Lebensunterhalt mit Aufträgen finanzieren musste. Einer Bitte um Beurlaubung vom Studium, um sich auf Prüfungen vorbereiten zu können, wurde nicht stattgegeben; 1955 folgte die unfreiwillige Exmatrikulation. Fortan war Evelyn Richter freiberuflich tätig, so für die Leipziger Messe, veröffentlichte in Magazinen wie »Sybille« und befasste sich mit Publikationsprojekten wie dem mehrfach aufgelegten Sachbuch »Entwicklungswunder Mensch«[6]. 1981 kehrte sie mit Lehraufträgen und dann einer Dozentur an die Leipziger Hochschule zurück. Von 1991 bis 2001 hatte sie dort schließlich, in Würdigung ihres Wirkens, eine Professur inne.

Evelyn Richters Name steht für eine sozialdokumentarisch grundierte, gleichwohl die Bilder immer als eigenständige künstlerische Aussage definierende Autorenfotografie – fast ausschließlich in Schwarz-Weiß, der mitvergrößerte Negativrand im Sinne einer »Straight Photography« als Ausweis dessen, dass der Wirklichkeitsausschnitt allein auf das Bildfeld der Kamera, nicht auf die Bearbeitung in der Dunkelkammer zurückgeht. Mit einem kritischen wie empathischen Blick gemacht, erzählen die Fotografien vom Leben in der DDR, aber auch vom Leben an sich, davon, wie ein politisches System die Menschen einbindet und formt – und von den Freiräumen, die in jeder Gesellschaft gesucht und gefunden werden. Ihre Bilder sind fern jeglichen staatlich propagierten Ideals. Die berufstätigen Frauen, die sie in der Druckerei des »Neuen Deutschland« oder in der Kammgarnspinnerei in Leipzig porträtierte, sind gleichsam verschmolzen mit den großen Maschinen, die sie bedienen, verschwinden im Mechanismus einer alles andere als heroischen Arbeit. Transportieren diese Aufnahmen mit ihren das Bildformat bis zum Rand ausfüllenden Motiven ein Gefühl der Enge, sind die städtischen Szenerien in Dresden, Leipzig oder Berlin mit dem Kontrast von marodem Altbau und architektonischer Moderne häufig von Leere und Weite gekennzeichnet. Der Mensch wirkt darin seltsam unbehaust, ist flüchtig unterwegs wie die Frau auf dem Fahrrad unter den Brücken am

1 Eine erste, kürzere Fassung dieses Textes wurde publiziert in: Evelyn Richter. Von der Latenz der Bilder, Dresden 2018, S. 42–45. Diese Publikation erschien 2018 anlässlich der gleichnamigen Ausstellung im Ausstellungsraum bautzner69 in Dresden. Die Autorin dankt Karen Weinert und Werner Lieberknecht für Informationen und die Bereitstellung von Bildmaterial.

2 Vgl. Helmut Gernsheim (in collaboration with Alison Gernsheim): The History of Photography from the Camera Obscura to the Beginning of the Modern Era, London 1969, S. 59 f.

3 Vgl. Irme Schaber: Gerda Taro – Fotoreporterin. Mit Robert Capa im Spanischen Bürgerkrieg. Die Biografie, Marburg 2013.

4 Vgl. John Maloof (Hg): Vivian Maier. Street Photographer, München 2001.

5 Jeannette Stoschek: Bilder im eigenen Auftrag. Eine Annäherung an das fotografische Werk von Evelyn Richter, in: Evelyn Richter. Rückblick. Konzepte. Fragmente, Ausst.-Kat. Museum der bildenden Künste Leipzig, Bielefeld 2005, S. 14–27, hier S. 17.

6 Hans-Dieter Schmidt/Evelyn Richter: Entwicklungswunder Mensch, Leipzig 1980.

Bahnhof Dresden-Pieschen. Ab Anfang der 1970er Jahre fotografierte Evelyn Richter in Zügen und Straßenbahnen als Orten des anonymen Aufeinandertreffens ihre Gegenüber, meist unbemerkt, als kurze Einblicke in das Leben der anderen.

Ein wichtiges, über viele Jahre verfolgtes Thema war die Musik. In Bildnissen von Musikern wie dem russischen Geiger David Oistrach, Dirigenten oder dem Komponisten Paul Dessau suchte sie, wie Janos Frecot es formulierte, die »bildwirksame Seite der Musik«[7] sichtbar zu machen. Die Begegnungen mit diesen Persönlichkeiten, die in zwei Büchern resultierten,[8] nannte Evelyn Richter selbst »psychologische Arbeitsporträts«[9].

Während sie bei Konzertproben oder Aufführungen seriell vorging, um die Dynamik des Geschehens im Wirken von Musikern und Dirigent festzuhalten, legte sie die zahlreichen Porträts von Künstlerinnen und Künstlern, die bei unterschiedlichsten Gelegenheiten entstanden, meist als Einzelbilder an.

Bei einer Reise in die Sowjetunion 1957 anlässlich der Weltfestspiele der Jugend entstanden erste Aufnahmen vom Dialog zwischen Mensch und Kunstwerk, den sie in späteren Arbeiten in frappierende Parallelen von Mimik und Gestik übersetzte, wobei die Kunst als Metapher für überindividuelle Gemütslagen steht, so wie bei der ernst blickenden Frau vor Wolfgang Mattheuers Gemälde »Die Ausgezeichnete« im Dresdner Albertinum 1975.

So sind viele von Evelyn Richters auf genauer und einfühlsamer Beobachtung basierende Fotografien von einer melancholischen, jedoch nicht resignativen Grundstimmung durchzogen.

Den politischen Umbruch 1989 dokumentierte sie aus der Perspektive der Demonstranten als ein Ereignis, das in erster Linie von Menschen handelt. Das Ende der DDR bedeutete für die Fotografin auch, nun ungehindert reisen zu können, häufig im Zusammenhang von Ausstellungsprojekten. Zuvor lagen ihre Ziele vor allem in den östlichen Nachbarländern, der Tschechoslowakei mit Prag etwa. Nach Moskau reiste sie wiederholt, manchmal im Auftrag von Zeitschriften wie der »Sybille«, um Freunde zu besuchen oder um mit David Oistrach am gemeinsamen Buch zu arbeiten. Zu den wenigen Westreisen nach einem Besuch der Ausstellung »Family of Man« in West-Berlin im Herbst 1955 zählten ein Aufenthalt 1981 in Köln auf Einladung von L. Fritz Gruber, dem Begründer der photokina, oder 1987 ein Besuch des Fotofestivals Recontres d'Arles, wo sie mit einem Einzelbeitrag beteiligt war.[10]

Fotogeschichte bedeutet, folgt man dieser werkbiografischen Skizze, immer auch Lebensgeschichte. Neukirch war der Ort, an dem die Familie von Evelyn Richter vor einigen Jahren in Taschen, Koffern und im Kühlschrank zahlreiche Filme entdeckte. Im Jahr 2013 erlitt die Fotografin einen Schlaganfall und musste daraufhin ihr Haus aufgeben. Werner Lieberknecht (*1961), Dresdner Fotograf und langjähriger Freund von Evelyn Richter, wurde gebeten, die Filme zu prüfen. Dabei stellte sich heraus, dass 72 davon zwar belichtet, aber nicht entwickelt worden waren; Evelyn Richter hatte das umfangreiche Material nicht mehr ausarbeiten können.

7 Janos Frecot: Zu Evelyn Richters Fotografien aus der Welt der Musik, in: Evelyn Richter. Rückblick. Konzepte. Fragmente, Ausst.-Kat. Museum der bildenden Künste Leipzig, Bielefeld 2005, S. 210–215, hier S. 210.

8 David Oistrach. Ein Arbeitsporträt, fotografiert von Evelyn Richter. Mit einem Essay von Ernst Krause, Berlin 1973; Paul Dessau. Aus Gesprächen. Lebensdaten, Werkverzeichnis, Diskografie und Literaturverzeichnis: Fritz Hennenberg, Fotografie und Bildgestaltung: Evelyn Richter, Leipzig 1974.

9 Frecot, Richter (wie Anm. 7), S. 212.

10 Für Hinweise zu den Reisen dankt die Autorin Peter Richter.

11 Vgl. www.evelyn-richter-archiv.de/ (letzter Zugriff am 7. 8. 2018).

Abb. 1

EVELYN RICHTER | *Selbstporträt, Michail-Bulgakow-Museum, Moskau* | 2012

Silbergelatinepapier

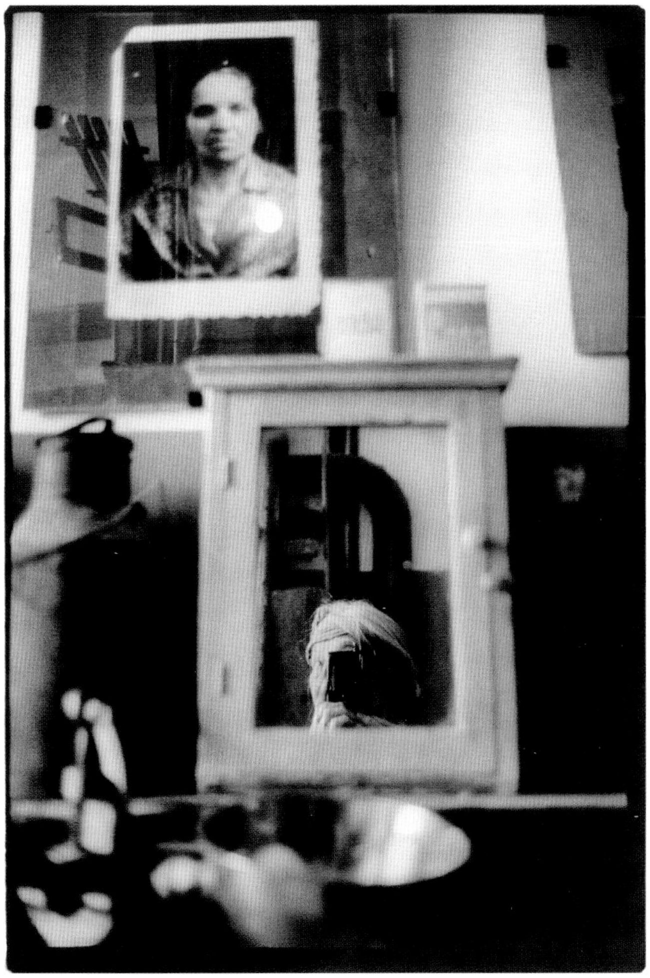

Die Bedeutung, die mit dem Fund der Filme einhergeht, besteht in jenem Momentum des Unerwarteten, dass nämlich ein aufgrund der persönlichen Lebensumstände als abgeschlossen geltendes Werk plötzlich eine nicht nur quantitative, sondern vor allem eine qualitative Erweiterung erfährt. Der Eindruck, dass Evelyn Richters Lebenswerk vollendet war, resultierte nicht zuletzt aus der 2009 erfolgten Übergabe eines Hauptteils ihres fotografischen Vorlasses an das Museum der bildenden Künste Leipzig und der damit einhergehenden Einrichtung des Evelyn-Richter-Archivs durch die Ostdeutsche Sparkassenstiftung.[11] Doch die nun geborgenen rund 1700 Aufnahmen veranschaulichen, dass gerade das erste Dezennium der 2000er Jahre für Evelyn Richter ein äußerst aktives war, gefüllt mit zahlreichen Reisen.

Wie aber nähert man sich diesen Bildern an, welches Erkenntnisinteresse soll ihre Erschließung leiten? Sich allein auf eine Auswertung der Motive zu konzentrieren, wäre angesichts der besonderen Bedingungen, unter denen sie überhaupt »Bild« werden konnten, nicht ausreichend. Im Fund der Filme verbirgt sich vielmehr die Frage nach der Bedingtheit des fotografischen Bildes selbst – nämlich die, wann und unter welchen Bedingungen eine Fotografie zu einer Fotografie wird und welche Akteure daran beteiligt sind.

Auf einem der letzten Filme, die Evelyn Richter 2012 belichtete, gibt es ein Selbstporträt, das sie im Michail-Bulgakow-Museum in Moskau aufgenommen hat (Abb. 1). Man sieht die Fotografin, die Kamera mit beiden Händen haltend, wie sie in den Sucher blickt und den Auslöser betätigt – gespiegelt in einem kleinen Toilettenschränkchen in der Küche der ehemaligen Kommunalwohnung, in der der russische Schriftsteller Ende der 1920er Jahre gelebt hatte. Es ist eine komplexe Komposition, in die sich das Selbstbildnis fast nebensächlich einfügt. Als zweites Bild im Bild befindet sich leicht versetzt oberhalb davon das Porträt einer älteren Frau, Anna Gorjatschewa, Bulgakows damaliger Nachbarin, hinter Glas, das, wie der Spiegel, die Umgebung reflektiert. An einem Ort, an dem der Schriftsteller wesentliche Teile seines fantastischen Gesellschaftsromans »Der Meister und Margarita« spielen ließ, werden mit den verschiedenen Bildsphären die Realitätsebenen miteinander verwoben. Zwischen einfachem und doppeltem Abbild, fotografierter Wirklichkeit und zweifach fotografierter Wirklichkeit zu unterscheiden, ist nicht ganz einfach. Evelyn Richter reiht sich mit dieser Aufnahme ikonografisch ein in die Tradition künstlerischer Selbstporträts mit Kamera im Spiegel, ein gestalterisches Konzept, mit dem sie selbst wiederholt gearbeitet hat.[12]

Im Zusammenhang der geborgenen Filme aber kommt dem Moskauer Selbstporträt im Spiegel noch eine andere, eine essenzielle Bedeutung zu. In ihm wird der Ur-Moment jeder analog hergestellten Fotografie in der vollständigen Übereinstimmung von Vorgang und Sujet herausgestellt: nämlich jener Augenblick, in dem sich die Blende für den Bruchteil einer Sekunde öffnet und das Licht auf die sensible Emulsion mit den darin eingelagerten Silbersalzen fällt. Mit dem Einschreiben der Bildinformation in den Film geht unmittelbar eine zeitliche Dimension einher. Mit der Aufnahme hat die Fotografin einen Gegenwartsmoment fixiert, in eine Zukunft hinein gerichtet, der damit sogleich zur Vergangenheit wird. Der Zustand aber, in dem der konservierte Augenblick zunächst verbleibt, ist jener der Latenz: Das Bild ist auf dem Film zwar vorhanden, aber nicht sichtbar.

In einem Fotohandbuch aus dem Jahr 1955 heißt es dazu: »Das belichtete Negativ zeigt noch kein Bild. Die vom Licht erzeugten Eindrücke (das latente Bild) müssen erst hervorgerufen werden, und zwar in einem Entwickler. Der Entwickler hat die Eigenschaft, die Stellen des Negativs, die vom Licht getroffen sind, zu schwärzen, und zwar umso mehr, je stärker die Negativstellen belichtet wurden. Er reduziert das belichtete Bromsilber zu schwarzem, undurchsichtigem, metallischem Silber.«[13] Das »latente Bild« geht jedoch über diese fototechnische Definition hinaus. Es steht im ontologischen Sinne für jene Potenzialität, die sich, anders als beim sofort im Display sichtbaren digitalen Bild, mit jeder analog hergestellten Fotografie verbindet. Die in der lichtempfindlichen Schicht gespeicherte Information kann, aber muss nicht durch den Prozess von Entwicklung und anschließender Vergrößerung abgerufen werden. Vielleicht nur einmal kurz im Sucher als »Bild« wahrgenommen, kann dieses für immer im Status des Nichtgesehenen verbleiben. Peter Geimer hat diese Konstellation als einen Dreischritt beschrieben: als »unsichtbare Aufzeichnung/Zeit der Latenz/fotografische Sichtbarmachung«.[14]

Das Selbstbildnis im Spiegel der damals 82-jährigen Evelyn Richter ist die letzte Aufnahme auf dem 2012 in Moskau belichteten Film als Dokument ihrer letzten unternommenen Reise. Bereits in den 1990er Jahren war Evelyn Richter viel unterwegs; Material aus dieser Zeit, in der sie anfing, auch in Farbe zu fotografieren, hat sie jedoch nie ausgearbeitet. Viele der nun aufgefundenen Filme sind Zeugnisse ihrer Reisen in den Jahren zwischen 2003 und 2012. Lesbar werden sie in Form der von Werner Lieberknecht angefertigten Kontakte auf digitaler Basis. Eine Reise nach New York machte den Auftakt. Ausgangspunkt waren Ausstellungen im Goethe-Institut Washington und in der Leica Gallery in New York im Jahr 2003. Eine Ausstellung war es auch, die sie im Herbst 2007 nach Großbritannien führte. Die Kunstgalerie der University of Hertfordshire zeigte »Do Not Refreeze. Photography behind the Berlin Wall« – für Evelyn Richter Gelegenheit, London und seine Museen zu besuchen.

Andere Fahrten unternahm Evelyn Richter mit dem Bautzener Kunstverein: 2009 nach Italien zur Biennale nach Venedig, 2010 in die im Norden Rumäniens gelegene Region Maramureş

12 Immer wieder hat Evelyn Richter spiegelnde Flächen dazu genutzt, sich selbst zu fotografieren, etwa 1985 in der Ausstellung »Junge Fotografen der 80er Jahre« in der Galerie Mitte in Dresden oder 1988 in einer Ausstellung des Bauhaus-Archivs Berlin im Bauhaus Dessau.

13 Otto Croy: Bild-Lehrbuch der Fotografie, Halle/Saale 1955, S. 92.

14 Peter Geimer: Bilder aus Versehen. Eine Geschichte fotografischer Erscheinungen, Hamburg 2010, S. 219.

Abb. 2

EVELYN RICHTER | *Kontaktbogen, London* | 2007

Pigmentdruck

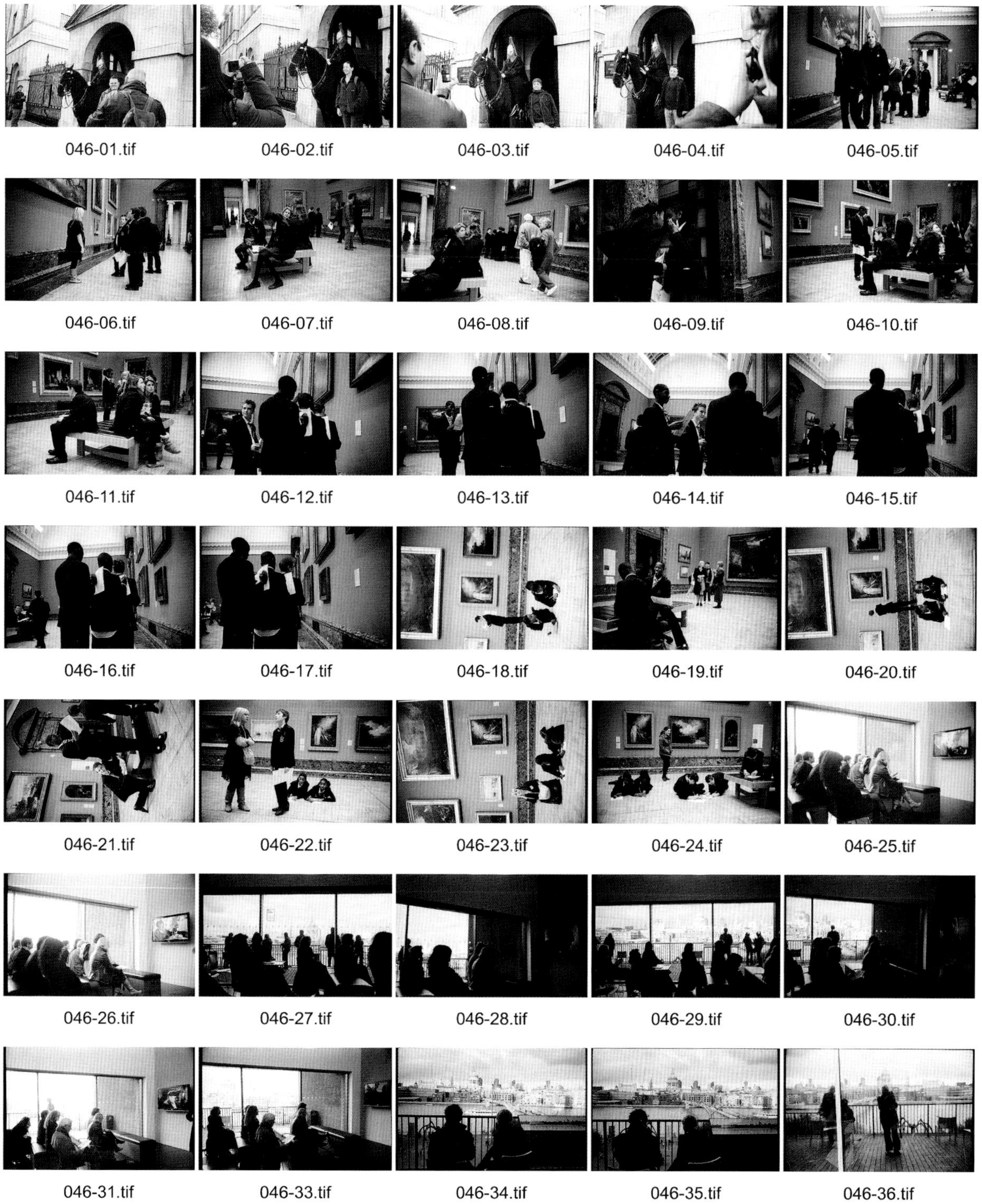

Abb. 3

EVELYN RICHTER | *New York* | 2003

Silbergelatinepapier

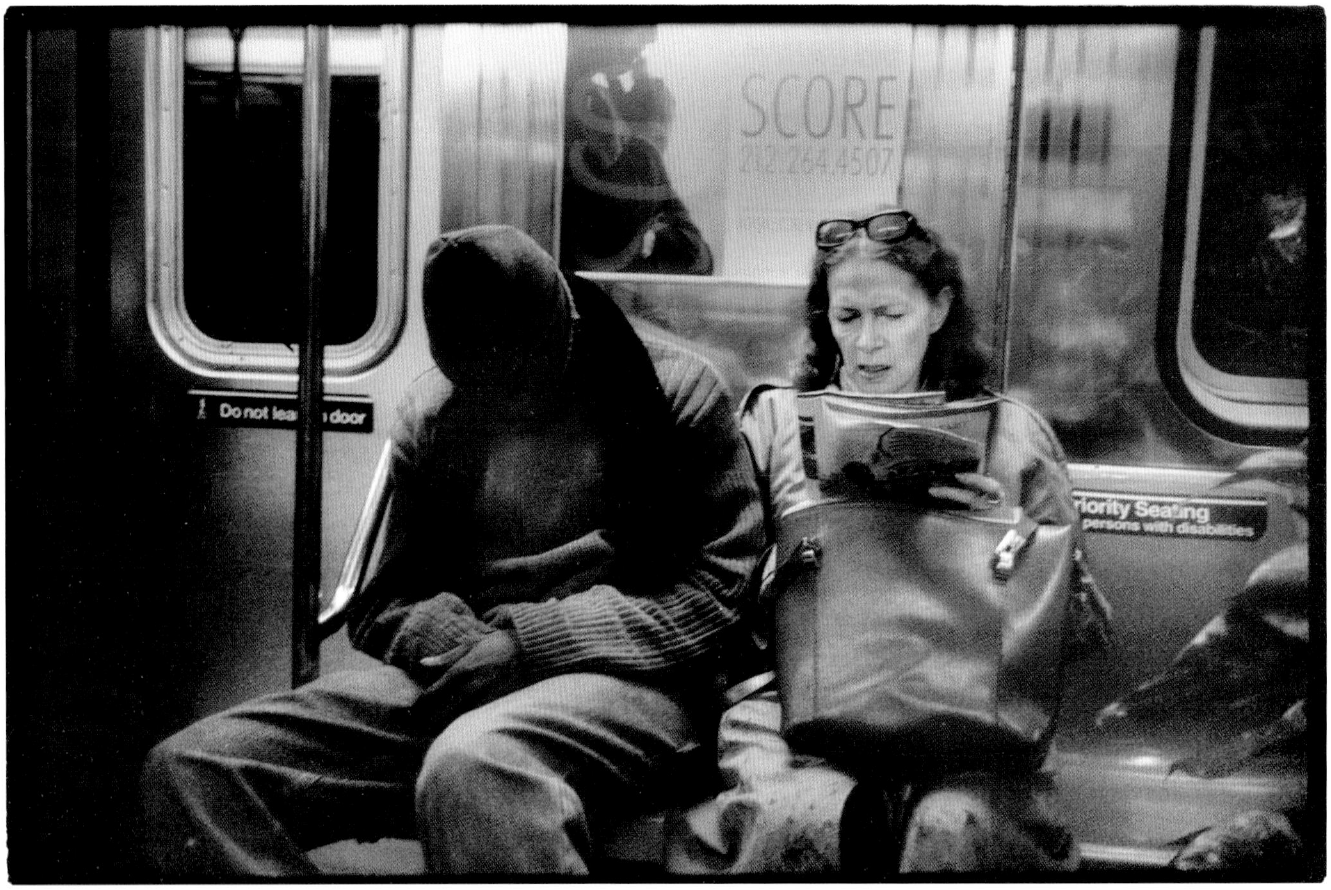

sowie 2011 nach Venetien zu den Palladio-Bauten. Im April 2012 fand schließlich zusammen mit der Künstlerin Elena Pagel die Reise nach Russland statt, die sie nach Moskau und in das zwei Stunden südwestlich davon entfernt liegende Borowsk führte. Die dort in einem Kloster in Farbe fotografierte Serie zum Osterfest der russisch-orthodoxen Christen war das einzige neuere Material, das sie selbst noch für eine Ausstellung aufbereiten konnte; es wurde unter ihrer aktiven Beteiligung im Frühjahr 2013 in der Dresdner Kreuzkirche ausgestellt.

Neben den auf den größeren Reisen belichteten Filmen gibt es solche mit Motiven aus Dresden, so von den Protesten 2007/08 gegen die Baumfällungen in Vorbereitung des Baus der Dresdner Waldschlösschenbrücke oder mit Familie und Freunden. Andere zeigen den Wörlitzer Park und die Ostseeküste im Winter.[15]

Bei der Sichtung der Kontakte überraschen plötzliche geografische Sprünge, die die sinnfällige Chronologie der Bilder infrage stellen. An diesen Punkten hatte Evelyn Richter, die zudem meist mit mehreren Apparaten fotografierte, den Film aus der Kamera genommen, um ihn später wieder einzulegen

15 Richter, Latenz (wie Anm. 1), S. 62 f.

Abb. 4

EVELYN RICHTER | *London* | 2007

Silbergelatinepapier

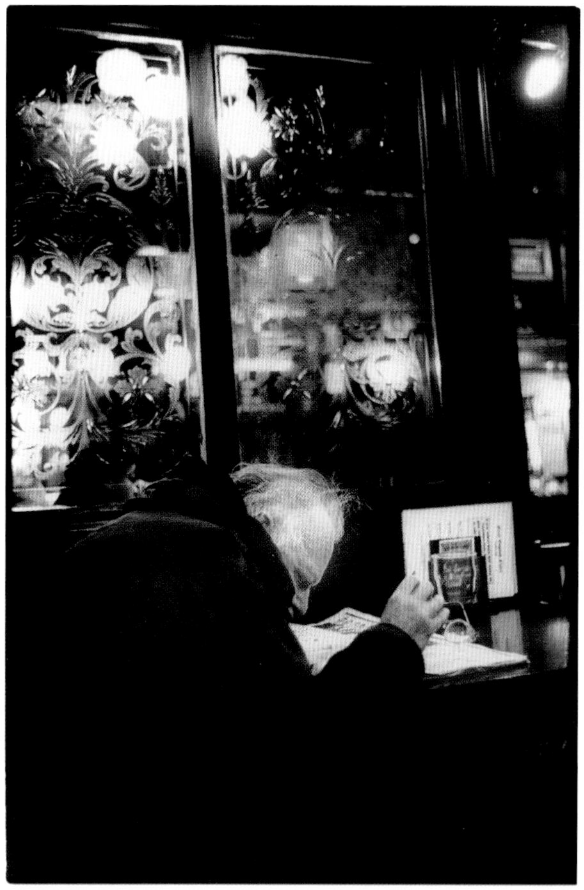

und weiterzubelichten. So wie manche Sujets nicht mehr zu datieren und zu lokalisieren sind, können die das Narrativ des Films jäh unterbrechenden bildlichen Einsprengsel für die Unberechenbarkeit der Erinnerung gelesen werden. Der Versuch bzw. der Anspruch, Ereignisse in ihrem Ablauf präzise zu rekonstruieren, stößt hier an seine Grenzen. Die eigenen, pragmatischen Gesetzlichkeiten gehorchende Vorgehensweise im Gebrauch der Kamera führt zu einer Poesie des zufällig Kombinierten.

Aufschluss geben die Kontaktbögen auch über die Rhythmen der Beobachtung: das Innehalten bei einem Motiv, das über sieben, acht oder mehr Aufnahmen hinweg verfolgt wird, in minimalen Variationen, der Positionierung einer Person, des veränderten Ausschnitts. Sodann folgt ein neues Thema. In Sequenzen wird der Gang durch ein Museum oder die eigene Bewegung über einen Platz hinweg, die Begegnung mit einem Kellner am Restauranttisch festgehalten (Abb. 2). Eine Art Tagebuch liegt vor einem, die Bilder haben die Funktion einer Erinnerungsnotiz.

Ein zarter Bleistiftstrich markiert auf den Kontaktbögen jene Aufnahmen, die sich von den anderen abheben, in denen der eine, besondere Moment eingefangen ist, auf den Evelyn Richter gewartet hat. Diese Markierung steht für den Akt des Edierens, der Sichtung und Auswahl dessen, was tatsächlich als Bild verwirklicht werden soll – im Schaffen der Bedingungen seines Sichtbarwerdens: über die Herstellung eines Abzugs, über die Veröffentlichung in einer Ausstellung oder Publikation. Dies ist an sich ein in der fotografischen Praxis normales Vorgehen, doch sind die Voraussetzungen für die Realisierung dieser Fotografien von Evelyn Richter besondere. Sie allein konnte sie aufgrund ihrer gesundheitlichen Situation nicht zu Bildern im obigen Sinne werden lassen. Es war Werner Lieberknecht, der die Initiative ergriff, der nicht nur die Filme nach ihrem Auffinden entwickelte, sondern in der gemeinschaftlichen Bearbeitung auch ein mobilisierendes Potenzial für Evelyn Richter sah. Er kannte sie seit Anfang der 1980er Jahre, als er einer ihrer Studenten im Fernstudium an der Hochschule für Grafik und Buchkunst in Leipzig war. In einem Interview mit dem Dresdner Fotografen Thomas Bachler (*1961) beschrieb er die Bedeutung dieses Arbeitsvorhabens: »Die Bilder ermöglichten es mir, mit Evelyn über ihre Arbeiten zu sprechen. Dass man nicht bloß über Krankheit spricht, im Pflegeheim, sondern positive Energie hineinbringt! Ich habe für Evelyn dann extra große Kontakte angefertigt und sie ihr gezeigt. Sie hat angekreuzt, was sie für wichtig hält. Manchmal habe ich auch die Kon-

Abb. 5

EVELYN RICHTER | *Moskau* | 2012

Silbergelatinepapier

Abb. 6 (rechts)

EVELYN RICHTER | *Maramureş in Rumänien* | 2010

Silbergelatinepapier

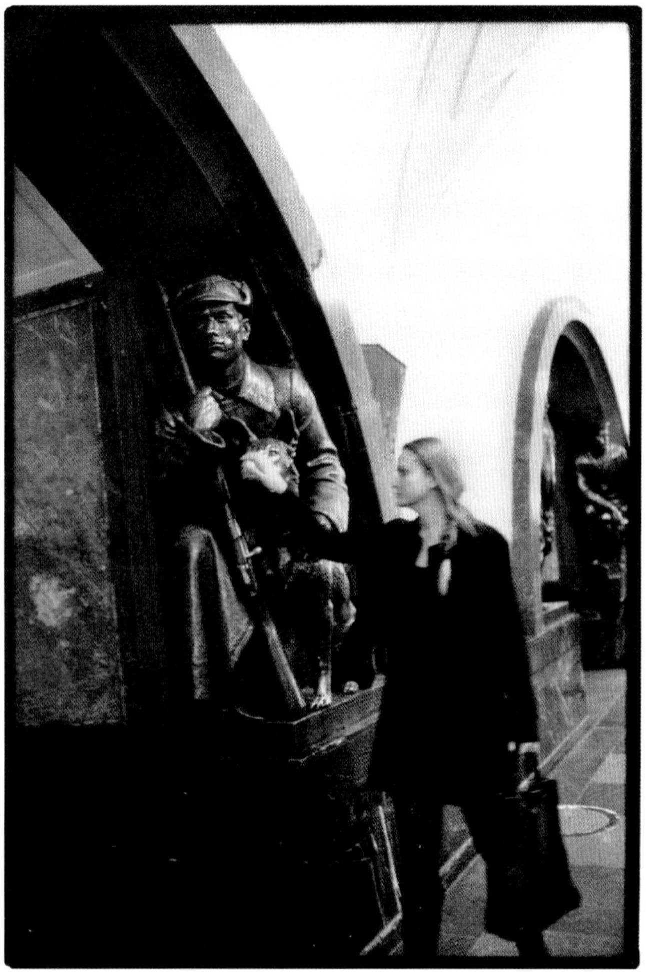

takte und einen Bleistift bei ihr liegen gelassen, damit sie die Fotos noch mal in Ruhe ansehen kann.«[16] Die von Evelyn Richter zur Vergrößerung bestimmten Motive zog Werner Lieberknecht in der Dunkelkammer als Silbergelatinepapierabzüge ab. Im Format wie im Mitvergrößern des Negativrands folgte er ihren formalen Standards. So ist von einer erweiterten Autorenschaft in Bezug auf den gestalterischen Interpretationsspielraum bei der Herstellung zu sprechen: »Es ging ja gar nicht anders, Evelyn konnte nicht selber in die Dunkelkammer gehen. Sie war aber vertraut damit, dass andere ihre Fotografien ausarbeiten. Ich hab ihr die fertigen Bilder gezeigt und gefragt, ob sie heller oder dunkler sein sollen und ähnliches. Evelyn versucht immer, eine größere Härte in die Bilder reinzukriegen, so dass die Aufnahmen grafischer werden. Sie hat mir dann Tipps gegeben, die ich befolgt habe, so dass es nicht nur meine, sondern auch ihre Vergrößerungen sind.«[17]

Das Ergebnis dieser Zusammenarbeit sind rund 40 Prints, die in Form einer Ausstellung und eines Katalogs 2018 publiziert wurden, eine Essenz dessen, was die Filme an Material bargen.[18] Die Auswahl dieser »neuen« Bilder verdeutlicht zweierlei: zum einen Evelyn Richters ausgesprochenes Gespür für Situationen, aus denen sich visuell etwas herausarbeiten lässt, das über den erfassten Moment hinausgeht und für etwas Allgemeingültiges steht. Zum anderen offenbart sich darin die Konsequenz, mit der sie an Themen arbeitete – in dem ihr eigenen Modus, dem körnigen Schwarz-Weiß. Eine Etikettierung als Spätwerk im Sinne einer Abgrenzung zu früheren Werkphasen ist entsprechend wenig ergiebig.

Die inhaltliche und ästhetisch-gestalterische Kontinuität aber evoziert die Frage nach dem Einfluss gesellschaftlich-politischer Bedingungen auf die Bildsprache.[19] Brüche oder

16 Thomas Bachler/Werner Lieberknecht: »Es sind nicht nur meine, auch ihre Vergrößerungen«, Interview vom 30.1.2018, URL: www.fotografie-in-dresden.de/2018/01/30/evelyn-richter (letzter Zugriff am 7.8.2018).

17 Ebd.

18 Die Ausstellung war vom 20.1. bis zum 7.4.2018 im Ausstellungsraum bautzner69 in Dresden und vom 13.7. bis 24.8.2018 im Bautzener Kunstverein zu sehen.

19 Vgl. zu dieser Fragestellung Gabriele Muschter/Uwe Warnke (Hg.): In einem anderen Land. Transformationsprozesse an Beispielen zeitgenössischer Fotografie in Deutschland. Ein Projekt des Haus am Kleistpark, Berlin, in Kooperation mit dem Kultur Forum Dresden riesa efau und der Kunsthalle Erfurt, Berlin 2018.

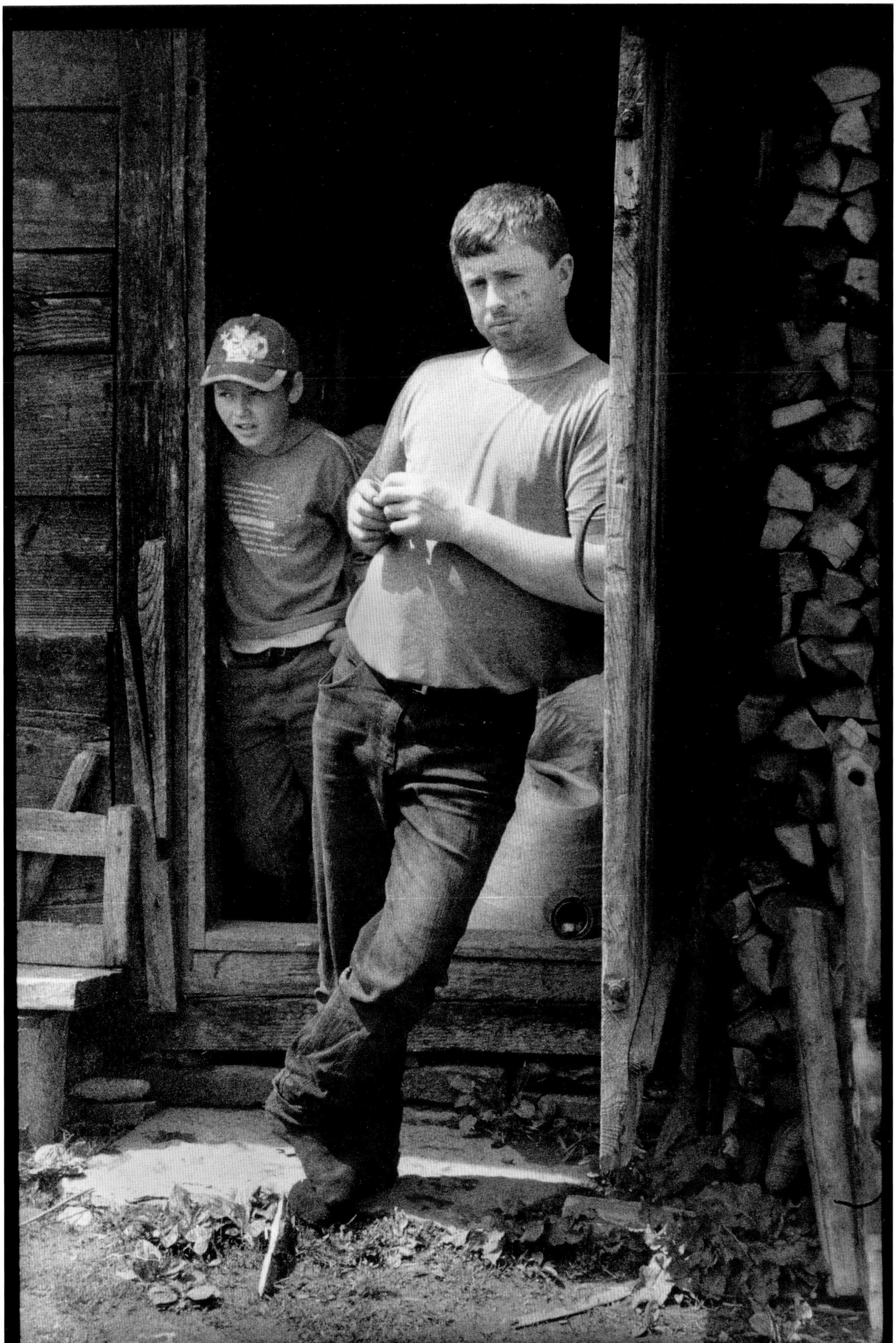

Abb. 7

EVELYN RICHTER | *Museum of Modern Art, New York* | 2003

Silbergelatinepapier

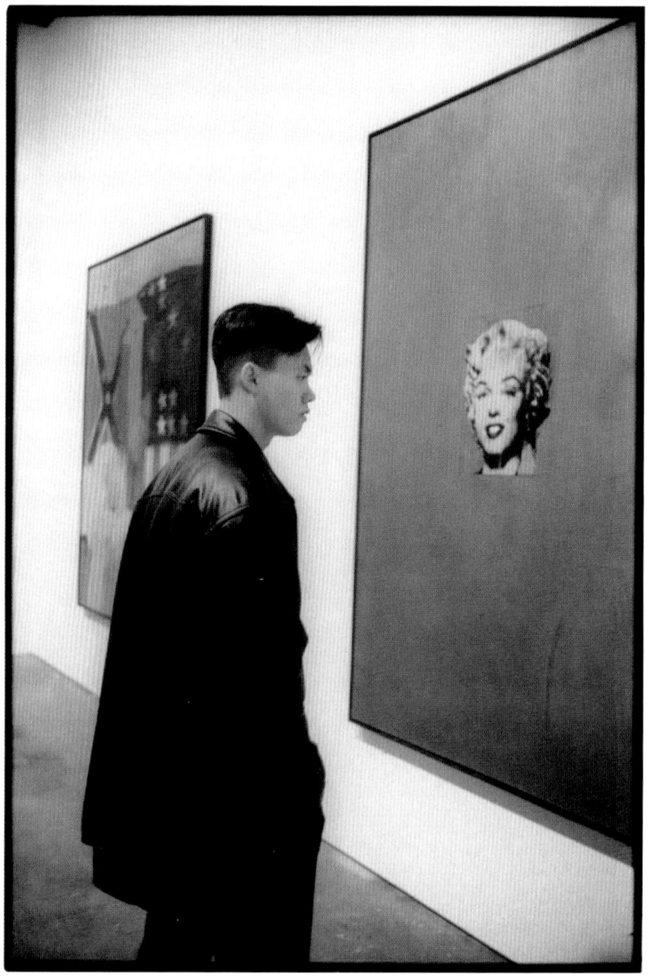

grundlegende Veränderungen sind beim Vergleich von Evelyn Richters »neuen« mit den Fotografien aus Zeiten der DDR jedoch nicht wirklich festzustellen. Der Radius der Reisen war zwar größer geworden, die Interessen und ihre bildnerische Umsetzung aber blieben gleich. Mit einem Motiv wie dem einer lesenden Frau in der New Yorker Subway 2003 (Abb. 3) knüpfte Evelyn Richter zum einen an ihre eigenen, in den 1970er Jahren begonnenen Porträts von Menschen in Zügen, Bussen und Straßenbahnen an, zum anderen sind sie in einer Traditionslinie mit Walker Evans um 1940 gefertigten »Subway Portraits« zu sehen. Damit wird ein werkimmanenter Bogen geschlagen wie auch der Kontext einer Fotogeschichte des Urbanen aufgerufen.

Länderübergreifend fotografierte Evelyn Richter Lesende, meist beiläufig als gegenüber oder nebenan Sitzende wie eine ältere Frau in einem Café in New York oder einen alten Mann in London, tief über seine Zeitung gebeugt (Abb. 4). Den öffentlichen Raum als Ort der zufälligen Begegnung hat Evelyn Richter zeitlebens aufgesucht und für sich genutzt. In Moskau war es 2012 ein Zeitungsstand, an dem eine Frau die Auswahl der Magazine durchging, in London 2007 die Gedenkveranstaltung zum Ende des Ersten Weltkriegs, bei der sie die uniformierten Teilnehmer als Repräsentanten einer überzeitlich anmutenden militärischen Ordnung fotografierte.[20] 1989 fiel ihr ein hochdekorierter Veteran der Sowjetarmee in der Moskauer U-Bahn auf. Dort wiederum, in der 1938 eingeweihten und von Matwej Maniser (1891–1966) künstlerisch ausgestalteten Station »Platz der Revolution«, fotografierte sie nun die Großstädter, die in einem Glück versprechenden Ritual die Schnauze der Bronzeskulptur eines Schäferhunds im Vorbeieilen berühren (Abb. 5). Der kollektive Charakter dieser Handlung wird über die serielle Ausarbeitung deutlich, zwei ganze Filme wurden dort gefüllt, acht Vergrößerungen schließlich angefertigt. Diese Herange-

20 Richter, Latenz (wie Anm. 1), S. 25 und S. 17.

21 Ebd., S. 3.

Abb. 8

EVELYN RICHTER | *Louise Bourgeois, New York* | 2003

Silbergelatinepapier

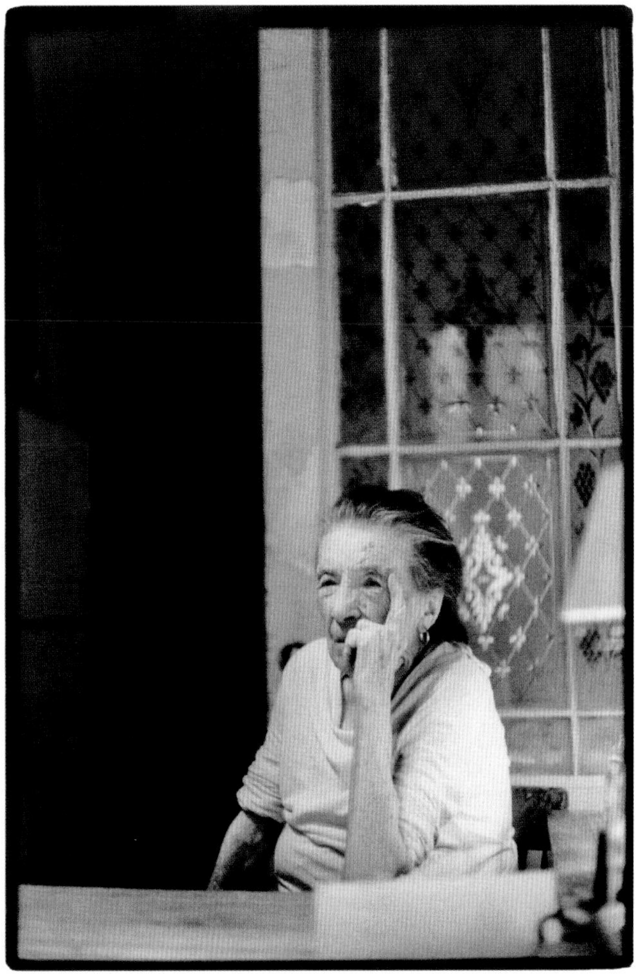

hensweise scheint ungewöhnlich für Evelyn Richters Werk, das in seinem publizierten Ausschnitt eher auf dem inhaltlich verdichteten Einzelbild beruht.

Die Reise in die Maramureş 2010 kann im Vergleich zu den urbanen Orten gegensätzlicher nicht gewesen sein. Hier waren es Bauern und Dorfbewohner, die, eingebettet in ihre Umgebung, fotografiert wurden – als in sich ruhend, obgleich ihr Leben in seiner Einfachheit und vermutlich Härte in eine andernorts längst vergangene Zeit verweist (Abb. 6).

In Ausstellungen und Museen entstanden in Aktualisierung von Evelyn Richters langjährigem Interesse an diesem Sujet neue Fotografien von Menschen in der Interaktion mit Kunst. Auf Augenhöhe mit »Gold Marilyn Monroe« und die Köpfe fast gleich groß erfasste sie einen jungen Mann vor einem Siebdruck Andy Warhols im Museum of Modern Art in New York (Abb. 7) – die Reprise einer eigenen Arbeit, das Porträt einer Frau vor einer Siebdruckserie Warhols 1984 im Dresdner Albertinum.

In die Reihe der Künstlerbildnisse fügt sich das 2003 in New York gefertigte Porträt der damals 92-jährigen Louise Bourgeois ein, die in gelassener, nahezu gleichmütiger Haltung mit aufgestütztem Kopf an einem Tisch sitzt (Abb. 8). Der leicht distanzierte Aufnahmemodus entspricht dem früherer Porträts, etwa von Anna Seghers oder Therese Giehse bei Lesungen, die aus dem Publikum heraus gemacht wurden. In Louise Bourgeois' Salon, den diese für gewöhnlich sonntags abhielt, war Evelyn Richter Teil einer Gruppe von Gästen, und sicherlich wusste die große amerikanische Künstlerin nicht, wer sie da fotografierte. Evelyn Richter aber porträtierte mit ihr eine Identifikationsfigur für ein unbedingtes Beschreiten eines selbstbestimmten künstlerischen Weges. Sie sollte auf sie zurückkommen, 2007 in London, als dort eine Retrospektive in der Tate Modern stattfand. Evelyn Richter besuchte diese Ausstellung und fotografierte sich als ganze Figur in einem ovalen Spiegel, der Teil einer Installation war.[21] Es ist dies ein bewusstes In-Beziehung-Setzen, das Selbst wird im Spiegel des Werks einer anderen betrachtet. Diese Vielschichtigkeit, das Spiel mit den Ebenen, entdeckt in der außerbildlichen Wirklichkeit, ist ein Kennzeichen ihrer Arbeit. Das Gesicht der in der Straßenbahn sitzenden Frau aus den frühen 1970er Jahren

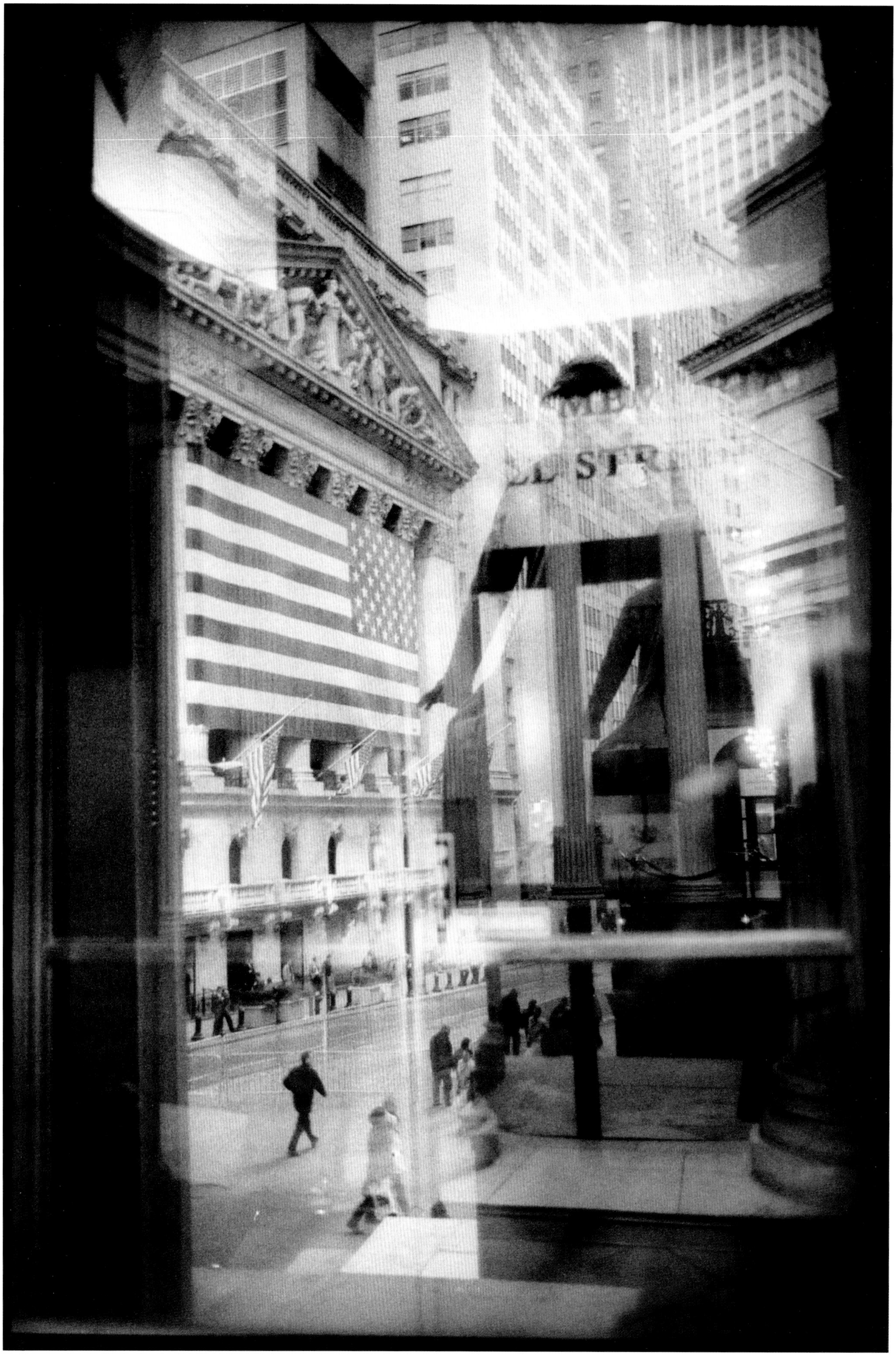

Abb. 9 (links)

EVELYN RICHTER | *New York* | 2003

Silbergelatinepapier

wird zum Teil des reflektierten Straßenzugs. 30 Jahre später verzahnt sie die Ansicht der New Yorker Börse mit dem Denkmal George Washingtons in einer Weise, dass eine Identifizierung des Standorts, von dem aus das Foto gefertigt wurde, kaum möglich ist (Abb. 9).

Der eingangs angeführte Topos des Fundes zeigt in seiner Zufallsbasiertheit an, wie bruchstückhaft an sich die Überlieferung ist, denn der Grat zwischen dem Verschwinden und dem Bewahren, zwischen dem Unsichtbaren und dem Sichtbaren, zwischen dem Latenten und dem Manifesten ist schmal. Festzuhalten ist also, dass eine Fotografie dann eine Fotografie ist, wenn die Bedingungen ihrer Sichtbarkeit erfüllt sind, sie verwirklicht sich in dem Moment, in dem sie gesehen werden kann bzw. gesehen wird. Sinnbild aber für die Fragilität dieser Sichtbarkeit ist ein Selbstporträt im Spiegel, entstanden in einer Arbeit von Michelangelo Pistoletto 2009 auf der Biennale in Venedig: »Twenty Two less Two«, 20 von ihm in einer Performance zerschlagene große gerahmte Spiegel (Abb. 10). Nur in zueinander verschobenen Fragmenten ist die Figur der Fotografin darin zu sehen, ihr Gesicht mit davorgehaltener Kamera scheint zwischen den Spiegelsplittern verschwunden. Hier manifestiert sich eine Haltung, die um die grundsätzliche Vergänglichkeit weiß – im vermeintlichen Widerspruch, aber doch eher im Einklang mit ihrem Werk, das in eindringlicher und intensiver Weise im bildlich fixierten Moment das Leben in seinen Ausschnitten spiegelt.

Abb. 10

EVELYN RICHTER | *Selbstporträt in Twenty Two less Two von Michelangelo Pistoletto, Biennale, Venedig* | 2009

Silbergelatinepapier

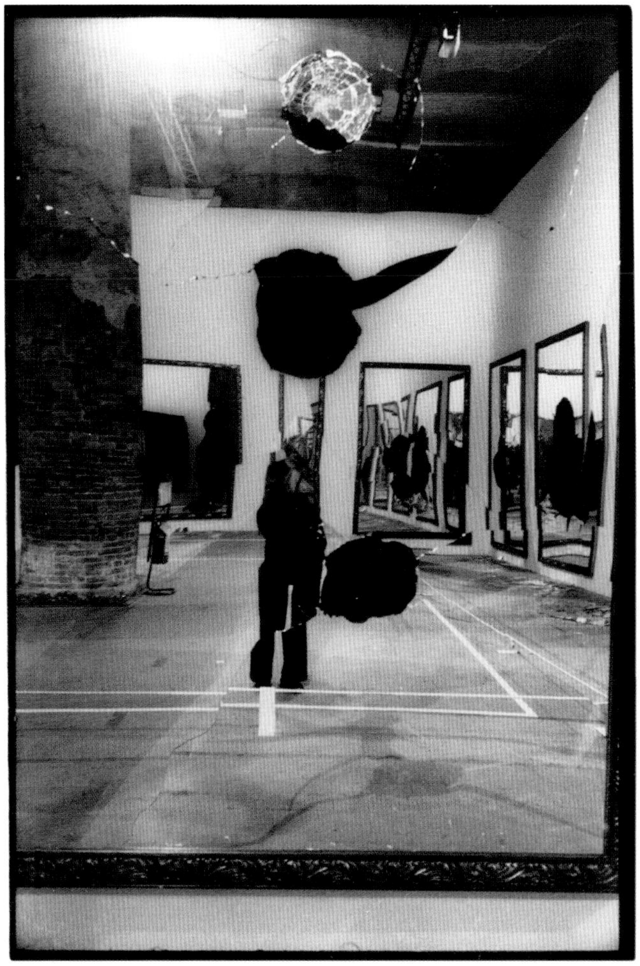

SYLVIA ZIEGNER

»Ich verfiel nicht dem Bauhausstil«. Das fotografische Werk von Hajo Rose

Dieses selbstbewusste Zitat von Hans-Joachim Rose (1910 bis 1989) ist einem Brief entnommen, den er im Jahr 1931, dem Bauhaus Dessau zugehörig, an seine Freundin Jeanne Sarasin sandte. Das Zitat wirft Fragen auf, etwa, wie es dazu kam, dass eine Debatte um den Bauhausstil offensichtlich schon damals und dort selbst geführt wurde. Was verstand man überhaupt unter dem Begriff »Bauhausstil«? Welche Position nahm Hajo – wie er sich selbst nannte – dabei ein? Wie entwickelte er eigene spezifische Ausdrucksmittel und wie verarbeitete er sie in seinem weitgehend unbekannten fotografischen Werk nach 1945? Diese und weitere Fragestellungen werden in den folgenden Ausführungen verknüpft mit allgemeinen Erläuterungen zu Werk und Person des Leipziger Fotografen und Gebrauchsgrafikers.

Hajo Rose, am 16. Juli 1910 in Mannheim als Sohn eines Ingenieurs geboren, lebte in seiner Jugend in Dresden (1922–1925) und Elbing/Elblag (1925–1929). Dort nahm er Zeichenunterricht und fertigte erste grafische Arbeiten. Für zwei Semester – in den Jahren 1929 und 1930 – studierte er an der Kunstgewerbeschule in Königsberg/Kaliningrad, wo er Bekanntschaft mit der eingangs erwähnten Jeanne Sarasin machte.

Mit 19 Jahren bewarb sich Rose mit einigen künstlerischen Arbeiten – gegenständlichen Linolschnitten – am Dessauer Bauhaus und wurde im März 1930 aufgenommen: »Als ich zum ersten Mal den Gebäudekomplex des Bauhauses in Dessau erblickte, empfand ich: Hier drückt sich eine bestimmte geistige Haltung aus. Endlich ein Haus aus Stahl und Glas. Praktisch und rational wie ein Schiff, ohne jeden Schmuck, elegant. Der Ausdruck einer zukünftigen Welt, die keine Utopie ist, sondern die Vertrauen schafft. Offen, überschaubar, leuchtend und durchschaubar; rein, frisch und jung, wie wir es damals selber waren. Eine vollkommene Entsprechung. Ich war ergriffen! Der kühne Schulkomplex von Walter Gropius wirkte auf alle Bauhäusler und ihre Meister gleichermaßen stimulierend bei Tag und Nacht. Er war ein großartiger und begeisternder Maßstab, der uns zu uns selbst finden ließ. Wir gehörten etwa 15 verschiedenen Nationen an, die meisten Deutsche und Europäer, weniger Asiaten und Amerikaner.«[1]

Am Bauhaus absolvierte Hajo Rose zunächst im Sommersemester 1930 den Vorkurs bei Josef Albers und besuchte den Unterricht bei Wassily Kandinsky, Paul Klee und Joost Schmidt. Seine Erfahrungen beschrieb er rückblickend folgendermaßen: »Der obligatorische Vorkurs, eigentlich eine halbjährige Aufnahmeprüfung, war das intensive Indiehandnehmen, das direkte Anfassen von sehr gegenständlichen Materialien. Wir hatten sie u. a. auf ihre konstruktiven, malerischen, strukturalen daktilen [sic!] Eigenschaften hin zu untersuchen, um daraus Stufenleitern und Formen zu entwickeln, die noch unbekannt sein mussten. Alles in seminarischer Weise und in Gemeinschaft mit den Bauhausmeistern.«[2]

Wie Hajo Rose zur Fotografie kam, erfahren wir aus einer Niederschrift von 1979: »Bei guten Arbeiten griff Albers in seine innere Jackentasche, zog eine zierliche Kamera heraus, stellte sie mit wenigen Griffen ein und fotografierte das Objekt von zwei Seiten. Der ganze Vorgang geschah wie nebenbei, rationell und einfach wie das Leisten einer Unterschrift. [...] Diese Handlungsweise beeindruckte mich tief. Bei anderen fotografierenden Bauhäuslern holte ich mir Informationen über die Leica. Kurz darauf habe ich sie mir auf Ratenzahlung zugelegt. Diese Kamera war damals ähnlich vollkommen wie unser Bauhaus, lag so vorzüglich in den Händen, war so leicht, wie es sich für ein Präzisionswerkzeug gehörte. Sie erlaubte mir von den reproduktiven zur produktiven Fotografie umzusteigen. Nicht schlagartig, sondern durch stetiges kontinuierliches und denkendes Bemühen, mit viel Hingabe an die jeweilig unterschiedlichen Motive und ihre eigentümliche Logik. Auf allen Wegen, Exkursionen und Reisen begleitete mich die Kamera. [...] Josef Albers zeigte mir, wie man mit Hilfe der Correxbanddose Filme entwickelte. So konnte ich bald selbst meine Aufnahmen verarbeiten, noch bevor ich bei Walter Peterhans entsprechenden Unterricht erhielt.«[3]

Im Gegensatz zu anderen Gestaltungsbereichen nahm Fotografie innerhalb des Ausbildungsspektrums am Bauhaus zunächst eine Randstellung ein. Der Bauhaus-Gründer Walter Gropius setzte sie vor allem zur Dokumentation und Verbreitung der am Bauhaus entwickelten Objekte und Architektur ein. Erst im Jahr 1929 – die Schule bestand bereits seit zehn Jahren – wurde Fotografie am Bauhaus zum festen Lehrfach, unterrichtet von Walter Peterhans. An anderen Schulen war sie zu dieser Zeit längst in die Curricula integriert. Gleichwohl fotografierten die Bauhäusler auch vor der Etablierung als Lehrfach leidenschaftlich. Das so entstandene Spektrum reicht von professioneller Architektur- und Objektfotografie, deren Vertreter Lucia Moholy und Erich Consemüller waren, über Bühnenfotografie, den Einsatz in Typografie und Werbung und das künstlerische Experiment bis zur Amateurfotografie. Das Können und die damit verbundene Qualität der uns heute bekannten Fotografinnen und Fotografen, die das Bauhaus hervorbrachte, wie zum Beispiel Umbo oder T. Lux Feininger, sind wohl eher dem Vorkurs bzw. der Lehre vom freien, auch spielerisch experimentellen Umgang mit den künstlerischen Mitteln zuzuschreiben, wie sie die Bauhaus-Meister unterrichteten, als dem erlernten professionellen, technisch orientierten Umgang mit dem Medium.

Das »Bild« vom Bauhaus heute wird vor allem über Fotografien transportiert. Eine Aufnahme, die sich in zahlreichen Publikationen findet, ist das Bildnis von Hajo Rose in der Fassade des Werkstattflügels des Bauhauses aus dem Jahr 1930 oder 1931 – also am Beginn seiner Bauhauszeit (Abb. 1). Diese Montage

1 Hajo Rose: Ich lernte am Bauhaus fotografieren, in: Die Fotografie, Jg. 33 (1979), S. 404–409, hier S. 404.

2 Ebd.

3 Ebd.

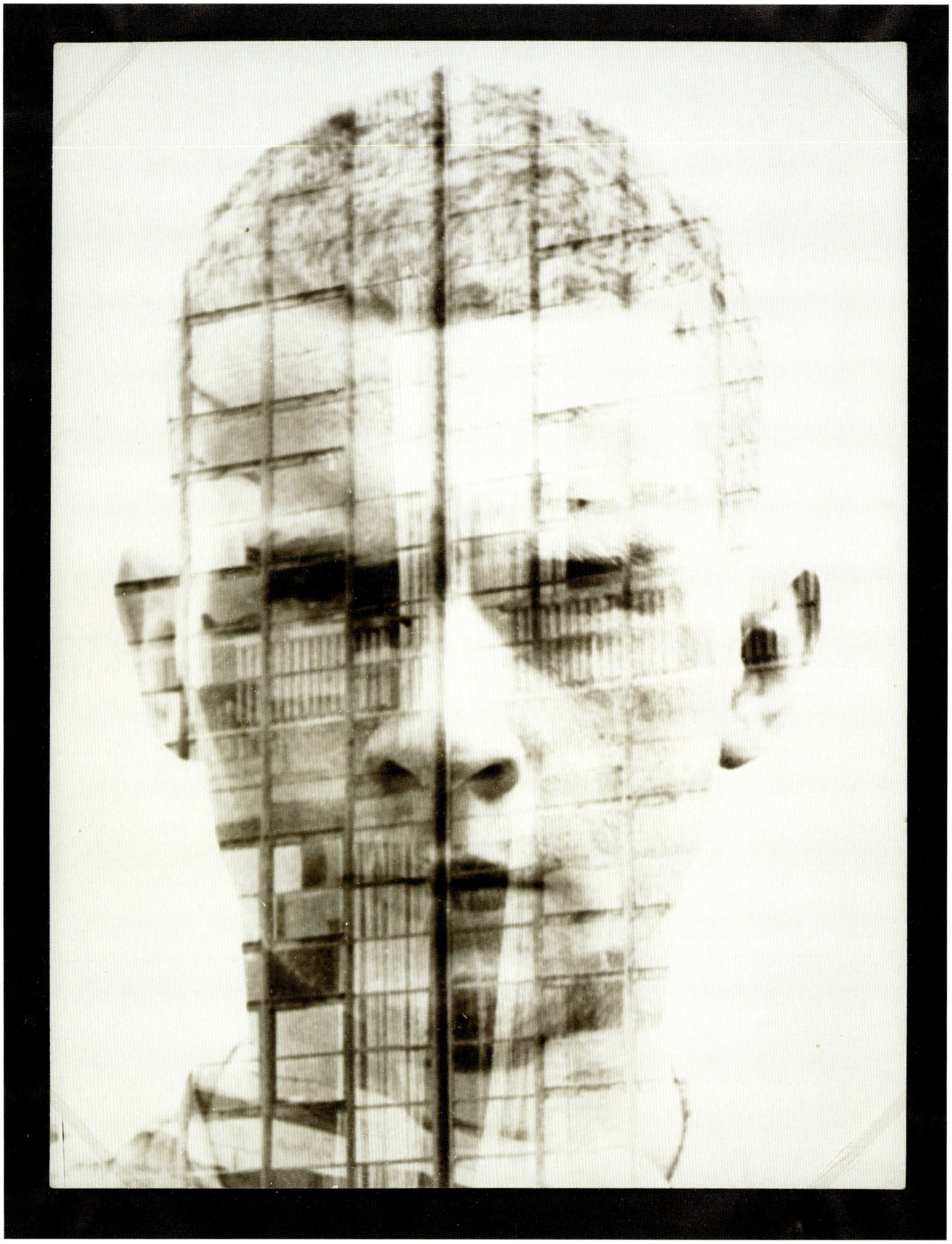

Abb. 1 (links)

HANS-JOACHIM (HAJO) ROSE | *Montage Selbstporträt (in der Bauhausfassade)* | 1930

Silbergelatinepapier, Fotomontage, späterer Abzug

Abb. 2

KURT KRANZ | *Porträt und Bauhaus (Willy Hauswald, Werkmeister der Druckerei)* | 1930

Silbergelatinepapier, Doppelbelichtung

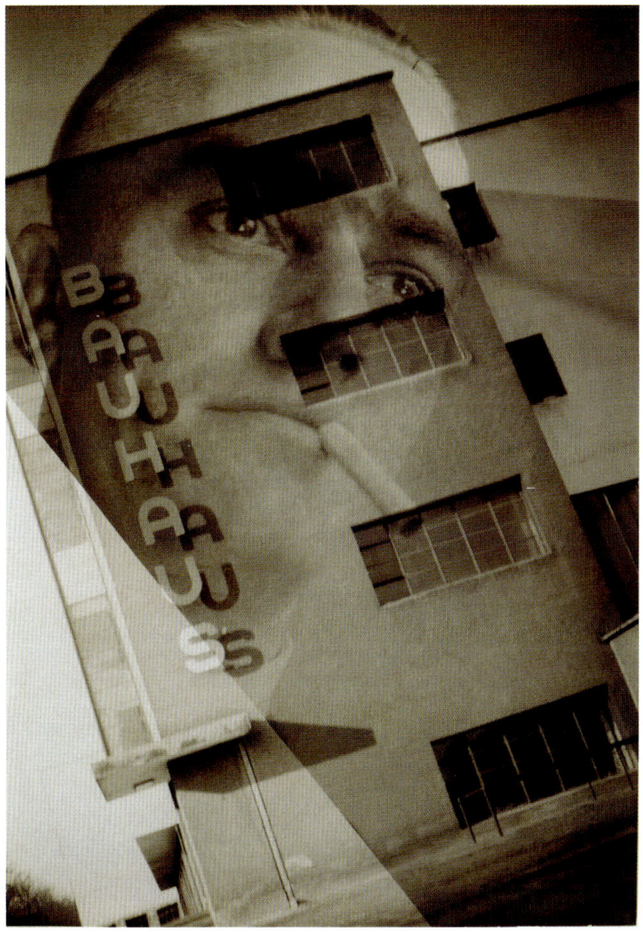

durch das Übereinanderbelichten von zwei Negativen zeigt ein frontal-axiales Porträt Roses, aufgenommen von seinem Kommilitonen Chanan Frenkel, und die Fassade des Hauses. Es zeugt von einem ausgeprägten Selbstbewusstsein und bringt die Identifikation der Bauhäusler, hier speziell von Hajo Rose, mit ihrer Schule eindrucksvoll zum Ausdruck.

Ein interessantes Vergleichsbeispiel schuf Roses Kommilitone Kurt Kranz mit seinem Porträt und dem Bauhaus-Gebäude von 1930 (Abb. 2). Kranz begann sein Studium gemeinsam mit Rose im Sommersemester 1930. Die Doppelbelichtung von Kranz zeigt den Kopf des Werkmeisters der Druckerei, Willy Hauswald, ebenfalls in der Fassade. Die Fotografie ist voller Dynamik: Die Betonung der Diagonalen erfolgt dadurch, dass das Gebäude und damit der Schriftzug nach links wegkippen. Der Kopf ragt von rechts in das Bild und überlagert spannungsvoll die Fassade. Die gestalterischen Ergebnisse sind bildkompositorisch verschieden, wenn man die beiden Aufnahmen vergleicht: Dynamik bei Kranz, Statik bei Rose. Letzterer offenbart eine eher traditionelle Sichtweise, vielleicht nicht auf der Höhe der Zeit, aber zu lesen als ein Statement zu Beginn seines Studiums. Doppelbelichtungen und Fotomontagen waren zu jener Zeit am Bauhaus ein rege genutztes Mittel zur Darstellung von Simultanität und narrativen Elementen.

Diese Aufnahmen sind exemplarisch für die heterogenen Herangehensweisen, sich mit der Schule zu identifizieren bzw. ein kollektives Bewusstsein zum Ausdruck zu bringen. Die Identifizierung mit dem Bauhaus und seinen Zielen steht bei Rose jedoch in auffälligem Widerspruch zu seiner Behauptung »Ich verfiel nicht dem Bauhausstil«.

Mitte der 1920er Jahre entstand der Eindruck, das Bauhaus bediene mit seinen Produkten einen modernen Lebensstil der Mittelklasse und wäre damit zu einer Mode geworden.[4] Ernst Kállai kritisierte genau diese Tendenz Anfang 1930 in der Berliner Wochenzeitschrift »Die Weltbühne« in dem Artikel »Zehn Jahre Bauhaus«. Unter der kritischen Verwendung des aus seiner Sicht »geläufigen« Begriffes »Bauhausstil« überspitzte er die formalistische Verwendung des Terminus mit folgenden Worten: »Heute weiß jeder Bescheid. Wohnungen mit viel Glas- und Metallglanz: Bauhausstil. Desgleichen

4 Vgl. Regina Bittner (Hg.): Bauhausstil. Zwischen International Style und Lifestyle, Berlin 2003.

mit Wohnhygiene ohne Wohnstimmung: Bauhausstil. Stahlrohrsesselgerippe: Bauhausstil. Lampe mit vernickeltem Gestell und Mattglasplatte als Schirm: Bauhausstil. Gewürfelte Tapeten: Bauhausstil. Kein Bild an der Wand: Bauhausstil. Bild an der Wand, aber was soll es bedeuten: Bauhausstil. Drucksachen mit fettem Balken und Groteskletten: Bauhausstil. alles kleingeschrieben, bauhausstil. ALLES GROSSGESPROCHEN: BAUHAUSSTIL.«[5] Walter Gropius wehrte sich selbstverständlich gegen eine Reduktion der Arbeiten des Bauhauses auf den Stilbegriff und setzte an dessen Stelle die Organisation von Lebensvorgängen einer neuen Gesellschaft. »Für das Bauhaus war der Bedeutungsverlust des bürgerlichen kulturellen Kapitals der Ausgangspunkt für eine neue Gestaltung der Dinge des Alltags. ›Kunst und Technik – eine neue Einheit‹, die von Gropius ausgegebene Losung stellte nicht nur einen Angriff auf die bürgerliche Autonomie der Kunst dar, sondern sie zielte ab auf die Gestaltung einer Lebensweise, die der modernen industriellen Kultur entsprach. Das musste auch den Bruch mit einer Stilgeschichtsschreibung nach sich ziehen, die sich an den Repräsentationen bürgerlicher Kultur abarbeitete.«[6] In den Stildebatten jener Zeit taucht immer wieder der illusorische Gedanke auf, mittels guter Form einen Geschmacksbildungsprozess in Gang zu setzen und damit das Verhalten der Menschen positiv zu ändern – oder mit anderen Worten: Mit guter Produktgestaltung sollte auch die Gesellschaft geformt werden. Sowohl die Ambivalenz dieses pädagogischen Konzepts als auch der Widerspruch zwischen Mode und praktischer Ästhetisierung der Produkte am Bauhaus können an dieser Stelle nur angedeutet werden. Die Produktästhetik des Bauhauses wird jedoch als »Bauhausstil« subsumiert – damals wie heute. Deutlich wird damit auch, dass das Thema in dieser Zeit eine Rolle spielte und unter den Studenten am Bauhaus diskutiert wurde. Hajo Rose verwehrt sich in seiner Aussage »Ich verfiel nicht dem Bauhausstil« der Vereinnahmung für einen Lebensstil der Mittelklasse und der formal-ästhetischen Vereinfachung.

Generell darf konstatiert werden, dass sich alle Bereiche der Gestaltung in den 1920er Jahren von den Traditionen abwandten und die künstlerische Avantgarde nach einer neuen Ästhetik für Gebrauchskultur, wie zum Beispiel Typografie, Design oder Bauen, strebte. Das Bauhaus war offen für Impulse; es zeigen sich verschiedene Einflüsse, es war letztendlich eine Idee – wie es Ludwig Mies van der Rohe formulierte.[7] So sah es wohl auch Hajo Rose.

Obwohl das Spektrum der fotografischen Produktion am Bauhaus außerordentlich vielfältig und breit gefächert war, kann man unter formal-ästhetischen Gesichtspunkten dennoch einende Kriterien ausmachen. Betrachtet man die Gesamtheit der Fotografie, lässt sich feststellen, dass diese nicht einzigartig war, sich aber auf der Höhe der Zeit bewegte und aus Einzelleistungen bestand. Ende der 1920er bzw. Anfang der 1930er Jahre ist am Bauhaus eine Konzentration auf den abzubildenden Gegenstand als gestalterisches fotografisches Element – keine reine Dokumentation wie zuvor – zu verzeichnen oder die Fotografien verweisen auf sich selbst, das heißt die Erkennbarkeit weicht bewusst Verfremdungen. Kennzeichnend sind abstrakte Bildstrukturen, Verzerrungen, schräge Linienführung, Schlagschatten etc. – Gestaltungselemente, die heute als typisch für die Zeit angesehen bzw. mit eben jenem Signum »Bauhausstil« versehen werden. Viele Aufnahmen sind eher privater Natur – sogenannte Schnappschüsse, die für uns heute sowohl einen dokumentarischen Wert haben als auch vom Lebensgefühl und dem Bauhausalltag erzählen, wie zum Beispiel Darstellungen vom Arbeiten in den Werkstätten oder bei Sport und Spiel. In diesen Aufnahmen, wie in den Gruppenbildern oder in den Montagen der Porträts in den Fassaden, werden das kollektive Bewusstsein an der Schule und ein Fortschrittsglaube deutlich sichtbar. Sie zeigen Vitalität und Frische, Idealismus, künstlerische Aufbruchsstimmung und das Fotografieren als begeisterte Gemeinschaftsarbeit.

Abb. 3

HANS-JOACHIM (HAJO) ROSE | *Hochspringer vorm Prellerhaus (Sportlehrer Otto Büttner)* | 1930

späterer Abzug, Silbergelatinepapier

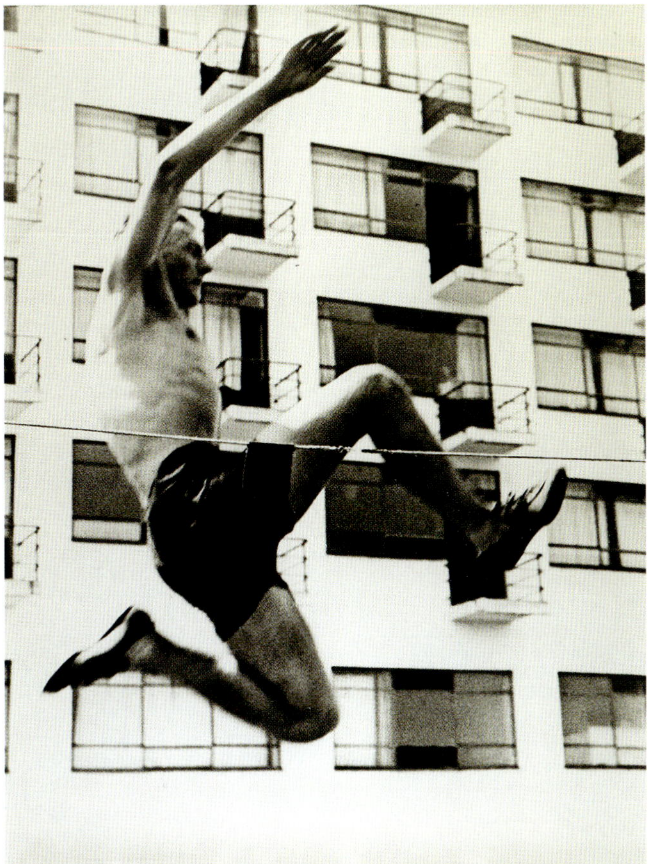

Andreas Haus legte in seinem Beitrag »Fotografie am Bauhaus: Die Entdeckung eines Mediums«[8] dar, dass sich feste Themen bzw. Gestaltungsweisen wiederholen, denen auch Werke Roses zugeordnet werden können, wie zum Beispiel Mensch und Architektur, Porträts, Bauhäusler bei der Arbeit oder das Spiel mit Schattenwirkungen.

Betrachtet man nun die bekannten Aufnahmen von Hajo Rose und sieht den Begriff »Bauhausstil« unter formal-ästhetischen Gesichtspunkten – wie erläutert –, kann festgestellt werden, dass Rose sehr wohl dem »Bauhausstil« verfallen war. Als 21-jähriger Student einer Avantgardeschule, auf der Suche nach sich selbst sowie nach einem eigenständigen künstlerischen Ausdruck, war er sich dessen nicht bewusst. In dem Brief an Jeanne Sarasin bekennt er: »ich selber befinde mich, solange ich hier bin, in einem ständigen konflikt mit mir. durch die massenhafte anregung, die einem hier geboten wird kommt man nicht zur ruhe. [...] trotzalledem, möchte das bauhaus nicht missen. Ich habe in diesem [...] 1 jahr, sicher mehr erfahren, wie in 10 jahren mir königsberg hätte bieten können [...] auf königsberg konnte ich aufbauen, ich verfiel nicht dem ›bauhausstil‹, ich hatte eine kritik.«[9]

Vielleicht hat sich bei ihm – wie übrigens auch bei anderen Bauhäuslern – nach anfänglicher Begeisterung eine kritische Haltung zur Lehre und dem Gemeinschaftsgeist am Bauhaus herausgebildet. Andererseits verweist die Gestaltung des verwendeten Briefbogens auf einen selbstbewussten »hajo rose studierender am bauhaus dessau. abteilung: reklame«.

Nach der Grundlehre im ersten Semester studierte Rose für zwei Jahre, also bis Mitte 1932, in der Werkstatt für Reklame, Typografie und Druckerei bei Joost Schmidt. Gleichzeitig belegte er Fotokurse bei Walter Peterhans. Auch nach dem Umzug des Bauhauses nach Berlin lernte er dort weiter. Die Fotografieklasse war eine Sonderabteilung der Werkstatt für

5 Zit. nach: Ernst Kállai: Zehn Jahre Bauhaus, in: Vision und Formgesetz. Aufsätze über Kunst und Künstler von 1921 bis 1933, Leipzig/Weimar 1986, S. 133–140, hier S. 133.

6 Bittner, Bauhausstil (wie Anm. 4), S. 32.

7 Vgl. Fritz Neumeyer: Mies van der Rohe. Das kunstlose Wort, Berlin 2016, Mies van der Rohes Rede in Chicago, am 18. Mai 1953, zum 70. Geburtstag von Walter Gropius, S. 393–395, zum Bauhaus als Idee vgl. S. 394.

8 Vgl. Andreas Haus: Fotografie am Bauhaus: Die Entdeckung eines Mediums, in: Jeannine Fiedler (Hg.): Fotografie am Bauhaus, Berlin 1990, S. 126–183.

9 Archiv der Stiftung Bauhaus Dessau, I 49596/1-2.

Abb. 4

HANS-JOACHIM (HAJO) ROSE | *Bauhäusler (mit Fahrrad auf dem Gehweg vor dem Bauhausgebäude)* | 1930, Abzug 1983

Silbergelatinepapier, montiert auf Karton (Modern Print)

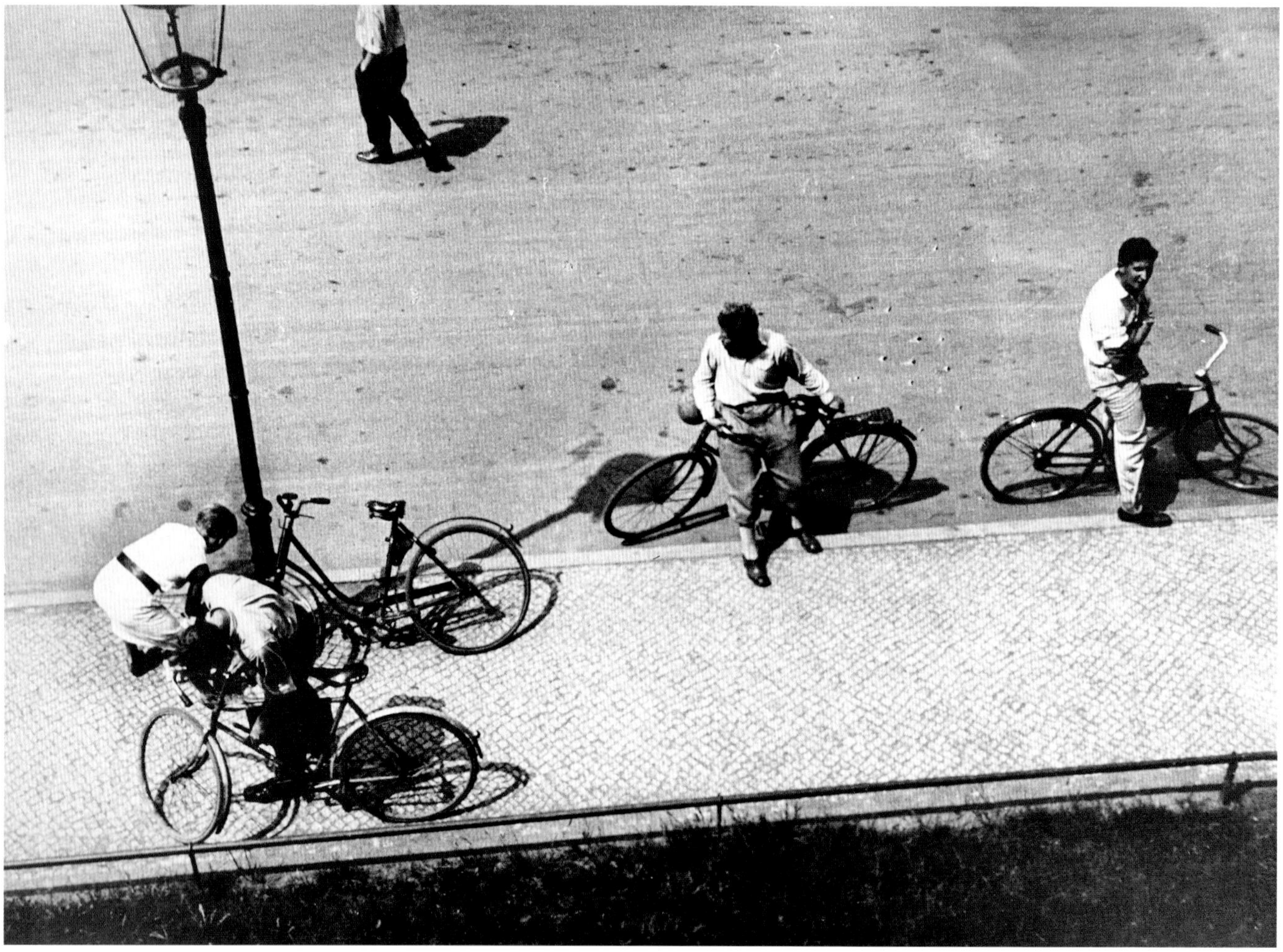

Typografie und Reklame. Mit Einführung des Fotounterrichts setzte eine Versachlichung ein und das technische Niveau wurde angehoben. Walter Peterhans lehrte die Studierenden nicht nur fotografische Theorie und Praxis, sondern zugleich präzises Sehen. Formen und Texturen der arrangierten Objekte werden nun durch akribische Ausleuchtung in ihren letzten Nuancen erfasst. Diese Betonung der technischen Perfektion war nicht zuletzt der Entwicklung neuer Berufsbilder im kommerziell-angewandten Bereich geschuldet. Sie beendete die experimentelle Phase der Fotografie am Bauhaus zugunsten der institutionalisierten Lehre. All das nahm Rose in sich auf.

Wie bereits erwähnt, hat sich Hajo Rose ausprobiert, aber nicht jedes Experiment, nicht jede Gestaltungsweise mitgemacht. In seinen Werken aus der Bauhaus-Zeit dokumentiert er unter anderem das Leben und den Unterricht. Nahezu alle Aufnahmen sind gut komponiert und inszeniert, so wie Joseph Thain auf der Bauhaus-Terrasse. Die Aufnahme vom Hochspringer vor der Rasterfassade des Bauhaus-Wohnheims wirkt wie pure Dynamik und sie zeigt zugleich einen lebendigen Aspekt der Fotografie am Bauhaus (Abb. 3). Das Bauhaus-Dasein zerfiel also nicht in Privates und Arbeit. Auch in diesem Foto lebt das Bewusstsein vom Bauhaus als Idee, und dieser Lebensaspekt durchzog den Ort der intensiven Arbeit, wie ein gemeinsamer Artikel von Hajo Rose und Selman Selmanagic im Dessauer Kalender 1974 offenbart: »Dort wurde nicht nur studiert [...] das erzeugte alles eine lebendige und abwechslungsreiche Atmosphäre, von der wir erfüllt waren. Kein Bauhäusler wagte, zu Hause zu bleiben [...] er musste befürchten, wichtiges zu versäumen.«[10] Das Neue Sehen war bereits in Journalismus und Reklame Stilmittel, wurde am Bauhaus nicht formalisiert benutzt, sondern unbekümmert, mit einer gewissen Selbstverständlichkeit zur Darstellung der Arbeitswelt und des Privatlebens genutzt – wie am Beispiel von Roses Bauhäuslern mit Fahrrad auf dem Gehweg vor dem Bauhaus-Gebäude (1930) zu sehen ist (Abb. 4). Rose spielte mit Licht und Schatten, seine Fahrradfahrer verdoppeln sich dank langer Schatten auf dem Asphalt. Die gewohnt waagerechte Horizontale erfährt eine leichte Neigung, wodurch das Gleichgewicht verlagert wird und der Fotograf eine Steigerung der Dramatik erreicht.

Ungewöhnlich im Werk des Schülers für Typografie und Reklame ist, dass sich keine Beispiele für typografisch gestaltete Fotografien (Typofoto) erhalten haben. Ebenso ist in Roses Werk kaum ein Einfluss von László Moholy-Nagy und seinen experimentellen Fotogrammen zu erkennen. Der vielseitige Bauhauslehrer Moholy-Nagy hatte Fotografie als Gestaltungsmittel der visuellen Kommunikation am Bauhaus eingebracht. Offensichtlich war Rose nicht der »große« Avantgardist, sondern im Sinne Peterhans' technisch versiert, und setzte nur verhalten auf Experimente, wie beim Bildnis in der Bauhaus-Fassade – die einzige bekannte Montage. Ein anderes interessantes, aber offensichtlich ebenso singuläres Beispiel ist die Seemannsbraut von 1934. Die Fotografie beruht auf einer Collage, man erkennt sowohl den Einfluss von Walter Peterhans als auch den von Joost Schmidt sowie die Aufnahme von Impulsen aus der Fotografie-Avantgarde der 1920er Jahre.

Abb. 5

HANS-JOACHIM (HAJO) ROSE | *Bauhäuslerin Käthe Schmidt, Weberin* | 1931

Silbergelatinepapier

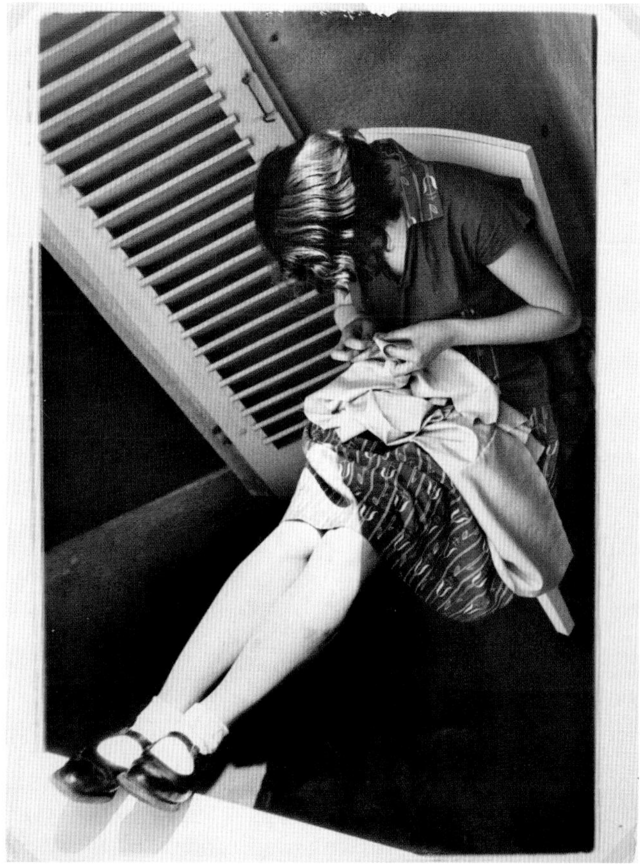

Ein weitaus größeres Konvolut nehmen die Porträts ein (Abb. 5). Die eindrucksvollen Bildnisse sind ebenfalls kompo-

10 Hajo Rose/Selman Selmanagic: Erinnerungen an das Bauhaus, in: Dessauer Kalender, Jg. 18 (1974), S. 56–58, hier S. 57.

niert und inszeniert, keine Schnappschüsse, wie es vielleicht auf den ersten Blick erscheinen mag. Es dominieren Nahansichten, das Spiel mit Licht und Schatten, aber ebenso Aufnahmen der Personen in ihrer Umgebung – bei der Arbeit oder in der Freizeit. Rose entwickelte die Abzüge in ungewöhnlich großen Papiermaßen, wie 30 mal 40 Zentimeter, ein klares Indiz dafür, welchen Wert er diesen Aufnahmen beimaß.

Ein weiteres Thema Hajo Roses, von dem allerdings nur wenige Aufnahmen überliefert blieben, sind Bilder aus dem Bereich der Reportagefotografie. Parallel zu den USA entwickelte sich in Deutschland in den 1920er Jahren eine breitere Sozialfotografie, bei der die Wirksamkeit der Fotografie für politische und kulturelle Belange genutzt wurde. Diese Art der Bildberichterstattung mit sozialem Impetus geht wohl auf die wachsende Politisierung der Studenten am Ende der Weimarer Republik zurück. Doch auch der Unterricht Peterhans' förderte gegebenenfalls diese Richtung, wie eine Bemerkung Roses zeigt: »Walter Peterhans unterrichtete uns ferner auf folgenden Gebieten: Reproduktion, Porträt, Reportage, experimentelle und gestalterische Fotografie.«[11]

Am 1. April 1933 wurde Hajo Rose das Bauhaus-Diplom Nr. 112 der Reklamewerkstatt verliehen. Dazu ist festzuhalten, dass seine ästhetisch-künstlerische Basis mit folgendem Unterricht gelegt wurde: im Vorkurs bei Albers, in der Grundlehre bei Klee und Kandinsky, bei Schmidt für Gebrauchsgrafik sowie das technische Fundament bei Peterhans. Rose ist somit ein gutes Beispiel für die Breite und Ausstrahlung der Lehre am Bauhaus als Voraussetzung für die Ausprägung einer eigenständigen und tragfähigen künstlerisch ästhetischen Gestaltungssprache. Seine fotografischen und typografischen Werke changieren dabei zwischen Neuem Sehen, Surrealismus und Neuer Sachlichkeit.

Nach seinem Diplom assistierte Rose zunächst für ein Jahr bei László Moholy-Nagy in dessen Berliner Werbeatelier. Vermittelt durch den Bauhäusler Wilhelm Wagenfeld, der Glasgeschirr für die Firma Schott in Jena gestaltete, war Moholy-Nagy unter anderem als Werbeberater für diese Firma tätig. Dazu gehört eine Reihe Werbeanzeigen, bei denen das Medium Fotografie zum Einsatz kam, wie zum Beispiel Roses Einweckglas (Abb. 6). Hier erst entstand ein sogenanntes Typofoto, das auf eine ungewöhnliche Art und Weise Text sowie Bild verbindet und bei dem die transparente Schriftfolie im Glas zum Werbeträger wird. Bei der zweiten Variante fungiert die kreisrunde Schrift Jenaer Glas als imaginäre Herdplatte und veranschaulicht den einfachen Gebrauch – feuerfestes Glas direkt über jeder Heizquelle.

Im April 1934 ging Hajo Rose nach Amsterdam, um mit dem belgischen Fotografen Paul Guermonprez das gemeinsame Werbebüro »co-op 2« zu gründen. Aus der Quellenlage lässt sich nicht rekonstruieren, ob er an eine Emigration dachte oder »im Nachbarland zunächst nur die weitere Entwicklung in Deutschland abwarten wollte«.[12] Mit seiner politischen und künstlerischen Anschauung sowie vom Bauhaus kommend, hätte er in Deutschland – ohne Anpassung – keine Chance gehabt. Das Projekt Werbebüro scheiterte trotz Idealismus und hoher Kraftanstrengung nach wenigen Monaten. Als Ausländer war es für Rose doppelt schwierig, ein Auskommen zu finden, denn auch die Niederlande waren von der Weltwirtschaftskrise betroffen. Hilfe kam von dem ehemaligen Bauhäusler und Künstler Paul Citroen. Rose erhielt eine Stelle als Dozent für Werbegrafik, Typografie und Fotografie an der von Paul Citroen geleiteten privaten Nieuwe

11 Rose, Ich lernte am Bauhaus (wie Anm. 1), S. 407.

12 Ulrike Staroste (Hg.): Hajo Rose. Bauhaus Foto Typo, Berlin 2010, S. 25.

Abb. 6

HANS-JOACHIM (HAJO) ROSE | *o. T. (Werbeentwurf Jenaer Glas/Schrift auf Zellophan gedruckt, ins Glas gestellt und fotografiert, Werbeatelier Moholy-Nagy)* | 1933/34

Silbergelatinepapier

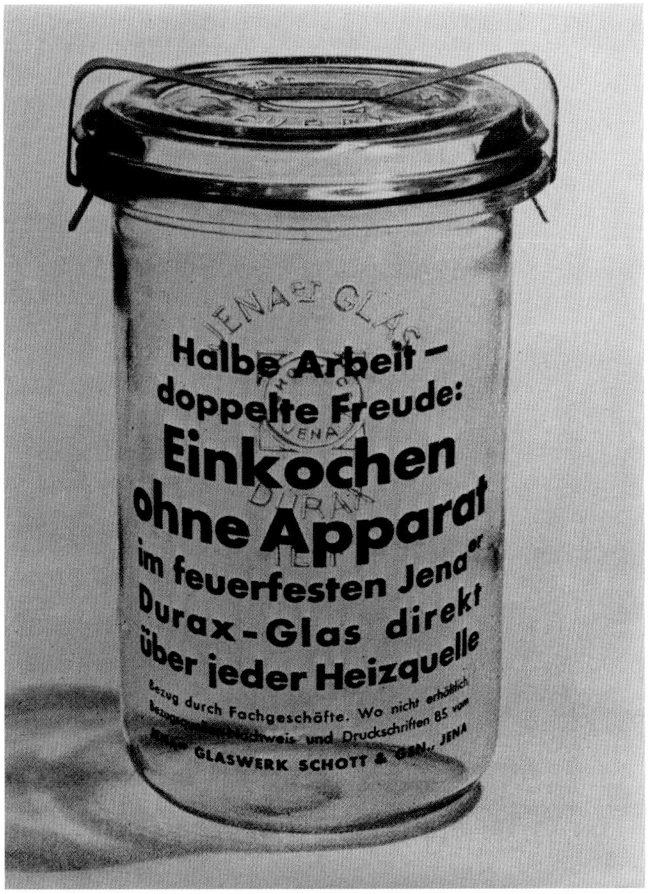

Kunstschool in Amsterdam. Mit gerade 24 Jahren vermittelte Rose in den kommenden fünf Jahren (1934–1939) die Ideen und Methoden des Bauhauses in Fächern wie Reklame, Farblehre oder Schriftzeichnen. Er bot einen Vorkurs an, aber keinen für Fotografie. Rose stützte sich auf Erfahrungen, die er am Bauhaus gemacht hatte. Er war laut Aussagen seiner Schüler »der authentischste Bauhäusler« und prägte eine Reihe seiner Schüler, wie den später international erfolgreichen Gebrauchsgrafiker Otto Treumann. Im Jahr 1936 heiratete Rose die Bauhäuslerin und Weberin Käthe, geborene Schmidt (Trennung 1941), und wurde 1938 Vater eines Sohnes.

Parallel zur Dozententätigkeit führte Hajo Rose bis 1941 ein eigenes Werbebüro und betätigte sich freischaffend als Fotograf, Ausstellungsgestalter und Bühnenbildner. Seine Vielseitigkeit und mannigfaltige Begabung äußerten sich auch in der Tätigkeit für den Drucker und Verleger Frans Duwar, für den er Kalender und Rechnungsformulare entwarf. 1937 war er als Vertreter der Niederlande auf der Weltausstellung in Paris und erhielt eine Goldmedaille für das Plakat »Amsterdam«. 1939 gestaltete er die Ausstellung »Der Zug« für die Holländischen Staatsbahnen, 1941 den Messestand für mehrere Nahrungsmittelfabrikanten auf der Utrechter Frühjahrsmesse. Für den Ufa-Film »Rembrandt« arbeitete er 1941 als Filmarchitekt. Von 1938 bis 1941 war er Assistent des Gestaltungspsychologen Dr. Bernhard Schlesinger, wobei er wichtige psychologisch relevante Einsichten in Gestaltungsgesetze erhielt. Ein weiterer interessanter Punkt in Roses Leben ist seine Überlegung 1938, nach Chicago in die USA auszuwandern, um am von Moholy-Nagy gegründeten New Bauhaus zu lehren.

Im Jahr 1942 wurde Rose als Emigrant in den Niederlanden zwangsrekrutiert und für den Kriegsdienst eingezogen. Nach Kriegsende befand er sich zunächst in amerikanischer, dann in französischer Kriegsgefangenschaft, aus der er erst 1948 nach Deutschland zurückkehrte. An ein Leben in den Niederlanden war nicht mehr zu denken, obwohl sich Freunde dort um eine Anstellung für Rose bemühten.

Nach vielen Überlegungen ging Hajo Rose schließlich nach Dresden, wohin ihn der frühere Gastdozent am Bauhaus und Architekt Mart Stam eingeladen hatte. Stam arbeitete in Dresden daran, den Bauhaus-Gedanken wiederzubeleben und mit der Designerin Marianne Brandt bildete sich eine kleine Bauhaus-Zelle. Rose gelang der berufliche Wiedereinstieg in der Sowjetischen Besatzungszone; zwischen 1949 und 1953 lehrte er als Dozent für Gebrauchsgrafik und Schrift

Abb. 7

HANS-JOACHIM (HAJO) ROSE | *Bauhaus Dessau* | 1976

Fotopostkarte, Bild und Heimat Reichenbach (Vogtl.)

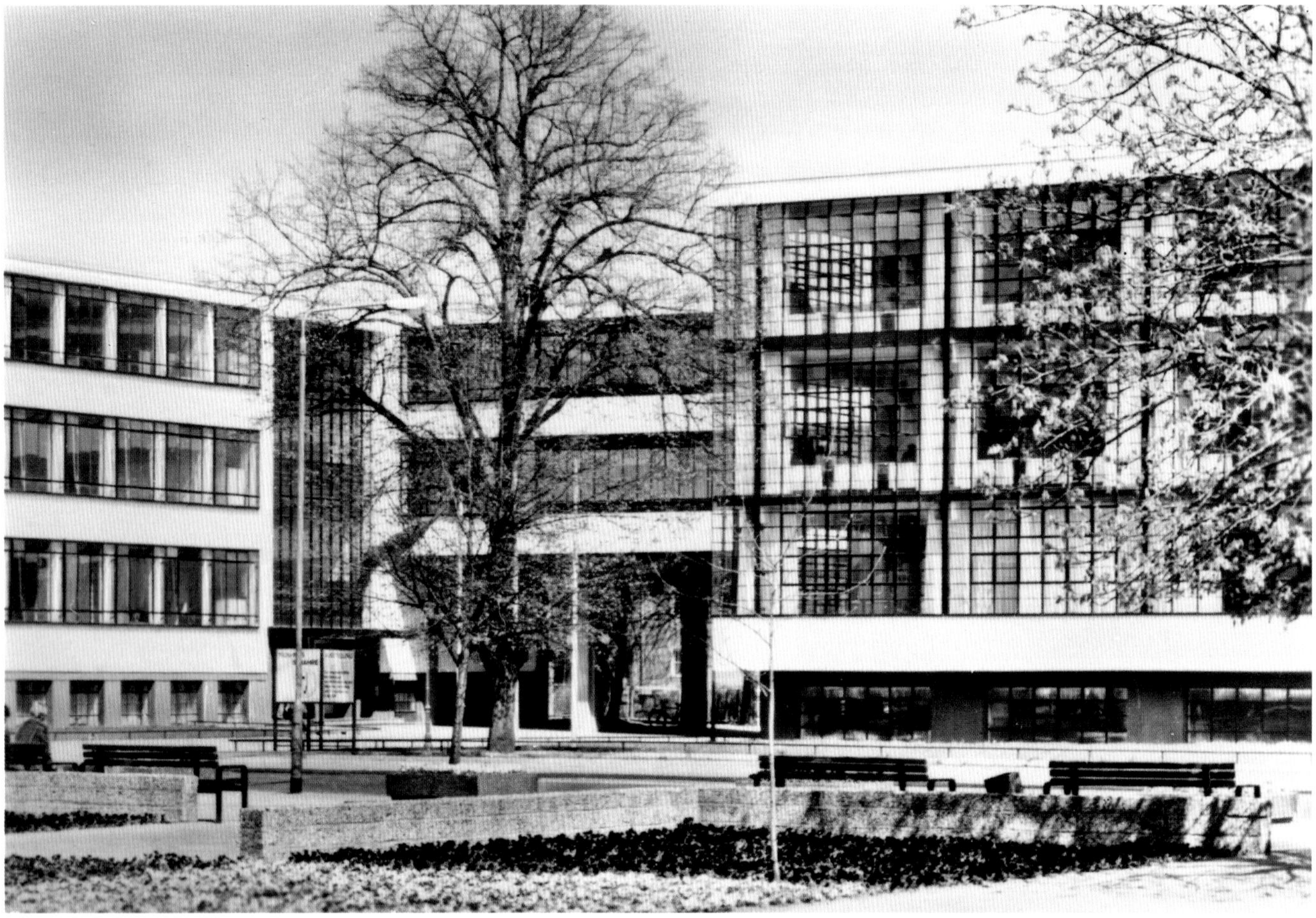

an der Hochschule für Bildende Künste in Dresden. Stam war dort 1948 Rektor geworden. Vor dem Beginn seiner Lehrtätigkeit in Dresden musste Rose der SED beitreten. Im Jahr 1952 heiratete er seine ehemalige Studentin Isolde Karg, die im selben Jahr ihr Diplom an der Dresdner Kunsthochschule erhalten hatte. Rose wurde ebenfalls 1952 Mitglied im Verband Bildender Künstler der DDR.

Nach Auflösung seiner Dresdner Abteilung 1953 wechselte er an die Fachschule für angewandte Kunst Leipzig und unterrichtete dort in den folgenden fünf Jahren. Da die Schulleitung wiederholt seine vom Bauhaus geprägten Lehrmethoden kritisierte, trat er schließlich aus der SED aus und lieferte damit den Anlass für seine Entlassung. Dadurch blieben ihm weitere Lehrtätigkeiten in der DDR verwehrt. Zwei Gründe lassen sich für die Kritik anführen: zum einen die dominante Ablehnung des Bauhauses in der DDR und zum anderen die dogmatisch geführte Formalismus-Realismus-Debatte, die abweichenden Auffassungen kaum Platz ließ. In den Folgejahren war Rose freiberuflich tätig. Vor allem ab den 1970er Jahren wurden seine Werke in zahlreichen Ausstellungen präsentiert. Am 10. September 1989 starb Hajo Rose in Leipzig.

Abb. 8 (oben)

HANS-JOACHIM (HAJO) ROSE | *Wandrelief von Oskar Schlemmer im Haus Dr. Raabe in Zwenkau, Leipzig* | 1967

Kontaktabzug, Kolor

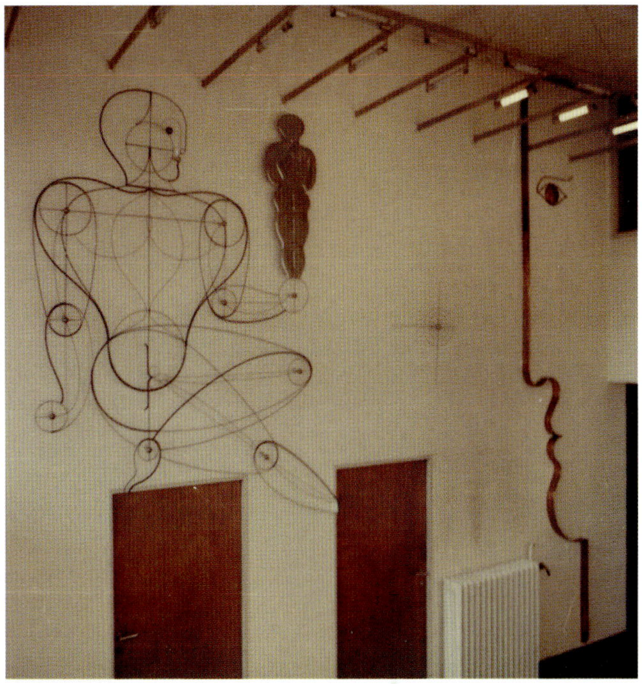

Abb. 9 (unten)

HANS-JOACHIM (HAJO) ROSE | *o. T. (Fassade am konsument-Kaufhaus von Harry Müller, Leipzig)* | um 1970

Silbergelatinepapier

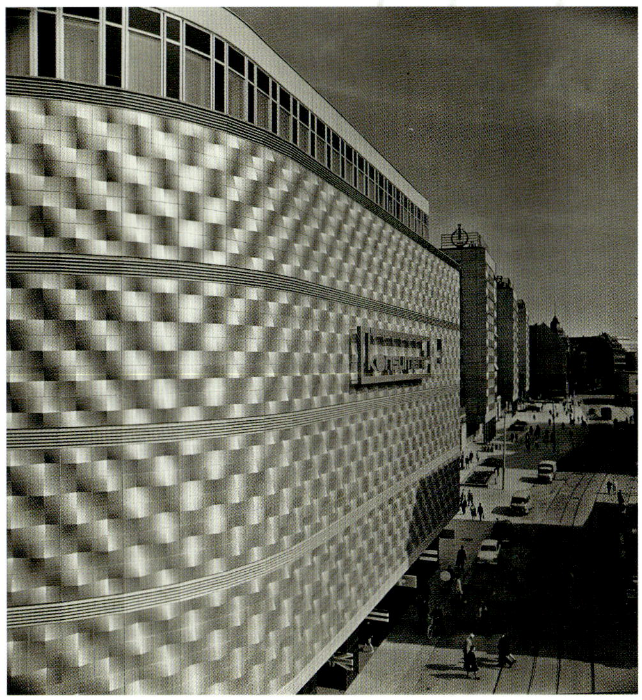

Betrachtet man die Werke Roses nach 1945, lässt sich feststellen, dass die Themen genauso vielfältig sind wie vor dem Krieg. Es finden sich Architekturaufnahmen, Fotografien aus dem Bereich der Werbung, Porträts und Ausstellungsdokumentationen.

In den 1970er Jahren wandelte sich die kulturpolitische Einstellung zum Bauhaus auf politischer Ebene, als erkannt wurde, dass mit dem Bauhaus internationales Renommee zu gewinnen ist. Damit einhergehend wurde ein differenzierterer Blick zugelassen. Im Jahr 1976 feierte man sodann aus Anlass der Rekonstruktion des Bauhaus-Gebäudes in Dessau zum 50. Jahrestag der Eröffnung des Bauhauses ein großes Jubiläum. Rose verfolgte diese Rekonstruktion mit großem Interesse – Fotografien entstanden; sie zeigen das Haus frontal aufgenommen in seiner Umgebung. Eine seiner Aufnahmen wurde als offizielle Foto-Postkarte vom Verlag Bild und Heimat Reichenbach (Vogtl.) vertrieben (Abb. 7).

Ein weiterer Bezug zum Bauhaus findet sich in den Innenaufnahmen des Hauses Dr. Rabe in Zwenkau bei Leipzig. Rose fotografierte im Jahr 1967 den Bau von Adolf Rading (1930 Grundsteinlegung) mit Oskar Schlemmers Wandmalereien im Treppenhaus und den Metallfigurationen in der Wohnhalle (Abb. 8). Die Aufnahmen legen ihr Augenmerk auf die Kunst im Raum und betonen die Raumlösungen, sind sachlich, erheben keinen Anspruch auf Eigengestaltung und nehmen sich gegenüber dem darzustellenden Gegenstand zurück.

Einen anderen Bereich stellen seine Aufnahmen der Wahlheimat Leipzig dar (Abb. 9). Vergleicht man die Fotografien der Fassaden der Kaufhäuser in Leipzig, Cottbus und Hoyerswerda mit Lucia Moholys Architekturaufnahmen aus den 1920er Jahren, wird ein ähnlicher Ansatz sichtbar. Lucia Moholys Bilder des Bauhauses Dessau, die Rose gekannt hat, entstanden vornehmlich im Jahr 1926 für die Presse zur

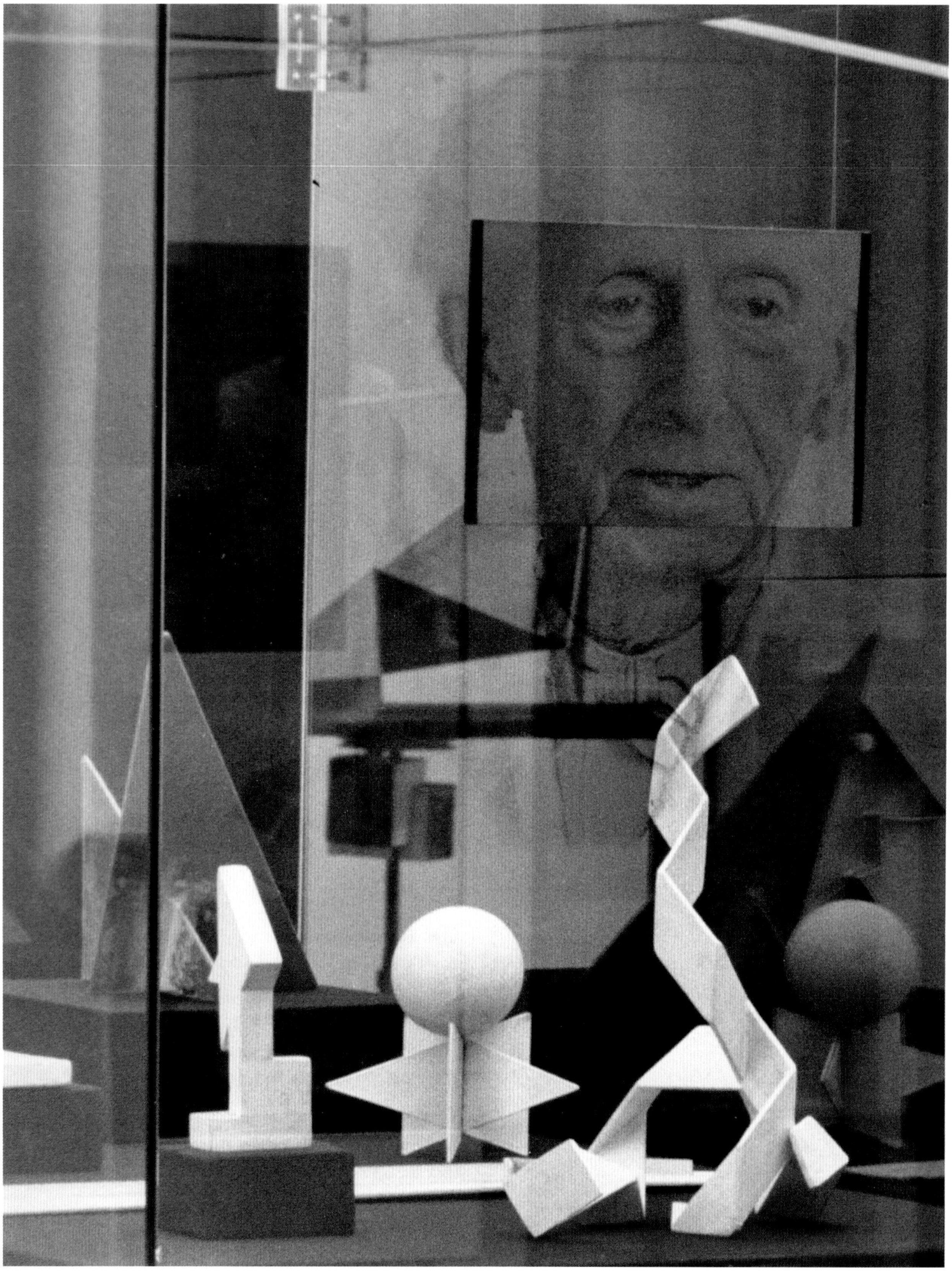

Abb. 10

HANS-JOACHIM (HAJO) ROSE | *o. T. (Porträt Hermann Glöckner und Vitrine mit Exponaten des Künstlers in der Ausstellung im Alten Museum Berlin)* | 1977

Fotomontage, Silbergelatinepapier

Eröffnung des Hauses. Sie bestechen durch äußerste Sachlichkeit und Präzision. Die Gebäude sind frontal mit gerader Horizontlinie oder aus einem Winkel von 45 Grad, meist in diffusem Licht, aufgenommen, die Umgebung mit einbezogen. Diese Kriterien bzw. Beschreibungen lassen sich auch auf die Fotografien von Hajo Rose anwenden. Die zeitgenössischen Nachtaufnahmen folgen primär formalen und handwerklichen Intentionen, weniger einer »sozialistischen« Ikonografie. Gerade die Aufnahmen aus den 1970er und 1980er Jahren dokumentieren die Entwicklung der Stadt Leipzig. Diese Fotos präsentieren das neue Leipzig – Aufnahmen des historischen Leipzigs fehlen dagegen in den Fotosammlungen. Vertreten sind auch Fotografien, die er höchstwahrscheinlich während seiner Urlaube aufnahm, darunter Bilder der Familie und solche mit einer poetischen Komponente. Mit den Porträtaufnahmen führte Rose sein Werk der Bauhaus-Zeit fort. Diese sind ebenfalls gut komponiert und inszeniert, aber ihnen fehlt die Eindringlichkeit der Porträts der 1920er Jahre.

Ein neuer Bereich, der aus Roses Bauhaus-Zeit nicht bekannt ist – dort aber unter anderem durch Lucia Moholy mit ihren Sachaufnahmen eine wichtige Rolle spielte –, ist die Dokumentation von Ausstellungen oder Objekten in Ausstellungen. Zum Beispiel hielt Rose die Einrichtung der Hermann Glöckner-Ausstellung im Alten Museum in Berlin fest (Abb. 10). Dabei übersetzte er die Raumgestaltung des Malers und Bildhauers Glöckner, die dieser mit Kollegen selbst inszeniert hatte, in eine Hommage an den Künstler und machte seine Verehrung für Glöckner in den Fotografien sichtbar.

Doch im Gegensatz zu den Bildern der Bauhaus-Zeit sind diese Aufnahmen weniger einprägsam. Die Dokumentation des wiederaufgebauten Leipzigs oder von Ausstellungen gelang Rose gewiss, es fehlt jedoch die Kraft zur überzeugenden sinnbildhaften Verdichtung. Die Aufnahmen sind handwerklich gut gemacht, Roses Blick für Details ist bemerkenswert, aber dem Betrachter prägen sich kaum Fotografien ein, die durch ihre außergewöhnliche Bildfindung auffielen. Ähnlich wie es sich bei seiner guten Bekannten Marianne Brandt feststellen lässt, konnte Rose mit seinem späteren fotografischen Werk nicht an die Qualität der Bauhaus-Zeit anknüpfen.

Es kann also resümiert werden, dass Hajo Rose am Bauhaus zu den herausragenden Künstlern mit einem außergewöhnlichen Ideenreichtum zählte. Das lag sowohl an der Vorbildrolle der Meister als auch an dem Austausch mit anderen Kommilitonen. Nach dem Bauhaus verlagerte sich seine Rolle aus verschiedenen Gründen hin zum Lehrer, bis er mit knapp 50 Jahren als Gebrauchsgrafiker und Fotograf freiberuflich tätig war, wobei die Fotografie wie zuvor stets als ein Ausdrucks- und Gestaltungsmittel in den Dienst genommen wurde.

Görlitzer Fotografiegeschichte. Eine Bestandsaufnahme des Verschwundenen

FOTOSERIE VON MARGRET HOPPE

Abb. 1

Moritz Ackermann, Fotograf | 1851–1900

Schützenstraße 2

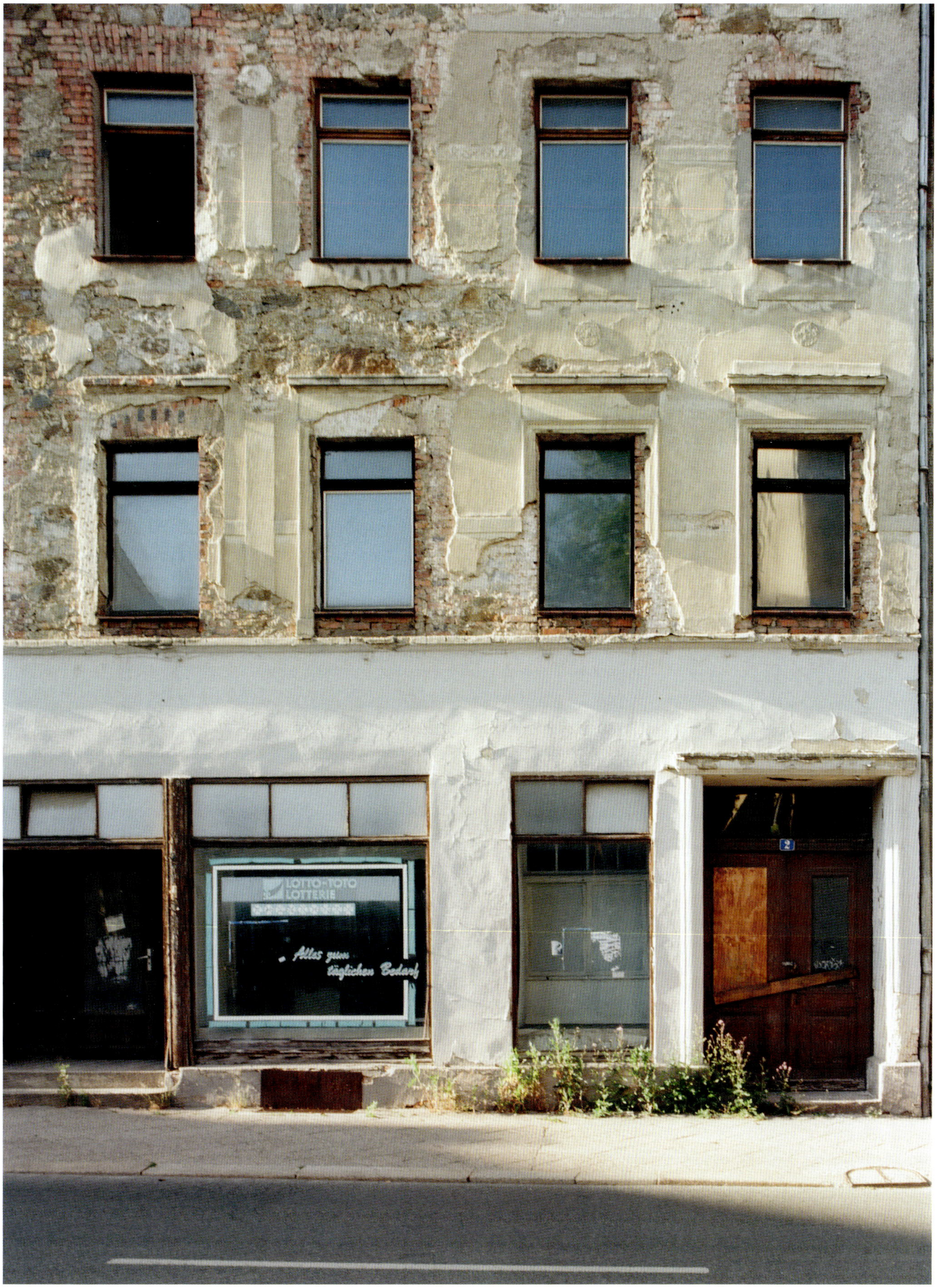
LOTTO-TOTO
LOTTERIE
Alles zum
täglichen Bedarf

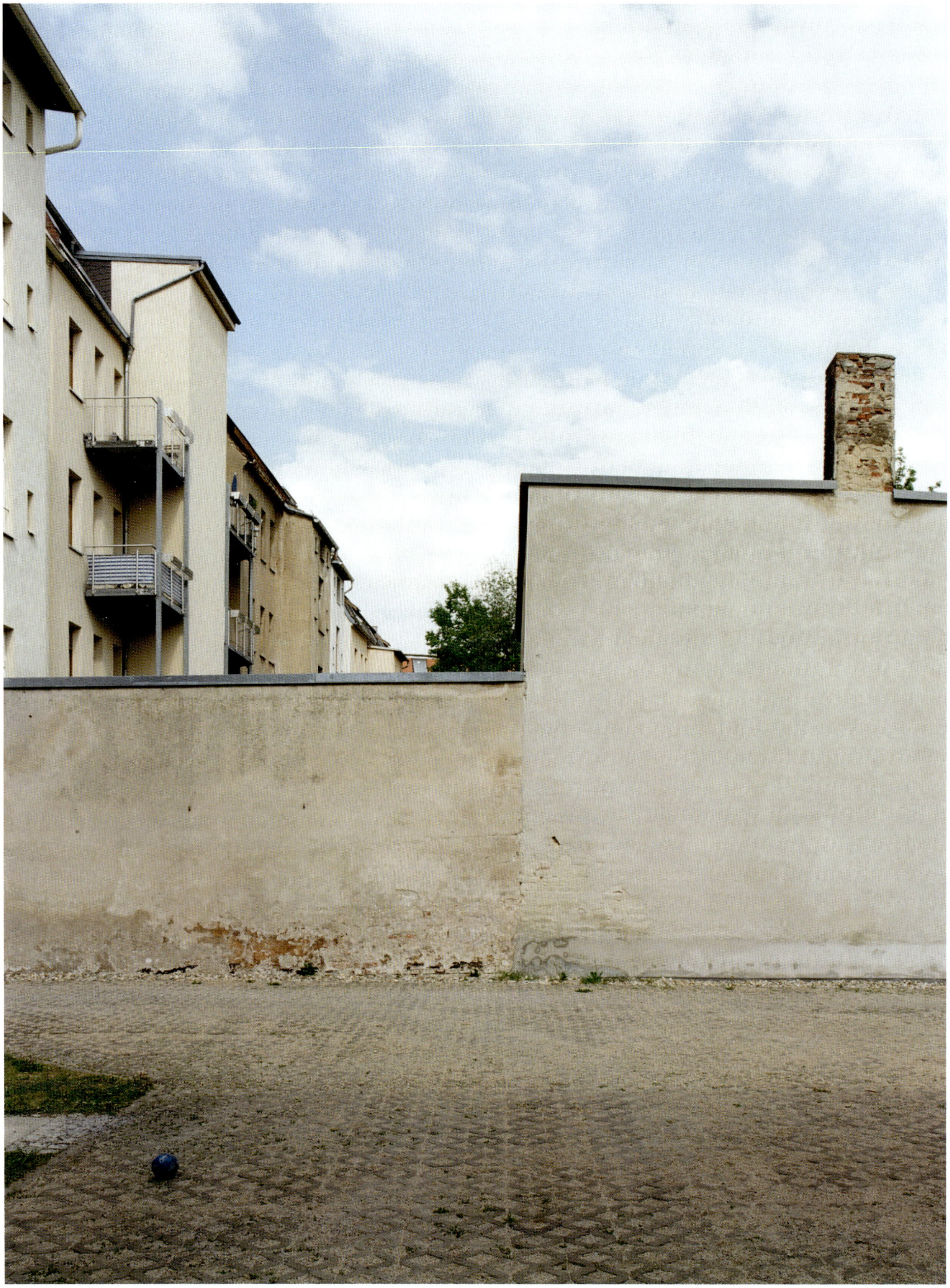

Abb. 2

Curt Bentzin, Kamerahersteller | 1893–1953

Rauschwalder Straße 28

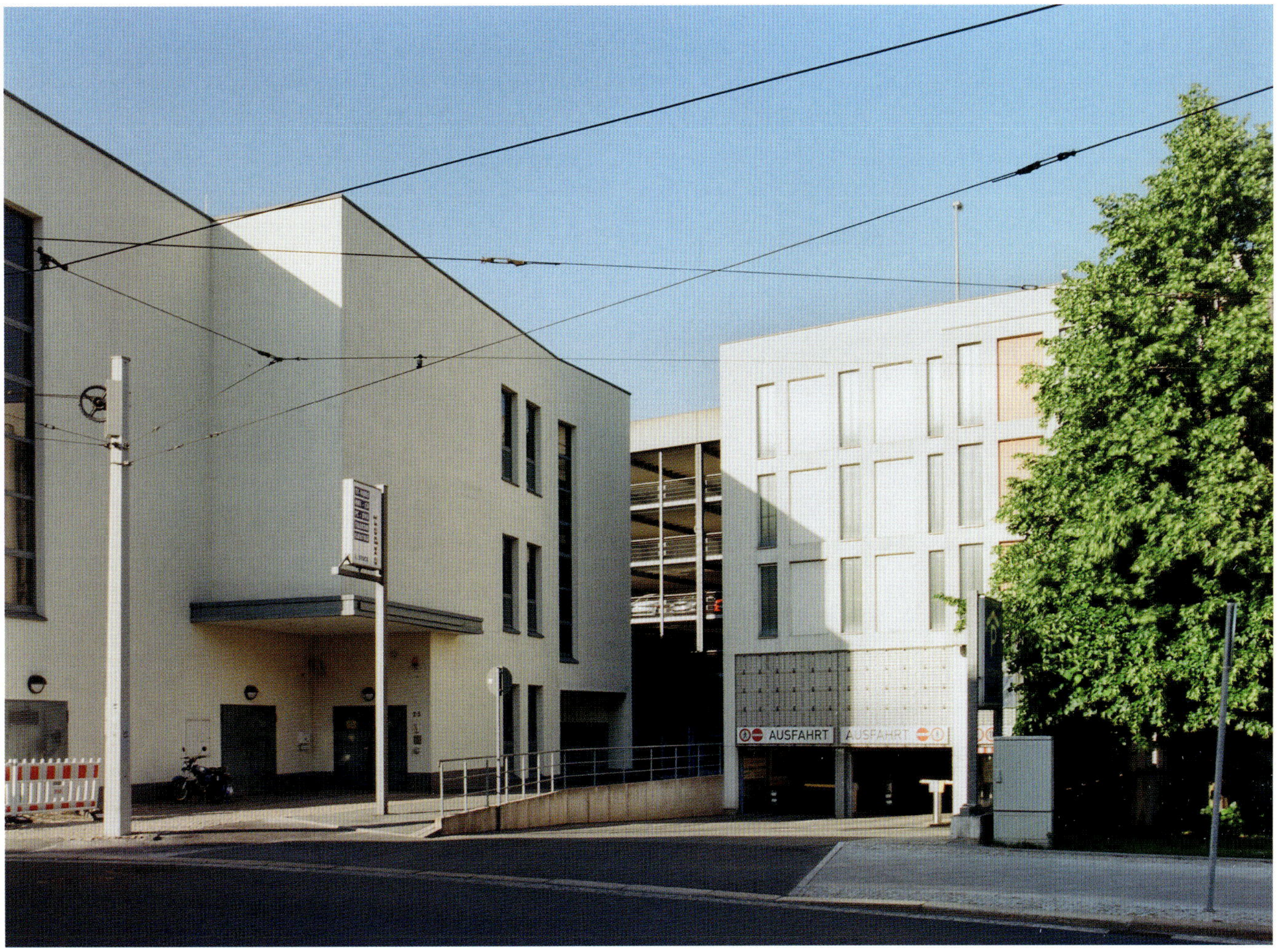

Abb. 3

Alfred Jäschke, Fotograf | 1913–1963

Postplatz 4

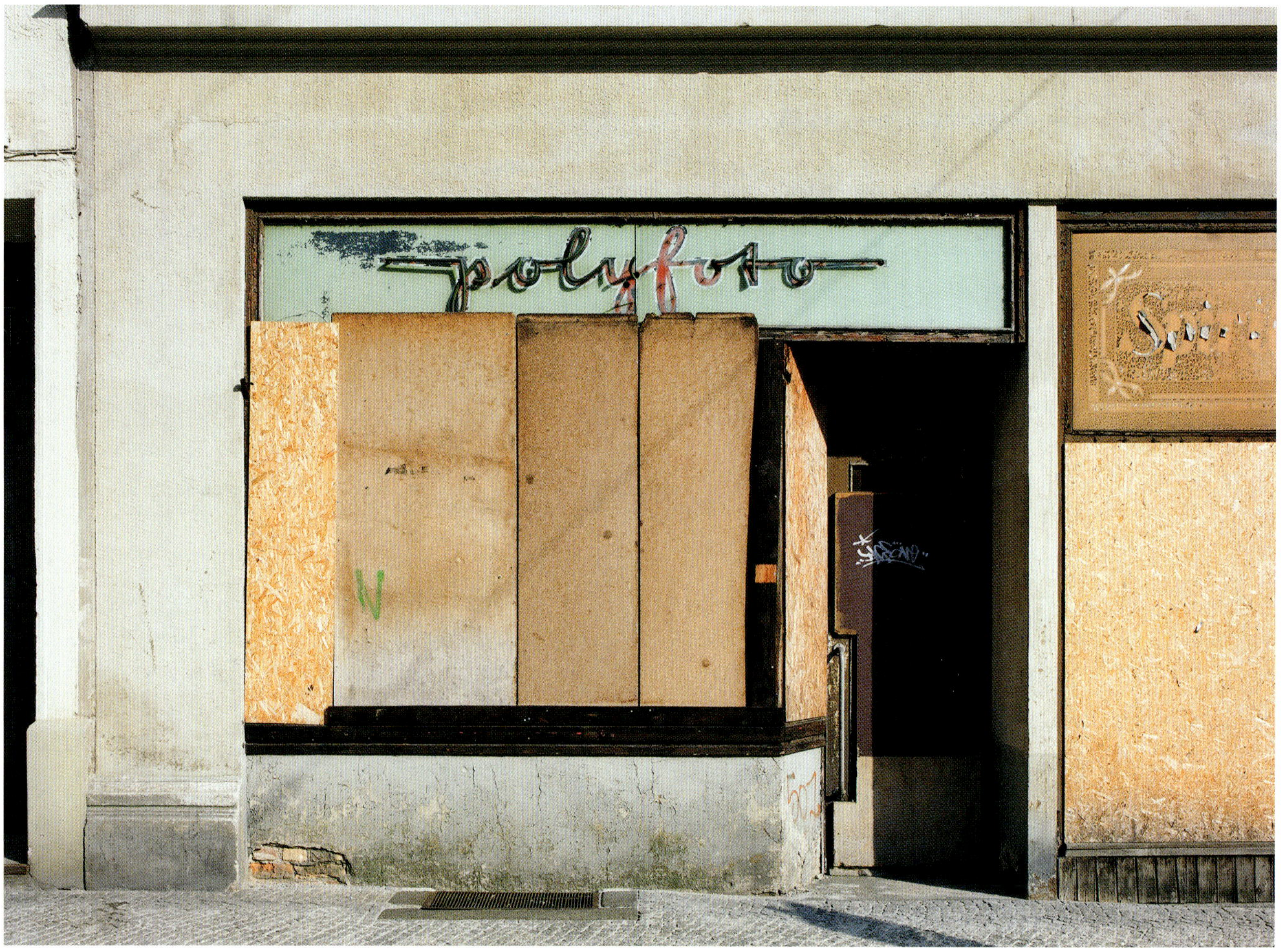

Abb. 4

Günther Klatte, Fotograf | 1912–1914
Polyfoto | 1938–1992

Berliner Straße 35

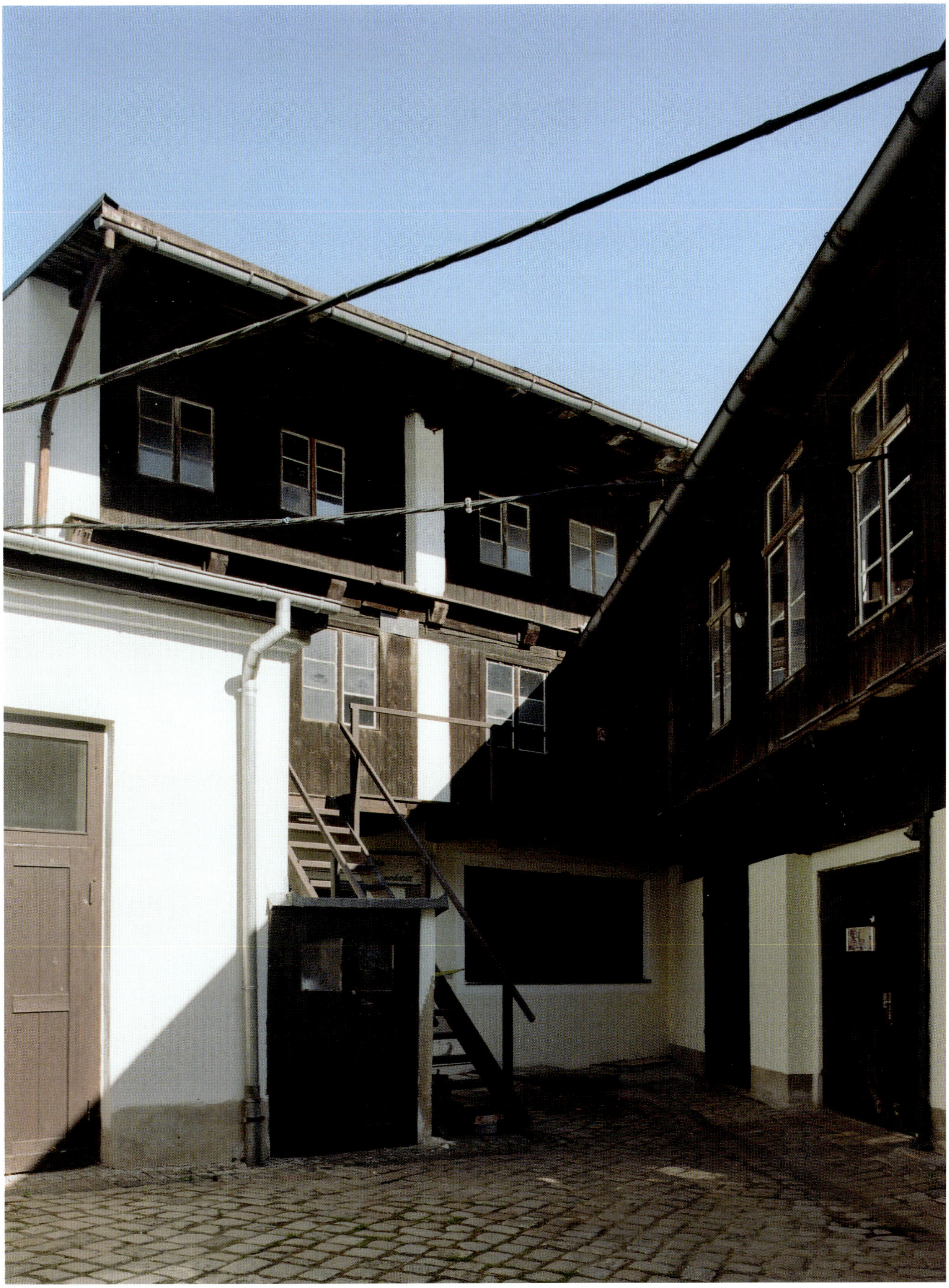

Abb. 5

Herbst & Firl, Kamerahersteller | 1892–1919

Löbauer Straße 7

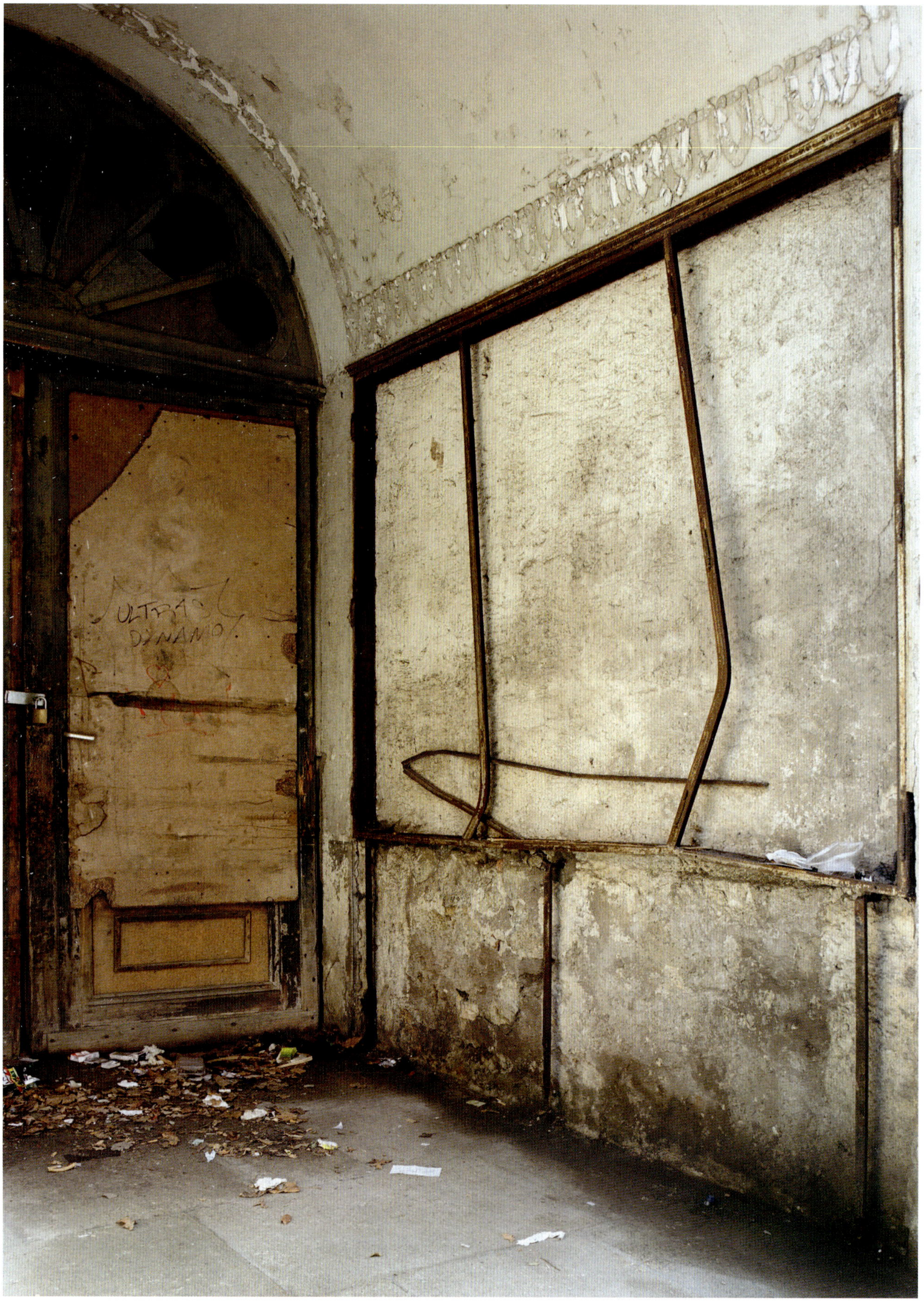

Abb. 6

Robert Scholz, Fotograf | 1867–1920
Alfred und Felix Scholz, Fotografen | 1920–1949

Bismarckstraße 9

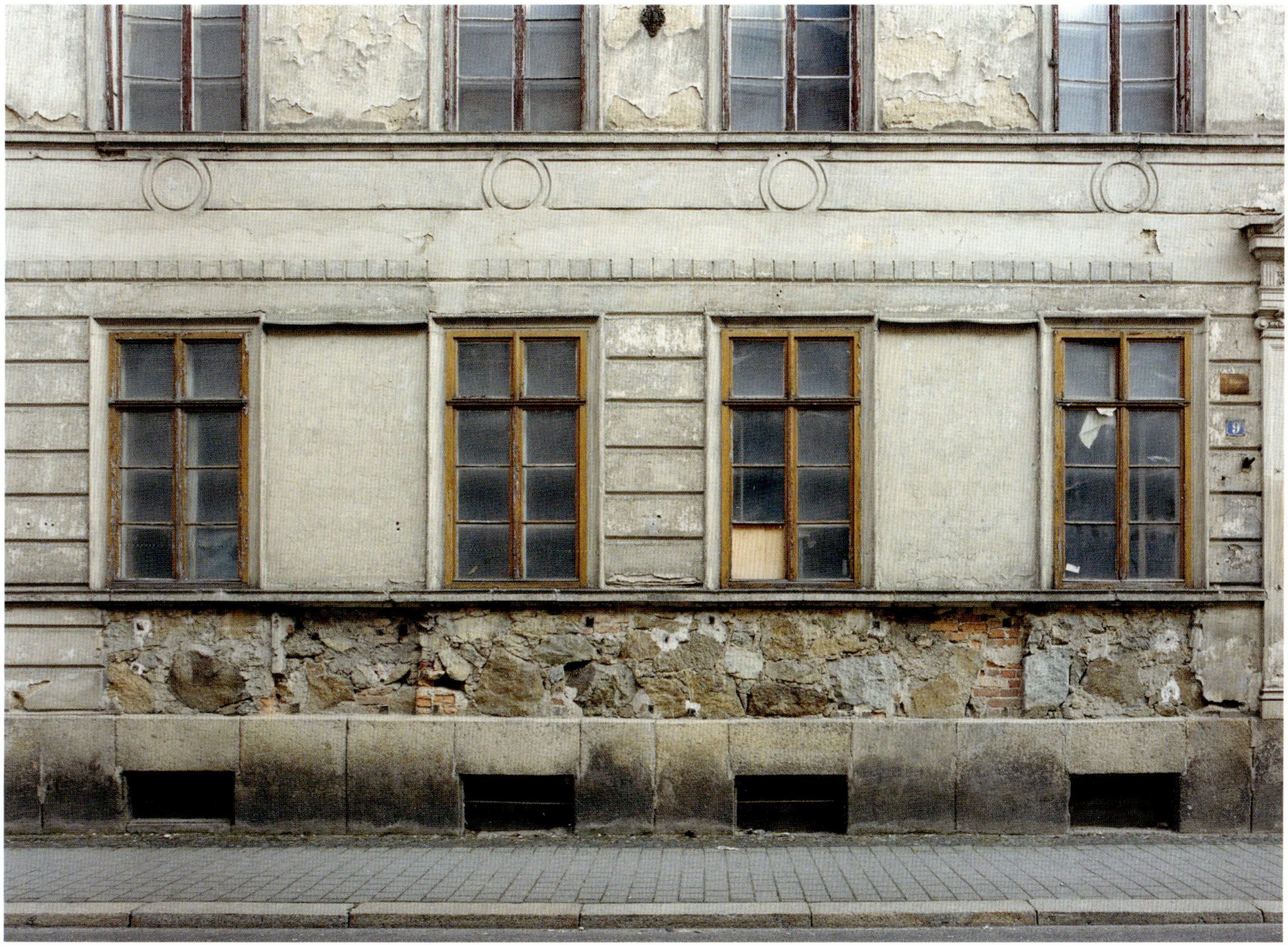

Abb. 7

Arthur Kühne, Fotograf | 1949–1970

Bismarckstraße 9

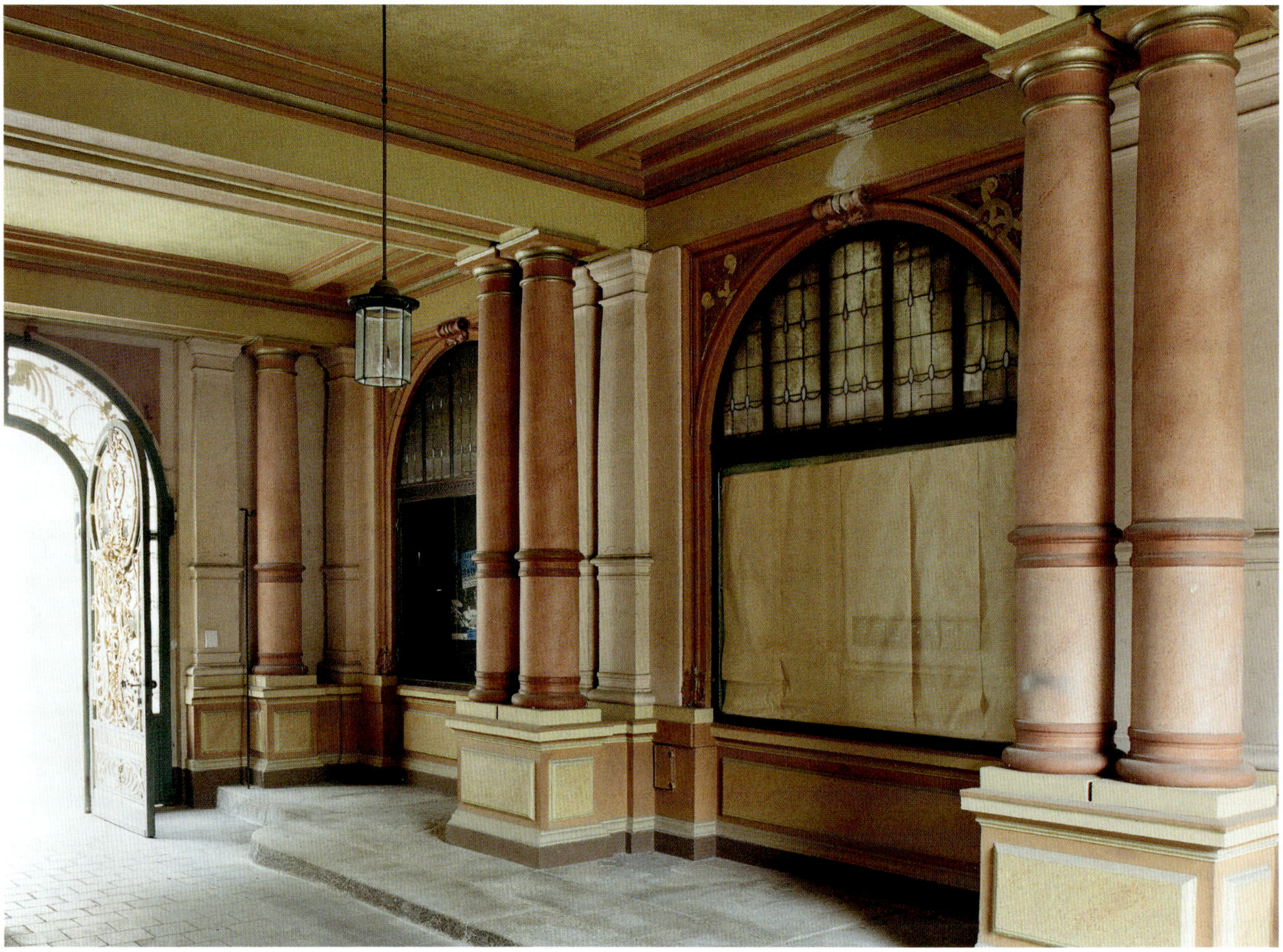

Abb. 8

Carl Neuse, Fotograf | 1906–1915
Günther Neuse, Fotograf | 1945–1990

Jakobstraße 5

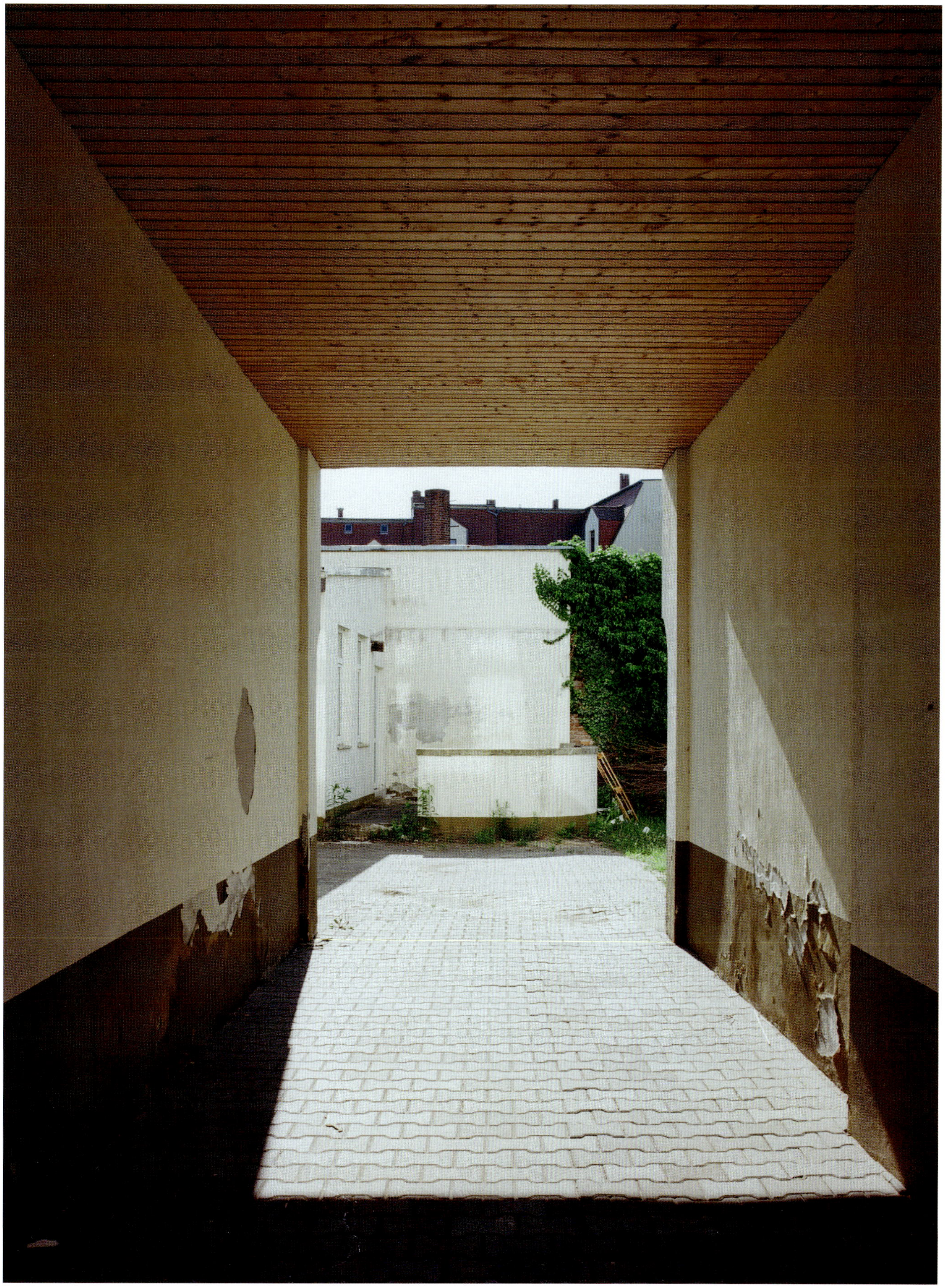

Abb. 9

Görlitzer Kamera-Industrie Kugler & Co. | 1893–1925

Augustastraße 12

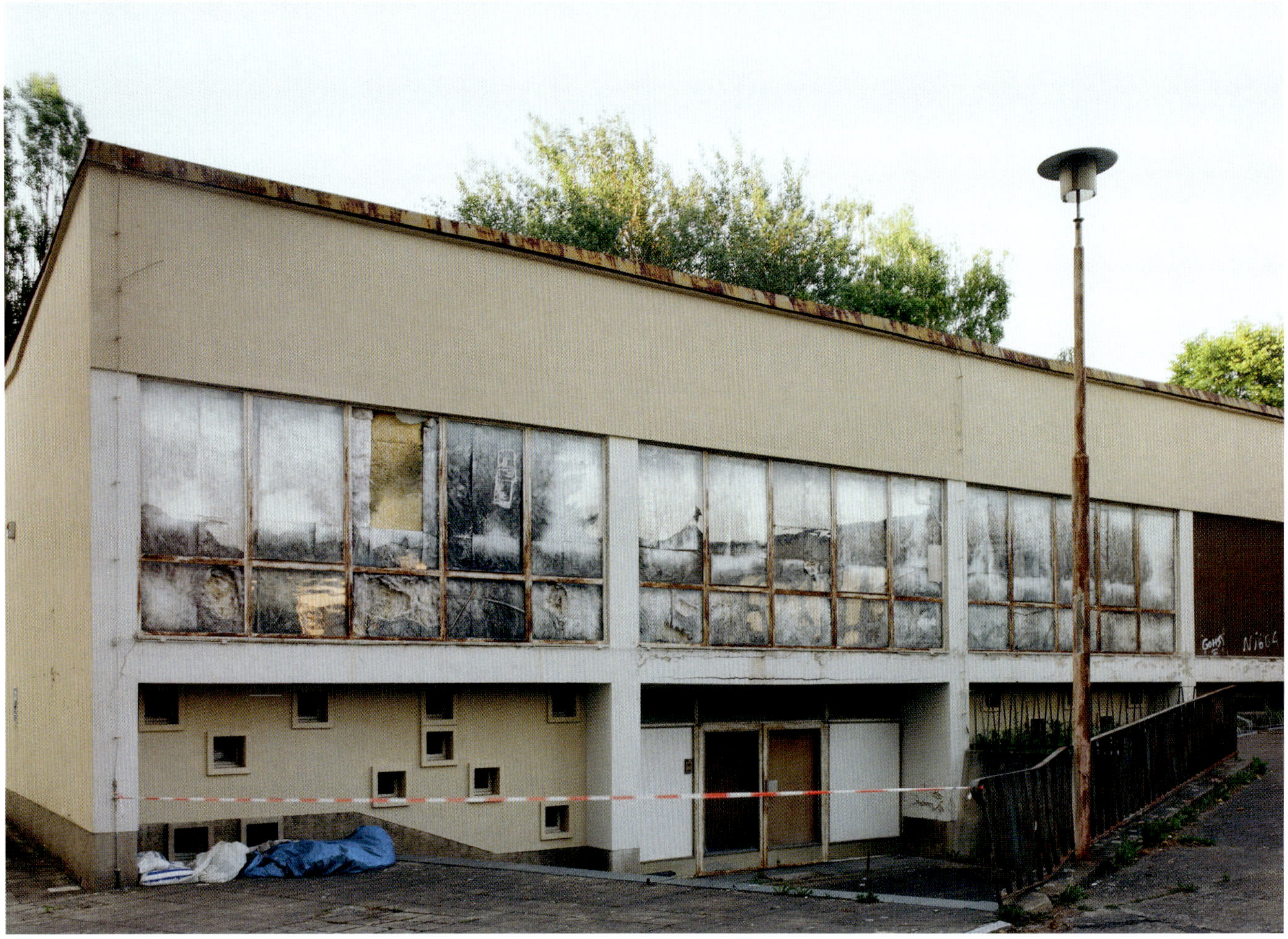

Abb. 10

Optische und Feinmechanische Werke Hugo Meyer & Co. | 1900–1946
VEB Feinmechanische Werke Görlitz | 1946–1968
VEB Pentacon | 1968–1990
Feinoptisches Werk Görlitz GmbH | 1990/91

Fichtestraße, Arndtstraße

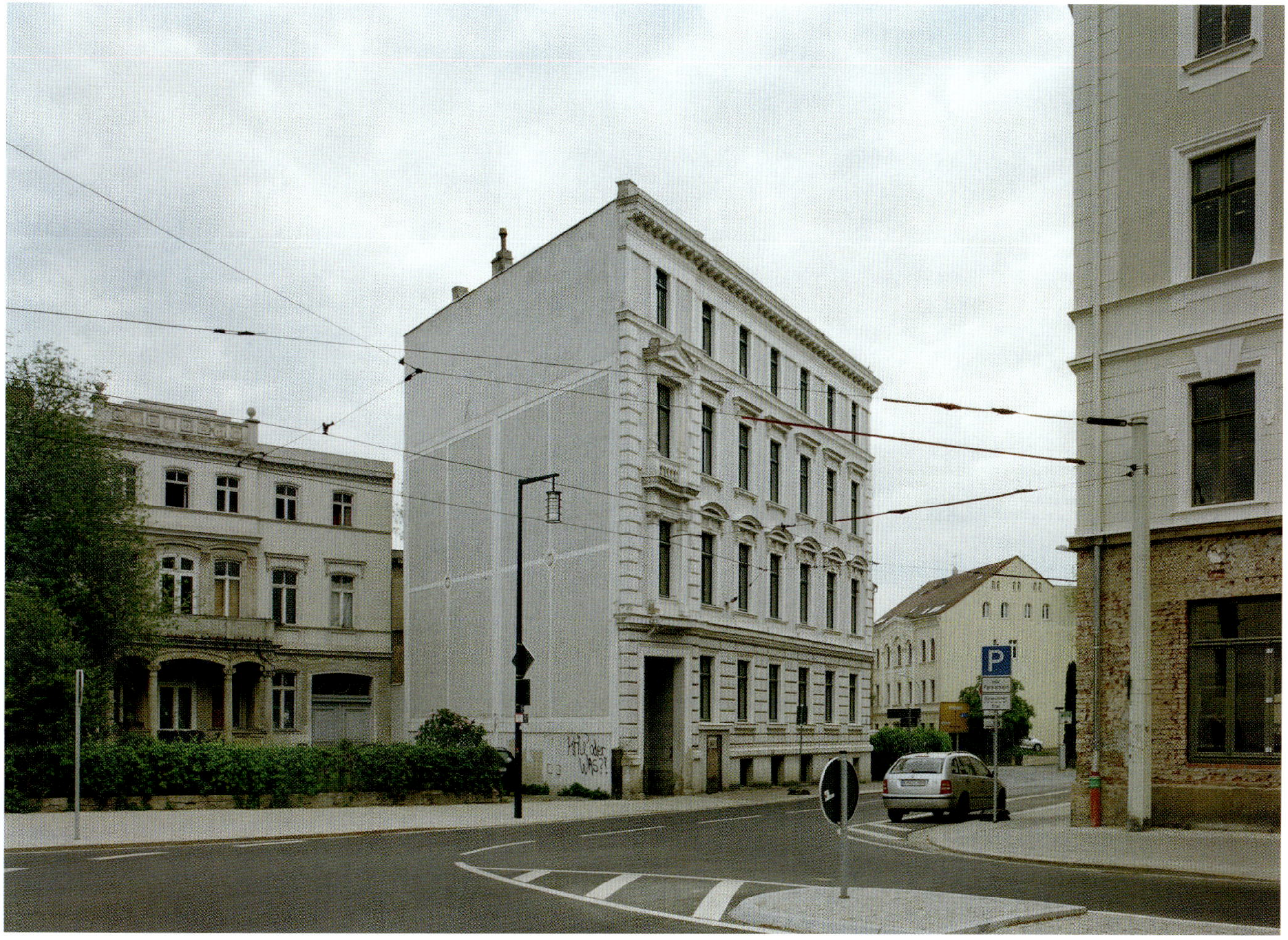

Abb. 11

Nicola Perscheid, Fotograf | 1891–1894

Schützenstraße 1

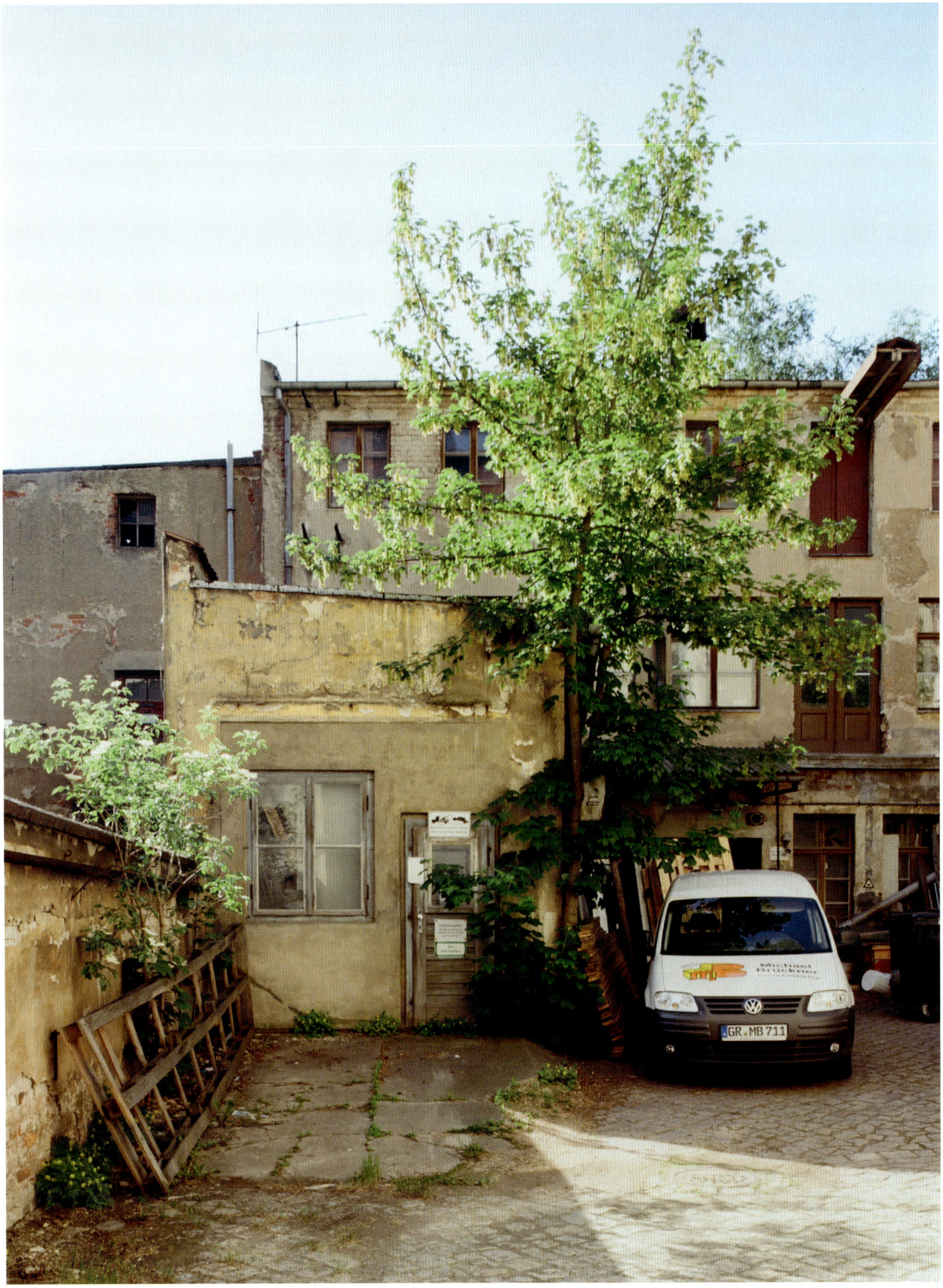

Abb. 12

Neue Görlitzer Kamerawerke Robert Reinsch | 1920–1958

Krölstraße 19

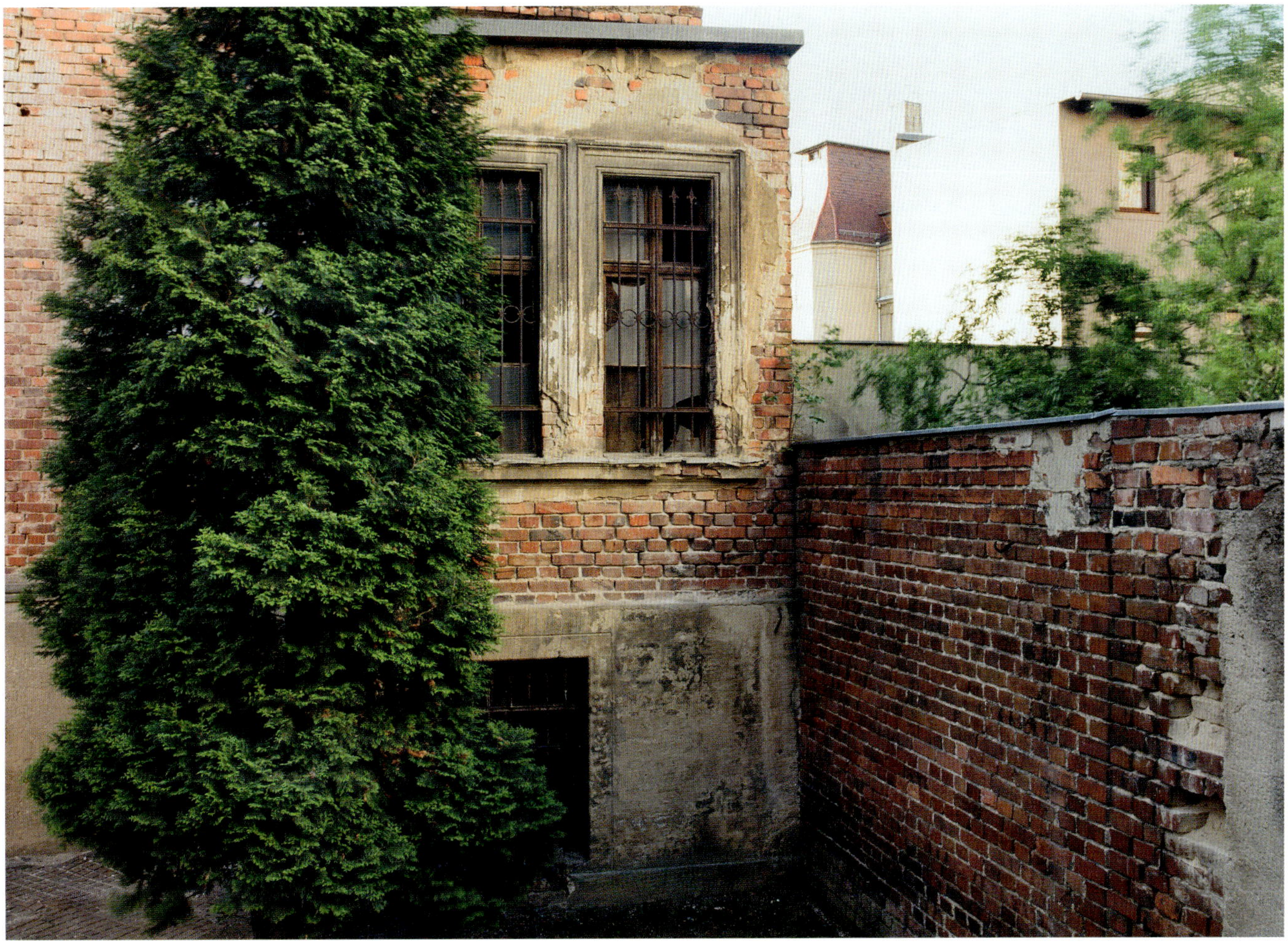

Abb. 13

Kamerawerke Koppe und Moh | 1884–1899

Salomonstraße 40

KAI WENZEL

Görlitzer Fotografiegeschichte. Zu einer Bildserie Margret Hoppes

Während der Sonderausstellung »Im Moment. Fotografie aus Sachsen und der Oberlausitz«, die das Kulturhistorische Museum Görlitz und der Kunstfonds, Staatliche Kunstsammlungen Dresden, von Oktober 2017 bis März 2018 gemeinsam zeigten, schuf die Leipziger Fotografin Margret Hoppe in Görlitz eine neue Werkserie. Mit Unterstützung der Kulturstiftung des Freistaates Sachsen und des Kulturhistorischen Museums Görlitz unternahm sie im Frühjahr 2018 eine visuelle Spurensuche zu Orten der Görlitzer Fotografiegeschichte. Eine Auswahl der dabei entstandenen Aufnahmen wird im vorliegenden Band erstmals publiziert.

Dass die Stadt Görlitz bis 1990 ein international renommierter Produktionsstandort für Fototechnik war, ist heute bereits in Vergessenheit geraten.[1] Namen wie Meyer Optik, Curt Bentzin oder Herbst & Firl standen einst für Innovationen und hochwertige Produkte. Die Voraussetzungen für diese Entwicklung in der Neißestadt lagen im Vorhandensein von Glasschleifern aus dem nahen Schlesien sowie von Tischlereien, die sich seit den 1880er Jahren auf den Kamerabau spezialisiert hatten.[2] Zu den ersten Unternehmen gehörte die 1884 gegründete »Fabrik photographischer Bedarfs-Artikel Koppe & Moh«.[3] Sie bot Kameras, aber auch bereits Bromsilber-Gelatine-Trockenplatten an und hatte ihren Sitz zeitweise in der Salomonstraße 40.

In den 1890er Jahren entstanden in Görlitz zahlreiche neue Unternehmen für Fototechnik. Zu ihnen zählte die Firma »Herbst & Firl«, die sich – aus einer Kunsttischlerei hervorgegangen – am Standort Löbauer Straße 7 schnell zu einem der führenden deutschen Kamerahersteller der Jahrhundertwende entwickelte.[4] Der gute Ruf ihrer unter dem Markennamen »Globus« vertriebenen Kameras führte 1899 schließlich zur Übernahme durch den Dresdener Kamerahersteller Heinrich Ernemann. Bis zum Ersten Weltkrieg liefen die Geschäfte gut, kamen dann jedoch ins Stocken: 1919 musste die Firma »Herbst & Firl«, die bis dahin mehr als 20 000 Kameras produziert hatte, endgültig schließen. Bis heute erhalten sind das frühere Werkstattgebäude sowie das Wohn- und Geschäftshaus in der Löbauer Straße 7, an dessen Fassade Porträtbüsten der Fotopioniere William Henry Fox Talbot, Louis Daguerre und Joseph Nicéphore Niépce vom Stolz und unternehmerischen Standesbewusstsein der einstigen Firmeninhaber zeugen.

Abb. 1

Prototypen des Trioplan- und des Primotar-Objektivs von Meyer Optik Görlitz | 1950er Jahre

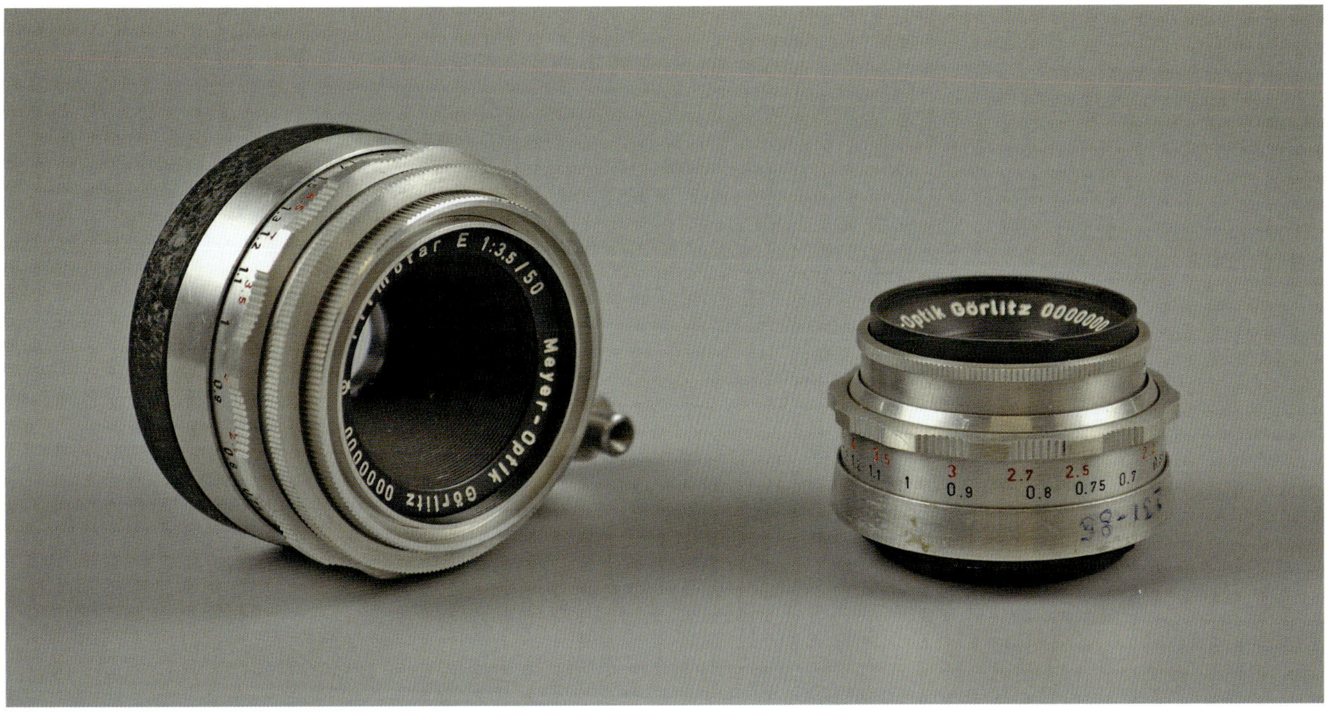

In der Löbauer Straße 7 liegen auch die Wurzeln eines weiteren international bekannten Görlitzer Fototechnikherstellers: die 1896 gegründete »Optisch-Mechanische Industrie-Anstalt Hugo Meyer & Co«.[5] Sie konnte sich schnell als ein führender Hersteller von Objektiven etablieren. Bereits 1901 bezog das Unternehmen neue Räume auf der Biesnitzer Straße, wo im Lauf der nachfolgenden Jahrzehnte ein weitläufiges Werksgelände entstand. Die Objektive von Hugo Meyer wurden unter klangvollen Namen wie Aristoplanat oder Aristostigmat verkauft. Nachdem der Firmengründer 1905 verstorben war, führten seine Witwe und seine Söhne den Geschäftsbetrieb fort. In diese Phase fallen Neuentwicklungen wie die Trioplan-Objektive, die bis heute fest mit dem Firmennamen Hugo Meyer verbunden sind. Ab 1922 kooperierte das Unternehmen für einige Jahre mit Paul Rudolph, einem der bekanntesten Objektivkonstrukteure jener

1 Der vorliegende Text ist die erweiterte schriftliche Fassung einer Führung zu Orten der Görlitzer Fotografiegeschichte, die im Rahmen der Tagung »Im Moment. Neue Forschungen zur Fotografie aus Sachsen und der Lausitz« stattfand.

2 Karl Schiöberg: Das Görlitzer Handwerk, in: Erwin Stein (Hg.): Monographien deutscher Städte. Bd. 13: Görlitz, Berlin 1925, S. 234–238, hier S. 236; Werner Hahn: Kameras aus der Tischlerei, in: Görlitzer Magazin 8 (1994), S. 4–24; Rainer Appelt: Fotografen, Kamerahersteller und Meyer-Optik sowie der VEB Feinoptisches Werk Görlitz 1843–1991, Görlitz 2019, S. 70 f.

3 Hahn, Kameras aus der Tischlerei (wie Anm. 2), S. 4.

4 Ebd., S. 8; Appelt, Fotografen, Kamerahersteller (wie Anm. 2), S. 89–94.

5 Appelt, Fotografen, Kamerahersteller, S. 109–159.

Abb. 2

CURT BENTZIN | *Primarflex I mit Trioplan-Objektiv von Meyer Optik Görlitz* | um 1940

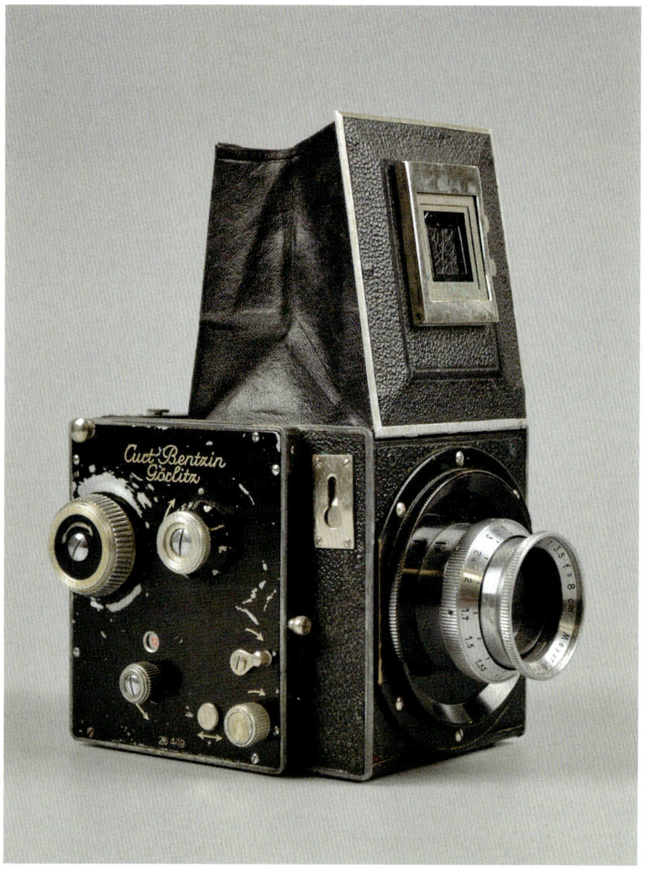

Epoche. Hugo Meyer erwarb die Lizenz für dessen Plasmat-Objektive, die ein überaus erfolgreiches fotooptisches Produkt ihrer Zeit wurden. Einen Eindruck vom kontinuierlichen Wachstum des Unternehmens gibt bis heute das ausgedehnte, 1923 durch einen großen Fabrikneubau erweiterte Werksgelände. Hier wurden Objektive in Serie hergestellt – allein im Produktionsjahr 1936 rund 100 000 Stück.

Wie für die gesamte Görlitzer Fototechnikproduktion, so bedeutete auch für Hugo Meyer das Ende des Zweiten Weltkriegs einen dramatischen Einschnitt: Der Betrieb wurde enteignet, die Maschinenausstattung demontiert und der Geschäftsführer Hugo Meyer jr. von der sowjetischen Militäradministration im Sonderlager Bautzen inhaftiert. Bereits 1946 begann aber wieder die Serienproduktion im nunmehr »Volkseigenen Betrieb (VEB) Feinoptisches Werk Görlitz«, das auf seinen Objektiven weiterhin die Bezeichnung »Meyer Optik« verwendete. Auch in den Jahren der DDR entstanden zahlreiche bedeutende Neuentwicklungen, wie das 1956 auf der photokina in Köln präsentierte Primotar-Objektiv, das weltweit erstmals mit einer Blendenautomatik ausgestattet war und damit das Zeitalter der automatisierten Fotografie einläutete (Abb. 1). Im Wesentlichen konzentrierte sich die Produktion aber auf den ständig wachsenden Bedarf für die hochwertige Amateurfotografie im gesamten Ostblock und darüber hinaus. So entstanden ab den 1970er Jahren im nunmehr zum Dresdener »VEB Pentacon Kombinat« gehörenden Werk Objektive der Prakticar-Serie für die populäre Spiegelreflexkamera Praktica. Vorrangig auf den osteuropäischen Markt ausgerichtet, blieb dem Unternehmen nach 1989 zu wenig Zeit für eine Neuorientierung; 1991 wurde es endgültig geschlossen. Der Markenname »Meyer Optik Görlitz« lebt jedoch bis heute weiter, wenngleich die unter diesem Namen vertriebenen Objektive nicht mehr in der Neißestadt hergestellt werden.

Zu den wichtigen Görlitzer Fabrikanten für Fototechnik zählte außerdem der Kamerahersteller Curt Bentzin. Er hatte seine Werkstatt 1891 zunächst am Demianiplatz 23/24 gegründet, zog aber bereits zwei Jahre später in die Rauschwalder Straße 28. Dort entstanden Laufboden-, Spiegelreflex- und auch Stereokameras in erstaunlicher Vielfalt, die für ihre hervorragende Verarbeitung geschätzt wurden. Im Jahr 1928 übergab der Firmengründer das Unternehmen an seine Kinder. Sie brachten 1935 mit der Primarflex die bekannteste Bentzin-Kamera auf den Markt. Bei ihr handelte es sich um eine kompakte Spiegelreflexkamera im 6×6-Format, für die das Unternehmen eine Goldmedaille auf der

Abb. 3

NICOLA PERSCHEID | *Carte-de-visite-Porträtfotografie aus seinem Görlitzer Atelier* | ca. 1891–1894

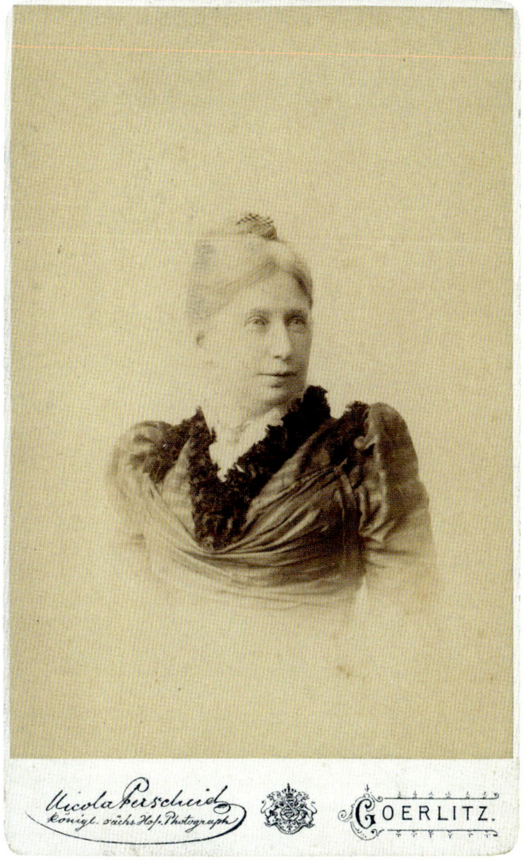

Pariser Weltausstellung 1937 erhielt (Abb. 2). Das wegweisende Design ihres würfelförmigen Gehäuses, das mit einer Vielzahl von Wechselobjektiven ausgestattet werden konnte, gilt als Vorläufer für spätere Kamerakonzepte von Unternehmen wie Hasselblad oder Zenza Bronica. Die sowjetische Besatzungszeit nach Ende des Zweiten Weltkriegs brachte aber auch für Curt Bentzin einen dramatischen Einschnitt: Nach der Enteignung wurde das Unternehmen als »Primar-Kamera-Werke« Teil des »VEB Feinoptisches Werk Görlitz«. Zwar kam noch eine überarbeitete Version der Primarflex auf den Markt; 1953 wurde die Kameraproduktion jedoch gänzlich eingestellt.

Bekanntheit erlangten ebenso die »Neuen Görlitzer Kamerawerke«, die der zuvor bei »Herbst & Firl« beschäftigte Robert Reinsch 1920 gegründet hatte.[6] Von seinem früheren Arbeitgeber übernahm er nicht nur viel Fachwissen, sondern auch den Markennamen »Globus«, unter dem Reinsch Reise- und Atelierkameras anbot. Ein spezielles Produkt bildeten Kriminalkameras für die erkennungsdienstliche Behandlung, die in Deutschland und darüber hinaus von der Polizei genutzt wurden. Wie die übrigen Görlitzer Kamerahersteller wurde auch das Unternehmen von Robert Reinsch in den 1950er Jahren enteignet und später dem »VEB Pentacon Kombinat« angegliedert. Nach der im Juli 1990 erfolgten Reprivatisierung als »Feinoptisches Werk Görlitz GmbH« war dem Unternehmen nur ein kurzer wirtschaftlicher Erfolg beschieden: Schon ein Jahr später musste das letzte noch existierende Unternehmen einer 110-jährigen Görlitzer Kameraproduktion schließen.

Parallel zur Herstellung von Fototechnik konnten sich in Görlitz ab den 1850er Jahren auch zahlreiche Fotoateliers etablieren, die weit über die Stadtgrenzen hinaus Bekanntheit erlangten. Bereits 1851 gründete Moritz Ackermann in der Schützenstraße sein Atelier, in dem er zunächst Daguerreotypien, später zudem Papierabzüge im üblichen Carte-de-visite-Format herstellte.[7] Ebenfalls in der Schützenstraße hatte das Atelier von Friedrich Wilde ab 1873 seinen Standort.[8] Neben den üblichen Leistungen der Studiofotografie bot er als einer der ersten Hersteller in Deutschland ab 1879 gebrauchsfertige Brom-Silber-Gelatine-Trockenplatten an. Da sie die Plattenfotografie wesentlich vereinfachten und in

6 Ebd., S. 98–105.

7 Ebd., S. 29 f.

8 Ebd., S. 38–42.

Abb. 4

ROBERT SCHOLZ | *Aufnahme seines Fotoatelier-Hauses in der Bismarckstraße 9* | um 1900

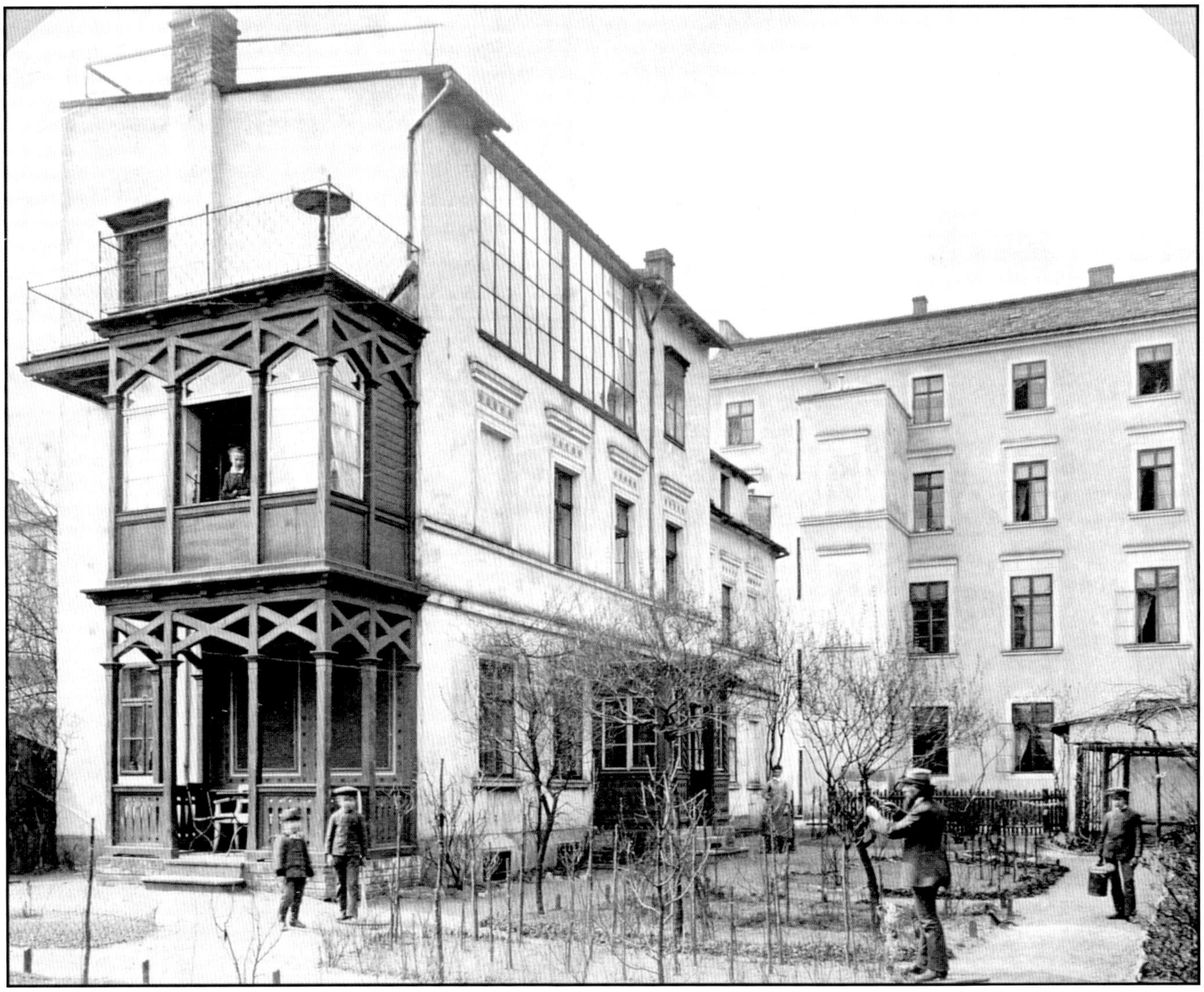

entsprechender Menge verbraucht wurden, dürften sie für Wilde ein einträgliches Geschäftsfeld gewesen sein. Sein Nachfolger wurde 1891 der junge Fotograf Nicola Perscheid. Nach seiner Lehrzeit, die ihn durch ganz Mitteleuropa geführt hatte, eröffnete er in Görlitz sein erstes eigenes Atelier.[9] Hier bot Perscheid klassische Porträtfotografien an und erwarb sich 1892 den geschäftsfördernden Titel eines königlich sächsischen Hoffotografen (Abb. 3). Von Görlitz aus ging er 1894 zunächst nach Leipzig und später nach Berlin, wo er zu einem der bekanntesten Porträt- und Kunstfotografen des frühen 20. Jahrhunderts aufstieg.

Eine wohlklingende Adresse für Fotografie in Görlitz war über viele Jahrzehnte auch das Haus Bismarckstraße 9. Bereits

1867 eröffnete Robert Scholz dort sein erstes Fotoatelier.[10] Neben der Porträtfotografie spezialisierte er sich auf die Landschafts- und Architekturfotografie. Seine Aufnahmen fanden nicht nur für Bildpostkarten, sondern ebenso als Illustrationen in zahlreichen Büchern des ausgehenden 19. und frühen 20. Jahrhunderts Verwendung. Nach dem Tod von Robert Scholz übernahmen die Söhne Alfred und Felix das Fotoatelier und führten es bis 1949 fort. Später wurde es vom Fotografen Arthur Kühne noch bis 1970 weiterbetrieben. Das Atelierhaus, das Robert Scholz in den 1870er Jahren im Hinterhof der Bismarckstraße 9 hatte bauen lassen und das ein herausragendes Denkmal der Fotografiegeschichte war, wurde erst 2012 abgerissen (Abb. 4). Erhalten ist die umfangreiche Glasplattensammlung von Robert Scholz, die heute im Görlitzer Ratsarchiv aufbewahrt wird. Sie ist eine einzigartige Bildchronik von Görlitz und Umgebung in den Jahren der intensiven Industrialisierung und des modernen Stadtausbaus im 19. und frühen 20. Jahrhundert.

Abschließend sei noch der Fotograf Alfred Jäschke erwähnt, der 1913 sein Atelier zunächst am Görlitzer Postplatz 4 eröffnete und später in die Straßburg-Passage umzog.[11] Geschätzt wurde er für seine Porträt- und Landschaftsaufnahmen, aber auch für seine fototechnischen Leistungen, wie zum Beispiel die Einführung der Farbfotografie in Görlitz. Ab 1939 porträtierte Jäschke regelmäßig den Schriftsteller und Literaturnobelpreisträger Gerhart Hauptmann. Darüber hinaus trug er eine umfangreiche Sammlung früher Daguerreotypien zusammen, die sich heute im Bestand des Kulturhistorischen Museums Görlitz befindet.[12]

Allen hier genannten und einigen weiteren Görlitzer Fotografen und Fototechnikherstellern widmete sich Margret Hoppe auf ihrer fotografischen Spurensuche im Frühjahr 2018. Dabei hielt sie ehemalige Atelier- und Fabrikstandorte im Bild fest. Zumeist zeigen ihre Bilder aber nur noch die Absenz historischer Spuren, wie am ehemaligen Standort des Kamerawerks von Curt Bentzin, an dessen Stelle sich heute ein ausgeräumter Hinterhof befindet. Lediglich die knappen Bildunterschriften, die Margret Hoppe ihren Fotografien gibt, verweisen auf die geschichtlichen Bezüge der im Bild festgehaltenen Orte.

9 Ebd., S. 42–49; Katja Schumann: »und halte mich im Bedarfsfalle bestens empfohlen«. Der Fotograf Nicola Perscheid in Görlitz 1891–1894, in: Görlitzer Magazin 23 (2010), S. 49–56.

10 Ernst Kretzschmar/Werner Hahn: Atelier Robert Scholz. Aus dem Schaffen einer Görlitzer Fotografenfamilie, Görlitz 1994; Appelt, Fotografen, Kamerahersteller (wie Anm. 2), S. 31–36.

11 Appelt, Fotografen, Kamerahersteller (wie Anm. 2), S. 55–60. Jüngst ausführlich zu Jäschke: Christian Henke: Alfred Jäschke (1886–1953). Görlitzer Lichtbildner und Gerhart-Hauptmann-Fotograf, Dresden 2019.

12 Wolfgang Hesse: Im Licht der Aufklärung. Zur neu gebildeten Fotosammlung des Kulturhistorischen Museums, in: Görlitzer Magazin 22 (2009), S. 75–87, hier S. 76 f.

KATJA BÖHLAU

Sachsens Städte im Modebild der DDR. Zur Verbindung von Modefotografie und Städteporträt in Modestrecken der »Sibylle«

Fünf Jahre »Sibylle«, das war für die ostdeutsche Mode- und Kulturzeitschrift im Oktober 1961 Anlass, den Leserinnen und Lesern die Entstehung des Heftes von den Modellentwürfen bis zum Druck nahezubringen. Auch dem »Modefotografen« wurde dabei eine Doppelseite gewidmet (Abb. 1). Drei Farbfotografien zeigen einen Mann mit Kamera, der Mannequins in aktuellen Mantelmodellen in Szene setzt und dies nicht im Studio, sondern auf der Straße, inmitten des urbanen Treibens.

Die Stadt ist ein Raum, in dem, nicht zuletzt im Zuge einer aufkommenden Konfektionsindustrie an der Wende vom 19. zum 20. Jahrhundert, Mode zur Aufführung kommt und sich modisches Handeln artikuliert, in Schaufenstern, auf Werbeflächen sowie auf der Straße. Auch in der Modefotografie ist die Stadt mit ihrer Architektur, ihren Straßen, Silhouetten, ihrem Treiben, ihrem Wachsen und Vergehen in verschiedenster Hinsicht zur Anschauung gekommen, wobei ganz eigene Kartografien entworfen wurden.[1]

Im Sinne der Verbindung von Mode und Kultur, wie sie die »Sibylle« ab 1969 auch im Titel nahelegt, hatten die Aufnahmeorte von Modestrecken nicht ausschließlich hintergründigen, symbolischen oder rahmenden Charakter. Vor allem in den 1960er und 1970er Jahren erschienen Modestrecken, die die Repräsentation von Mode explizit mit dem Porträt einer Stadt oder eines Landes verbanden; die sozialistischen Nachbarländer wurden dabei ebenso vorgestellt wie Orte innerhalb der Republik.

Abb. 1

WILLI ALTENDORF | *So entsteht Sibylle, Der Modefotograf*

in: Sibylle 5/1961

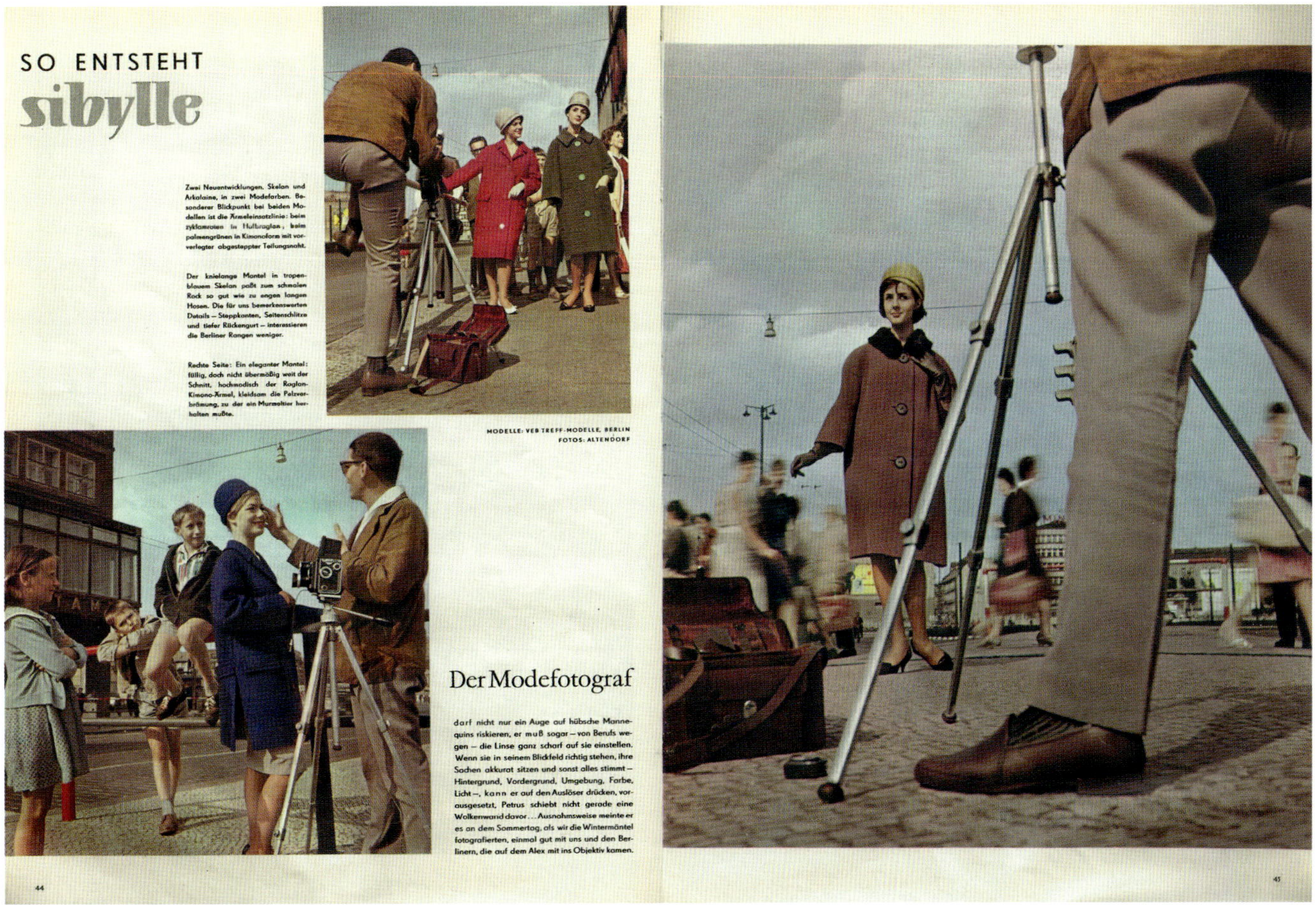

SO ENTSTEHT
sibylle

Zwei Neuentwicklungen, Skelan und Arkalaine, in zwei Modefarben. Besonderer Blickpunkt bei beiden Modellen ist die Ärmeleinsatzlinie: beim zyklamroten in Halbraglan, beim palmengrünen in Kimonoform mit vorverlegter abgesteppter Teilungsnaht.

Der knielange Mantel in tropenblauem Skelan paßt zum schmalen Rock so gut wie zu engen langen Hosen. Die für uns bemerkenswerten Details – Steppkanten, Seitenschlitze und tiefer Rückengurt – interessieren die Berliner Rangen weniger.

Rechte Seite: Ein eleganter Mantel: füllig, doch nicht übermäßig weit der Schnitt, hochmodisch der Raglan-Kimono-Ärmel, kleidsam die Pelzverbrämung, zu der ein Murmeltier herhalten mußte.

MODELLE: VEB TREFF-MODELLE, BERLIN
FOTOS: ALTENDORF

Der Modefotograf

darf nicht nur ein Auge auf hübsche Mannequins riskieren, er muß sogar – von Berufs wegen – die Linse ganz scharf auf sie einstellen. Wenn sie in seinem Blickfeld richtig stehen, ihre Sachen akkurat sitzen und sonst alles stimmt – Hintergrund, Vordergrund, Umgebung, Farbe, Licht –, kann er auf den Auslöser drücken, vorausgesetzt, Petrus schiebt nicht gerade eine Wolkenwand davor ... Ausnahmsweise meinte er es an dem Sommertag, als wir die Wintermäntel fotografierten, einmal gut mit uns und den Berlinern, die auf dem Alex mit ins Objektiv kamen.

44

Der Fokus der folgenden Untersuchung richtet sich auf die Darstellung der Städte Sachsens im Modebild der DDR. Die meisten hiesigen Modeprintmedien konzentrierten sich auf die Präsentation modischer Kleidung und verstanden sich, wie die »Praktische Mode« (später »PRAMO«) oder die »Saison«, als Anleitungshefte zur heimischen Kleidungsherstellung. Demgegenüber hob sich die »Sibylle« gerade in der Verzahnung von Kleidermode und Kultur von den anderen Modemagazinen ab. Sie wurde ab 1956 zunächst vom Deutschen Modeinstitut (später Modeinstitut der DDR) herausgegeben, das 1952 als Institut für Bekleidungskultur eingerichtet worden war, um »die Gestaltung einer fortschrittlichen, unserer gesellschaftlichen Entwicklung entsprechenden und an unser nationales Kulturerbe anknüpfenden Bekleidungskultur zu fördern«.[2] In der »Sibylle« wurden Modelle der Volkseigenen Betriebe ebenso vorgestellt wie Entwürfe

1 Vgl. Gabriele Mentges: Urbane Landschaften im Modebild, in: Gertrud Lehnert (Hg.): Räume der Mode, München 2012, S. 133–154, hier S. 140 f.

2 Aus der »Anordnung über die Errichtung des Instituts für Bekleidungskultur. Vom 28. November 1952«, zit. nach: 30 Jahre Modeinstitut der DDR, 1982.

der Redaktion und des Modeinstituts. Die Modeaufnahmen der ersten Jahre von Willi Altendorf und Helmut Fieweger wurden noch großteils im Studio realisiert, später nahm man jedoch zunehmend auch Modelle auf der Straße auf. Als Redaktionssitz der »Sibylle« geriet Berlin in seinen unterschiedlichsten Facetten mit ins Bild. Unzählige Aufnahmen entstanden im Lustgarten, rund um den Fernsehturm, an S- und U-Bahnhöfen, in Neubaugebieten oder auf der Straße.

STADT IM MODEBILD

Ab den späten 1930er Jahren hatte »die Stadt« als Aufnahmeort von Modefotografien an Bedeutung gewonnen.[3] In schwindelerregender Höhe fotografierte Erwin Blumenfeld 1938 das Model Lisa Fonssagrives mit wehendem Kleid auf dem Eiffelturm für die französische »Vogue«, das Panorama der Stadt im Hintergrund. Bekannte Monumente halfen, Modestädte wie Paris, New York und London zu bestimmen, jedoch wurden auch anonyme urbane Settings wie Straßenkreuzungen zu wiederkehrenden Motiven.

In Deutschland knüpfte man in den 1950er Jahren wieder an die Modefotografie der Vorkriegsjahre an. Mit Gründungen von modebezogenen Magazinen wie »Constanze« und »Film und Frau« 1948 waren neue Publikationsplattformen geschaffen worden und vor allem Berlin wurde in dieser Zeit häufig zur Kulisse für Modeaufnahmen.[4] F. C. Gundlach beispielsweise fotografierte hier in den 1950er und frühen 1960er Jahren zahlreiche Modelle auf Straßen, vor Hauswänden und vor Sehenswürdigkeiten wie der Siegessäule oder der Gedächtniskirche. 1961 lichtete er eine Dame in einem Pelz vor dem Brandenburger Tor ab. Kurz vor dem Mauerbau entstanden, ist das Schild mit dem Verweis auf die Sektorengrenze nicht zufällig ins Bild geraten und berichtet auch von Berlin als geteilter Stadt.

Im Ostteil der Stadt entstand die »Sibylle«. Noch vor dem Mauerbau wurde 1958 in der Serie »Berliner Chic in aller Welt« das Brandenburger Tor zum Hintergrund von Modeaufnahmen. Die erste Aufnahme zeigt das bekannte Wahrzeichen zurückgesetzt, vielmehr als Silhouette und Verweis auf Berlin als Stadt von Welt. Die Aufnahme partizipiert an touristischen Bildpraktiken, mit denen sich, so Gabriele Mentges, »Modedarstellungen die Aura von Freizeit, Vergnügen und Reisen einverleiben«.[5] Die nächste Seite gibt, zumindest auf den zweiten Blick, mehr von diesem Wahrzeichen zu erkennen. In ihrer Farbigkeit heben sich vier Mannequins deutlich von dem matten Hintergrund eines Bildes des Brandenburger Tores ab, vor das sie montiert wurden (Abb. 2). Die Aufnahme zeigt das Monument im Zustand des Wiederaufbaus, noch ohne die Quadriga. Zwischen den bunten Kleidern ist auch die Demarkationslinie zu erkennen. In diesem Bild wird also ebenso die Grenze zu Westberlin gezeigt. Nach der Abriegelung der innerdeutschen Grenze 1961 traten andere Orte der Stadt in den Fokus und berichten dadurch gleichfalls über den Wandel Berlins. So haben beispielsweise die großen Bauprojekte der DDR in die Modebilder der »Sibylle« Eingang gefunden: Die im Stil des sozialistischen Klassizismus gebaute Stalinallee der 1950er Jahre ebenso wie der architektonische Ausbau des Ostberliner Stadtzentrums in den 1960er Jahren oder das staatliche Aufbauprojekt der Wohngebiete in Plattenbauweise. Es entstanden Modestrecken, die nicht nur von der Mode, sondern auch von der Modernität der Architektur berichten.

ZWISCHEN ZWINGER UND WEISSEM HIRSCH

Ebenfalls noch vor dem Bau der Mauer wurde Dresden 1960 zum Aufnahmeort verschiedener vom Deutschen Modeinstitut entworfener Kleider und Kostüme. Der Titel der sechs Seiten umfassenden Strecke »Zwischen Zwinger und Weißem

Abb. 2

HELMUT FIEWEGER | *Berliner Chic in aller Welt*

in: Sibylle 5/1958

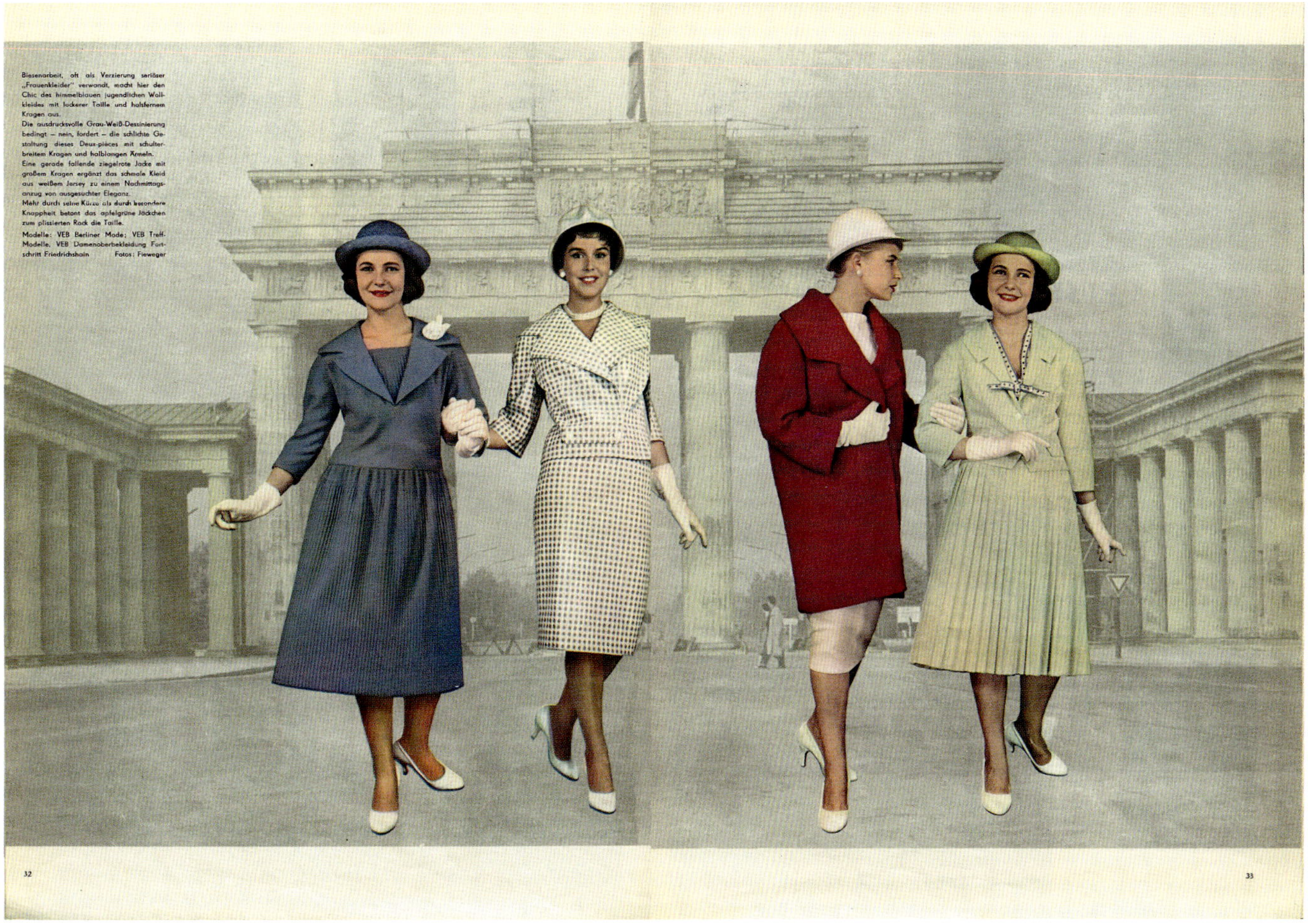
Biesenarbeit, oft als Verzierung seriöser „Frauenkleider" verwandt, macht hier den Chic des himmelblauen jugendlichen Wollkleides mit lockerer Taille und halsfernem Kragen aus.
Die ausdrucksvolle Grau-Weiß-Dessinierung bedingt – nein, fordert – die schlichte Gestaltung dieses Deux-pièces mit schulterbreitem Kragen und halblangen Ärmeln.
Eine gerade fallende ziegelrote Jacke mit großem Kragen ergänzt das schmale Kleid aus weißem Jersey zu einem Nachmittagsanzug von ausgesuchter Eleganz.
Mehr durch seine Kürze als durch besondere Knappheit betont das apfelgrüne Jäckchen zum plissierten Rock die Taille.
Modelle: VEB Berliner Mode; VEB Treff-Modelle, VEB Damenoberbekleidung Fortschritt Friedrichshain Fotos: Fieweger

32

33

Hirsch‹ markiert einen konkreten Raum der Stadt. Nicht nur werden die einzelnen Modefotografien von Beschreibungen der Modelle begleitet, ihnen ist zudem ein kurzer Text über Dresden beigegeben. Dieser beschreibt die Stadtgeschichte als eine Geschichte der Zerstörung und des Wiederaufbaus: »›Florenz der Elbe‹ wurde Dresden früher von seinen Bewunderern genannt, die in endloser Zahl seine prachtvollen Barockbauten, seine Gemäldegalerie [...] besichtigten. Vom ›Weißen Hirsch‹ aus genossen sie abschließend das bezaubernde Panorama dieser Stadt mit ihren vielerlei Türmen,

3 Vgl. Monica Titton: Mode, in: Timon Beyes/Jörg Metelmann (Hg.): Der Kreativitätskomplex. Ein Vademecum der Gegenwartsgesellschaft, Bielefeld 2018, S. 179–184, hier S. 181.

4 Vgl. Enno Kaufhold: Fixierte Eleganz. Photographie der Berliner Mode, in: F. C. Gundlach (Hg.): Berlin en vogue: Berliner Mode in der Photographie, Berlinische Galerie, Museum für Moderne Kunst, Photographie und Architektur, Tübingen/Berlin 1993, S. 13–46, hier S. 33f.

5 Mentges, Urbane Landschaften (wie Anm. 1), S. 140.

Abb. 3

HELMUT FIEWEGER | *Zwischen Zwinger und Weißem Hirsch*

in: Sibylle 2/1960

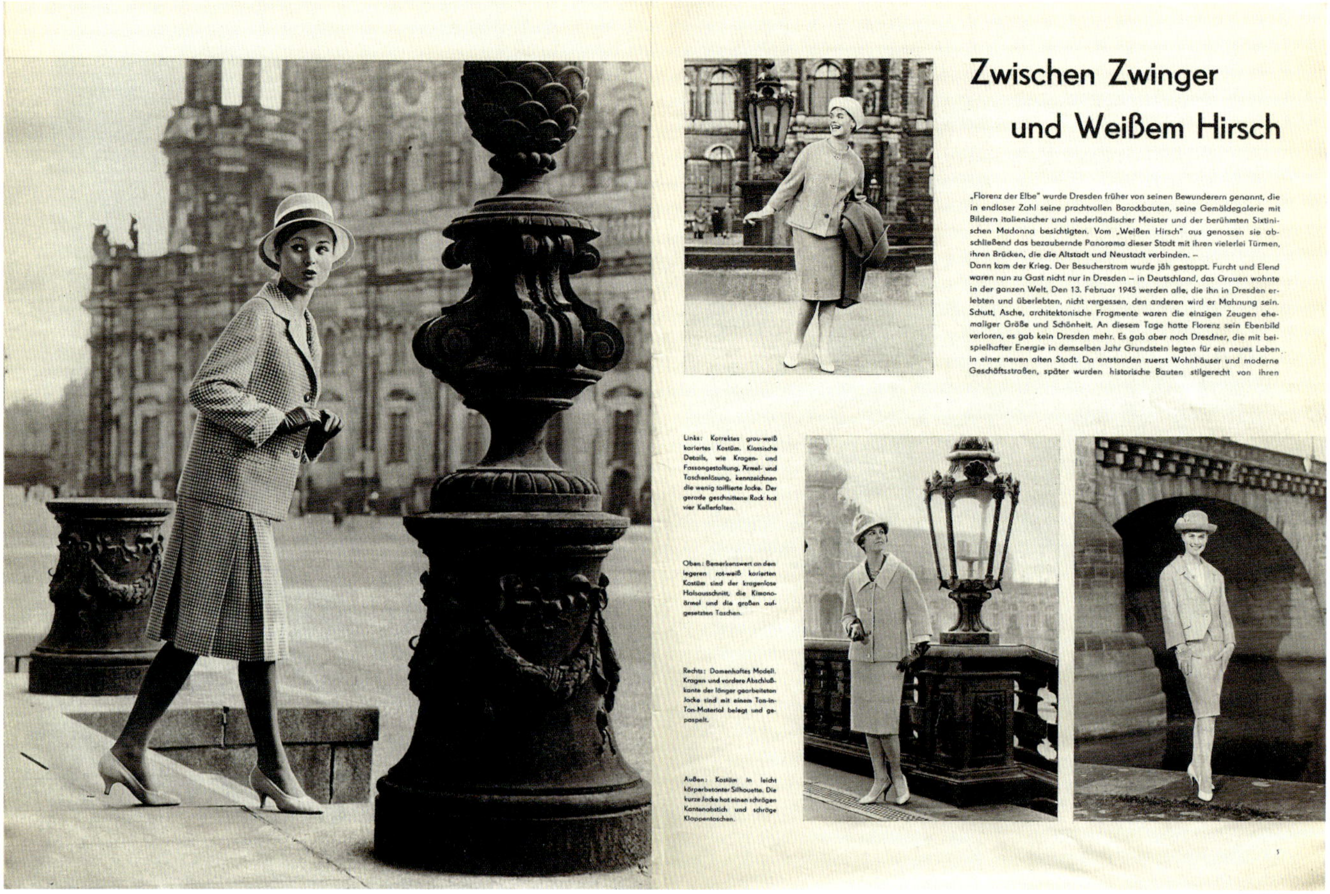

Zwischen Zwinger und Weißem Hirsch

„Florenz der Elbe" wurde Dresden früher von seinen Bewunderern genannt, die in endloser Zahl seine prachtvollen Barockbauten, seine Gemäldegalerie mit Bildern italienischer und niederländischer Meister und der berühmten Sixtinischen Madonna besichtigten. Vom „Weißen Hirsch" aus genossen sie abschließend das bezaubernde Panorama dieser Stadt mit ihren vielerlei Türmen, ihren Brücken, die die Altstadt und Neustadt verbinden. –
Dann kam der Krieg. Der Besucherstrom wurde jäh gestoppt. Furcht und Elend waren nun zu Gast nicht nur in Dresden – in Deutschland, das Grauen wohnte in der ganzen Welt. Den 13. Februar 1945 werden alle, die ihn in Dresden erlebten und überlebten, nicht vergessen, den anderen wird er Mahnung sein. Schutt, Asche, architektonische Fragmente waren die einzigen Zeugen ehemaliger Größe und Schönheit. An diesem Tage hatte Florenz sein Ebenbild verloren, es gab kein Dresden mehr. Es gab aber noch Dresdner, die mit beispielhafter Energie in demselben Jahr Grundstein legten für ein neues Leben in einer neuen alten Stadt. Da entstanden zuerst Wohnhäuser und moderne Geschäftsstraßen, später wurden historische Bauten stilgerecht von ihren

Links: Korrektes grau-weiß kariertes Kostüm. Klassische Details, wie Kragen- und Fassongestaltung, Ärmel- und Taschenlösung, kennzeichnen die wenig taillierte Jacke. Der gerade geschnittene Rock hat vier Kellerfalten.

Oben: Bemerkenswert an dem legeren rot-weiß karierten Kostüm sind der kragenlose Halsausschnitt, die Kimonoärmel und die großen aufgesetzten Taschen.

Rechts: Damenhaftes Modell. Kragen und vordere Abschlußkante der länger gearbeiteten Jacke sind mit einem Ton-in-Ton-Material belegt und gepaspelt.

Außen: Kostüm in leicht körperbetonter Silhouette. Die kurze Jacke hat einen schrägen Kantenabstich und schräge Klappentaschen.

ihren Brücken, die die Altstadt und Neustadt verbinden. – Dann kam der Krieg.«[6]

Wie schon in der Darstellung des 1949 publizierten Bildbandes »Dresden – Eine Kamera klagt an« von Richard Peter wird die Zerstörung der Stadt durch die Bombardierung am 13./14. Februar 1945 gleichsam als Akt der Auslöschung einer Kunststadt beschrieben.[7] »An diesem Tage hatte Florenz sein Ebenbild verloren, es gab kein Dresden mehr.«[8] Anschließend wird jedoch von dem Aufbau und der stilgerechten Rekonstruktion historischer Bauten berichtet, wodurch es nun nach 15 Jahren wieder ein »Elbflorenz« gebe.

Der Text rekurriert außerdem auf das Bild des »alten Dresdens« mit seinen Barockbauten und der Semperschule, das nicht zuletzt durch die gleichnamige Publikation von Fritz Löffler populär wurde, die erstmals 1955 erschien und seitdem vielfach wiederaufgelegt wurde.[9]

Durch die Bombenangriffe am Ende des Zweiten Weltkriegs fast völlig zerstört, wurde der Wiederaufbau des Zwingers schon 1945 begonnen. 1960, als die Modestrecke entstand, konnten erste Teile wiedereröffnet werden, was möglicherweise den Anlass für die dortige Realisierung bot. Andere historische Bauten waren im Zuge der Großflächenenttrüm-

Abb. 4

HELMUT FIEWEGER | *Zwischen Zwinger und Weißem Hirsch*

in: Sibylle 2/1960

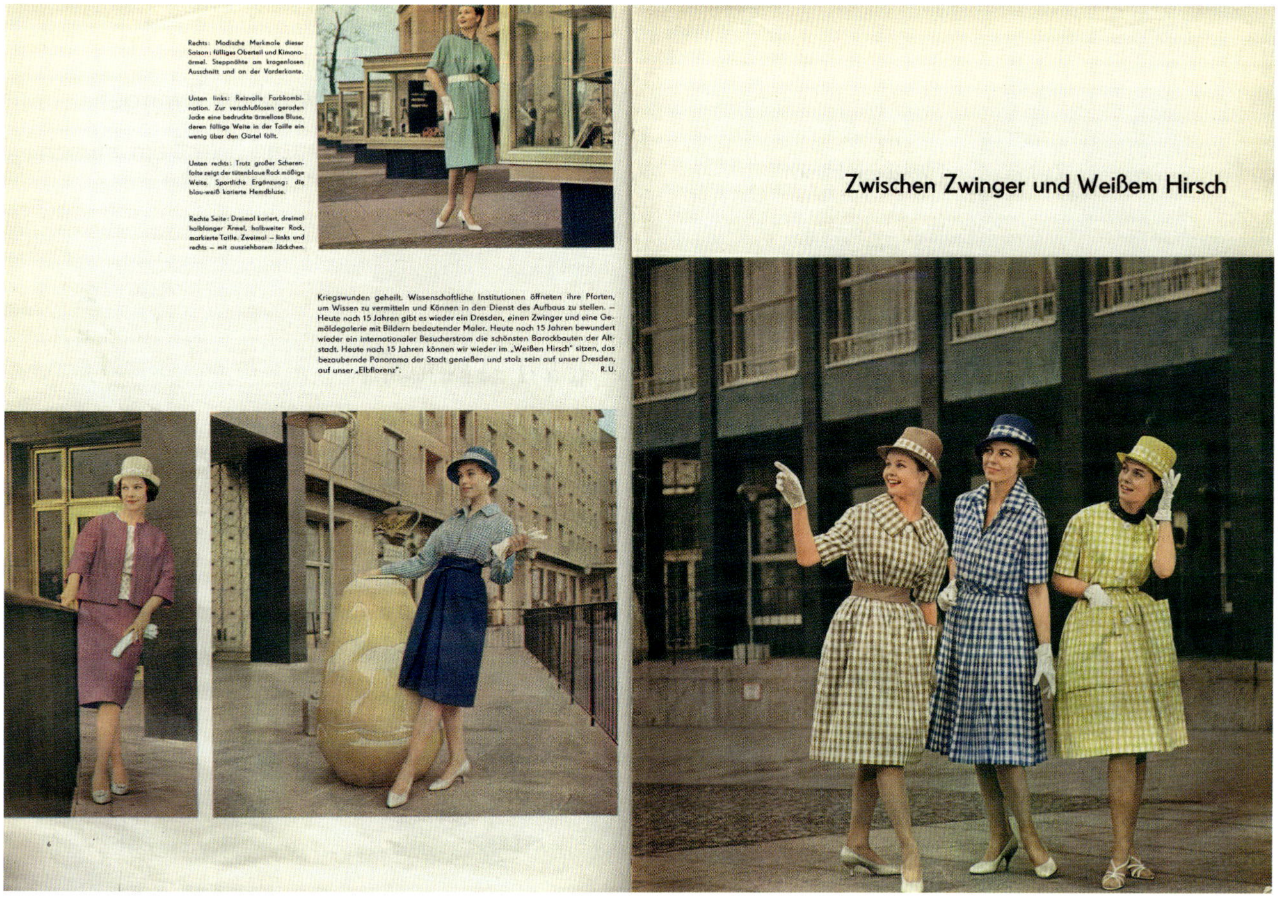

Rechts: Modische Merkmale dieser Saison: fülliges Oberteil und Kimonoärmel. Steppnähte am kragenlosen Ausschnitt und an der Vorderkante.

Unten links: Reizvolle Farbkombination. Zur verschlußlosen geraden Jacke eine bedruckte ärmellose Bluse, deren füllige Weite in der Taille ein wenig über den Gürtel fällt.

Unten rechts: Trotz großer Scherenfalte zeigt der tütenblaue Rock mäßige Weite. Sportliche Ergänzung: die blau-weiß karierte Hemdbluse.

Rechte Seite: Dreimal kariert, dreimal halblanger Ärmel, halbweiter Rock, markierte Taille. Zweimal – links und rechts – mit ausziehbarem Jäckchen.

Kriegswunden geheilt. Wissenschaftliche Institutionen öffneten ihre Pforten, um Wissen zu vermitteln und Können in den Dienst des Aufbaus zu stellen. – Heute nach 15 Jahren gibt es wieder ein Dresden, einen Zwinger und eine Gemäldegalerie mit Bildern bedeutender Maler. Heute nach 15 Jahren bewundert wieder ein internationaler Besucherstrom die schönsten Barockbauten der Altstadt. Heute nach 15 Jahren können wir wieder im „Weißen Hirsch" sitzen, das bezaubernde Panorama der Stadt genießen und stolz sein auf unser Dresden, auf unser „Elbflorenz". R. U.

Zwischen Zwinger und Weißem Hirsch

merung, obwohl noch wiederaufbaufähig, abgetragen worden, um Freiraum für ein »sozialistisches Dresden« zu schaffen.[10]

Besagte Strecke besteht aus Schwarz-Weiß- und Farbfotografien. Erstere entstanden vor allem um den Zwinger herum, wobei architektonische Elemente wie Säulen, Geländer, Treppen oder alte Laternen das Setting für die Modepräsentation bilden (Abb. 3). Während diese das »alte Dresden« zeigen, vermitteln die Farbfotografien einen Eindruck von den in den 1950er Jahren im Stil der »nationalen Tradition« entstandenen Neubauten der Stadt wie dem Gebäudekomplex Dresdner Altmarkt (Abb. 4). Auch die in den 1950er Jah-

6 Zwischen Zwinger und Weißem Hirsch, in: Sibylle 2 (1960), S. 5.

7 Richard Peter: Dresden – eine Kamera klagt an, Dresden 1950. Vgl. Sylvia Ziegner: »Der Bildband Dresden – eine Kamera klagt an« von Richard Peter senior. Teil der Erinnerungskultur Dresdens, Diss., Marburg 2011.

8 Zwischen Zwinger und Weißem Hirsch (wie Anm. 6), S. 5.

9 Fritz Löffler: Das alte Dresden. Geschichte seiner Bauten, Dresden 1955. Schon 1956 und 1958 erschienen zwei weitere Auflagen, die ebenfalls in kurzer Zeit ausverkauft waren.

10 Vgl. Matthias Lerm: Abschied vom alten Dresden. Verluste historischer Bausubstanz nach 1945, Rostock ²2001.

ren für Werbezwecke aufgestellten und heute denkmalgeschützten Vitrinen werden in einer Aufnahme zum zeitgemäßen Rahmen eines mintgrünen Kleides.[11] Mögen diese Schaukästen an den Berliner Kurfürstendamm und damit an großstädtisches Treiben erinnern, so erscheinen die Straßen hier fast menschenleer und betonen damit vielmehr strukturelle Parallelen zwischen Mode und Architektur.

Die Modestrecke spiegelt in der Polarisierung von Schwarz-Weiß-Aufnahmen vor Barockarchitektur und farbigen Fotografien vor Neubauten die unterschiedlichen Bestrebungen, einerseits das »alte Dresden« wiederauferstehen zu lassen und andererseits eine moderne sozialistische Stadt zu errichten. Dresden war 1960 zwar weitestgehend von Trümmern befreit, dennoch prägten noch einige Ruinen das Stadtbild, die aber keinen Eingang in die Modeaufnahmen fanden.

Während das Bild Dresdens in der Erinnerungskultur bis heute wesentlich durch Trümmerfotografien wie Richard Peters Aufnahme »Blick vom Dresdner Rathausturm nach Süden« gezeichnet ist, bleiben Trümmer und Ruinen in der Modefotografie, nicht nur der »Sibylle«, ausgespart. Nur vereinzelt haben Fotografinnen und Fotografen wie Regina Relang oder Norbert Leonard diese Nachkriegsrealität in ihren Modeaufnahmen thematisiert.[12]

In der Strecke »Zwischen Zwinger und Weißem Hirsch« deutet lediglich ein Detail des ersten Bildes an, dass der Aufbau Dresdens noch nicht abgeschlossen war: Das Mannequin steht am oberen Ende einer Treppe, gerahmt von zwei historischen Laternen, wobei von der hinteren jedoch nur der Sockel vorhanden ist.

DIE DRITTE DIMENSION

Die in dieser Strecke vorgestellten Modelle des Modeinstituts sowie die Posen der Mannequins sind noch deutlich vom Ideal der Dame geprägt. In den ersten Jahren spiegelte die »Sibylle« den Zwiespalt zwischen einer Orientierung an der vor allem französischen Mode (auch geprägt durch die damalige Chefredakteurin Sibylle Boden-Gerstner) und dem Bestreben, eine sozialistische Bekleidungskultur zu vermitteln. Und so trafen in den ersten Heften der 1950er Jahre bisweilen mondäne Damen auf Arbeiterinnen.

Mit dem Mauerbau 1961 änderte sich zunehmend das Profil der Zeitschrift.[13] Direkt von der Kunsthochschule in Weißensee kam die Modegestalterin Dorothea Bertram (später Melis) zur »Sibylle« und war wesentlich an der Umgestaltung des Heftes beteiligt, für das sie bis 1970 als Moderedakteurin tätig war. Vor allem unter dem Einfluss von Fotografen wie Arno Fischer und Günther Rössler entwickelte sich die Bildsprache der Modestrecken in den 1960er Jahren in eine Richtung, die Modefotografie und Reportagefotografie miteinander verband. Andreas Krase beschrieb dies als »zeitschriftentypische Kombination von Modeaufnahmen und fotografischen Alltagsbeobachtungen«.[14]

Rückblickend wird immer wieder eine Fotografie von Arno Fischer an den Anfang der DDR-eigenen Modefotografie gestellt, die heute geradezu zu einer Ikone geworden ist. 1962 für die Strecke »Herbstmode in Berlin« aufgenommen, zeigt das Bild eine junge Frau in einem Fischgratmantel vor einem Gasometer. Der Modestrecke vorangestellt ist ein kurzer Beitrag des Feuilletonisten Heinz Knobloch, darüber, was ihm »ins Auge fiel, als er die nebenan beginnende Modeserie betrachtete«: »Nun ist zu den Mänteln und den Mädchen auch noch die Stadt hinzugekommen. Und nicht nur als Hintergrund. Damit sind wir in die dritte Dimension eingedrungen. Und treten in neue Beziehungen zu den Erscheinungen.«[15]

Wenngleich die Stadt auch schon vor 1962 in Modestrecken der »Sibylle« nicht nur hintergründig zum Thema wurde, so sind es doch vor allem die 1960er und 1970er Jahre, in denen unterschiedliche journalistische Darstellungsformen wie Reisebericht, Reportage und Modefotografie miteinander verzahnt wurden und damit Mode auch als ein Aspekt »sozialistischer Kultur« inszeniert wurde.

VOM ZWINGER ZUR PRAGER STRASSE

Schon die 1960 in Dresden entstandenen Modeaufnahmen hatten an dem etablierten und in der touristischen Selbstdarstellung genutzten Bild der historischen Kulturstadt partizipiert. Neuerlich wurde dieses in der 1969 in der »Sibylle« erschienenen Modeserie »Ein Ferientag in Dresden« aufgegriffen. Die Strecke, deren Titel die Aufnahmeorte im Bereich des Tourismus verortet, erzählt die fiktive Geschichte eines Ausflugs, wobei die Kleidung passend zu den jeweiligen Orten gewählt ist. Sie beginnt mit der Detailaufnahme einer Figurengruppe zweier Putten des Dresdner Zwingers, denen eine Aufnahme eines Paares gegenübergestellt ist, das Hand in Hand entlang des barocken Bauwerks spazieren geht. Auf der nächsten Seite folgen Fotografien von weiteren Dresdner Sehenswürdigkeiten: acht kleinformatige Aufnahmen, die abgelichteten Bauwerke werden nebenstehend benannt. Der begleitende Text ist im Stil eines Briefes verfasst, der die Leserinnen und Leser zu einem solchen Ausflug einlädt und Vorschläge macht. »Ein Ferientag in Dresden« kombiniert so Modeaufnahmen mit Architekturfotografien. Die nachfolgenden Modeaufnahmen von Arno Fischer thematisieren vielfältige Möglichkeiten des Einkehrens und Verweilens, ohne dass jedoch die Lokalitäten jeweils benannt sind. Gerade im Vergleich zu vielen anderen Modefotografien der »Sibylle« im urbanen Kontext erscheinen die Gaststätten menschenleer und erinnern an die zahlreichen Echt-Foto-Postkarten von solchen Innenräumen.[16]

Ein beliebtes Postkartenmotiv Dresdens war die Flaniermeile Prager Straße mit ihren zahlreichen Wasserspielen. Diese wurde 1972 auch Ort der Aufnahmen für Jugendmode und zeichnet zu Beginn der 1970er Jahre ein anderes Bild der Stadt. »Mode für junge Leute, fotografiert auf einer ebenso jungen Straße – der Prager Straße in Dresden«, heißt es im begleitenden Text.[17] Wenngleich der Text auf die Neubebauung der Straße verweist, wird diese in den Bildern nur am Rande sichtbar. Günter Rössler hat hier vor allem Porträts aufgenommen, die teilweise reportagehafte Züge aufweisen.

---

11 Zu Dresdens Kunstdenkmälern der Altstadt vgl. Georg Dehio (Hg.): Handbuch der deutschen Kunstdenkmäler. Dresden, München/Berlin 2005, S. 3–92.

12 Norbert Leonard: Mode am Kurfürstendamm, in: Berlins Modenblatt, Mai 1949; ders.: Kleine Modenschau aus dem Keller gesehen, in: Constanze, H. 25, Dezember 1949, S. 24. Zu Regina Relangs Modeaufnahmen in Ruinen vgl. Esther Ruelfs: Von der Dame zur Madame. Modefotografie zwischen Reportage und Rhetorik, in: dies./Ulrich Pohlmann (Hg.): Die elegante Welt der Regina Relang. Mode- und Reportagefotografien, Fotomuseum im Münchner Stadtmuseum, München 2005, S. 11–31, hier S. 17–22.

13 Zur Geschichte der »Sibylle« zwischen 1956 und 1965 vgl. Andreas Krase: »Kumpels, Kohlen, Kapriolen« 1956–1965, in: Ute Mahler/Uwe Neumann (Hg.): SIBYLLE: Zeitschrift für Mode und Kultur 1956–1995, Kunsthalle Rostock, Stuttgart 2017, S. 35–38.

14 Andreas Krase: »Mit einem Bein auf dem Boden der Wirklichkeit« 1966–1977, in: ebd.

15 Heinz Knobloch: Was nicht ins Auge fällt oder Was unserem Feuilletonisten ins Auge fiel, als er die nebenan beginnende Modeserie betrachtete, in: Sibylle 4 (1962), S. 28.

16 Vgl. Erasmus Schröter: Bild der Heimat – Die Echt-Foto-Postkarten aus der DDR, Berlin 2002.

17 Dresden – Prager Straße, in: Sibylle 1 (1972), S. 10.

Abb. 5

GÜNTER RÖSSLER | *Dresden – Prager Straße*

in: Sibylle 1/1972

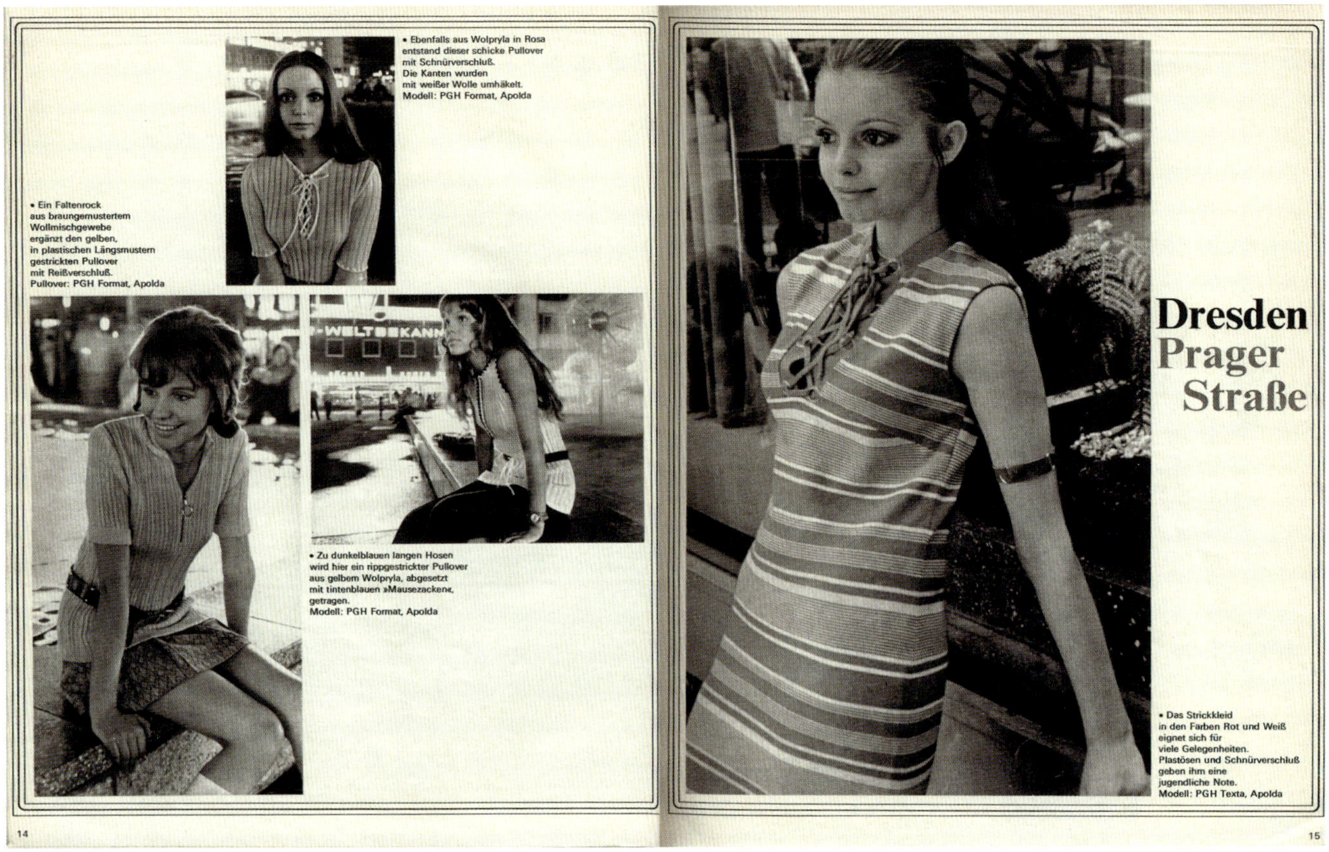

• Ebenfalls aus Wolpryla in Rosa entstand dieser schicke Pullover mit Schnürverschluß. Die Kanten wurden mit weißer Wolle umhäkelt. Modell: PGH Format, Apolda

• Ein Faltenrock aus braungemustertem Wollmischgewebe ergänzt den gelben, in plastischen Längsmustern gestrickten Pullover mit Reißverschluß. Pullover: PGH Format, Apolda

• Zu dunkelblauen langen Hosen wird hier ein rippgestrickter Pullover aus gelbem Wolpryla, abgesetzt mit tintenblauen »Mausezacken«, getragen. Modell: PGH Format, Apolda

Dresden Prager Straße

• Das Strickkleid in den Farben Rot und Weiß eignet sich für viele Gelegenheiten. Plastösen und Schnürverschluß geben ihm eine jugendliche Note. Modell: PGH Texta, Apolda

14

15

So erscheinen die Mannequins an den Rändern der Wasserspiele sitzend, wartend oder wie im Gespräch vertieft (Abb. 5). Die Modebilder werden von einer Doppelseite mit einem Text zur Prager Straße sowie Reportageaufnahmen von Sibylle Bergemann und Arno Fischer durchbrochen. Eine der Aufnahmen zeigt, wie ein junges Mädchen für eine Kamera am Rande eines Wasserspiels posiert und spiegelt damit gleichsam die Produktion der Modestrecke. Auch diese Fotografien von Bergemann und Fischer machen die Straße nicht als Ganzes erfahrbar.

LEIPZIGER MESSE

Noch stärker als Dresden stand unter den sächsischen Städten Leipzig im Fokus der Modefotografie. Anlass dafür waren häufig die regelmäßig dort stattfindenden Messemodenschauen. Die Messe hat in Leipzig eine jahrhundertelange Tradition und auch zu DDR-Zeiten fanden hier zweimal jährlich Mustermessen statt, auf denen ebenso westdeutsche Aussteller vertreten waren. Diese boten den Rahmen für die internationalen Modenschauen, auf denen die neuesten Kollektionen vorgestellt wurden. Meist zwischen diesen entstanden die Modefotografien der neuesten Modelle für die »Sibylle«.

Abb. 6

ARNO FISCHER | *Zwischen den Messen*

in: Sibylle 5/1972

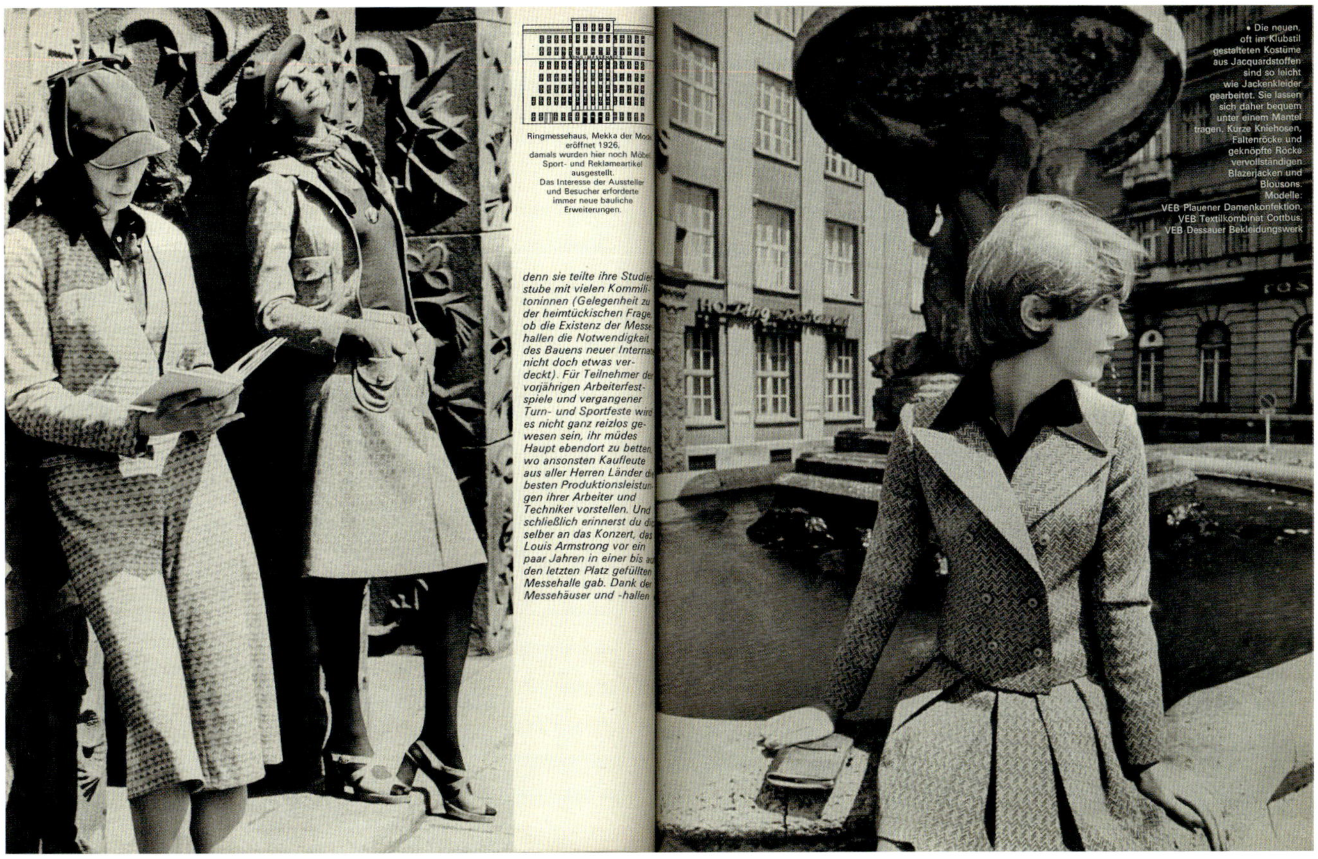

1965 feierte man das 800-jährige Jubiläum der Messe. Aus diesem Anlass erschien in der »Sibylle« eine zutreffender als Bildfeuilleton zu beschreibende Serie »Leipzig, Sieben Fotografen sehen eine Stadt«. Einleitend wird berichtet, wie es dazu kam: »[...] unsere Mannequins in moderner Kleidung vor der historischen Stadtsilhouette posieren zu lassen. Auch schon dagewesen. Mehr als einmal, denn wo soll der Modefotograf während der Messe schon fotografieren – das alte Rathaus schmückt immer! Da aber Arno Fischer nicht nur Modefotograf ist, kam ihm eine Idee, das heißt er fädelte die letzte Idee ganz einfach auseinander: Hie Leipzig – da Mode. Sieben Fotografen wurden daraufhin beauftragt, nach Leipzig zu fahren und ein Foto zu machen, das ein nach ihrer Meinung typisches Stück dieser Stadt zeigt.«[18]

Die Modefotografien entstanden dagegen im Studio und nehmen keinen direkten Bezug auf die Stadtbilder. Letztere sind keine touristischen Ansichten und eine Verbindung zur Messe ergibt sich nur bei genauerer Ortskenntnis. Die Bilderstrecke wird eröffnet mit der Detailaufnahme der Fensterfront eines Neubaus am Markt, in der sich der Turm des alten Rathauses

18 Margot Pfannstiel: Bevor Sie weiterblättern ..., in: Sibylle 1 (1965), S. 1.

Abb. 7

HANS PRAEFKE | *Trikotagen aus Warschau in Leipzig*

in: Sibylle 4/1986

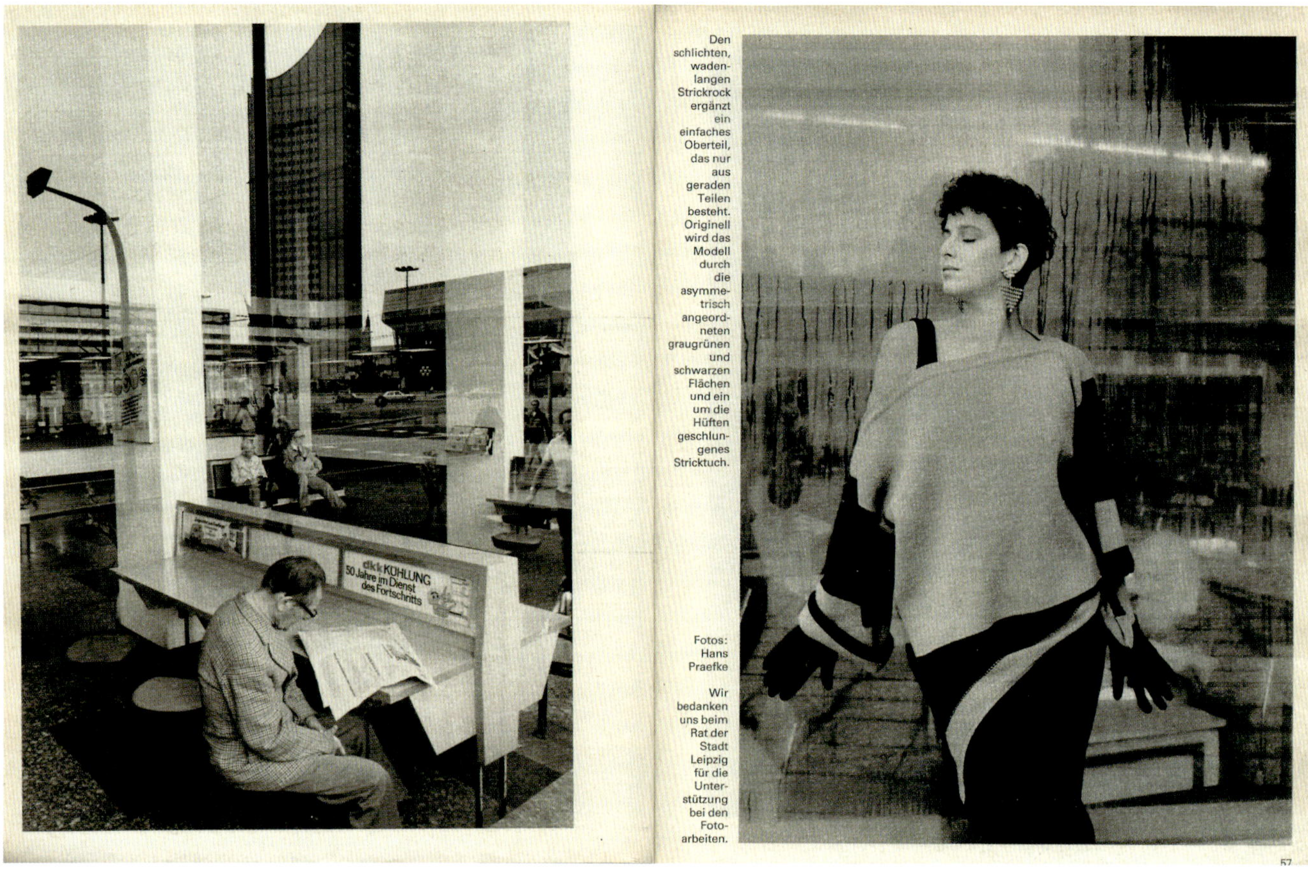

spiegelt. Entstanden war dieses Mehrzweckgebäude in Vorbereitung der Leipziger Jubiläumsmesse im Rahmen des weiteren Aufbaus der Messestadt am Leipziger Markt.[19] Es folgen Porträtaufnahmen, wie das eines Thomaners oder ein Gruppenporträt des Gewandhausorchesters vor der alten Börse. Ein anderes Bild zeigt schemenhaft das Mendelssohn-Portal der Thomaskirche. Durch die Streifen der Unschärfe entsteht im Bild eine Bewegung, die mit den Bewegungsunschärfen zweier Aufnahmen des Hauptbahnhofs korrespondiert.

Die einzelnen Fotografien fügen sich zu einem vielstimmigen Bild zusammen, das die Stadt jedoch weniger unter architektonischen Gesichtspunkten zeigt, sondern vielmehr Momente eines urbanen Lebensraums einfängt. Erst im Layout des Magazins ergeben sich formale Verbindungen zwischen den Studioaufnahmen der Mode und den Bildern Leipzigs. Die Strecke deutet auch an, welcher Stellenwert der künstlerischen Fotografie in der »Sibylle« eingeräumt wurde. Regelmäßig wurden Fotografinnen und Fotografen des Magazins vorgestellt, fotokünstlerische Arbeiten in Form von

19 Zur Gestaltung der Leipziger Innenstadt nach 1945 vgl. Juliane Richter/Katja Weise (Hg.): DDR-Architektur in der Leipziger Innenstadt, Weimar 2015.

Fotoessays gezeigt oder wie in »Leipzig, Sieben Fotografen sehen eine Stadt« in Modestrecken integriert.

Einige Modestrecken nahmen ganz konkret Bezug auf das Geschehen rund um die Messe. So fotografierte Arno Fischer 1972 »Zwischen den Messen«. Die Mannequins erscheinen in alltagsnahen Posen, die ein Flanieren in der Stadt zwischen den Modenschauen thematisieren. Dabei zeigen sie explizit konkrete Messehäuser im Hintergrund, die auf einer weiteren Ebene über kleine Zeichnungen und begleitende Texte besprochen werden. Dazu gehört eines der 1965 entstandenen steinernen Doppel-M-Eingangstore, die das Logo der Messe darstellen, oder das Leipziger Messehaus am Tröndlinring, vor dem Menschen lesen und sich sonnen (Abb. 6). In der Fotografie sind nur die markanten Reliefs des Eingangsbereichs zu sehen.

Ebenfalls zwischen den Messemodenschauen fotografiert wurde die Strecke »Trikotagen aus Warschau in Leipzig« von 1986. Die Aufnahmen sind von Hans Praefke, der in den 1980er Jahren regelmäßig im Rahmen der Leipziger Messe fotografierte. Beginnend in den 1970er Jahren, war die Bildsprache der Modestrecken in der »Sibylle« durch unterschiedliche Fotografinnen und Fotografen diverser geworden. Reportagehaft anmutende Modebilder standen neben unterschiedlichsten Formen der Inszenierung in Innen- und Außenräumen. Bestimmte zeitschriftentypische Formate wie die Kombination von Reportage- und Modefotografie wurden dabei weitergeführt. Die Modefotografien der Strecke »Trikotagen aus Warschau in Leipzig« fokussieren wesentlich auf die gezeigten Modelle, die Mannequins nehmen dazu spielerische bis skurrile Posen ein. Drei der Modeaufnahmen, die um das Leipziger Universitätshochhaus (heute City-Hochhaus) herum entstanden, wurden im Layout mit fotografischen Impressionen der Stadt kombiniert. Diese zeigen etwa das Treiben auf dem Rathausplatz mit einem Mann auf Stelzen, einen jungen Hotelvorsteher, der in die Sonne blinzelt, oder einen ins Zeitunglesen versunkenen Mann hinter einer Glasscheibe, in der sich das markante Universitätshochhaus der Stadt spiegelt (Abb. 7). Bis auf diesen Hinweis im Hintergrund ist die Architektur in dieser Serie zurückgetreten und der Bezug zum Aufnahmeort wird nur durch den Titel aufgerufen. In den Modeaufnahmen wird das moderne Hochhausgebäude zu einem Hintergrund, dessen Fassadenstruktur mit der Struktur der präsentierten Strickkleidung korrespondiert.

PELZE VOM BRÜHL

Neben der Messe gibt es noch weitere Verbindungen Leipzigs zur Mode, die immer wieder ins Bild gesetzt wurden, wie eine der ältesten Straßen Leipzigs: der Brühl. In der zweiten Hälfte des 19. Jahrhunderts ließen sich hier zahlreiche Rauchwarenhändler nieder und begründeten damit den Ruf Leipzigs als Zentrum des Pelzhandels.

Im letzten Heft des Jahres stellte die »Sibylle« regelmäßig Pelze vor, zuallermeist Pelze vom Brühl, die häufig auch dort fotografiert wurden. 1970 nahm Günter Rössler »Pelze vom Brühl« auf. Der begleitende Text schildert die Geschichte des Brühls, verweist auf die Zerstörung im Zweiten Weltkrieg, den Neubeginn in den 1950er Jahren und den neuerlichen Erfolg der Leipziger Rauchwarenauktionen.

Als Hintergrund für die Modeaufnahmen am Brühl wurden zwei moderne Bauten aus den Jahren 1966/67 gewählt: der Neubau des Brühlzentrums und das zehngeschossige Haus der Interpelz (Abb. 8). Die Fotografien sind aus extremer Untersicht aufgenommen, was die Größe und Modernität der Architekturen noch betont. Vergegenwärtigt man sich, dass der Brühl 1970 von einer Mischung aus modernen Wohnhoch-

Abb. 8

GÜNTER RÖSSLER | *Pelze am Brühl*

in: Sibylle 6/1970

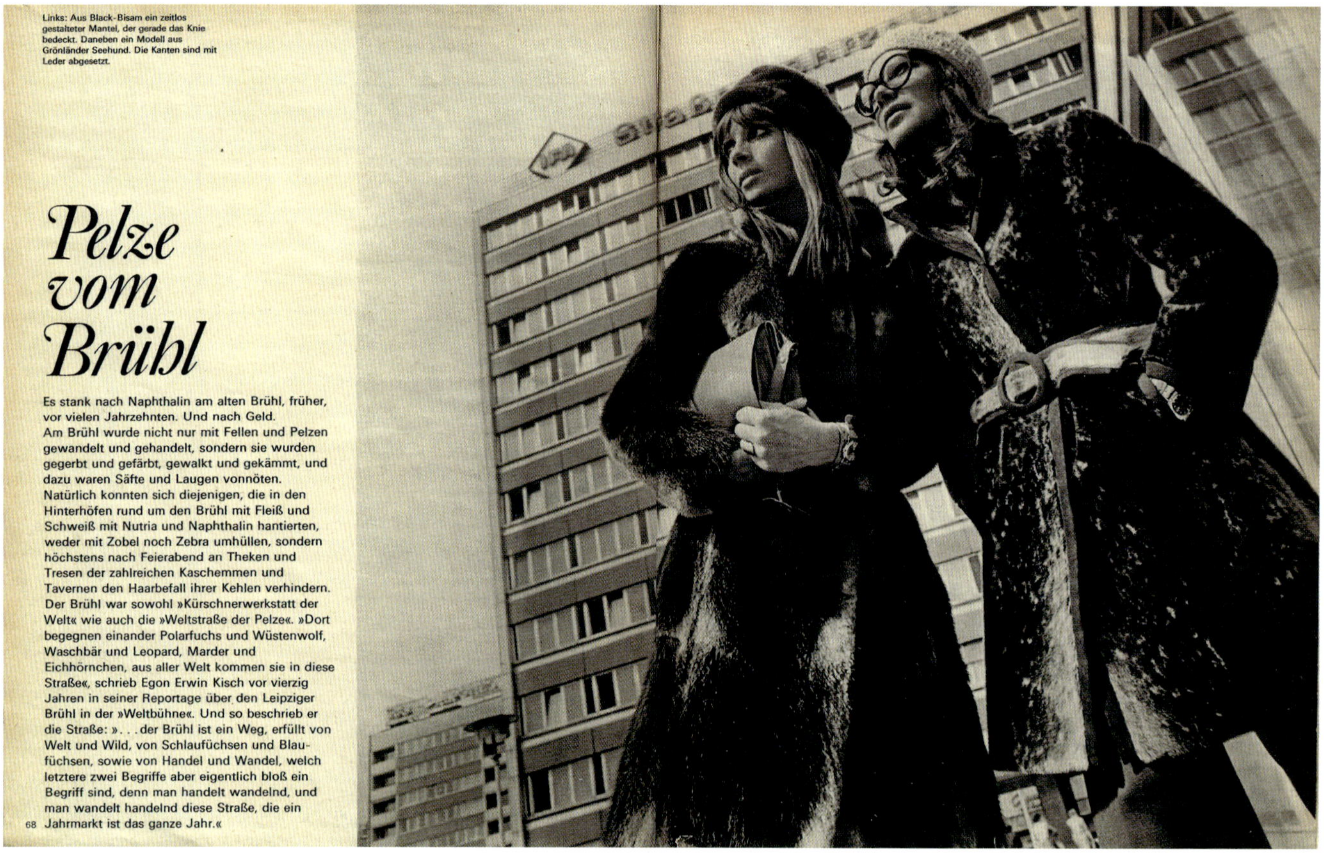

Links: Aus Black-Bisam ein zeitlos gestalteter Mantel, der gerade das Knie bedeckt. Daneben ein Modell aus Grönländer Seehund. Die Kanten sind mit Leder abgesetzt.

Pelze vom Brühl

Es stank nach Naphthalin am alten Brühl, früher, vor vielen Jahrzehnten. Und nach Geld.
Am Brühl wurde nicht nur mit Fellen und Pelzen gewandelt und gehandelt, sondern sie wurden gegerbt und gefärbt, gewalkt und gekämmt, und dazu waren Säfte und Laugen vonnöten.
Natürlich konnten sich diejenigen, die in den Hinterhöfen rund um den Brühl mit Fleiß und Schweiß mit Nutria und Naphthalin hantierten, weder mit Zobel noch Zebra umhüllen, sondern höchstens nach Feierabend an Theken und Tresen der zahlreichen Kaschemmen und Tavernen den Haarbefall ihrer Kehlen verhindern.
Der Brühl war sowohl »Kürschnerwerkstatt der Welt« wie auch die »Weltstraße der Pelze«. »Dort begegnen einander Polarfuchs und Wüstenwolf, Waschbär und Leopard, Marder und Eichhörnchen, aus aller Welt kommen sie in diese Straße«, schrieb Egon Erwin Kisch vor vierzig Jahren in seiner Reportage über den Leipziger Brühl in der »Weltbühne«. Und so beschrieb er die Straße: ». . . der Brühl ist ein Weg, erfüllt von Welt und Wild, von Schlaufüchsen und Blaufüchsen, sowie von Handel und Wandel, welch letztere zwei Begriffe aber eigentlich bloß ein Begriff sind, denn man handelt wandelnd, und man wandelt handelnd diese Straße, die ein Jahrmarkt ist das ganze Jahr.«

68

häusern und teilsanierten Altbauten geprägt war, wird deutlich, welche lokale Gewichtung hier vorgenommen wurde. Passend dazu kommentiert der Text: »Vor vier Jahren wurde an der Weltstraße der Pelze sogar ein Hochhaus eröffnet, in dem der VEB Brühlpelz und das Außenhandelsunternehmen für Rauchwaren INTERPELZ ihren Sitz haben.«[20]

Ein ganz anderes Bild vom Brühl vermittelt die im Jahr zuvor entstandene Strecke zum gleichen Thema, die ebenfalls von Günter Rössler fotografiert worden war. Die Aufnahmen waren in den die Leipziger Innenstadt prägenden Passagen entstanden. In den Bildern sind diese jedoch nur schemenhaft auszumachen und auch die Passanten verschwimmen in der Unschärfe oder im Schatten und beleben die Szenerien mit geschäftigem Treiben. Die unterschiedlichen Architekturen verorten die Aufnahmen in einem urbanen Umfeld, verleihen den Modebildern in ihrer Andeutung jedoch ein allgemeines großstädtisches Flair.

KARL-MARX-STADT

1972 wurde in einer Modestrecke der »Sibylle« nach Leipzig und Dresden die drittgrößte Stadt Sachsens vorgestellt: Chemnitz – von 1953 bis 1990 Karl-Marx-Stadt. Roger Melis fotografierte Modelle für Frauen und Kinder. Ein einleitender

Abb. 9

ROGER MELIS | *Karl-Marx-Stadt*

in: Sibylle 4/1972

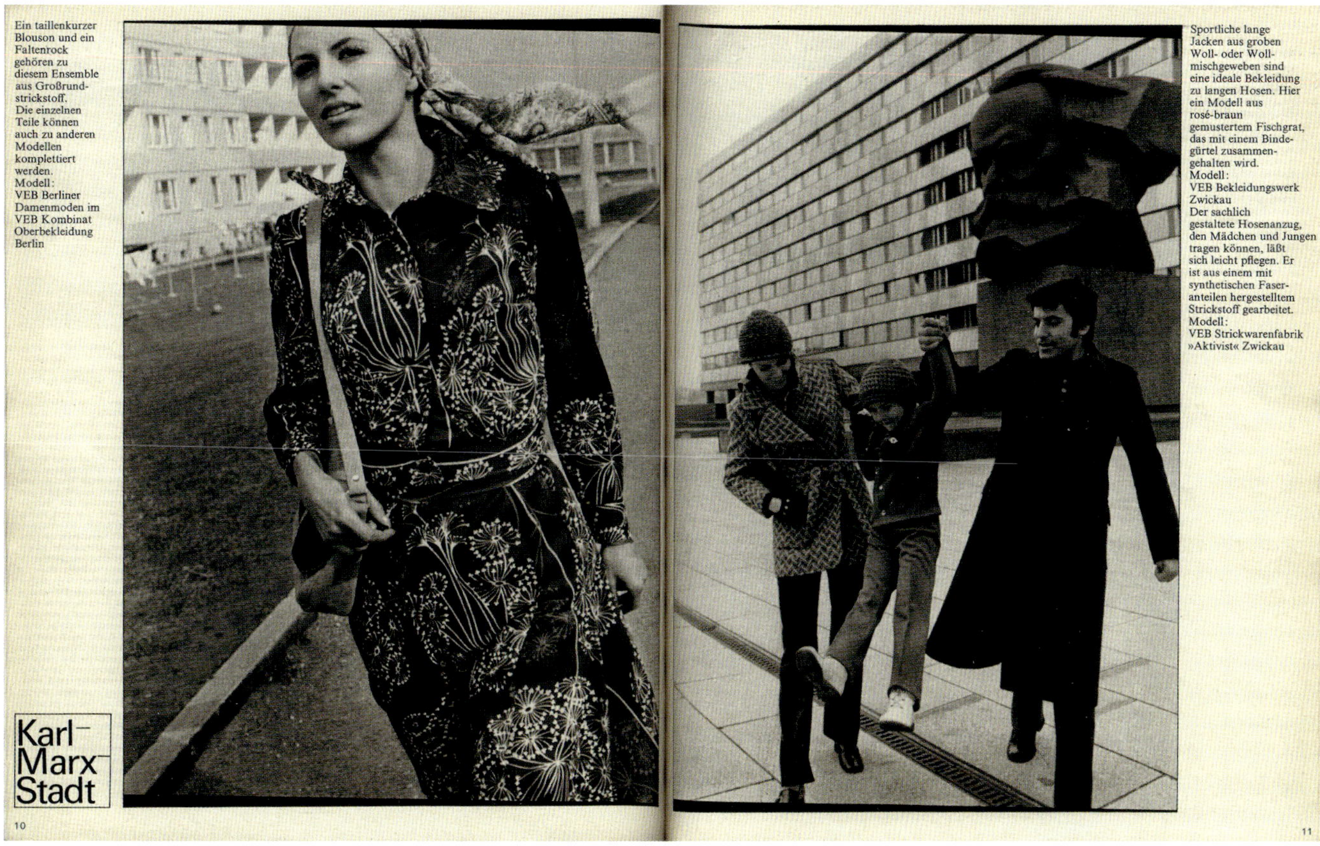
Ein taillenkurzer Blouson und ein Faltenrock gehören zu diesem Ensemble aus Großrundstrickstoff. Die einzelnen Teile können auch zu anderen Modellen komplettiert werden.
Modell:
VEB Berliner Damenmoden im VEB Kombinat Oberbekleidung Berlin

Karl-Marx-Stadt

10

Sportliche lange Jacken aus groben Woll- oder Wollmischgeweben sind eine ideale Bekleidung zu langen Hosen. Hier ein Modell aus rosé-braun gemustertem Fischgrat, das mit einem Bindegürtel zusammengehalten wird.
Modell:
VEB Bekleidungswerk Zwickau
Der sachlich gestaltete Hosenanzug, den Mädchen und Jungen tragen können, läßt sich leicht pflegen. Er ist aus einem mit synthetischen Faseranteilen hergestelltem Strickstoff gearbeitet.
Modell:
VEB Strickwarenfabrik »Aktivist« Zwickau

11

Text betont, warum gerade hier fotografiert wurde: »[...] daß Karl-Marx-Stadt eine Arbeiterstadt ist, merkt man schon an den zahlreichen aufsteigenden Rauchfahnen. Wo andere Städte Kirchen haben oder Gaststätten an jeder Straßenecke – in Karl-Marx-Stadt sind es Fabriken, die das Gesicht der Stadt prägen. Hier – im Zentrum der Textilindustrie – fotografierten wir Mode aus der volkseigenen Konfektionsindustrie.«[21]

Die präsentierte volkseigene Konfektionsmode wurde hier mit einem zentralen Ort der Textilindustrie verknüpft und steht damit in einer Reihe anderer Modestrecken. Ab Ende der 1960er Jahre brachte die »Sibylle« zahlreiche Beiträge zu synthetischen Geweben und modischen Produkten aus »Arkalaine« oder »Malimo«. In diesem Zusammenhang wurden Städte gezeigt, in denen die Textilindustrie angesiedelt war. 1976 beispielsweise fotografierte Wolfgang Wandelt im Chemiefaserwerk Guben und im VEB Gubener Wolle. Auch hier wurden Modebilder kombiniert mit Reportageaufnahmen zu einem Porträt der Wilhelm-Pieck-Stadt Guben in der brandenburgischen Niederlausitz. Wenn der Fotohistoriker Enno

20 Pelze vom Brühl, in: Sibylle 6 (1970), S. 72.

21 Gerd Bieker: Karl-Marx-Stadt, in: Sibylle 4 (1972), S. 6.

Abb. 10

WERNER MAHLER | *Berlin ist Mode, Trends für das Frühjahr*

in: Sibylle 2/1991

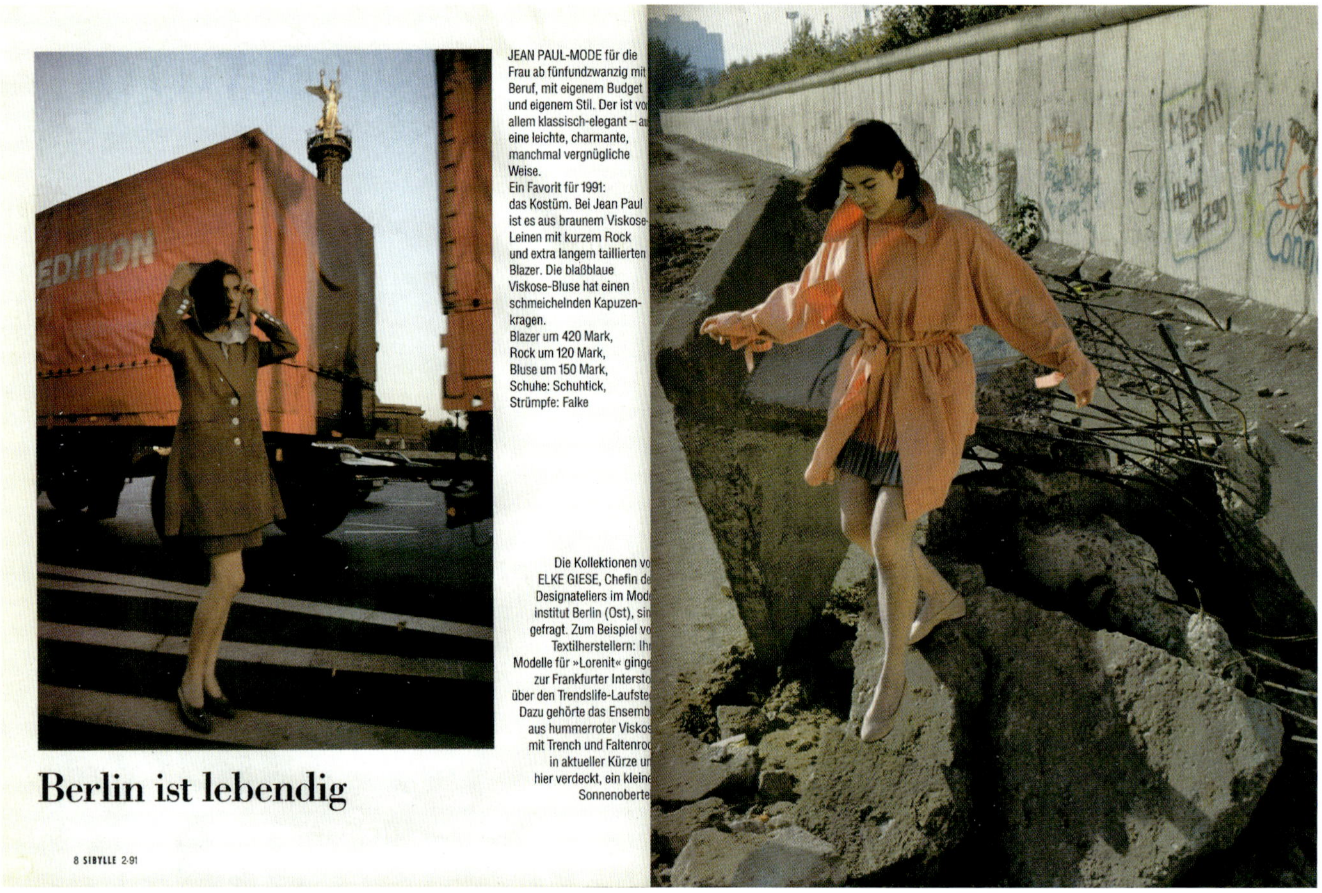

JEAN PAUL-MODE für die Frau ab fünfundzwanzig mit Beruf, mit eigenem Budget und eigenem Stil. Der ist vo allem klassisch-elegant – a eine leichte, charmante, manchmal vergnügliche Weise.
Ein Favorit für 1991: das Kostüm. Bei Jean Paul ist es aus braunem Viskose-Leinen mit kurzem Rock und extra langem taillierten Blazer. Die blaßblaue Viskose-Bluse hat einen schmeichelnden Kapuzenkragen.
Blazer um 420 Mark, Rock um 120 Mark, Bluse um 150 Mark, Schuhe: Schuhtick, Strümpfe: Falke

Die Kollektionen vo ELKE GIESE, Chefin de Designateliers im Mod institut Berlin (Ost), sin gefragt. Zum Beispiel vo Textilherstellern: Ih Modelle für »Lorenit« ginge zur Frankfurter Intersto über den Trendslife-Laufste Dazu gehörte das Ensemb aus hummerroter Viskos mit Trench und Faltenro in aktueller Kürze u hier verdeckt, ein klein Sonnenoberte

Berlin ist lebendig

8 SIBYLLE 2-91

Kaufhold angesichts der ostdeutschen Modefotografie betonte, dass diese weniger für Mode als vielmehr für bestimmte Frauenbilder warb, [22] so ließe sich im Hinblick auf die modischen Porträts von Städten der Textilindustrie ergänzen, dass diese mehr noch als für die modischen Erzeugnisse für einen Fortschrittsglauben warben.

Anders als in der Fotoserie in Guben wurden in Karl-Marx-Stadt keine Betriebe zu Settings für die Aufnahmen. Vielmehr zeigen die Fotografien ein Bild der Stadt, das geradezu konträr zu der Sicht steht, die der einleitende Text entwirft. Die Aufnahmen entstanden nicht in den die Stadt prägenden Fabriken, sondern am Omnibusbahnhof, vor Plattenbauten, in Gaststätten und im Konsum. Im Kontrast zu den Innenaufnahmen der Strecke zum »Ferientag in Dresden« erscheinen die Fotografien in den Gaststätten in Karl-Marx-Stadt belebt und das Mannequin und ihr Begleiter fügen sich passend in die Szene. Auch das bekannte Karl-Marx-Monument taucht in einem der Modebilder auf (Abb. 9). Wie zufällig ins Bild geraten, wird es zum Hintergrund einer alltäglich erscheinenden Szene einer jungen Kleinfamilie. Das mit Sockel über 13 Meter hohe Monument war kurz vor Entstehen der Modestrecke im Oktober 1971 eingeweiht worden. Diese Strecke ist ebenfalls von einem Textteil durchbrochen: Auf vier Seiten, die mit kleinformatigen Stadtansichten bebildert sind, beschreibt der Autor Gerd Bieker seine persönliche Sicht auf die Stadt. Im Gegensatz zu den Serien in Dresden und Leipzig tritt somit der touristische Blick zurück, stattdessen zeigt das modische Städteporträt Karl-Marx-Stadt vor allem als Lebensraum.

AUFBAU UND ABBAU

Während in den frühen Aufnahmen Dresdens vor dem teilweise wiederhergestellten Zwinger von 1960 die Architektur im Hintergrund noch die Funktion des Dekors übernahm, wurde der städtische Umraum in späteren Serien zumeist in die Narration eingebunden und die Städte Sachsens als Orte kulturellen und auch alltäglichen Lebens gezeigt. Insbesondere die in Dresden entstandenen Serien verweisen auf ihre Präsentation als historische Kunststadt. In Leipzig wurde jährlich im Rahmen der Messe fotografiert und vielfach die moderne Architektur thematisiert. Letztere trat in den Aufnahmen Karl-Marx-Stadts zurück, nur die monumentale Karl-Marx-Plastik, die auch heute noch Wahrzeichen der Stadt ist, wurde gleichsam zum Protagonisten des Modebildes.

Nach der politischen Wende 1989 musste sich die »Sibylle« auf einem anderen Markt behaupten. Noch bis 1995 existierte das Magazin, zuletzt im Selbstverlag. Die Öffnung brachte andere urbane Landschaften neu ins Modebild und Orte wie Leipzig und Dresden traten als Schauplätze zurück. 1991 beispielsweise fotografierte Ute Mahler Modetrends für Frühjahr und Sommer in Miami. Vor allem aber richtete sich der Fokus des Magazins in den Beiträgen zur Kultur noch stärker als zuvor auf Berlin. Ebenfalls 1991 erschien im zweiten Heft des Jahres eine von Werner Mahler fotografierte Strecke, die unterschiedliche Orte der Stadt als Kulisse wählte. Eine Aufnahme zeigt ein »Ensemble aus hummerroter Viskose« vor der Berliner Mauer (Abb. 10). Leichtfüßig hüpft das Model über ein am Boden liegendes Mauerfragment, aus dem die Metallteile herausragen, und damit gleichsam über einen wesentlichen Aspekt der Geschichte der Stadt. Während dieses Bild also auch vom Abbau kündet, waren in den Modestrecken der 1960er und 1970er Jahre häufig Neubauprojekte mit thematisiert worden.

Nach 1989 wurden in der »Sibylle« in Anlehnung an westliche Zeitschriften Modeteil und Kulturteil stärker voneinander abgesetzt und Formate, die Modestrecke und Städteporträt miteinander verbanden, verloren zunehmend an Bedeutung.

22 Kaufhold, Fixierte Eleganz (wie Anm. 4), S. 43.

GISELA PARAK

Fotografische Erbeaneignung und Traditionspflege in der DDR. Die Kreiskommission Fotografie Freiberg

»Sozialistische Heimatliebe erwächst vor allem aus der aktiven Teilnahme an der revolutionären Gestaltung der Heimat [...] Das Wissen um das Werden und Wachsen unseres sozialistischen Staates [...] ist unerläßlich für das revolutionäre Handeln unserer Tage. Bei der Gewinnung und Vermittlung dieses Wissens kommt der Heimatgeschichte ein hoher Stellenwert zu, formen sich doch Geschichtsbild und Geschichtsbewußtsein auch in beträchtlichem Maße über heimatgeschichtliche Kenntnisse und Erkenntnisse.«[1]

Mit Manuela Bonnkes und Regine Schiermeyers Dissertationen von 2007 respektive 2015 liegen mittlerweile zwei ebenso aufschlussreiche wie detailgenaue Studien über die Kulturpolitik der DDR im Bereich der bildenden Künste bzw. die Umsetzung kulturpolitischer Maßstäbe auf der Ebene der Betriebsfotogruppen vor.[2] Die Frage nach den Grenzen, aber auch den Frei- und Spielräumen selbstbestimmten kulturellen Schaffens in der DDR bleibt jedoch nach wie vor für große Bereiche der Kulturarbeit unbeantwortet.[3] Dies gilt insbesondere für die Arbeit des Deutschen Kulturbunds, dessen Arbeitsgemeinschaften neben den betrieblichen Organisationseinheiten vom Freien Deutschen Gewerkschaftsbund (FDGB) zu den maßgeblichen institutionellen Foren kultureller Betätigung in der DDR zählten. Bereits vor 1950 gründete der Kulturbund zunächst neun maßgebliche Kommissionen,[4] zwischen 1977 und 1980 wurden diese durch die Gesellschaft für Denkmalpflege, die Gesellschaft für Natur und Umwelt sowie die Gesellschaft für Heimatgeschichte erweitert, denen allerdings frühere Initiativen vorausgingen.

Eine tragende Rolle sah die Kulturpolitik auch für die zahlreichen Fotoamateure vor, deren Mitwirkung an der sozialistischen Gesellschaft intensiv gefördert wurde.[5] Der Kulturbund wollte die Bürger der DDR dazu motivieren, sich an den zahlreichen Fotoausstellungen auf Kreis- und Bezirksebene zu beteiligen. Gleichzeitig schrieb die sozialistische Fototheorie, vertreten durch die Zentrale Kommission Fotografie (ZKF), einen Erwartungskanon vor,[6] wie parteikonformes fotografisches Schaffen in der DDR aussehen sollte.[7] Die Kulturpolitik gab einschlägig klingende Anleitungen vor, die

Umsetzung und Auslegung dieser Theorien wurde aber selbst von den Dogmatikern nicht unisono bewertet. Diese Nische öffnete kleinere Spielräume für die Kulturschaffenden des Landes während der unterschiedlichen Phasen der Kulturpolitik, das heißt der Liberalisierung vor 1965, der Repression des als »Kahlschlagpolitik« bezeichneten II. Plenums des Zentralkomitees (ZK) der SED im Dezember 1965 und der allgemeinen Entspannung der 1970er Jahre, die Erich Honecker 1971 mit seinen geflügelten Worten der »Weite und Vielfalt« einleitete.

Die Kulturpolitik der DDR war ein wichtiger, wahrscheinlich sogar DER impulsgebende Anlass dafür, unzählige Menschen für die Fotografie zu begeistern. Zu dieser generell positiven Perzeption der Fotografie, die sich fast schon als »Euphorie« beschreiben lässt, mag beigetragen haben, dass heimat- und naturkundliche Sujets als nahezu »selbstbestimmt« wahrgenommen werden konnten,[8] auch wenn in einem totalitären Staat mit seiner Durchdringung des Privaten und einer Vielzahl verpflichtender Freizeitveranstaltungen die Rückzugsgebiete unpolitischer Selbstbestimmung auf ein Minimum beschränkt waren.

Der folgende Aufsatz zeigt die Bedeutung der Erbe- und Traditionspflege in der Arbeit der Kreiskommission Fotografie (KKF) Freiberg auf als Ergebnis einer umfassenden Revision des Geschichtsbewusstseins der DDR und ihres Geschichtsbildes, die parallel zum Wechsel an der Parteispitze von Walter Ulbricht zu Erich Honecker vollzogen wurde.[9] Das Besondere an der KKF Freiberg war ihr Engagement für die Überlieferung montangeschichtlicher Traditionen des Freiberger Erzbergbaus, wodurch die lokale Historie der Stadt unter den Prämissen des Sozialismus fortgeschrieben werden konnte. Aus der Geschichte Freibergs als Stätte des mittelalterlichen Erz- und Silberbergbaus ergab sich eine wichtige Identitätsvorlage für das fotografische Schaffen der KKF und das Selbstverständnis ihrer Mitglieder. Dabei handelte es sich jedoch um kein autonom oder frei gewähltes Themengebiet, sondern um eine Adaption der staatlichen Erbeaneignung und Traditionspflege.[10] Der Schwerpunkt der KKF Freiberg ist als geradezu vorbildhaft für die Umsetzung dieser kultur- und geschichtspolitischen Vorgaben zu verstehen.

---

1 Willibald Gutsche [Vorsitzender der Gesellschaft für Heimatgeschichte] 1980, zit. nach Peter J. Lapp: Traditionspflege in der DDR, Berlin 1988, S. 112.

2 Vgl. Manuela Bonnke: Kunst in Produktion: bildende Kunst und volkseigene Wirtschaft in der SBZ/DDR, Köln/Wien 2007; Regine Schiermeyer: Greif zur Kamera Kumpel. Die Geschichte der Betriebsfotogruppen in der DDR, Berlin 2015.

3 Zur Arbeit der Kulturhäuser vgl. die Publikation von Annette Schuhmann: Kulturarbeit im sozialistischen Betrieb: Gewerkschaftliche Erziehungspraxis in der SBZ/DDR 1946 bis 1970, Köln/Weimar/Wien 2006.

4 Diese waren in die Kategorien »Erziehung«, »Musik«, »Werkbund«, »Studenten«, »Fotografie, Presse und Funk«, »Jugend«, »Erziehung und Film«, »Philosophische Gesellschaft«, »Philatelie« und »bildende Kunst« unterteilt.

5 In den letzten beiden Jahrzehnten war das künstlerisch-fotografische Schaffen in der DDR Gegenstand zahlreicher Ausstellungsprojekte und Sammelbände. Doch hatten diese Projekte nicht die Absicht, den Einfluss der Kulturpolitik auf die Arbeit der Amateurfotografenbewegung zu untersuchen. Vgl. hier u. a. Berlinische Galerie, Landesmuseum für Moderne Kunst (Hg.): Geschlossene Gesellschaft: künstlerische Fotografie in der DDR 1949–1989, Bielefeld 2012; Sigrid Hofer/Martin Schieder (Hg.): Fotografieren in der DDR, Dresden 2014; Karin Hartewig/Alf Lüdtke: Die DDR im Bild. Zum Gebrauch der Fotografie im anderen deutschen Staat, Göttingen 2004; Wolfgang Hesse/Andreas Krase (Hg.): Nachbilder. Fotografie in der DDR, in: Fotogeschichte, Jg. 26, H. 102, 2006; Wolfgang Hesse: Fotografie im Klassenkampf. Arbeiterfotografie in Deutschland, Österreich und der Schweiz, in: Fotogeschichte, Jg. 33, H. 127, 2013.

6 Vgl. Berthold Beiler: Parteilichkeit im Foto, Halle 1959; ders.: Die Gewalt des Augenblicks. Gedanken zur Ästhetik der Fotografie, Leipzig 1969.

7 Vgl. auch die Aufsatzsammlung Friedrich Herneck: Fotografie und Wahrheit. Beiträge zur Entwicklung einer sozialistischen Fotokultur, Leipzig 1979.

8 Hier sei stellvertretend auf die katalysierende und synthetisierende fotografische Ratgeberliteratur des Fotokinoverlags verwiesen.

9 Vgl. Volker Gramsow: Kulturpolitik in der DDR, Berlin 1975, S. 104–106.

10 Eberhard Kuhrt: Griff nach der deutschen Geschichte: Erbeaneignung und Traditionspflege in der DDR, Paderborn 1988.

KULTURPOLITISCHER RAHMEN

Im Folgejahr der Gründung des Kulturbunds 1949 vereinigten sich in Freiberg fotobegeisterte Natur- und Heimatfreunde zur Arbeitsgemeinschaft Fotografie.[11] Um 1960 gab es laut Meldebogen mindestens acht weitere betriebliche Fotozirkel.[12] In der lokalen Werkszeitschrift »Unser Kombinat« des Volkseigenen Betriebs (VEB) Albert Funk stellte der Redakteur der Zeitschrift die Spektren sozialistischer Fotografie anhand von Ausstellungsprojekten und Fotowettbewerben vor. Die dezidierte Übersetzung des sogenannten Bitterfelder Wegs in das praktische Schaffen der Amateurfotogruppen führte eine Beschlussvorlage vom 22. November 1959 aus: »Genauso, wie der schreibende Arbeiter die Geschehnisse seiner Zeit in literarischer Form gestaltet, so sollte der fotografierende Arbeiter die bildhafte Geschichtsschreibung vom Aufbau des Sozialismus übernehmen!«[13] Ein Wettbewerbsaufruf war hier noch konkreter: »Einzusenden sind Fotos, die die Errungenschaften unserer Arbeiter- und Bauernmacht veranschaulichen, die z. B. den Aufbau unseres Arbeiter- und Bauernstaates, das glückliche Leben unserer Jugend, das Schaffen unserer Werktätigen und die sozialistischen Entwicklungen auf dem Dorfe schildern.«[14]

In Freiberg gilt die im Stadt- und Bergbaumuseum ausgetragene »1. Kreisfotoschau« 1962 als Auftakt einer nachfolgenden regen Ausstellungstätigkeit der KKF.[15] Der 1960 bestellte Sekretär für kulturelle Massenagitation im Bezirkssekretariat Karl-Marx-Stadt, Eberhard Neubert, hatte jedoch bereits 1960 eine kleine Ausstellung historischer Fotografien unter dem Titel »Bilder vom erzgebirgischen Bergbau« im Stadt- und Bergbaumuseum Freiberg präsentiert.[16] Diese Präsentation zeigte Fotografien der Jahrhundertwende der Freiberger Fotografen Arno Heinicke und Karl August Reymann. Der Realisierung der Schau war eine Anfrage Neuberts zur Mitarbeit an die KKF Freiberg vorausgegangen, in der er um Aufnahmen aus der »Neuzeit« gebeten hatte, die den historischen Positionen gegenübergestellt werden sollten.[17] Während Neubert in seinem Katalogvorwort zunächst an die besondere Geschichte der Bergstadt erinnerte, legte er in seiner Einleitung zugleich eine dialektische Zielsetzung der Kontrastierung historischer mit zeitgenössischer Fotografien offen:[18] »Der Besucher der Ausstellung wird viele Vergleichsmöglichkeiten finden und neben dem Fortschritt in der Technik nicht das neue, bessere Leben des Bergmanns übersehen.«[19] Letztlich sollte der bildliche Vergleich den Freibergern die Errungenschaften eines besseren Lebens im Sozialismus vor Augen führen.

Ein an die Arbeitsgemeinschaft Fotografie gerichteter Brief der Bezirksleitung des Deutschen Kulturbunds in Karl-Marx-Stadt erlaubt Aufschlüsse, wie sich die Fotoschaffenden auch über Neuigkeiten der Fotoszene aus dem nicht sozialistischen Ausland informieren konnten: Die Bezirksleitung

11 Wikipedia: Freiberger Fotofreunde; URL: https://de.wikipedia.org/wiki/Freiberger_Fotofreunde (letzter Zugriff am 30. 7. 2018).

12 Walter Menzel [Leiter der AG Fotografie im Deutschen Kulturbund Freiberg]: Meldung von Fotozirkeln und -gruppen, Brief vom 2. März 1960. Stadtarchiv Freiberg (= StadtA FG) »Kulturbund«, Mappe 67.

13 Beschlußentwurf [Bezirkstagung der Amateurfotografen im Bezirk Karl-Marx-Stadt] vom 22. November 1959, S. 2. StadtA FG »Kulturbund«, Mappe 67.

14 Gaudernack [Vorsitzender des BFA Fotografie]/Gerlach [Sekretär]/Bezirkskommission Natur- und Heimatfreunde im Deutschen Kulturbund: Aufruf zu einem Foto-Wettbewerb aus Anlaß des 9. Jahrestages der Deutschen Demokratischen Republik, Karl-Marx Stadt 1958, o. S. StadtA FG »Kulturbund«, Mappe 67.

15 Vgl. URL: www.freiberger-fotofreunde.de/chronik/1950-1979 (letzter Zugriff am 31. 7. 2018). Die Chronik gibt des Weiteren an, dass Gunther Galinsky 1965 den Vorsitz der Kreiskommission Fotografie übernahm.

16 Eberhard Neubert: Bilder vom erzgebirgischen Bergbau. 1. Historische Photographien, Freiberg 1960.

17 Eberhard Neubert [Sekretär für kulturelle Massenagitation]/Rat der Stadt Freiberg, Stadt- und Bergbaumuseum: Brief an die Fachgruppe Fotografie im Deutschen Kulturbund, z. Hd. Herrn Rudolf Trinks, VEB Ratsdruckerei vom 7. April 1960. StadtA FG »Kulturbund«, Mappe 67.

18 Für den Teil II der Ausstellung über die zeitgenössischen Fotografien hat sich keine Dokumentation in Form eines Ausstellungskatalogs erhalten.

stellte den Kreis-AGs leihweise verschiedene Diaserien zur Verfügung. Als Lehr- und Anschauungsmaterial diente hierbei neben Bezirksfotoausstellungen anderer Fotozirkel ebenso die von Edward Steichen 1955 für das Museum of Modern Art konzipierte Schau »The Family of Man«, die nach dem Auftakt in New York in einer Wanderversion nicht nur in Tokio und zahlreichen westlichen europäischen Städten, sondern sogar in Moskau zu sehen gewesen war. Mit ihrem generalisierenden, zugleich aber humanistischen Menschenbild konnte die Ausstellung in einer Phase der Eskalation des Kalten Krieges auch in den Ostblockstaaten als Versöhnungsgeste gewertet werden. Die von Steichen angelegten Erzählstränge der Ausstellung, die den Lebenszyklus der Menschen unterschiedlicher Nationen und Ethnien sowie fotografische Ausblicke in das zeitgenössische politische Geschehen vorstellten, beschrieb Eric Sandeen 2004 als Vision für eine entmilitarisierte Kultur und als Aufruf gegen die Spaltung des Blockdenkens.[20] Den Fotoschaffenden der DDR wurden zudem weitere Bildbände zur Ausleihe angeboten, wie der Klassiker der DDR-Fototheorie »Parteilichkeit im Foto« von Berthold Beiler[21] und Heinrich Nickels angewandtes Fotohandbuch »Fotografie im Dienste der Kunst«.[22] Das Verzeichnis offenbart, dass den Fotoamateuren wohl auch Westtitel zur Verfügung standen. Die einzelnen Titel wurden jedoch nicht aufgezählt, sodass an dieser Stelle offenbleiben muss, welche Bildbände als geeignet für die Verbreitung erachtet wurden.[23]

Eine Einladung des Kulturbunds zur Wochenendschulung am 24. September 1961 kündigte einen bebilderten Vortrag des stellvertretenden Vorsitzenden der Zentralen Kommission Fotografie, Friedrich Herneck, über »Ästhetische Probleme der Fotografie« an.[24] Auch Richard Peter sen., der Autor des Fotobuchklassikers »Dresden, eine Kamera klagt an« (1949) war als Referent einer Schulung geladen.[25] Peters Bildband mit seinen Fotografien der Zerstörung Dresdens durch die Bombardierung 1945 diente der Legitimierung der DDR als politisches System, mit dem man zugleich den nationalsozialistischen Faschismus überwunden sah. Der Bildband wollte aufzeigen, was der junge Staat mit seiner Aufbauarbeit bereits geleistet hatte.

1965 schlug die Bezirkskommission Fotografie eine regionale Auffächerung der lokalen Fotozirkel vor. Hierbei sah ein Arbeitsplan vor, Karl-Marx-Stadt als Zentrum der Jugendfotografie, Plauen als Zentrum der Porträtfotografie, Zwickau als Zentrum der Farbfotografie und Freiberg zum Zentrum für die Entwicklung der Fotomontage auszubauen.[26] Auf die Idee einer fotografischen Spezifizierung hatten die Kulturfunktionäre offensichtlich die ersten beiden »Kreisfotoschauen« 1962 und 1963 gebracht. Im Rahmen der »1. Kreisfotoschau« hatte die Arbeiter- und Bauernfakultät (ABF) Wilhelm Pieck in Freiberg einen Überblick über die Geschichte der Fotogra-

19 Neubert, Bilder vom Bergbau (wie Anm. 16).

20 Erich Sandeen: Die Ausstellung, die Du mit Deinem Herzen siehst. »The Family of Man« auf Tour in der Welt des Kalten Krieges, in: Ministère de la Culture/Jean Back (Hg.): The Family of Man 1955–2001: Humanismus und Postmoderne – eine Revision von Edward Steichens Fotoausstellung, Marburg 2004, S. 100-121.

21 Berthold Beiler: Parteilichkeit im Foto, Halle/Saale 1959.

22 Heinrich Nickel: Fotografie im Dienste der Kunst – die Anwendung der Fotografie in der Kunstwissenschaft, Archäologie und Vorgeschichte, Halle (Saale) 1959.

23 Vgl. Verzeichnis bei der Bezirksleitung Karl-Marx-Stadt auszuleihender Fotobücher vom 21. März 1960. Eintrag 36: Bildkataloge der sozialistischen Länder; 37: Bildkataloge der DDR; 38: Bildkataloge des kapitalistischen Auslands; 39: Bildkataloge Westdeutschland und kapitalistisches Ausland; 40: Bildkataloge Westdeutschland und kapitalistisches Ausland; 41: 1957 Photography Award. StadtA FG »Kulturbund«, Mappe 67.

24 Brief des Deutschen Kulturbundes an Herrn Walter Menzel [KKF Freiberg] vom 12. September 1961. StadtA FG »Kulturbund«, Mappe 67.

25 Arbeitsplan der Bezirkskommission Fotografie Karl-Marx-Stadt für das Jahr 1961, S. 2. StadtA FG »Kulturbund«, Mappe67.

26 Martin [Sekretär für kulturelle Massenarbeit]: Entwurf Arbeitsplan der Bezirkskommission Fotografie für 1965, S. 2. StadtA FG »Kulturbund«, Mappe 68.

fie erarbeitet, anlässlich der »2. Kreisfotoschau« Großkopien politischer Fotomontagen präsentiert, die von einem nicht identifizierbaren Funktionär als politisch besonders wertvoll erachtet wurden: »Die Auswahl für diese Sonderschau, die in Vitrinen eine Anzahl Rohmontagen vorführte, zeichnete sich durch eine klare parteiliche Stellungnahme aus. Sie zeigte aber auch, wie erzieherisch wertvoll derartige Arbeiten für die Studenten sind, wie agitatorisch einprägsam solche Montage-Großkopien wirken. So waren neben einer Montage, die das Leben Wilhelm Piecks geschickt umfaßte, die Verteidigungsbereitschaft wie die sozialistische Arbeitsmoral im Thema ›Meine Hand für mein Produkt‹ dargestellt. Aber auch die Mahnung vor der Gefahr eines Atomkrieges wurde gezeigt, wobei die eine, wahrhaft erschütternde Darstellung, geradezu meisterhaft genannt zu werden verdient. Auch der Feind, dargestellt durch klerikal-militant-landsmannschaftlichen Klüngel, war nicht vergessen. Dieser Erfolg der ABF ›Wilhelm Pieck‹ Freiberg konnte nur durch eine vorbildliche Zusammenarbeit des Faches Kunsterziehung mit dem eigenen Foto-Aktiv zustande kommen. Die ABF ›Wilhelm Pieck‹ plant, diese Arbeit weiter auszubauen und zu dauernder parteilicher politischer Agitation ihre Räume mit guten Großkopien derartiger Fotomontagen auszustatten.«[27] Die Rezension bezieht sich hier einmal mehr auf Beilers Schlagwort der »Parteilichkeit«. Die Mitglieder der KKF Freiberg waren hingegen vom Vorschlag einer regionalen Konzentration auf die Fotomontage nicht allzu angetan: »Sowohl Bdfrd. Dr. Neubert als auch Bdfrd. Galinsky sprachen sich gegen diesen Plan aus, weil zur Fotomontage noch etwas mehr dazu gehört, als nur gut zu fotografieren.«[28] Die Idee scheint jedoch bis 1966 verfolgt worden zu sein, denn in diesem Jahr entgegneten Rudolf Trinks und Gunther Galinsky mit einem entschiedenen Statement: »Im Punkt 7 des Arbeitsplans 1966 schlägt die Bezirkskommission Fotografie abermals vor, im Kreis Freiberg eine Spezialisierung auf das Genre der Fotomontage vorzunehmen. Von der Kreiskommission Fotografie ist schon im vergangenen Jahr dieser Vorschlag abgelehnt worden. Wir verstehen nicht, warum die BKF wieder auf diese Spezialisierung zukommt. In Freiberg fehlen jegliche Voraussetzungen zur Entwicklung der Fotomontage. Wir wollen froh sein, wenn wir die Freiberger s-w-Fotografen zu einer arbeitsfähigen Gruppe zusammenbringen können. Uns ist unerklärlich, warum ausgerechnet Freiberg als Zentrum der Fotomontage ausgewählt worden ist. Sollten die ›illustrierten Bildschnipseleien‹, die 1963 in der ABF Freiberg angefertigt worden sind, dazu Anlaß gewesen sein? Diese Arbeiten hatten nichts mit der Fotomontage zu tun.«[29]

TRADITIONSPFLEGE UND MONTANGESCHICHTLICHES ERBE

In der Zwischenzeit hatte sich die KKF mit ihrem Engagement um das Erbe des Bergbaus längst einem anderen Thema verschrieben. Dabei handelte es sich jedoch nicht um ein subversives Unterlaufen offizieller Kulturpolitik, sondern um eine freiwillige Verinnerlichung der neuen Leitlinien der Kulturpolitik.[30] Unter den Stichworten der Erbeaneignung und Traditionspflege stellte Peter Lapp die Prämissen einer als »flexibel« zu verstehenden Geschichtsschreibung und Erinnerungspolitik durch die Arbeiterklasse vor: »Aktuelle politische Forderungen bestimmten die Traditionspflege in der DDR. Sie hat immer darauf zu achten, daß einmal aufgenommene

27 O. V.: ABF »Wilhelm Pieck« Freiberg pflegt die politische Fotomontage?, o. D. StadtA FG »Kulturbund«, Mappe 67.

28 Vgl. Niederschrift über die Zusammenkunft von Mitgliedern der Kreisfotokommission am 29. Januar 1965. StadtA FG »Kulturbund«, Mappe 67.

29 Rudolf Trinks/Gunther Galinsky: An die Bezirkskommission Fotografie im Deutschen Kulturbund, Brief vom 19. Januar 1966. StadtA FG »Kulturbund«, Mappe 68.

30 Vgl. Kuhrt, Griff Geschichte (wie Anm. 10), S. 36–38.

Traditionen auf ihre Gültigkeit, Berechtigung und ihren Nutzen überprüft werden, sie muß politische Veränderungen rechtzeitig erkennen, um möglichst frühzeitig modifizierte Ausarbeitungen zu Ereignissen der neu interpretierten Vergangenheit anbieten zu können. Mit anderen Worten: Traditionspflege in der DDR hat politisch flexibel zu sein.«[31] Die Geschichtswende der 1970er Jahre fasste historische Traditionen nunmehr als »gesellschaftliche Praxis«[32] auf und rief die Bevölkerung dazu auf – wie das Eingangszitat des Vorsitzenden der Gesellschaft für Heimatgeschichte im Kulturbund, Prof. Willibald Gutsche, verdeutlicht –, als Stadt- oder Ortschronisten die Geschichte, Sitten und Gebräuche ihrer Region unter den Vorzeichen der »sozialistischen Wertegemeinschaft« zu erforschen, neu zu bewerten und mit regionalen Initiativen zu beleben.[33] Zu den diesbezüglichen Traditionen zählten unter anderen Bauern- und Dorffeste, Feier- und Gedenktage, die Jahrestage von Arbeiterprotesten und -aufständen, aber auch die Reenactments historischer Ereignisse. Neben der Erstellung von Orts- und Betriebschroniken forderte der Kulturbund die Anfertigung heimatkundlicher Farblichtvorträge, die Aspekte der Traditions- und Heimatpflege einmal mehr mit der Fotografie verbanden.[34] Ab 1970 veröffentlichte die Akademie der Wissenschaften in Berlin mit dem Institut für Geographie und Geoökologie und der Arbeitsgruppe Heimatforschung zudem eine »Werte unserer Heimat« betitelte Reihe heimatkundlicher Bestandsaufnahmen.[35]

Auch das Denkmalpflegegesetz von 1975, die 1978 gegründete Gesellschaft für Denkmalpflege und die Zentrale Denkmalpflegeliste der DDR von 1979 samt Vorgängerliste von 1962 sind in diesem Rahmen eines aktivierten Geschichtsbewusstseins zu verorten.[36] Wie die heimatkundlichen Initiativen begann ebenso die technische Denkmalpflege in der DDR, sich ab Mitte der 1960er Jahre zu formieren.[37] 1988 fasste Lapp die Beispiele der Erbe- und Traditionspflege unter den Überbegriffen »Denkmale der Produktions- und Verkehrsgeschichte« sowie »Denkmale zur Kultur und Lebensweise der werktätigen Klassen« zusammen, neben den klassischeren Kategorien der Denkmale der bildenden und angewandten Kunst, der Denkmale der Landschafts- und Gartengestaltung, Denkmale des Städtebaus und der Architektur sowie der Denkmale zu bedeutenden historischen und kulturellen Ereignissen.[38] Zudem verdeutlichte Lapp die Geschichte des Steinkohlenreviers Lugau-Oelsnitz als Paradebeispiel der Traditionspflege in der DDR: In diesem Werk habe Adolf Hennecke seine »denkwürdige Höchstleistungsschicht« erbracht.[39] Am Standort des ehemaligen Karl-Liebknecht-Schachts errichtete die DDR nach Ende des Abbaus 1967 ein Bergbaumuseum als offizielle Institution der Erinnerungspolitik.

Auch Eberhard Wächtler erörterte die Ausrichtung sozialistischer Erbeaneignung, nahm aber eine wesentliche Differenzierung vor. Wächtler war 1962 als Historiker auf den Lehrstuhl für Technikgeschichte an die Bergakademie Freiberg

31 Peter J. Lapp: Der politische Stellenwert der Traditionspflege in der DDR, in: Jens Hacker (Hg.): Die DDR und die Tradition, Heidelberg 1981, S. 12.

32 Ebd., S. 11.

33 Peter J. Lapp: Traditionspflege in der DDR, Berlin 1988, S. 112.

34 Vgl. Aufruf zum Wettbewerb 1961/62, S. 2 und S. 5. StadtA FG »Kulturbund«, Mappe 67.

35 Vgl. beispielsweise Akademie der Wissenschaften (Hg.): Zwischen Zwickauer Mulde und Geyerschem Wald. Ergebnisse der heimatkundlichen Bestandsaufnahme in den Gebieten von Wildenfels, Lößnitz und Geyer, Berlin 1978.

36 Vgl. Bianka Trötschel-Daniels/Kai Drewes: Denkmallisten in der DDR; URL: http://ddr-planungsgeschichte.de/denkmallisten/ (letzter Zugriff am 6.8.2018).

37 Deutscher Kulturbund/Institut für Denkmalpflege: Denkmalpflege in unserer Zeit, Berlin 1962. Die Geschichte der technischen Denkmalpflege in der DDR wurde bislang noch nicht geschrieben. Vgl. Alexander Kierdorf/Uta Hassler (Hg.): Denkmale des Industriezeitalters. Von der Geschichte des Umgangs mit der Industriekultur, Tübingen/Berlin 2000, S. 53.

38 Lapp, Traditionspflege (wie Anm. 33), S. 125.

39 Ebd., S. 127.

berufen worden. Seine Schriften nahmen eine Umkodierung der Geschichte des Bergbaus und der Bergarbeiter als historische Vorläufer der Geschichte der Produktivkräfte im Sozialismus vor.[40] Der Ideologe plädierte für die Traditionspflege der Bergarbeiter im Sinne eines historischen Entwicklungsprozesses auf dem Weg zu einer selbstbestimmten Arbeiterklasse. Laut Wächtler war die Freiberger Bergparade in diesem Zusammenhang als »feudalständische Erscheinungsform« zu verstehen, welche die Produktivkräfte stets daran erinnern sollte, »daß sie [die Freiberger Bergparade] ein Instrument zur Verhinderung des politisch-historischen Fortschritts war«.[41] 1986 wurde die Bergparade im Rahmen der 800-Jahr-Feier dann gewissermaßen rekonstruiert und wiederaufgeführt. Dieses Vorgehen steht jedoch nicht im Widerspruch zu Wächtlers Bewertung, sondern führt den im Rahmen der neuen Geschichtsschreibung geforderten »kritischen« Auseinandersetzungsprozess mit der historischen Bedeutung von Erbe und Traditionen konsequent weiter. Wächtlers Ausführungen stehen hier deutlich unter dem Zeichen der Widerspruchsdiskussion der Jahre 1971 bis 1973, die den Eindruck eines offenen geschichtlichen Auseinandersetzungsprozesses in der DDR erwecken sollte. Als Ende dieser Diskussion bezeichnete Volker Gransow »Honeckers kulturpolitische[n] Umfall« auf der 9. Tagung des ZK, auf der der Generalsekretär »in Abrede [stellte], daß der Satz ›Die DDR ist das langweiligste Land der Welt‹ (aus Brauns ›Klippern‹) zur weiteren Herausbildung sozialistischer Denk- und Verhaltensweisen beitrage«.[42] Dem offenen Austausch von Argumenten und dem Diskussions- und Verhandlungsprozess im Dienste der sozialistischen Geschichtsfindung wurden damit ab 1973 wieder engere Grenzen gesetzt.

Dass die KKF Freiberg aber auch nicht sklavisch die Doktrinen der sozialistischen Fototheorie und die vom Kulturbund vorgeschlagenen Inhalte umsetzte, indiziert eine Kritik anlässlich der »1. Kreisfotoschau« 1962 im Stadt- und Bergbaumuseum Freiberg: »In der ersten Jury-Sitzung wurde bereits festgestellt, daß bei den vorliegenden Einsendungen ein Teil der uns kulturpolitisch interessierenden Thematik nicht vertreten war.« [43] Jedoch gaben die Verantwortlichen einen Formfehler vor und vereinbarten, anlässlich der nächsten Ausstellung eine Prämie auszuschreiben, um die Amateurfotografen für das Thema »Aus der Kulturarbeit der Betriebe« zu motivieren.[44] In einem Rückblick anlässlich des 50-jährigen Bestehens der »Fotofreunde« wird diese zeitgenössische Kritik an der Ausstellung als »zu bürgerlich« jedoch fast als ebenso subversiv wie politisch zu verstehender Eigensinn der KKF gedeutet.[45] Ein »Ausweichen« oder »Entziehen« kann aber nicht zwangsläufig im Sinne von »Opposition« gewertet werden und verweist vielmehr auf eine konservative Auswahl fotografischer Themen.

In den 1970er Jahren intensivierte sich der fotopublizistische Schwerpunkt im Bereich Montangeschichte der KKF in der Zusammenarbeit unterschiedlicher lokaler Akteure. Dieses spezifische Engagement schloss die Umsetzung anderer,

40 Vgl. Eberhard Wächtler: Zur Geschichte der Lage der Bergarbeiter im sächsischen Steinkohlenrevier Lugau-Ölsnitz von 1889–1914, Leipzig 1957 [Promotion]; ders.: Historischer Fortschritt und Tradition im deutschen Bergbau von 1807 bis 1871, Rostock 1968 [Habilitation].

41 Eberhard Wächtler: Wurzeln und Funktion der Tradition im Bergbau, in: Studien zur Geschichte der Montanindustrie und zur Neuformierung der Arbeiterklasse in der DDR, in: Freiberger Forschungshefte, Reihe D, Wirtschaftswissenschaften, Geschichte, Leipzig 1980, S. 17.

42 Volker Gransow: Kulturpolitik in der DDR, Berlin 1975, S. 111.

43 [Bericht über die »1. Kreisfotoschau« im Kreis Freiberg] vom 12. Mai 1962. StadtA FG »Kulturbund«, Mappe 67.

44 Ebd.

45 Vgl. Sabine Ebert: Ein halbes Jahrhundert mit der Kamera dabei. Freiberger Fotofreunde hielten viele denkwürdige Momente in der Bergstadt fest, in: 50 Jahre Freiberger Fotofreunde. Fotoausstellung vom 27. Mai bis 9. Juli 2000 im Stadt- und Bergbaumuseum Freiberg, Freiberg 2000, o. S.

stärker ideologisch verhafteter Inhalte allerdings zu keinem Zeitpunkt aus. Vielmehr kam die Ortsgruppe den Ansinnen der Kulturpolitik auf den verschiedenen Ebenen entgegen.[46] Dies mag ihr wiederum große Spielräume für den bergbaulichen Schwerpunkt verschafft haben, mit dem sich die Mitglieder selbst stark identifizierten. Eberhard Wächtler erteilte der KKF in diesem Zusammenhang wohl eine Art Freibrief und hielt ihr kulturpolitisch den Rücken frei.[47] Zudem folgte man auch ganz offiziell den kulturpolitischen Vorgaben. Historische Fotografien, die mit der Erinnerungspolitik der DDR nicht konforme Ereignisse festhielten, wurden in keiner der Ausstellungen oder illustrierten Geschichtshefte präsentiert. Ebenso wenig findet sich in den archivierten Unterlagen ein Verweis auf den Versuch der Erstellung eines »alternativen« Geschichtsbildes.

Im November 1967 rief ein Brief die KKF dazu auf, »das Bild vom Menschen« in »unserer Gemeinschaft« zu thematisieren.[48] Die Fotografen sollten sich mit der vom 6. bis 19. Juni 1971 gezeigten Ausstellung »Unsere Menschen« auf die »1. Porträtfotoschau« der DDR im Herbst 1971 in Dresden vorbereiten. Hier klangen einmal mehr die aktuellen kulturpolitischen Vorgaben an, denn mit Honeckers »Weite und Vielfalt« diente das Porträtbild als Ausdruck einer humanistischen Weltsicht als neues Leitbild sozialistischer Fotografie.[49] 1982 zog der Fotokinoverlag mit einem Band über August Sander, Porträtfotograf in der Weimarer Republik, nach, der nun ebenfalls als vorbildhaft für eine sozialistisch ausgerichtete Fotografie in der DDR vorgestellt wurde.[50] Nach dem Willen der Funktionäre sollte die Porträtfotografie eine sozialistische Haltung der Porträtierten, aber auch der Fotografen zum Ausdruck bringen: »Das fotografische Porträt bietet besondere Möglichkeiten den Menschen unserer sozialistischen Gesellschaft zum Gegenstand eindrucksvoller Aufnahmen zu machen. In den Fotos sollen menschliche Empfindungen und die hohen moralisch-ethischen Eigenschaften zum Ausdruck kommen, die für die Entwicklung der Bürger in unserer Republik zu sozialistischen Persönlichkeiten und für ihre vielseitigen Beziehungen zur Gemeinschaft und Umwelt charakteristisch sind.«[51] Eine Selbstverpflichtung von 1973 verdeutlicht das möglicherweise absichtsvoll parteikonforme Verhalten der KKF: »Die Fotoschaffenden des Bezirkes Karl-Marx-Stadt werden auch im Jahre 1973 durch hervorragende fotografische Leistungen die weitere Verbesserung des geistig-kulturellen Lebens unserer Republik aktiver unterstützen. Mit ihren Mitteln und Möglichkeiten wirken sie an der Gestaltung aller gesellschaftlichen Höhepunkte mit und tragen durch ihre sinnvolle Freizeitbeschäftigung zur Ausprägung der kulturschöpferischen Rolle der Arbeiterklasse, zur Bildung sozialistischer Persönlichkeiten und zur Entwicklung neuer moralischer Beziehungen zwischen den Menschen bei. Sie arbeiten für die Vertiefung des sozialistischen Patriotismus und Internationalismus und seiner reaktionären Ideologie.«[52]

Aus einem Wettbewerbsaufruf geht hervor, wie eng die KKF auf lokaler Ebene mit dem Aktiv Denkmalpflege vernetzt war. Dies hatte vor allem personelle Gründe: In der Kleinstadt Freiberg amtierte der Direktor des Stadt- und Bergbaumuseums, Heinrich Douffet, zugleich als Vorsitzender des Aktivs

46 Hier sei auf die Fotoausstellung anlässlich des Jubiläums der Bergakademie Freiberg 1965 verwiesen, aber auch auf die prestigeträchtige Ausstellung in der französischen Partnerstadt Gentilly 1968.

47 Gedächtnisprotokoll Gespräch mit Gunther Galinsky 2017.

48 Fotoausstellung »Unsere Menschen«, o. D. StadtA FG »Kulturbund«, Mappe 68.

49 Deutscher Kulturbund, Zentrale Komm. Fotografie d. DDR (Hg.): 1. [Erste] Porträtfotoschau der DDR, Berlin 1971.

50 Vgl. Gunther Sander (Hg.): August Sander, Leipzig 1982.

51 Fotoausstellung »Unsere Menschen«, o. D. StadtA FG »Kulturbund«, Mappe 68.

52 Arbeitsplan 1973 [Verwirklichung Beschlüsse des VIII. Bundeskongresses des Kulturbundes, der VIII. Bezirksdelegiertenkonferenz Karl-Marx-Stadt]. StadtA FG »Kulturbund«, Mappe 69.

Abb. 1

Freiberger Motive, Teil 3: Denkmalpflege in unserer Zeit, Kulturbund der DDR | Freiberg 1976

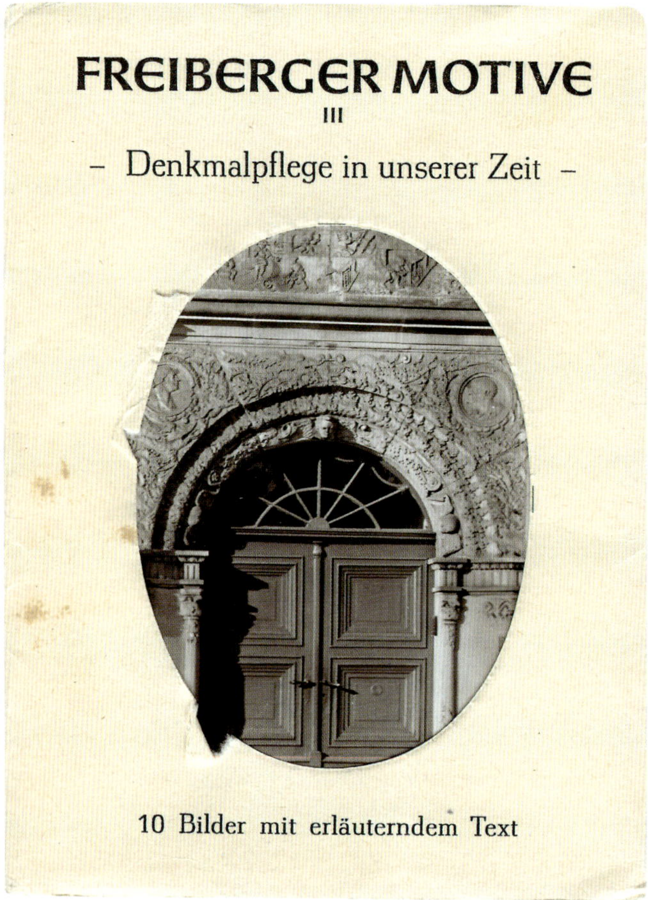

Denkmalpflege und setzte hier indirekt die Traditionen des Freiberger Altertumsvereins fort, der sich seit dem 19. Jahrhundert für die Denkmalpflege engagiert hatte.

Die in den Jahren 1965 bis 1983 konzipierten und in sieben Ausgaben verlegten Bildermappen der »Freiberger Motive« bezeugen diese langjährige Beschäftigung. Laut Entwurfspapier sollte die erste Mappe durch »Aufnahmen von Straßenzügen, Gassen, Höfen und Gebäuden den mittelalterlichen Charakter unserer Stadt widerspiegeln«, die zweite Mappe »Freiberger Miniaturen« enthalten wie »Treppen, Türen, Portale, Schlußsteine«.[53] Für diesen Zweck schlugen Douffet und Galinsky den Mitgliedern der Fotogruppe konkrete Motive vor.[54] Die schließlich als Teil zwei publizierte Postkartenserie »Denkmale des Bergbaus« enthielt Motive aus dem unter- und obertägigen Bergbau, während die als Teil drei veröffentlichte Mappe »Denkmalpflege in unserer Zeit« Kunstdenkmale der mittelalterlichen Stadt präsentierte (Abb. 1). Neben diesen Bildermappen waren die Denkmalpflege und die technischen (bergbaulichen) Denkmale der Region fester Bestandteil von Ausstellungsprojekten, etwa in der Fotoausstellung »Freiberg – eine Stadt der sozial. Deutschen Demokratischen Republik« (1969).[55] Ab 1970 hatte die KKF die Veröffentlichung einer Bildermappe zum Thema Denkmalpflege geplant, wobei die Eröffnung der Elisabethgrube als Schaubergwerk 1968 als Argument für die Notwendigkeit einer solchen Sammlung angeführt wurde.[56] Die »Denkmale des Bergbaus« genannte Mappe erschien 1972 (Abb. 2),[57] präsentierte acht fotografische Illustrationen und war mit einem Vorwort Otfried Wagenbreths versehen, der sich 1968 bei Eberhard Wächtler am Institut für Geschichte des Bergbaus und Hüttenwesens an der Bergakademie Freiberg habilitiert hatte und zum wichtigsten Montanhistoriker der Bergakademie wurde.

1974 sah der Arbeitsplan der KKF eine Ausstellung zum Thema 15 Jahre Denkmalpflege in Freiberg mit 50 Fotografien anlässlich des 25. Jahrestags der DDR in Zusammenarbeit mit

53 Gunther Galinsky [KKF FG]/Heinrich Douffet [Vorsitzender des Aktivs Denkmalpflege]: [Brief] o. D. StadtA FG »Kulturbund«, Mappe 68.

54 Gunther Galinsky/Heinrich Douffet: [Brief], o. D., S. 2. StadtA FG »Kulturbund«, Mappe 68. Teil 1 der »Freiberger Motive« ist bibliografisch nicht erfasst, die weiteren, als Postkartensets vertriebenen Mappen hatten die folgenden thematischen Ausrichtungen: »Freiberger Motive«, Teil 2: »Denkmale des Bergbaus«, 1972; »Freiberger Motive«, Teil 3: »Denkmalpflege in unserer Zeit«, 1976; »Freiberger Motive«, Teil 4: »Die Grabentour«, 1978; »Freiberger Motive«, Teil 5: »10 Historische Reymann-Fotos der Stadt Freiberg zwischen 1884 und 1912«, 1980; »Freiberger Motive«, Teil 6: »Bergmännische Szenen um 1900«, 1982; »Freiberger Motive«, Teil 7: »Das neue Freiberg«, 1983.

55 Bestandsliste Fotoschau Freiberg – eine Stadt der sozial. Deutschen Demokratischen Republik. StadtA FG »Kulturbund«, Mappe 68.

56 Gunther Galinsky: [Brief] vom 9. Januar 1970. StadtA FG »Kulturbund«, Mappe 68.

57 Deutscher Kulturbund, Kreiskommission Fotografie und Fachgruppe Denkmalpflege: Freiberger Motive, Denkmale des Bergbaus. 8 Bilder mit erläuterndem Text, 1979.

Abb. 2

Freiberger Motive, Teil 2: Denkmale des Bergbaus, Kulturbund der DDR | Freiberg 1972

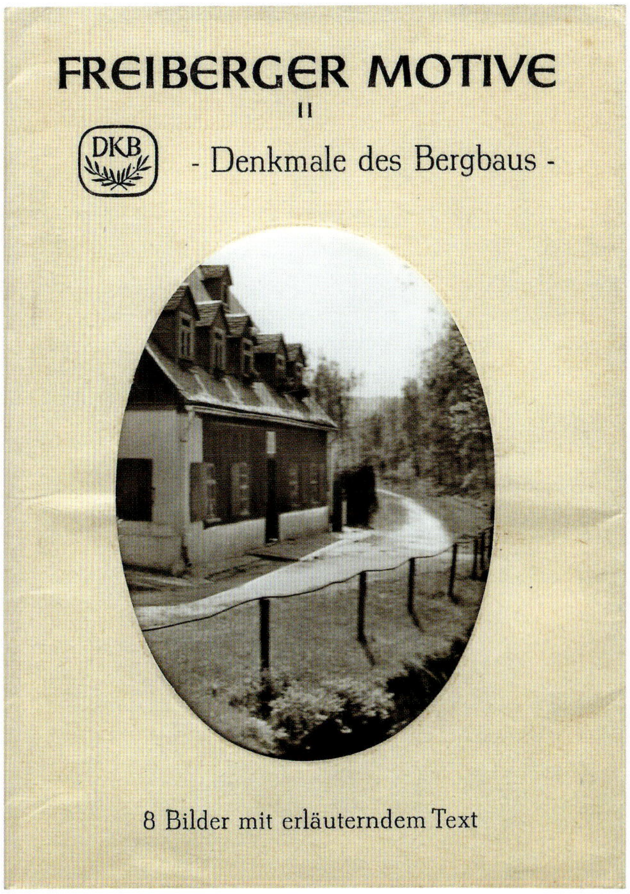

dem Aktiv Denkmalpflege vor.[58] Die Ausstellung wurde als »Denkmalpflege im sozialistischen Staat« am 5. Oktober 1974 eröffnet.[59] Im Jahr darauf nahm man sich vor, »ganz im Zeichen des 30. Jahrestages der Befreiung unseres Volkes vom Faschismus, des 30jährigen Wirkens des Kulturbundes und des 25jährigen Bestehens der Arbeitsgemeinschaft Fotografie im Kulturbund der DDR« arbeiten zu wollen.[60] In einem Anschreiben an die Kulturredaktion des Fernsehens der DDR bewarb Gunther Galinsky die Ausstellung »Sozialistische Denkmalpflege in Freiberg in den vergangenen 25 Jahren« und vermittelte das Anliegen der Fotografen: »Wir sind der Überzeugung, daß wir mit dieser Ausstellung (Möglicherweise erstmalig in der DDR) in gelungener Form die Probleme der Denkmalpflege der Bevölkerung nahebringen um sie gleichzeitig zu einer aktiven Mitarbeit anzuregen. Die erheblichen Leistungen, die unser Staat für die Erhaltung des nationalen Kulturerbes bringt, werden ebenfalls dokumentiert.«[61] Auch auf politischer Ebene bewarb Gunther Galinsky die erfolgreiche Arbeit des Freiberger Fotozirkels und hob einmal mehr dessen denkmalpflegerische Orientierung hervor: »Ich glaube, wir haben mit unserer Ausstellung im Kreis Freiberg (es war wohl die erste dieser Art in der DDR?) die Idee für die große Ausstellung ›Unser Erbe‹, die im vergangenen Jahr in Karl-Marx-Stadt gezeigt wurde, geliefert. In dieser Erbe-Ausstellung wurde auch umfangreiches Bildmaterial aus Freiberg verwendet.«[62] Mit dieser Aussage deuten sich jedoch zugleich die Grenzen in der Selbstwahrnehmung an, da dem Vorsitzenden der KKF Freiberg offensichtlich der kulturpolitische Förderkatalog des Kulturbunds und dessen Schwerpunktsetzung der Traditionspflege und Erbeaneignung nicht vertraut waren.[63] Galinsky erwähnte zudem die Broschüre »Denkmale im Kreis Freiberg«, die aus der Freiberger Denkmalpflegeausstellung hervorgegangen und mit 34 (fotografischen) Illustrationen ausgestattet war.[64] Ein Bei-

58 Kulturbund der DDR/Kreiskommission Fotografie Freiberg: Arbeitsplan 1974, S. 2. StadtA FG »Kulturbund«, Mappe 69.

59 Einladungskarte. StadtA FG »Kulturbund«, Mappe 69.

60 Kulturbund der DDR/Kreiskommission Fotografie Freiberg: Arbeitsplan 1975. StadtA FG »Kulturbund«, Mappe 69.

61 Gunther Galinsky: An das Fernsehen der DDR – Kulturredaktion, 1199 Berlin – Adlershof, Betr. Ausstellung »Sozialistische Denkmalpflege in Freiberg in den vergangenen 25 Jahren«, Brief vom 9. Oktober 1974. StadtA FG »Kulturbund«, Mappe 69.

62 Gunter Galinsky: Diskussionbeitrag zur ZKF-Tagung am 4. Februar 1977 in Berlin, S. 3. StadtA FG »Kulturbund«, Mappe 69.

63 Vgl. die ab 1970 verlegte Reihe »Werte unserer Heimat« der Akademie der Wissenschaften in Berlin in Zusammenarbeit mit dem Institut für Geographie und Geoökologie und der Arbeitsgruppe Heimatforschung.

64 Gunter Galinsky: Diskussionbeitrag zur ZKF-Tagung am 4. Februar 1977 in Berlin, S. 3. StadtA FG »Kulturbund«, Mappe 69. Vgl. Deutscher Kulturbund mit Unterstützung des Institutes für Denkmalpflege: Denkmalpflege in unserer Zeit, Berlin 1962.

Abb. 3

Freiberger Motive, Teil 5: 10 Historische Reymann-Fotos der Stadt Freiberg zwischen 1884 und 1912, Kulturbund der DDR | Freiberg 1980

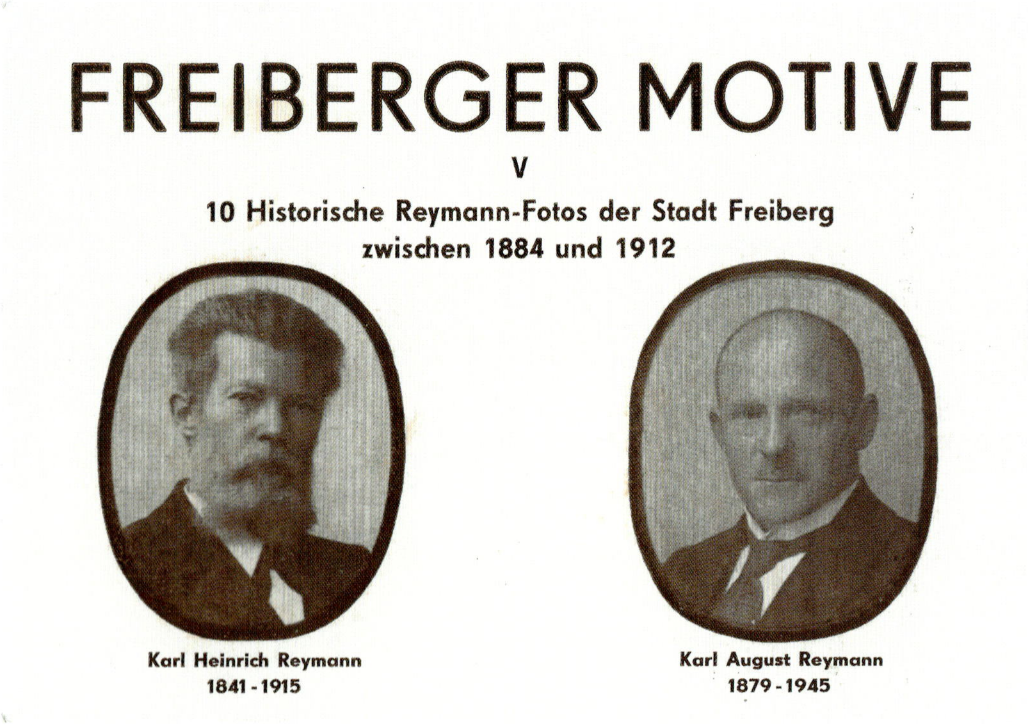

trag Otfried Wagenbreths über die Denkmale des (Freiberger) Bergbaus und Hüttenwesens erläutert hier die Fotografien.[65]

Im März 1982 wurde die Zentrale Kommission Fotografie im Kulturbund der DDR in die Gesellschaft für Fotografie umgewandelt. Das Engagement für den Denkmalschutz und die Heimatpflege blieben jedoch weiterhin Schwerpunkt der Freiberger Fotografen. Im Oktober 1982 erfolgte ein gemeinsamer Aufruf zum Fotowettbewerb »Denkmale der Geschichte unserer Heimat« des Präsidenten des Kulturbunds der DDR, des Generalkonservators des Instituts für Denkmalpflege, des Vorsitzenden der Gesellschaft für Denkmalpflege, des Vorsitzenden der Gesellschaft für Heimatgeschichte sowie des Vorsitzenden des Zentralvorstands der Gesellschaft für Fotografie. Darin hieß es: »Die materiellen Zeugnisse der jahrhundertelangen Geschichte unseres Volkes gehören zum Reichtum unserer geistigen und kulturellen Entwicklung. Sie sind Teil unserer Heimat, nehmen Einfluß in das Können, das Schöpfertum, die Klassen- und Machtverhältnisse und die Ideenwelt früherer Generationen. Aus diesem Erbe, unseren Denkmalen, gehen für uns heute Impulse hervor, die uns bei der Meisterung der großen Aufgaben in unserer Republik beflügeln können. Ihre Wirkung wird umso größer, je mehr wir sie in das öffentliche Bewußtsein einbringen helfen. Dazu vermag die Fotografie einen bedeutenden Beitrag zu leisten. Wir rufen alle Interessierten auf: Schaut euch in Eurem Heimatort und Heimatkreis um, entdeckt und erkundet mit der Kamera die denkmalgeschützten Zeugen der Vergangenheit, ob in ihrem Ausmaß größer oder kleiner, ob auffallender oder unscheinbarer. Setzt sie für alle Bürger ins Bild.«[66] Dem Aufruf folgte ein Katalog konkreter Vorschläge, was zu fotografieren sei, wie »die Wirkungsstätten der örtlichen Geschichte der Arbeiterbewegung und ihrer führenden Persönlichkeiten, die Gedenkstätten des antifa-

Abb. 4

GUNTHER GALINSKY (HG.) | *Reymann – Fotodokumentaristen der Bergstadt Freiberg 1865–1945* | Leipzig 1985

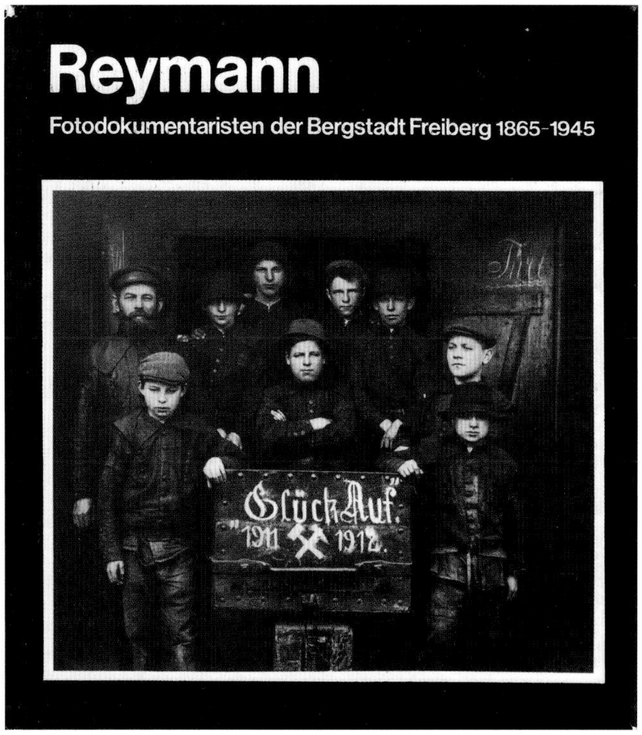

schistischen Widerstandskampfes, die Stätten, an denen die Geschichte unseres Arbeiter- und Bauern-Staates, des sozialistischen Aufbaus unserer Republik, der deutsch-sowjetischen Freundschaft und der brüderlichen Beziehungen zu den Völkern der sozialistischen Gemeinschaft geschrieben wurde; die Denkmale der Erinnerung an Schauplätze des revolutionären Kampfes, an bedeutende Persönlichkeiten aus Politik, Wissenschaft und Kunst; die Denkmale der Produktions- und Verkehrsgeschichte, historische Produktionsstätten, Verkehrsbauten, bergbauliche Anlagen, Hammerwerke, Schmelzöfen, maschinelle Produktivkräfte, Wassertürme, Windmühlen, die Schmalspurbahn«.[67]

Einen wichtigen Meilenstein zur Anerkennung der technischen Denkmalpflege in der DDR stellte der von Eberhard Wächtler, Otfried Wagenbreth und Heinrich Douffet erarbeitete und 1973 veröffentlichte Band »Technische Denkmale in der DDR« dar.[68] Das Denkmalpflegegesetz der DDR vom 19. Juni 1975 nahm eine Integration der »Zeugnisse zur Kultur und Lebensweise der werktätigen Bevölkerung« sowie »technische[r] Gegenstände«[69] und eine Institutionalisierung der technischen Denkmalpflege vor.

Auch die KKF Freiberg führte ihre fotografische Vermittlung der Erbe- und Traditionspflege weiter. 1978 publizierte die KKF den Bildband »Freiberg« mit zahlreichen Motiven aus der Geschichte der Stadt.[70] Für die fünfte Ausgabe der Postkartenreihe der »Freiberger Motive« wurden Fotografien von Karl Heinrich Reimann und dessen Sohn Karl August Reymann[71] erstmals nach dem Krieg einer breiteren Öffentlichkeit vorgestellt und von den Herausgebern als »kleiner Beitrag zur fotografischen Erbepflege«[72] bezeichnet (Abb. 3). Die Publikation initiierte im September 1980 die Idee eines größeren

65 Freiberg-Information (Hg.): Denkmale im Kreis Freiberg, in Zusammenarbeit mit den Arbeitsgemeinschaften Fotografie und Denkmalpflege im Kulturbund Freiberg, ²1979.

66 Pirschner [Präsident des Kulturbundes der DDR]/Deiters [Generalkonservator des Instituts für Denkmalpflege]/Hartke [Vorsitzender der Gesellschaft für Denkmalpflege im Kulturbund der DDR]/Gutsche [Vorsitzender der Gesellschaft für Heimatgeschichte im Kulturbund der DDR]/Heilig [Vorsitzender des Zentralvorstandes der Gesellschaft für Fotografie im Kulturbund der DDR]: Aufruf zum Foto-Wettbewerb »Denkmale der Geschichte unserer Heimat«, Berlin, Oktober 1982. StadtA FG »Kulturbund«, Mappe 72.

67 Ebd.

68 Kulturbund der DDR/Zentrale Kommission Natur und Heimat/Zentraler FA Denkmalpflege/Eberhard Wächtler/Otfried Wagenbreth/Heinrich Douffet (Hg.): Technische Denkmale in der DDR, 1973.

69 Kerstin Odendahl: Kulturgüterschutz: Entwicklung, Struktur und Dogmatik eines ebenenübergreifenden Normensystems, Tübingen 2005, S. 94.

70 Gunther Galinsky [Fotos]/Rolf Stenzel [Einführung]: Freiberg, Leipzig 1978.

71 Der 1985 von Galinsky herausgegebene Bildband Reymann: Fotodokumentaristen der Bergstadt Freiberg 1865–1945 (siehe Anm. 74) führte diese unterschiedlichen Schreibweisen des Nachnamens ein.

72 Verlag »Bild und Heimat« 4. Februar 1980. Ansichtskartenmappe »Freiberger Motive V«. StadtA FG »Kulturbund«, Mappe 71.

Abb. 5

Freiberger Motive, Teil 6: Bergmännische Szenen um 1900, Kulturbund der DDR | Freiberg 1982

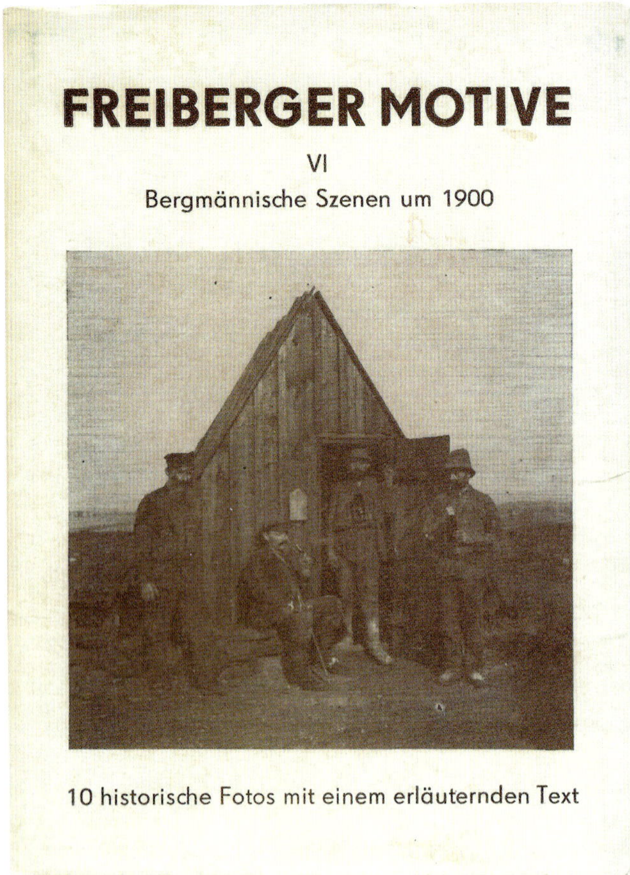

Bildbands über die Fotografen.[73] Der 1985 veröffentlichte Band »Reymann – Fotodokumentaristen der Bergstadt Freiberg 1865–1945«[74] stellte sicherlich die publizistische Krönung der fotohistorischen Tätigkeiten des Freiberger Fotozirkels dar (Abb. 4). 1982 verlegte die KKF Freiberg mit den »Bergmännischen Szenen um 1900« den sechsten Teil der Reihe »Freiberger Motive« (Abb. 5). Hierbei handelte es sich um »eine Neuauflage der einst vom Freiberger Verleger Bruno Richter herausgegebenen Ansichtskartenserie«,[75] die der Verlag um 1900 veröffentlicht hatte und die Aufnahmen der Freiberger Fotografen Arno Heinicke und Ernst Oehme enthielt.

In Rahmen der Vorbereitungsarbeiten der 800-Jahr-Feier der Stadt Freiberg bahnten sich 1982 weitere Aktionen der Arbeitsgemeinschaft Fotografie an, wie eine Broschüre zur Geschichte der Fotografie in Freiberg mit historischen Aufnahmen.[76] Teil sieben der »Freiberger Motive« präsentierte unter dem Titel »Das neue Freiberg« 1983 Ansichten neuer Bauwerke der Stadt, die als Illustrationen des Fortschritts und der Errungenschaften der sozialistischen Gesellschaft gewertet werden sollten. Nach wie vor waren bei den Fotografen die romantisierenden Ansichten der Altstadt Freibergs überaus beliebt; sie galten als ideologisch unverfänglich und hielten zudem die Erinnerung der Freiberger an die stolzen Zeiten ihrer Stadt vor dem Nationalsozialismus und dem Sozialismus lebendig.

FAZIT

Die aufgezeigten Schwerpunkte und thematischen Vertiefungen haben anhand der Arbeit der KKF Freiberg in exemplarischer Weise den ideellen Aktionsradius einer Arbeitsgemeinschaft des Kulturbunds beschrieben und die Besonderheit einer intensiven Verschränkung der Fotografie mit der technischen Denkmalpflege aufgezeigt, wie sie in der Geschichte des Kulturbunds vermutlich einzigartig ist. Das ambivalente

73 Ihrke [Redaktion VEB Fotokinoverlag Leipzig] an Gunther Galinsky, Brief vom 22. September 1980. StadtA FG »Kulturbund«, Mappe 71.

74 Gunther Galinsky: Reymann – Fotodokumentaristen der Bergstadt Freiberg 1865–1945, Leipzig 1985.

75 Pressespiegel zu den Bergmännischen Szenen; »Neue Bildmappe mit historischen Fotos«. StadtA FG »Kulturbund«, Mappe 71.

76 Gunther Galinsky: Arbeitsgemeinschaft Fotografie. Zuarbeit zum Aktionsprogramm in Vorbereitung der 800-Jahr-Feier der Stadt Freiberg, Brief vom 4. Mai 1982. StadtA FG »Kulturbund«, Mappe 71.

Quellenmaterial verdeutlicht hierbei den Spagat zwischen einer beflissenen Beteiligung an den gewünschten Zielsetzungen der Kulturpolitik und den Spielräumen für andere Themen. Anhand der Arbeit der KKF Freiberg kann der Einfluss der Kulturpolitik und deren Umsetzung auf lokaler Ebene nachvollzogen werden. Die Arbeit der Freiberger Fotoamateure bezeugt zudem, dass die Dichotomie einer »von oben« oktroyierten Erinnerungspolitik versus eines »subversiven« Zugriffs auf die Geschichte der DDR zu kurz greift, um der gesellschaftlichen Komplexität des Lebens in einer Diktatur gerecht zu werden. Spätestens ab den 1970er Jahren wirkten die Freiberger Fotografen an einer umfassenden Revision des Geschichtsbildes mit, welche die Historie der Bergstadt Freiberg im Sinne einer sozialistischen Erfolgsgeschichte interpretierte. Trotz des vorgegebenen Rahmens scheint es den Fotografen nicht schwergefallen zu sein, sich für die Geschichte ihres Ortes bzw. ihrer Heimat zu begeistern.

Das veränderte Geschichtsverständnis der 1970er Jahre hatte individualisierte und regionalisierte Ortsgeschichten gefordert. Das Konzept der Aktivierung sah hierbei eine flexible Geschichtsaneignung vor, in der die Bürger selbst regionale Traditionen auf ihre sozialistischen Grundwerte hin befragen und diese zu vorbildhaften Ereignissen und erinnerungswürdigen Geschehnissen »umkodieren« sollten. Das Konzept der Erbeaneignung und Traditionspflege sah somit kein starres Geschichtsbild mehr vor, das einen unumstößlichen Kanon historischer Ereignisse vorformulierte, sondern bot mit seiner auf Partizipation abzielenden Ausrichtung ideale Bedingungen für eine gelebte regionale Identität, die – zumindest theoretisch – die Integration all derer erlaubte, die nicht mehr an das System glaubten.

Das starke Engagement der KKF für die Geschichte des Freiberger Bergbaus zeigt diese Verinnerlichung der neuen kulturpolitischen Ausrichtung beispielhaft auf. Die Kohärenz zwischen Eigenmotivation und offiziellen Leitlinien mag im Übrigen auch dazu beigetragen haben, dass die Gruppe zu DDR-Zeiten einen überregionalen Bekanntheitsgrad erlangte.

SILKE WAGLER

Kunstfonds im Fokus – Fotografie im Auftrag? Eine Fotoserie von Matthias Rietschel aus den 1980er Jahren

Mit der Ausstellung »Mensch! Photographien aus Dresdner Sammlungen« und dem dazu herausgegebenen Katalog konnte 2006 eindrucksvoll gezeigt werden, dass Dresden ein bedeutender Ort nicht nur der Fototechnik, sondern auch der Fotografiegeschichte ist.[1] Die Entwicklung des Mediums wurde aufschlussreich in Verbindung zu örtlichen Sammlungsgeschichten gesetzt.[2] Dabei hatte der Kunstfonds einen ersten wichtigen Auftritt als Sammlung mit Fotografie,[3] was in der Folge den Wunsch nach einer kontinuierlichen wissenschaftlichen Erschließung und Aufarbeitung des Bestands in Bezug auf die Fotografie verstärkte. Hier existiert noch immer ein erheblicher Nachholbedarf, während gleichzeitig regelmäßige Neuzugänge zu einer ständigen Erweiterung führen.[4]

Der Kunstfonds vereint in der Vielfalt seiner Bestände medial, thematisch und chronologisch eine Mehrzahl von Forschungsfeldern, für deren angemessene wissenschaftliche Erschließung und Erforschung er aber völlig unzureichend ausgestattet ist. Punktuell gelingt es, anlassgebunden einzelne Werke, Werkgruppen und Künstler sowie Künstlerinnen in den Mittelpunkt zu stellen, meist spielt dabei auch die Art des Zugangs zur Sammlung eine nicht unwichtige Rolle. Zuletzt bot die Ausstellung »Im Moment« die großartige Gelegenheit eines breiten Einblicks in die Fotobestände der Sammlung.[5]

Der Kunstfonds des Freistaates Sachsen gehört seit 2004 zum Verbund der Staatlichen Kunstsammlungen Dresden. Er betreut heute das größte öffentliche Konvolut an Gegenwartskunst aus der Zeit nach 1945 mit Bezug zu Sachsen.[6] Damit sind die beiden Schwerpunkte definiert: Kunst aus der DDR[7] und zeitgenössische Kunst. Bei den meisten dieser

1 Dieser Aufsatz geht zurück auf den Beitrag der Autorin zum Symposium »Photographieren in der DDR«, der 4. Tagung des Arbeitskreises »Kunst in der DDR« Berlinische Galerie, 9.–11. November 2012. Das Thema wurde erstmals aufgegriffen in Vorbereitung der Ausstellung des Kunstfonds »Lys Geburtstag. Vietnamesen im Dresden der 80er Jahre« im Goethe-Institut Dresden 2008/09. Viele Informationen zum Entstehungskontext des Werkkomplexes stammen aus mehrfachen Gesprächen mit Matthias Rietschel, die zwischen 2008 und 2019 geführt wurden.

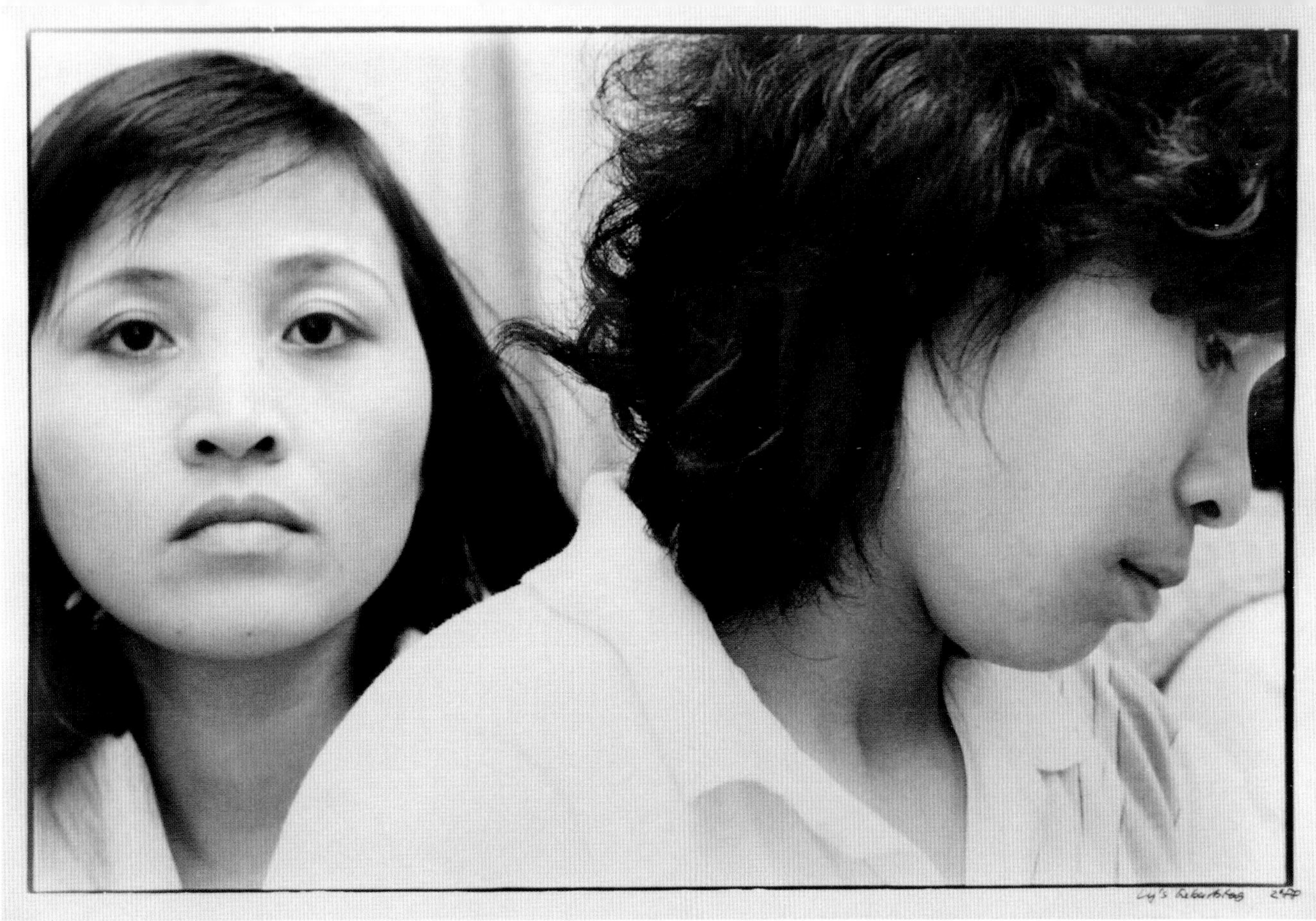

Abb. 1

MATTHIAS RIETSCHEL | *Ly's Geburtstag*, 2/88 | 1988

Silbergelatinepapier

Werke handelt es sich um öffentliche Ankäufe bzw. im staatlichen Auftrag entstandene Kunst. Die Sammlung verdankt sich somit der offiziellen Kunst(förder)politik in zwei unterschiedlichen Gesellschaftssystemen. Im inzwischen mehr als 36 000 Objekte zählenden Gesamtbestand, der zu etwa zwei Dritteln aus der Zeit der DDR stammt, befinden sich alle Gattungen der bildenden Kunst, vor allem Grafik, Malerei, Plastik, Kunsthandwerk – und eben Fotografie. Für 587 Einzelwerke der insgesamt reichlich 2 000 Fotografien in der Sammlung ist eine Herkunft aus der DDR vermerkt. Einige wenige Werke stammen aus den 1950er bis 1970er Jahren, die meisten entstanden in den 1980er Jahren, vor allem in der zweiten Hälfte der Dekade. Die künstlerische Fotografie spielte in der öffentlichen Diskussion wie in der Kunstförderpolitik als eher angewandtes Mittel bis dahin eine nachgeordnete Rolle.[8] Ihre

2 Wolfgang Hesse/Katja Schumann (Hg.): Mensch! Photographien aus Dresdner Sammlungen. Ausst.-Kat., Kupferstich-Kabinett, Staatliche Kunstsammlungen Dresden, Marburg 2006.

3 Der Kunstfonds ist auch bei den Dresdener Fotosammlungen auf der Website www.photo.dresden.de vertreten.

4 Der Bestand an aktueller Gegenwartskunst erfährt seit 1992 jährliche Erweiterung durch die Förderankäufe des Freistaates Sachsen an zeitgenössischer Kunst.

5 Im Moment. Fotografie aus Sachsen und der Lausitz, Görlitz 2017/18; Kulturhistorisches Museum Görlitz und Kunstfonds, Staatliche Kunstsammlungen Dresden.

6 Ausführlich zur Sammlungsgeschichte siehe Silke Wagler: Kontinuitäten im Fördern, Sammeln und Vermitteln zeitgenössischer Kunst: vom Sekretariat für Kunstaustellungen zum Kunstfonds des Freistaates Sachsen, in: Jahrbuch der Staatlichen Kunstsammlungen Dresden 2010, Bd. 36, Dresden 2012, S. 226–237.

7 Nur das Kunstarchiv Beeskow verfügt über einen noch größeren Kunstbestand an Werken der Auftragskunst und Ankäufen aus dem ehemaligen Besitz der Parteien und Massenorganisationen der DDR. Der Anteil der Fotografie aus der DDR ist dem im Kunstfonds vergleichbar, aber die Beeskower Bestände wurden bereits bis 1990 zusammengetragen, URL: www.kunstarchiv-beeskow.de/bestand/#einblick (letzter Zugriff am 25. 2. 2020).

8 Die Ausstellung »Medium Fotografie« 1977 in der Galerie Roter Turm in Halle trug maßgeblich zur offiziellen Anerkennung der Fotografie als Kunstform in der DDR bei. Vgl. Eckhardt Gillen: Angehaltene Zeit. Fotografien aus der DDR, in: Niemandsland, H. 7/1988, S. 3–5, hier S. 3; Karin Thomas: 40 Jahre Kunst-Fotografie in der DDR. Zwischen sozialistischem Realismus und Realität im Sozialismus, in: ebd., S. 6–29, hier S. 7f. In der Lehre an der Hochschule für Grafik und

Emanzipation als künstlerisches Medium hatte demzufolge auch noch keinen nachhaltigen, den anerkannten künstlerischen Techniken vergleichbaren Niederschlag in den Förderstrukturen gefunden.[9] Daraus erklärt sich auch die geringere Anzahl der heute im Kunstfonds verzeichneten Fotografien, die bis 1990 in öffentlichen Besitz eingingen.[10] Unter ihnen befinden sich zahlreiche weitgehend unpolitische Aufnahmen, wie die Serie zur Dresdner Druckwerkstatt von Matthias Lüttig oder die Atelieraufnahmen aus dem Künstlerhaus in Loschwitz von Werner Lieberknecht.[11] Politisch motivierte Werke lassen sich vergleichsweise wenig nachweisen. Dazu zählt ein Konvolut von 15 Aufnahmen von vier verschiedenen Urhebern, die für eine Festmappe aus Anlass von »25 Jahren SED« im Kunstzirkel des Textilseidenwerks in Pirna-Copitz entstanden und das sozialistische Leben in seinen vielen Facetten zeigen sollten.[12] Diese Mappe ist Ausdruck des in der DDR ideologisch-kulturpolitisch geförderten und deswegen verbreiteten künstlerischen Laienschaffens[13] und kam als Teil des Treuhandbestandes Mitte der 1990er Jahre zum Kunstfonds. Die heute ebenfalls in der Sammlung enthaltenen Werke namhafter Vertreter und Vertreterinnen der Fotografie in der DDR wie etwa Evelyn Richter, Christian Borchert, Helfried Strauß, Thomas Florschuetz, Klaus Elle, Gundula Schulze Eldowy oder Else Gabriel wurden erst nach dem Ende der DDR erworben. Sie fanden aufgrund ihrer Bedeutung für das sächsische Kunstschaffen und als Anerkennung ihres wichtigen künstlerischen Beitrags zur Fotografie in der DDR im Rahmen der Förderankäufe des Freistaates Sachsen für den Kunstfonds Berücksichtigung.[14] Im Folgenden wird eine fotografische Auftragsarbeit aus der Sammlung in ihrem Entstehungskontext vorgestellt und eine Verortung als künstlerisches Dokument innerhalb der Fotografie in der späten DDR versucht.

Unter den zahlreichen Aufträgen für neue Kunstwerke, die sich von Anfang der 1970er Jahre bis zum Ende der DDR im Kunstfonds aus dessen Vorgängerinstitution, dem Büro für bildende Kunst (BfbK) beim Rat des Bezirkes Dresden, nach-

Abb. 2

Vertrag Nr. 5/89, Auftragsunterlagen des Büros für Bildende Kunst beim Rat des Bezirkes Dresden

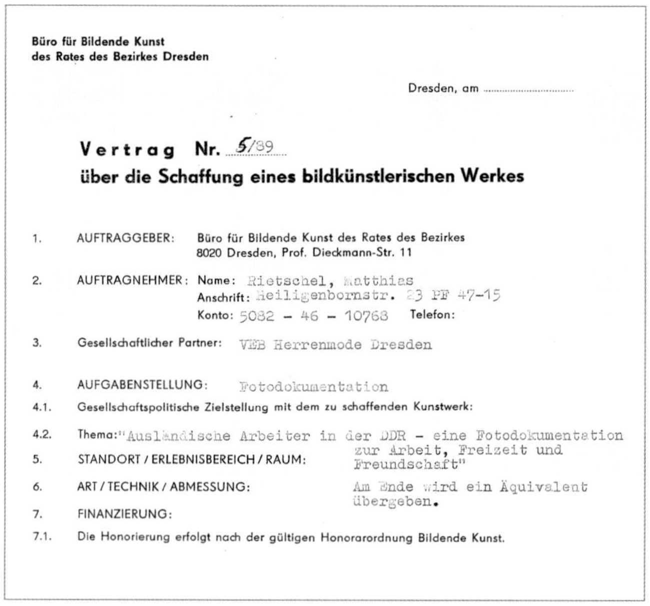

Büro für Bildende Kunst
des Rates des Bezirkes Dresden

Dresden, am ....

Vertrag Nr. 5/89
über die Schaffung eines bildkünstlerischen Werkes

1. AUFTRAGGEBER: Büro für Bildende Kunst des Rates des Bezirkes 8020 Dresden, Prof. Dieckmann-Str. 11
2. AUFTRAGNEHMER: Name: Rietschel, Matthias
Anschrift: Heiligenbornstr. 23 PF 47-15
Konto: 5082 - 46 - 10768 Telefon:
3. Gesellschaftlicher Partner: VEB Herrenmode Dresden
4. AUFGABENSTELLUNG: Fotodokumentation
4.1. Gesellschaftspolitische Zielstellung mit dem zu schaffenden Kunstwerk:
4.2. Thema: "Ausländische Arbeiter in der DDR - eine Fotodokumentation zur Arbeit, Freizeit und Freundschaft"
5. STANDORT / ERLEBNISBEREICH / RAUM:
6. ART / TECHNIK / ABMESSUNG: Am Ende wird ein Äquivalent übergeben.
7. FINANZIERUNG:
7.1. Die Honorierung erfolgt nach der gültigen Honorarordnung Bildende Kunst.

Buchkunst Leipzig gab es eine Konkurrenz um die Akzeptanz der Fotografie als gleichberechtigtes Medium neben der Malerei, die formale Gleichstellung erfolgte erst nach der Wende. Vgl. Peter Guth: Wege nach 1945. Eine Annäherung an 50 Jahre Entwicklung, in: Fotografie. Eine Ausstellung der Hochschule für Grafik und Buchkunst Leipzig, Leipzig 1993, S. 16–25, hier S. 23.

9 Als Auftraggeber fungierten neben der Arbeitsgruppe Fotografie im Verband Bildender Künstler der DDR und der Gesellschaft für Fotografie zunehmend auch die FDJ, der FBGB und die Räte der Bezirke. Vgl. Peter Pachnicke: Gesellschaftlicher Auftrag und individueller Ausdruck, in: Konzept Auftrag Fotografie. Eine Ausstellung aus Auftragswerken der Gesellschaft für Fotografie im Kulturbund der DDR, Berlin 1988/89, S. 11 und 18. Vgl. auch Klaus Werner: Jenseits von Eitelkeit – Fälle von Wahrheit, in: Junge Fotografen der achtziger Jahre, Ausst.-Kat. Galerie Mitte, Dresden 1985, Galerie oben, Chemnitz, 1986, Galerie Mitte, Dresden (Hg.), Dresden, 1985, S. 2 f.; Ullrich Wallenburg: Anspruch und Wirklichkeit. Notate zur Fotografie in der DDR, in: ders. (Hg.): Das letzte Jahrzehnt. Ostdeutsche Photographie der achtziger Jahre, Ausst.-Kat. Frankfurt/Main 1993, Cottbus 1993, S. 13–16, hier S. 14.

10 Der Kunstfondsbestand enthält im Kern das Inventar des Büros für Bildende Kunst. Nach 1990 wurden der Sammlung zahlreiche Kunstwerke aus anderen öffentlichen Institutionen und Betrieben sowie über die Treuhand von den Parteien und Massenorganisationen der DDR zugeführt. Vgl. Wagler, Kontinuitäten im Fördern (wie Anm. 6).

11 Matthias Lüttig, Kunstfonds, Inv.-Nr. 108/1-38/1989; Werner Lieberknecht, Kunstfonds, Inv.-Nr. 46/1-55/90.

12 Kunstfonds, Inv.-Nr. L07693-L07707. Die Aufnahmen stammen von Rudolf Jonas, Siegfried Neumerkel, Willy Schöps und (Vorname unbekannt) Pladen.

weisen lassen, sind für Fotoserien nur zwei späte Aufträge von 1988 und 1989 zu finden.[15] Einer davon wurde 1989 mit dem heute bekannten Bildjournalisten Matthias Rietschel abgeschlossen.[16] Der 1958 in der Oberlausitz geborene Fotograf studierte von 1980 bis 1986 Fotografie an der Hochschule für Grafik und Buchkunst (HGB) in Leipzig, unter anderem bei Helfried Strauß[17] und Wolfgang G. Schröter[18], und damit auch in dem von Evelyn Richter und Arno Fischer, die ebenfalls dort lehrten, nachhaltig geprägten Umfeld.[19] Als einzige Ausbildungsstätte der DDR, die akademisch-künstlerische Abschlüsse als Diplomfotograf bzw. -fotografiker ermöglichte, spielte die Hochschule für die Ausprägung der künstlerischen Fotografie in der DDR die herausragende Rolle. Sie bildete eine bedeutende Schule aus, die ihre Wurzeln in den sozialdokumentarischen fotografischen Traditionen des 19. und 20. Jahrhunderts hatte.[20] Gemeinsamer Nenner der an der HGB Lehrenden war die Priorität des unvoreingenommenen, anteilnehmenden Sehens und eines sozial genauen Beobachtens. Es wurde das »Moment der künstlerisch vermittelten Augenzeugenschaft ästhetisch kultiviert".[21] Matthias Rietschel gehört zu der unter diesem prägenden Einfluss aktiv werdenden Generation, die einen genauen Blick auf die politisch-sozialen, wirtschaftlichen und menschlichen Verhältnisse der DDR und deren Verwerfungen warf und künstlerisch zugleich soziologische oder im hiesigen Fall sogar ethnologische Studien betrieb bzw. das Material dafür lieferte.

Diese Haltung zur Wirklichkeit, das neugierige, aufmerksame Beobachten des Alltags und das Vermögen, Bilder zu finden, die das bewusste Mitsehen der Kontexte provozieren, teilt Rietschel mit vielen Fotografenkollegen und -kolleginnen dieser Zeit. Er zeigte sie erstmals deutlich in seiner Diplomarbeit von 1985, die er dem Alltag der Sorben in der DDR widmete. »Begegnungen. Bilder aus der sorbischen Lausitz« ist als Diplombeleg im Archiv der HGB erhalten. Die Mappe umfasst 52 Farb- und Schwarz-Weiß-Aufnahmen.[22] Für die Ausstellung »Im Moment. Fotografie aus Sachsen und der Lausitz« wurde sie gesichtet und es konnte erstmals eine Auswahl von Motiven öffentlich ausgestellt und publiziert werden.[23]

13 Regine Schiermeyer untersuchte in ihrem bisher nicht veröffentlichten Dissertationsprojekt an der Universität Heidelberg: »Betriebsfotogruppen in der DDR. Das staatliche Programm und seine Umsetzung in den Betrieben 1959–1990«. Ein Vergleich der dabei entstandenen Fotoserien zur Arbeitswelt mit denen der Autorenfotografen wäre interessant.

14 Die Werke sind über das Internet in der SKD-Online-Collection recherchierbar: https://skd-online-collection.skd.museum/Search.

15 1988 wurde ein Vertrag mit Günter Starke über seine Atelierlandschaften abgeschlossen (Kunstfonds, Inv.-Nrn. 23–25/1991, zwölf Mappen mit je sechs bis zehn Aufnahmen aus verschiedenen Dresdner Künstlerateliers).

16 URL: www.rietschel-foto.de (letzter Zugriff am 13.9.2019). Weitere Abzüge aus der Serie, die sich teilweise mit den im Kunstfonds erhaltenen Motiven überschneiden, befinden sich auch in der Sammlung des Zeitgeschichtlichen Forums Leipzig.

17 Helfried Strauß (*1943) war ab 1978 als Lehrbeauftragter an der HGB tätig und leitete die Fachklasse für angewandte Fotografie. Er vermittelte der jüngeren Fotografengeneration die Ideen der Life-Fotografie und vor allem die Ästhetik des Sehens nach Cartier-Bresson. Vgl. Kai-Uwe Schierz: Die andere Leipziger Schule. Fotografie in der DDR, Ausst.-Kat., Erfurt 2009, S. 7.

18 Wolfgang G. Schröter (1928–2012) war ab 1972 Gastdozent für Angewandte Farbfotografie an der HGB. Er war ein wichtiger Vertreter der action fotografie. Er wurde durch die 1968 auf der Kölner Messe photokina präsentierten lebensgroßen polychromen Körper-Fotogramme bekannt, den wohl weltweit frühesten kameralosen Pseudo-Solarisationen.

19 Gillen, Angehaltene Zeit (wie Anm. 8).

20 Schierz, Die andere Leipziger Schule (wie Anm. 17), S. 7.

21 Ebd.

22 Der Beleg der Diplomarbeit von Matthias Rietschel im Archiv der HGB Leipzig enthält damit nur die Essenz aus dem deutlich mehr Aufnahmen umfassenden Konvolut, die als Kontaktbögen im Archiv des Fotografen lagern – nach Aussage Matthias Rietschels im Gespräch mit der Autorin am 19.9.2017 etwa 1000. Darunter befinden sich aber mehrere Variationen desselben Motivs, von denen dann bei der engeren Auswahl eins für gültig erklärt wurde. Eine Arbeitsweise, die auch bei der hier vorgestellten Auftragsarbeit praktiziert wurde.

23 Sechs Motive der Serie befinden sich auch in der Sammlung des Kupferstich-Kabinetts, Staatliche Kunstsammlungen Dresden, wo sie 1990 inventarisiert wurden (D 1990-36–37 sowie D 1990-41–44). Die Ausstellungsabzüge (fünf der neun Motive wurden im Katalog abgedruckt: Wagler/Wenzel, Im Moment [wie Anm. 5], S. 127–131) unterscheiden sich teilweise geringfügig von denen in der Diplomarbeit, weil Matthias Rietschel dort mitunter das Motiv nicht vollständig ausbelichtete, sondern den Ausschnitt aus kompositorischen Gründen kleiner wählte.

Abb. 3 (oben)

MATTHIAS RIETSCHEL | *Im Betrieb*, 4/88 | 1988

Silbergelatinepapier

Abb. 4 (unten)

MATTHIAS RIETSCHEL | *Son, Wohnheim*, 2/88 | 1988

Silbergelatinepapier

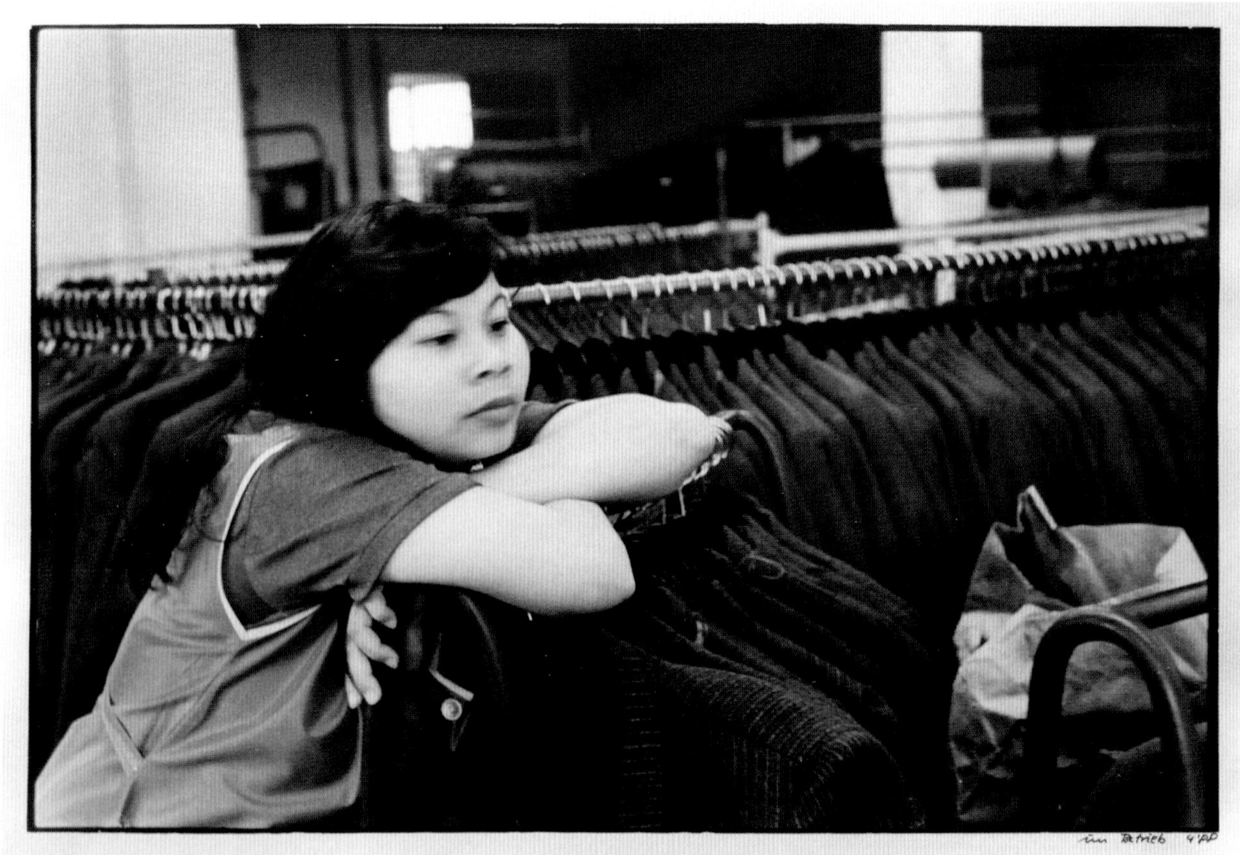

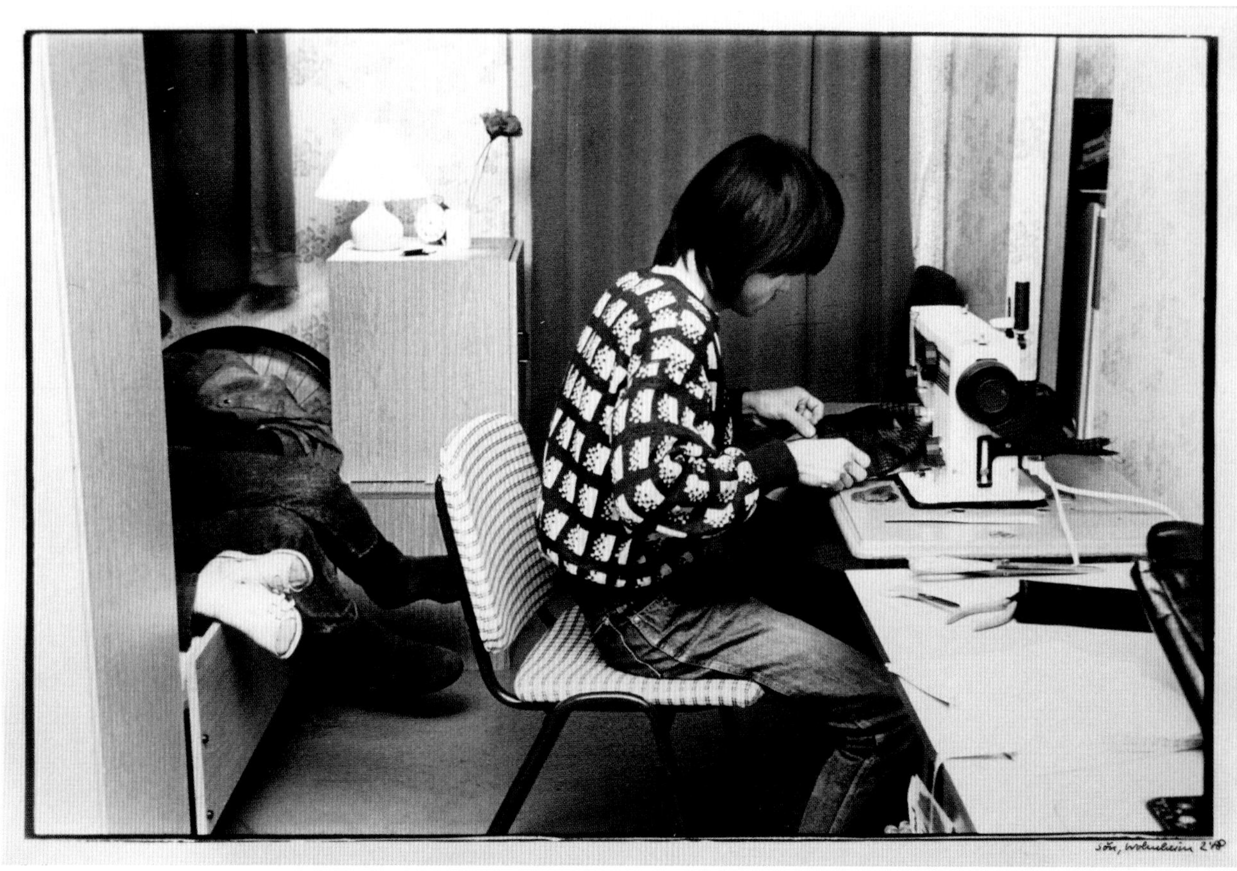

Abb. 5 (oben)

MATTHIAS RIETSCHEL | *Im Wohnheim*, 4/89 | 1989

Silbergelatinepapier

Abb. 6 (unten)

MATTHIAS RIETSCHEL | *Im Betrieb*, 9/90 | 1990

Silbergelatinepapier

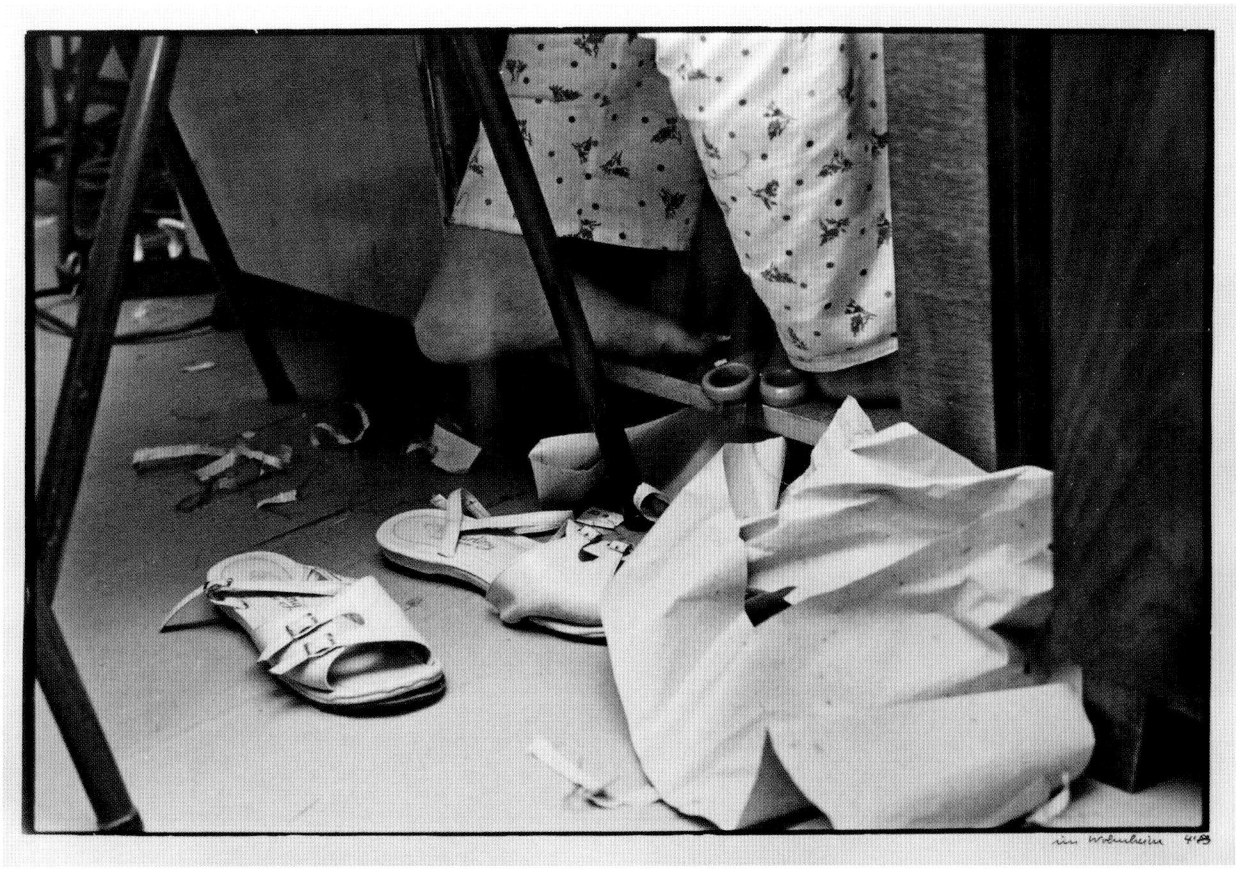

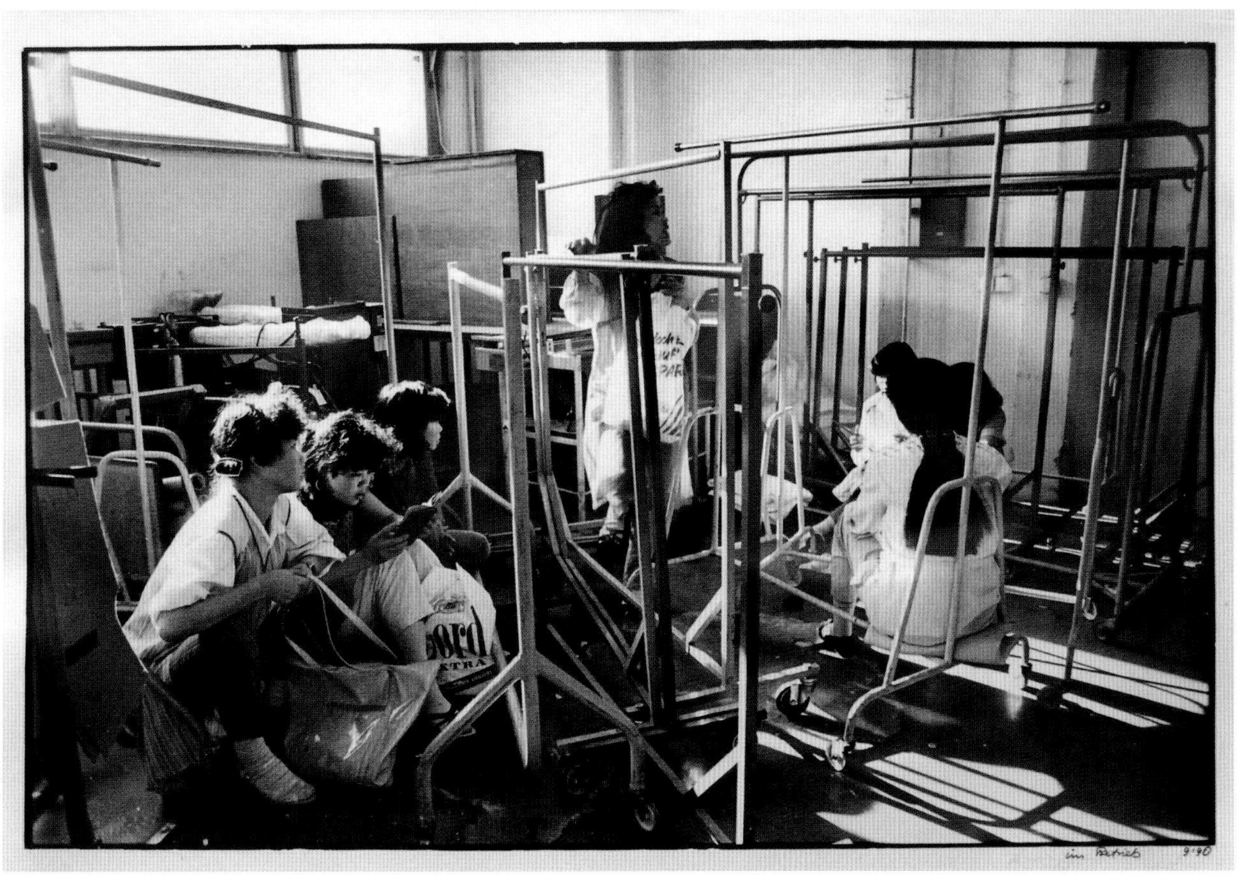

Abb. 7

MATTHIAS RIETSCHEL | *Letzter Arbeitstag bei Herrenmode*, 10/90 | 1990

Silbergelatinepapier

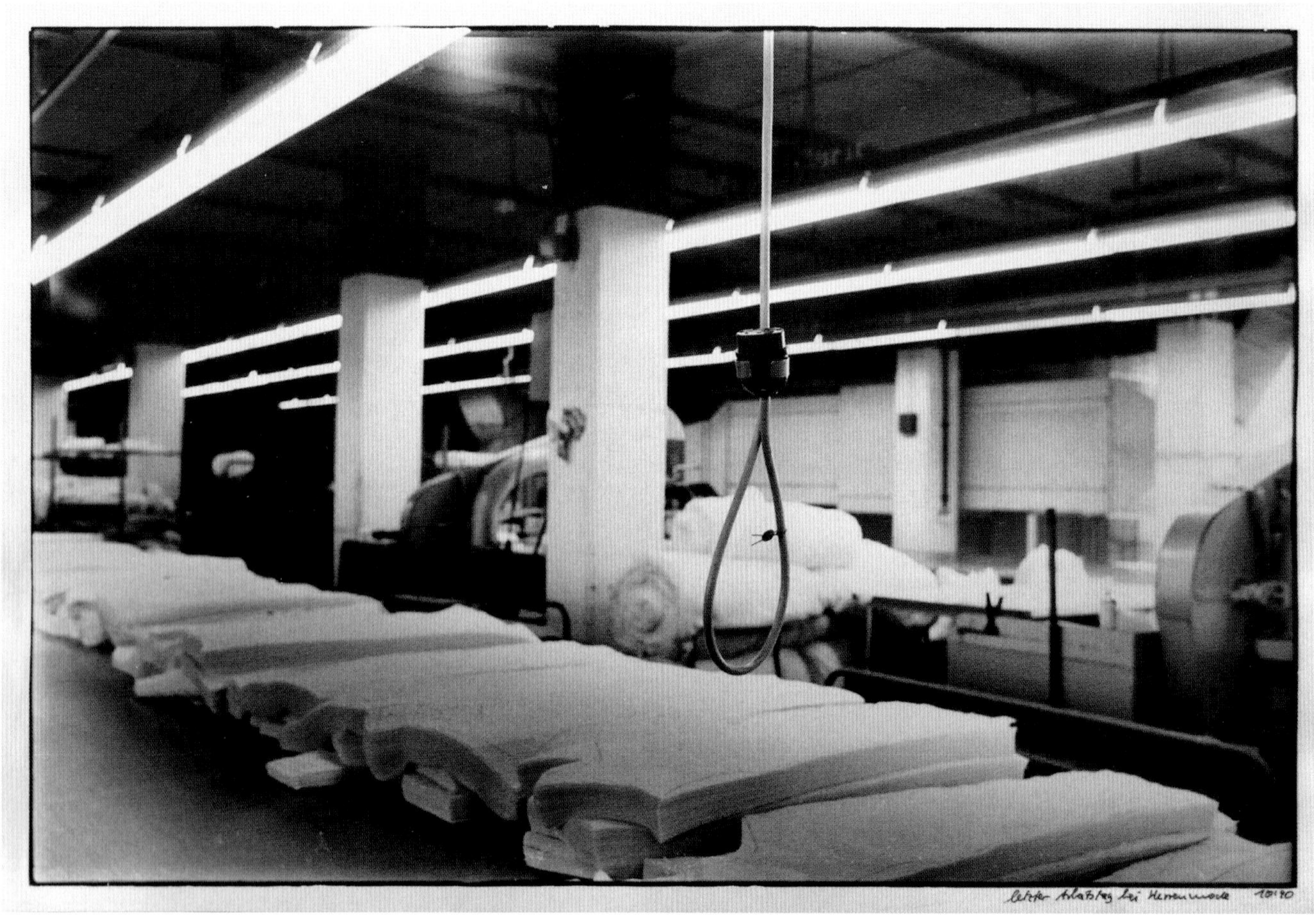

Nach dem Studium wurde Matthias Rietschel in Dresden als freier Fotograf tätig. Als Absolvent hatte er bereits im Anschluss an sein Studium von 1986 bis 1989 einen damals üblichen Fördervertrag vom BfbK beim Rat des Bezirkes Dresden.[24] Es war kulturpolitisches Ziel, die künstlerische Praxis der Berufsanfänger zu fördern und sie über diese Entwicklungsverträge beim Übergang in das freischaffende Berufsleben zu begleiten. Die Förderung war bis zur maximalen Dauer von drei Jahren befristet und mit einem auskömmlichen monatlichen Betrag für den Lebensunterhalt sowie in

24 Vgl. Agneta Jilek: Fremde Freunde. Vietnamesische Vertragsarbeiter in der Fotoserie Ly's Geburtstag (1986–1989) von Matthias Rietschel, in: Paul Kaiser (Hg.): Arbeit! Ostdeutsche Arbeitswelt im Wandel 1945–2015, Dresden 2015, S. 202–207, hier S. 203.

25 Dazu zählten zum Beispiel die anteilige Übernahme von Sozialversicherungsbeiträgen, die Bereitstellung von Wohnraum, Krippen- und Kindergartenplätzen, Atelierflächen und Ausstellungsmöglichkeiten. Vgl. Manuela Bonnke: Kunst in Produktion. Bildende Kunst und volkseigene Wirtschaft in der SBZ/DDR (Dresdner Historische Studien, Bd. 6), Köln 2007, S. 349 f.

26 Ebd.

27 Zur Mentorenrolle der gesellschaftlichen Partner ebd., S. 342 f.

Abb. 8

Frankfurter Allgemeine Sonntagszeitung vom 29. März 2009, Nr. 13, S. 49, mit zwei Abbildungen von Motiven, die sich auch im Kunstfonds befinden

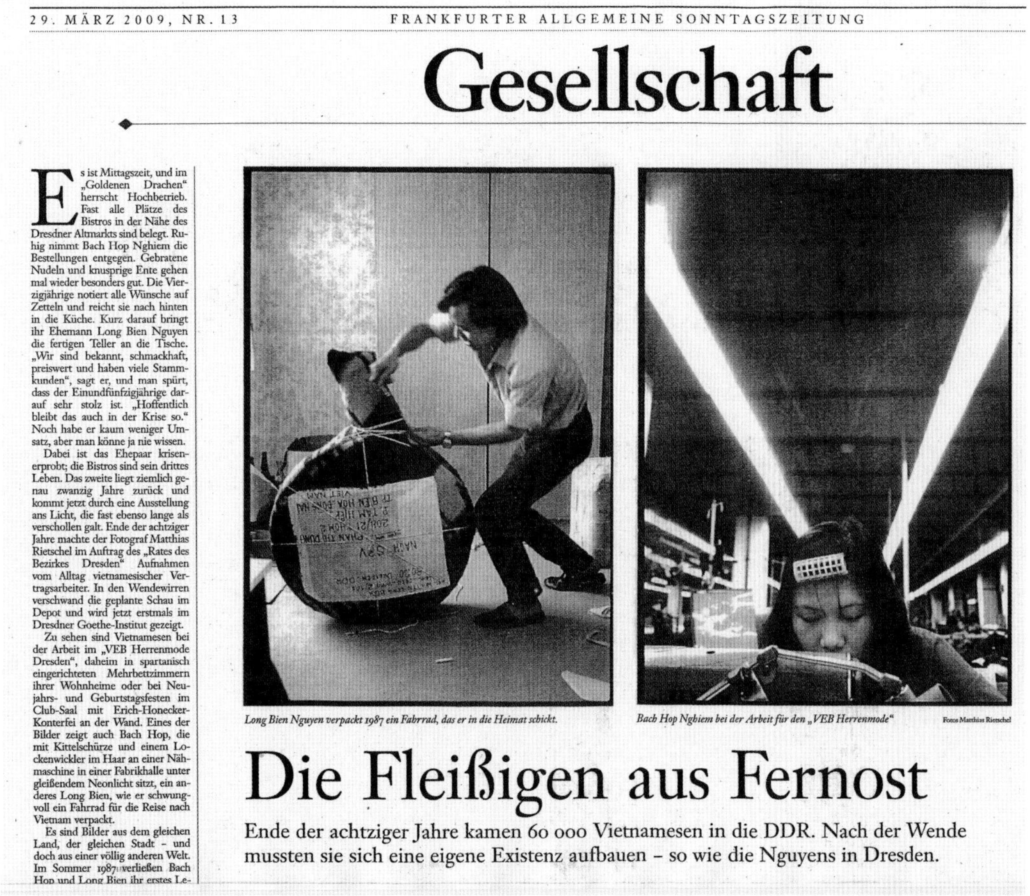

29. MÄRZ 2009, NR. 13 FRANKFURTER ALLGEMEINE SONNTAGSZEITUNG

Gesellschaft

Long Bien Nguyen verpackt 1987 ein Fahrrad, das er in die Heimat schickt.

Bach Hop Nghiem bei der Arbeit für den „VEB Herrenmode“

Fotos Matthias Rietschel

Die Fleißigen aus Fernost

Ende der achtziger Jahre kamen 60 000 Vietnamesen in die DDR. Nach der Wende mussten sie sich eine eigene Existenz aufbauen – so wie die Nguyens in Dresden.

Es ist Mittagszeit, und im „Goldenen Drachen“ herrscht Hochbetrieb. Fast alle Plätze des Bistros in der Nähe des Dresdner Altmarkts sind belegt. Ruhig nimmt Bach Hop Nghiem die Bestellungen entgegen. Gebratene Nudeln und knusprige Ente gehen mal wieder besonders gut. Die Vierzigjährige notiert alle Wünsche auf Zetteln und reicht sie nach hinten in die Küche. Kurz darauf bringt ihr Ehemann Long Bien Nguyen die fertigen Teller an die Tische. „Wir sind bekannt, schmackhaft, preiswert und haben viele Stammkunden“, sagt er, und man spürt, dass der Einundfünfzigjährige darauf sehr stolz ist. „Hoffentlich bleibt das auch in der Krise so.“ Noch habe er kaum weniger Umsatz, aber man könne ja nie wissen.

Dabei ist das Ehepaar krisenerprobt; die Bistros sind sein drittes Leben. Das zweite liegt ziemlich genau zwanzig Jahre zurück und kommt jetzt durch eine Ausstellung ans Licht, die fast ebenso lange als verschollen galt. Ende der achtziger Jahre machte der Fotograf Matthias Rietschel im Auftrag des „Rates des Bezirkes Dresden“ Aufnahmen vom Alltag vietnamesischer Vertragsarbeiter. In den Wendewirren verschwand die geplante Schau im Depot und wird jetzt erstmals im Dresdner Goethe-Institut gezeigt.

Zu sehen sind Vietnamesen bei der Arbeit im „VEB Herrenmode Dresden“, daheim in spartanisch eingerichteten Mehrbettzimmern ihrer Wohnheime oder bei Neujahrs- und Geburtstagsfesten im Club-Saal mit Erich-Honecker-Konterfei an der Wand. Eines der Bilder zeigt auch Bach Hop, die mit Kittelschürze und einem Lockenwickler im Haar an einer Nähmaschine in einer Fabrikhalle unter gleißendem Neonlicht sitzt, ein anderes Long Bien, wie er schwungvoll ein Fahrrad für die Reise nach Vietnam verpackt.

Es sind Bilder aus dem gleichen Land, der gleichen Stadt – und doch aus einer völlig anderen Welt. Im Sommer 1987 verließen Bach Hop und Long Bien ihr erstes Le-

der Regel noch mit zusätzlichen Sozialleistungen verbunden,[25] womit sie eher den Charakter eines Stipendiums hatte, was sie von späteren Aufträgen unterschied, die oft kürzere Laufzeiten hatten und sich in der Vergütung nach der gültigen Honorarordnung für Bildende Kunst richteten.

Matthias Rietschel erhielt im Anschluss an seinen Fördervertrag den im Archiv des Kunstfonds überlieferten Vertrag 5/89 »über die Schaffung eines bildkünstlerischen Werkes«, datiert vom Beginn des Jahres 1989 mit einer Laufzeit bis Juni 1990. In der Vereinbarung waren Aufgabenstellung, gesellschaftliche Zielstellung und das Thema des zu schaffenden Kunstwerks genau festgelegt: Es sollte zum Thema »Ausländische Arbeiter in der DDR – eine Fotodokumentation zur Arbeit, Freizeit und Freundschaft« entstehen. Wesentlicher Bestandteil des Vertrags war auch die Bindung an einen gesellschaftlichen Partner,[26] was in diesem Fall der VEB Herrenmode Dresden war, ein Betrieb, in dem seit 1987 Vietnamesen und Vietnamesinnen zur Ausbildung und Weiterbildung tätig waren. Als Mentoren,[27] die die Ausführung künstlerisch be-

Abb. 9 (rechts)

MATTHIAS RIETSCHEL | *Betriebsleitung VEB Herrenmode gratuliert zum asiatischen Neujahrsfest*, 4/89 | 1989

Silbergelatinepapier

ratend begleiten und die Zwischen- wie Endabnahme mit bewerten sollten, waren Harald Kirschner[28] vom Verband Bildender Künstler (VBK) Leipzig und Thomas Kläber[29] vom Cottbuser VBK vorgesehen.

Die Idee zum Thema kam von Matthias Rietschel selbst, dessen Interesse durch erste persönliche Begegnungen mit vietnamesischen Landsleuten im Wohnheim in Dresden Leubnitz-Neuostra geweckt worden war, und führte zu einer längeren fotografischen Begleitung der ausländischen Mitmenschen. Die frühesten Fotografien der Serie datieren 1987, also deutlich vor dem Vertragsabschluss mit dem BfbK.[30] Hier wurde über ein bereits im Eigeninteresse aufgegriffenes Thema also später ein Vertrag abgeschlossen.[31] Das Auslaufen des Vertrags fiel mit dem Ende der DDR zusammen: Schon die für November 1989 vorgesehene Zwischenabnahme, bei der es eine erste Bewertung durch die Mentoren gegeben hätte, kam nicht mehr zustande. Matthias Rietschel lieferte in Erfüllung seiner Vertragspflicht später unaufgefordert einen Satz selbst ausgewählter Abzüge im Format von ca. 33 × 47 Zentimetern im inzwischen zum Kunstfonds der Landesregierung umfunktionierten BfbK ab, wo dieser 1991 inventarisiert wurde. Es handelt sich um 25 Motive mit Szenen aus dem privaten Umfeld des Wohnheims sowie aus dem VEB Herrenmode.

Die Fotografien beschreiben Leben und Alltag vietnamesischer Vertragsarbeiter in Dresden zwischen dem Leben im Wohnheim und beruflichem Einsatz. Vietnamesen und Vietnamesinnen stellten Ende der 1980er Jahre die größte Ausländergruppe in der DDR, die meisten reisten ab 1987 ein, unter ihnen auch die beim VEB Herrenmode eingesetzten.[32] Es waren Arbeitsmigranten, die aufgrund eines Regierungsabkommens zwischen beiden Ländern für eine befristete Zeit in die DDR kamen. Damit sollten dem Arbeitskräftemangel in der DDR und den Arbeitsmarktproblemen in der sozialistischen »Bruderrepublik« Vietnam entgegengewirkt und Schulden beglichen werden, die Vietnam bei der DDR hatte.[33] Es war nicht das erste Mal, dass vietnamesische Menschen in die DDR kamen: In den 1950er Jahren waren

28 URL: www.harald-kirschner.de (letzter Zugriff am 13. 9. 2019). Harald Kirschners (*1944) Schaffensschwerpunkte liegen im Bereich der sozialdokumentarischen Fotografie, der Reportage sowie der Alltagsfotografie in der DDR. Nach einer Fotografenlehre studierte er von 1968 bis 1973 Fotografie an der Hochschule für Grafik und Buchkunst Leipzig und war nach der Aspirantur an dieser Hochschule bis 1981 als Hochschullehrer tätig. Seit 1981 ist er beruflich freischaffend.

29 URL: www.thomas-klaeber.de (letzter Zugriff am 13. 9. 2019). Thomas Kläber (*1955) studierte zwischen 1976 und 1981 an der Hochschule für Grafik und Buchkunst Leipzig, Abschluss als Diplom-Fotografiker; von 1981 bis 1983 absolvierte er dort ein Zusatzstudium bei Helfried Strauß. Seit 1983 ist er freiberuflich tätig und heute Mitglied im Brandenburgischen Verband Bildender Künstler und der Deutschen Gesellschaft für Photographie (DGPh).

30 Vgl. https://skd-online-collection.skd.museum/Home/Index?page=1&pId=1277885I (letzter Zugriff am 12. 9. 2019). Die im Kunstfonds befindlichen Abzüge sind überwiegend mit Monatsangaben versehen. Jilek, Fremde Freunde (wie Anm. 24), S. 202, datiert den Beginn der Serie auf 1986. Die ersten Vietnamesen, die beim VEB Herrenmode Dresden tätig wurden, reisten aber erst im Spätsommer 1987 ein. Vgl. tempo · technik · mode. Organ der SED-Betriebsparteileitung des VEB Herrenmode Dresden, 15 (29. Jg.), 3. 8. 1987, S. 3.

31 In der Betriebszeitung des VEB Herrenmode »tempo · technik · mode« finden sich ab etwa Mitte 1987, bereits in Vorbereitung der Ankunft der vietnamesischen Mitarbeiter, bis 1990 regelmäßig Berichte über Vietnam, zunächst besonders in Bezug auf Landeskunde und Kultur sowie die Küche. Später ging es dann um die Erfahrungen der Vertragsarbeiter in ihrem Gastland oder ihre Beiträge zu wichtigen politischen Ereignissen. Einige sind mit Aufnahmen aus Rietschels Langzeitprojekt illustriert. Vgl. tempo · technik · mode. Organ der SED-Betriebsparteileitung des VEB Herrenmode Dresden, 5 (31. Jg.), 17. 2. 1989, S. 4; ebd., 14 (31. Jg.), 13. 6. 1989, S. 4.

32 Im August und September 1987 reisten 118 Vietnamesen für den VEB Herrenmode ein. Vgl. ebd., 15 (29. Jg.), 3. 8. 1987, S. 3.

33 Vgl. Katja Illgen: »Kontraktarbeiter« und Transferpolitik. Rechtssituation und Lebenswelt von Vertragsarbeitern in und nach der DDR – am Beispiel der Vietnamesen, in: Kaiser (Hg.): Arbeit! (wie Anm. 24), S. 172–179, hier S. 173 f. Hier auch Aussagen zur ökonomischen Motivation der Vietnamesen, in die DDR zu kommen.

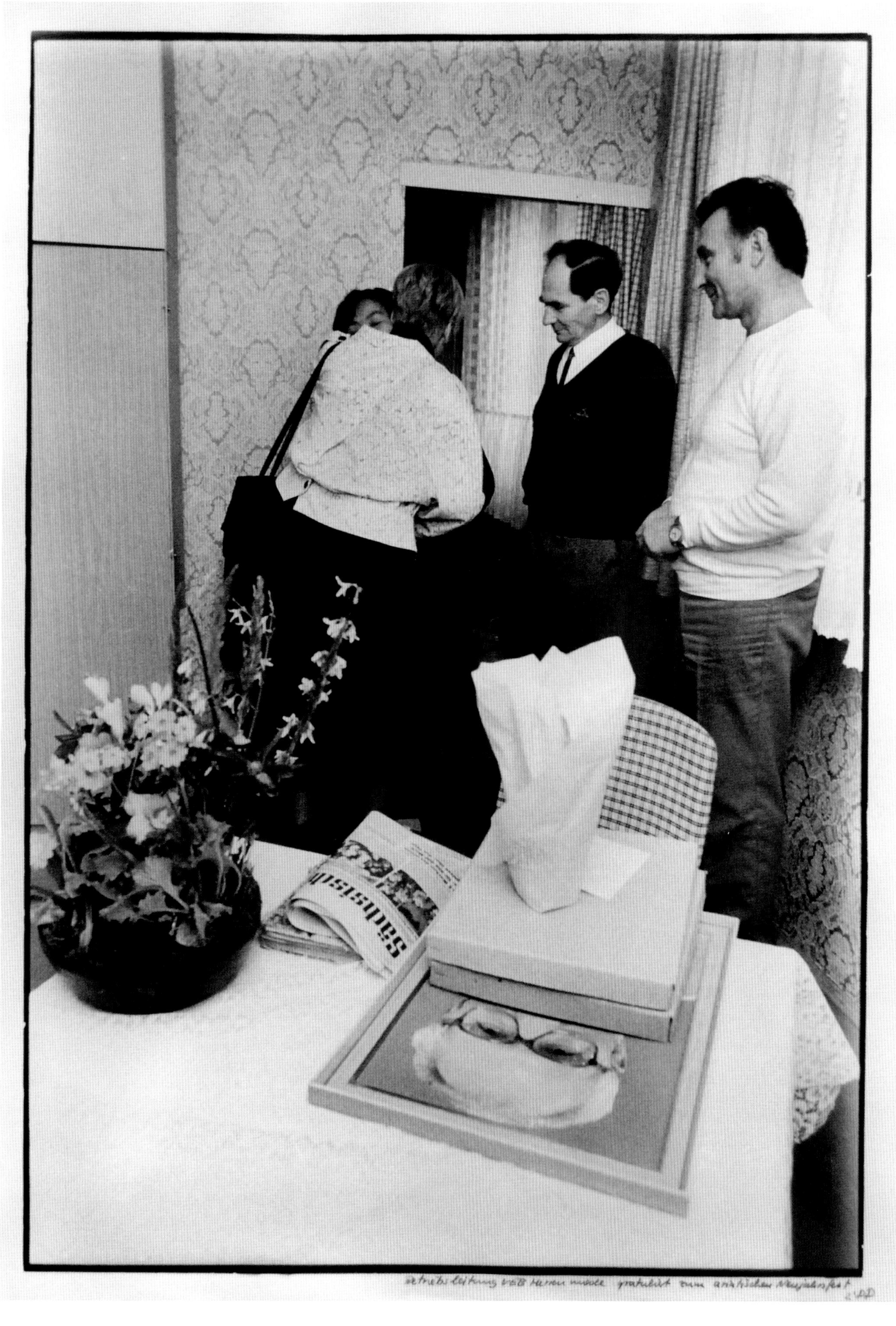
Betriebsleitung VEB Herrenmode gratuliert zum asiatischen Neujahrsfest

es vor allem die sogenannten Moritzburger, etwa 350 Kaderkinder, die im Rahmen einer solidarischen Bildungsinitiative zur dreijährigen schulischen Ausbildung einreisten und im Schullandheim in Moritzburg untergebracht waren.[34] Unter den Vorzeichen der wissenschaftlich-technischen Zusammenarbeit und der sozialistischen Entwicklungshilfe kamen seit dieser Zeit männliche und weibliche vietnamesische Studenten, Fachschüler, Hochschulabsolventen und Doktoranden zur Aus- und Weiterbildung ins Land. Ab den 1970er Jahren nahm der Anteil der Arbeiter und Arbeiterinnen zu und in den 1980er Jahren waren es dann fast nur noch Arbeitskräfte, die teilweise sogar unter ihrer mitgebrachten Qualifikation eingesetzt wurden.[35] Zum Zeitpunkt des Mauerfalls hielten sich zwischen 60 000 und 70 000 vietnamesische Vertragsarbeiter und -arbeiterinnen in der DDR auf, die damit ein Drittel aller ausländischen Bevölkerung stellten.[36]

Einige von ihnen schlugen nach dem Mauerfall und dem Ende der DDR den Weg in die Selbstständigkeit ein und versuchten sich, trotz aller Schwierigkeiten und bürokratischer Hürden vor allem hinsichtlich ihres Rechts- und Aufenthaltsstatus, eine Existenz aufzubauen.[37] Eine unabhängige Einkommensmöglichkeit war Grundlage jeder Chance auf ein Bleiberecht. Bereits in der späten DDR hatten die vietnamesischen Arbeitskräfte ein Gespür für Marktlücken und ökonomische Nischen bewiesen und beispielsweise nach Feierabend die in den A&V-Läden angebotenen Jeanshosen genäht, die aus dem Stadtbild der DDR am Ende der 1980er Jahre nicht wegzudenken sind. Diese ökonomische Anpassungsfähigkeit zeigte sich auch nach 1989. Mit ihren Obst-, Gemüse- und Textilläden, Imbissständen und Restaurants gehören die Vietnamesen und Vietnamesinnen bis heute ganz selbstverständlich zum Stadtbild ostdeutscher Städte.[38]

34 URL: www.zeit.de/1994/30/herr-kha-erzaehlt/seite-3 (letzter Zugriff am 13. 9. 2019). Vgl. auch Mirjam Freytag: Die »Moritzburger« in Vietnam: Lebenswege nach einem Schul- und Ausbildungsaufenthalt in der DDR – Vermitteln in interkulturellen Beziehungen, Frankfurt/Main 1998, S. 19.

35 Vgl. Karin Weiss: Vietnam: Netzwerke zwischen Sozialismus und Kapitalismus, 30. 6. 2005, in: Bundeszentrale für politische Bildung (Hg.): Aus Politik und Zeitgeschichte, 27/2005, Entwicklung durch Migration, URL: www.bpb.de/publikationen/R9SNLF.html (letzter Zugriff am 12. 9. 2019); zuletzt zusammenfassend: Illgen, »Kontraktarbeiter« und Transferpolitik (wie Anm. 33), S. 173.

36 Vgl. Weiss, Vietnam (wie Anm. 35).

37 Darunter auch einige von den im VEB Herrenmode beschäftigten Vietnamesen. Die Frankfurter Allgemeine Sonntagszeitung, Nr. 13, vom 29. 3. 2009, S. 49, berichtete in ihrem Gesellschaftsteil, angeregt durch die Kunstfonds-Ausstellung »Lys Geburtstag. Vietnamesen im Dresden der 80er Jahre« im Goethe-Institut Dresden unter der Überschrift »Die Fleißigen aus Fernost« über die Geschichte der Familie Nguyen in Dresden.

38 In Dresden leben heute etwa 2 000 Vietnamesen und es gibt zwei vietnamesische Kulturvereine. Für die nach 1990 geborene zweite Generation ist Deutschland Heimat. Sie sind sehr viel besser integriert als ihre Altersgenossen aus anderen Einwanderergruppen und gehören zum leistungsstärksten Nachwuchs im Land. Vgl. Marina Mai: Schlaue Zuwanderer. Ostdeutsche Vietnamesen überflügeln ihre Mitschüler, URL: www.spiegel.de/schulspiegel/wissen/0,1518,582545,00.html (letzter Zugriff am 25. 2. 2020). Die Zeitungsartikel in der nationalen Presse erschienen unter Titeln wie »Das vietnamesische Wunder« von Martin Spiewak, in: Die Zeit, 22. 1. 2009, URL: www.zeit.de/2009/05/B-Vietnamesen (letzter Zugriff am 25. 2. 2020) oder unter »Werben um Khanh« von Jana Hensel, in: Die Zeit, 24. 3. 2011, URL: www.zeit.de/2011/13/S-Vietnamesen (letzter Zugriff am 25. 2. 2020). Ein jüngster Beitrag zu den Vietnamesen in Dresden lief im Länderreport des Deutschlandfunks am 25. 6. 2019, URL: www.deutschlandfunkkultur.de/vietnamesen-in-dresden-die-asiatischen-preussen.1001.de.html?dram:article_id=452207 (letzter Zugriff am 25. 2. 2020).

39 Vgl. Illgen, »Kontraktarbeiter« und Transferpolitik (wie Anm. 33).

40 Es gab geteilte Wohnheime und Kontakte zu Kollegen, wechselseitige Einladungen zu offiziellen Terminen und Versuche privater Einladungen. Vgl. unter anderem tempo · technik · mode. Organ der SED-Betriebsparteileitung des VEB Herrenmode Dresden, 16 (29. Jg.), 29. 8. 1988, S. 3. Ehemalige Übersetzer und Betreuer aus den Betrieben (Karl-Heinz Kahtert als »Hauptbetreuer der vietnamesischen Bürger« beim VEB Herrenmode) interessieren und engagieren sich noch heute für »ihre« Vietnamesen. Das zeigte sich auch in ihren Beiträgen zum Podiumsgespräch »20 Jahre danach: VietnamesInnen in Dresden«, das im Rahmen der Dresdner Kulturtage anlässlich des chinesischen Frühlingsfestes und des vietnamesischen TET-Festes am 26. Januar 2009 im Goethe-Institut Dresden stattfand. Die Kulisse dafür bildeten die Fotos Matthias Rietschels innerhalb der Ausstellung »Lys Geburtstag. Vietnamesen im Dresden der 80er Jahre«.

41 Vgl. Jilek, Fremde Freunde (wie Anm. 24), S. 203.

Abb. 10

MATTHIAS RIETSCHEL | *Wohnheim*, 4/89 | 1989

Silbergelatinepapier

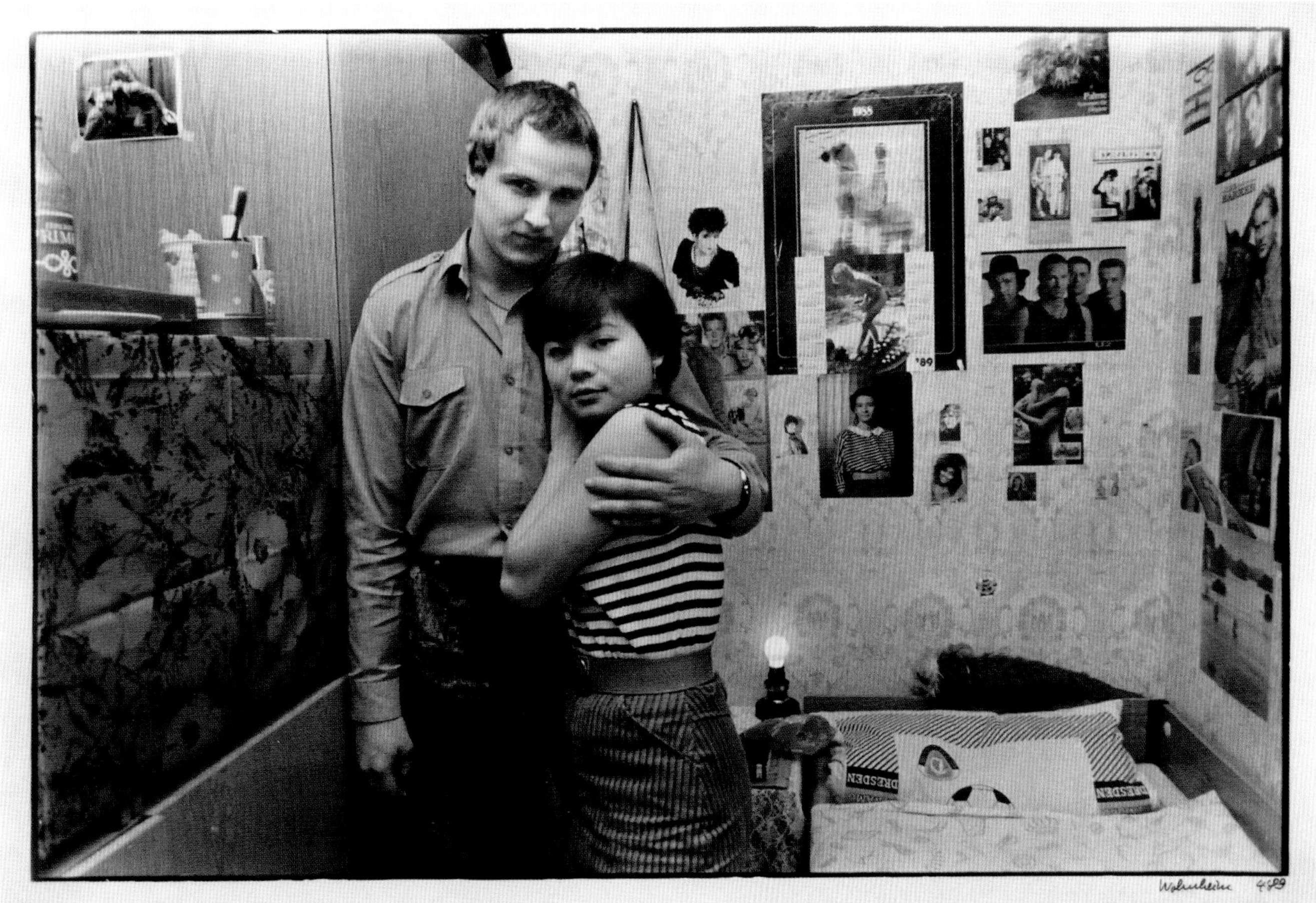

Wie bei anderen ausländischen Vertragsarbeitskräften in der DDR auch, waren Aufenthalt und Alltag der aus Vietnam Stammenden meist bis ins Private reglementiert. Sie waren in der Regel in separaten Wohnheimen untergebracht und standen dort wie auch bei der Arbeit unter Kontrolle. Kontakte zu Einheimischen wurden nach Möglichkeit (sogar behördlich) unterbunden, was die Phrasenhaftigkeit der viel propagierten »Völkerfreundschaft und Solidarität« enthüllt.[39] Im Alltag wurde aber durchaus ein kollegiales und freundschaftliches Miteinander gelebt und viele der deutschen Betreuenden und Kollegen bzw. Kolleginnen versuchten, den vietnamesischen Menschen ihren Aufenthalt zu erleichtern.[40] Die Fotoserie Matthias Rietschels hätte es nach offizieller Lesart somit nicht geben können. Es bedurfte einer Sondergenehmigung, sich im VEB Herrenmode und im Wohnheim mit der Kamera frei zu bewegen.[41] Ohne persönliche Kontakte, die der Fotograf teilweise bis heute pflegt, wären die Aufnahmen aber auch nicht denkbar gewesen. Die Motive, nicht selten mit Porträtcharakter, zeugen von großer Nähe und viel Vertrauen. Sie sind Ergebnis einer individuellen Beobachtung, Annäherung und Anteilnahme – und damit von subjektiver Authentizität. Diese Grund-

Abb. 11

MATTHIAS RIETSCHEL | *... nach dem Auszug der Vietnamesen – ehemaliges Wohnheim*, 11/90 | 1990

Silbergelatinepapier

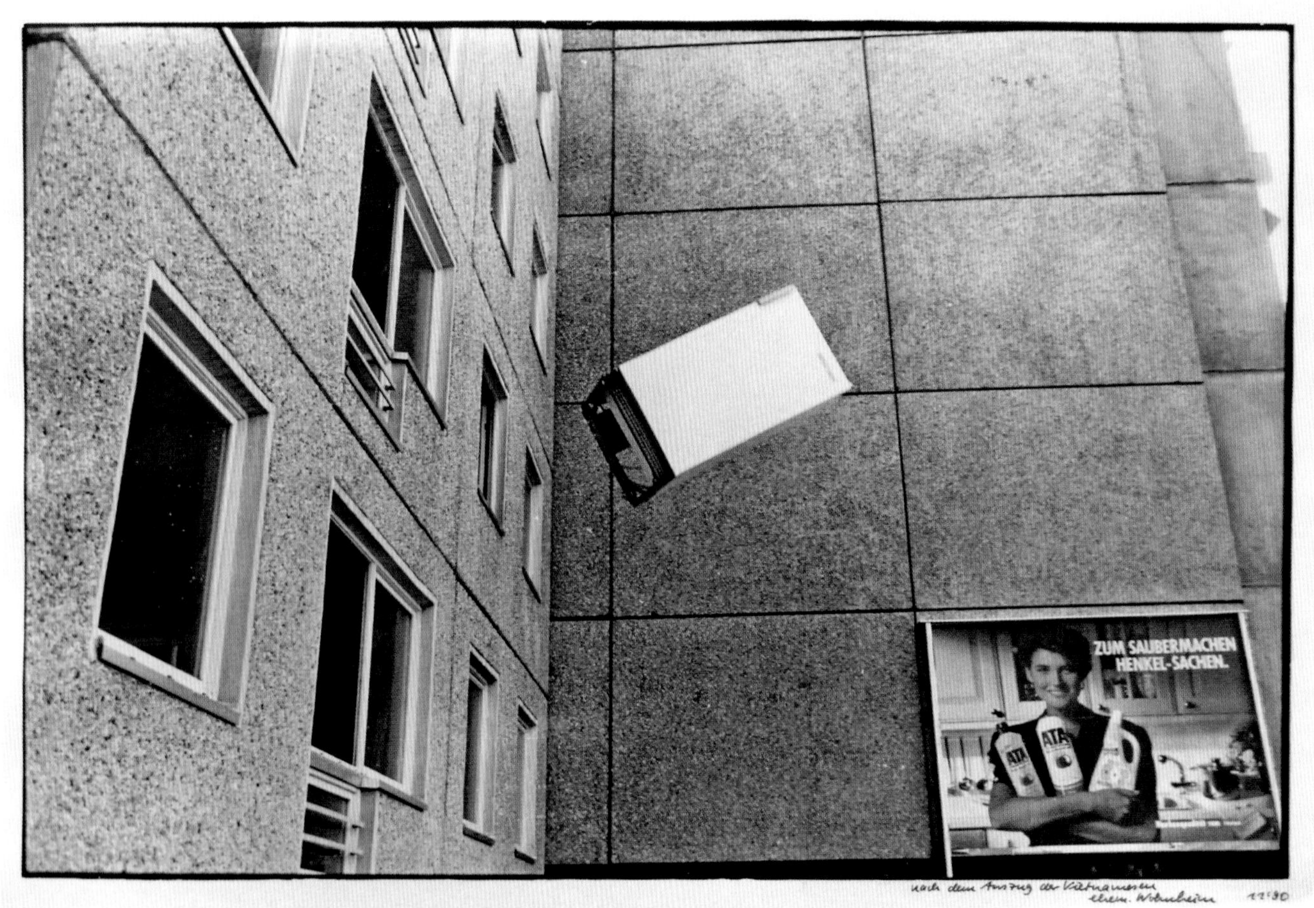

haltung ist für die 1980er Jahre typisch und ein Kennzeichen vieler Fotoserien dieser Zeit. Viele Fotografen und Fotografinnen sahen es als ihre Aufgabe an, »Bilder menschlicher Nähe zu finden« und sich »durch intensive, zeitaufwändige Beschäftigung mit dem Gegenstand [...] ein eigenes Bild zu machen«.[42]

Nicht wenige Fotografierende bezogen ihre Motive aus dem Leben der Werktätigen.[43] Sie schufen Bilder des realen Alltags, die zwangsläufig das offizielle realsozialistische Ideal konterkarierten. Das Arbeiterbild war zwar bis zum Ende der DDR im Kanon sozialistischer Kunstpolitik festgeschrieben und verbindlich, aber die inhaltliche Auslegung des Themas weitete sich mit dem Grad der Ermüdung der Kunstpolitik.[44] Der »Entheroisierung der Bildhelden« folgte die der »Entideologisierung der Bildwelten« (Martin Damus). Diese Erosion ist in der Verschiebung der Motivik von der Darstellung der Arbeit hin zu eher privaten Momenten, zum Beispiel aus Pausen oder Freizeit, abzulesen, wie sie auch bei Matthias Rietschel überwiegen. Allerdings war dies bei ihm durch das weit gefasste Thema bereits im Auftrag sanktioniert; das »Freundschaft« mit einschloss.

Den Aufnahmen aus dem betrieblichen Arbeitsumfeld fehlt jedes Pathos und sie berichten eher von der Desillusionierung der vietnamesischen Vertragsarbeiter und -arbeiterinnen. Somit liefern sie ernüchternde Gegenbilder zur offiziellen Erwartung von Motiven agitatorischen oder zumindest noch optimistischen Gehalts. Diese Eigenschaft teilt die Serie mit vielen anderen Fotoreportagen und -essays der letzten beiden DDR-Jahrzehnte.[45]

In fotografischen Bildfolgen gelingen engagierte Erzählungen viel besser als in Einzelbildern.[46] Unter dem Einfluss der Ausstellung »The Familiy of Man« hatte Arno Fischer bereits in den späten 1950er Jahren begonnen, ein individuelles Bildœuvre mit Seriencharakter auszubilden.[47] Bis in die 1980er Jahre verbreitete sich ein chronistisches Konzept für erzählerische Bildserien. Durch intensive Langzeitbeschäftigung machten sich die Fotografen und Fotografinnen ein eigenes Bild ihres Gegenstands. Diese meist über längere Zeit im Eigeninteresse betriebenen »fotografischen Forschungen«[48] mit sozialdokumentarischem Charakter wurden später nicht selten ausschnittartig oder gar in Gänze über Aufträge finanziert und erworben.[49] Die dazugehörigen Verträge hatten neben der Funktion, die im neu anerkannten künstlerischen Medium tätigen Kunstschaffenden zu unterhalten, auch die Absicht der staatlichen Einbindung in sich immer weiter entkoppelnde Entwicklungen in den Bildkünsten.[50] Der inhaltlichen Auslegung konnten aber dennoch kaum noch Grenzen gesetzt werden. Auch dafür ist die auszugsweise im Kunstfonds dokumentierte Fotoserie ein gutes Beispiel.

Mit seinen Aufnahmen lieferte Matthias Rietschel einen wichtigen Beitrag zum Gesellschaftspanorama der späten DDR. Im Mittelpunkt steht eine sozial exotische Randgruppe.[51] Über die subjektive Annäherung gelingen eine authentische Milieuschilderung und ein Blick hinter die Kulissen der offiziellen Erzählung. Sein sozialdokumentarisches Essay stellt dieser Überlieferung differenzierte Erinnerungsbilder zur Seite und holt die Vertragsarbeiter und -arbeiterinnen aus der Anonymität ihrer Gruppe. Auch wenn zeitgleich andere Fotografinnen und Fotografen bereits radikalere Wege in der subjektiven Annäherung an bestehende gesellschaftliche Wirklichkeit beschritten oder die Grenzen des Mediums experimentell erweiterten, kann die Bedeutung der Serie Rietschels nicht hoch genug eingeschätzt werden: Die fotografischen Bilder transportieren nicht nur Erinnerungen, sondern tragen aufgrund des immanenten Wirklichkeitsanspruchs der Fotografie dazu bei, Gedächtnis zu formen.[52]

42 Pachnicke, Gesellschaftlicher Auftrag und individueller Ausdruck (wie Anm. 9), S. 5.

43 Thomas, 40 Jahre Kunst-Fotografie in der DDR (wie Anm. 8), S. 16.

44 Vgl. Jilek, Fremde Freunde (wie Anm. 24), S. 203. Sowie ausführlich in: dies.: Arbeit im Bild: Die Repräsentation von Arbeit in der künstlerischen Auftragsfotografie der 1970er und 80er Jahre in der DDR, in: Torsten Erdbrügger/Ilse Nagelschmidt/Inga Probst (Hg.): Omnia vincit labor? Narrative der Arbeit und Arbeitskulturen in medialer Reflexion, Berlin 2013, S. 375–394.

45 Zum Beispiel Helga Paris: »Frauenporträts aus dem VEB Treffmodelle Berlin«, 1984 oder Uwe Steinberg: »VEB Elektrokohle«, 1981.

46 Peter Pachnicke: Fotografie, in: X. Kunstausstellung der DDR, 1987/88, S. 401.

47 Thomas, 40 Jahre Kunst-Fotografie in der DDR (wie Anm. 8), S. 11.

48 Ebd., S. 15. Vgl. auch Pachnicke, Fotografie (wie Anm. 46).

49 Pachnicke, Fotografie (wie Anm. 46); ders., Gesellschaftlicher Auftrag und individueller Ausdruck (wie Anm. 9), S. 10: »im eigenen Auftrag entstehende Werke gesellschaftlich zu fördern, ist für unser fotografisches Auftragswesen nicht weniger wichtig«.

50 Vgl. Jilek, Fremde Freunde (wie Anm. 24), S. 203, sowie ausführlich in: dies., Arbeit im Bild (wie Anm. 44).

51 Nicht untypisch für das Motivspektrum der Fotografie in den 1980er Jahren ist das Interesse für soziale Randgruppen, die gesellschaftliche Aufmerksamkeit bekommen sollen. Vgl. Pachnicke, Fotografie (wie Anm. 46).

52 Zur transchronologischen Rolle der Fotografie zwischen den Zeiten siehe den Aufsatz von Cornelia Brink: »Geschichte zerfällt in Bilder, nicht in Geschichten«. Photographie, Geschichte, Gedächtnis, in: Hesse/Schumann (Hg.): Mensch! (wie Anm. 2), S. 46–56.

ELISABETH PICHLER

Momentaufnahmen der besonderen Art. Der Werkkomplex »Hundewege. Index eines konspirativen Alltags« des Fotografen Jens Klein

Die Ausstellung »Im Moment. Fotografie aus Sachsen und der Lausitz« versammelte fotografische Positionen, die innerhalb der letzten 50 Jahre von Bildautorinnen und -autoren (in) der Region entstanden sind. Der titelgebende »entscheidende Moment bzw. die Kunst, diesen im Bild einzufangen«,[1] erlangt im Werkkomplex »Hundewege. Index eines konspirativen Alltags« des Fotografen Jens Klein besondere Bedeutung. Vermittelt über Kleins Arbeit, hielten Überwachungsbilder aus der fotografischen Hinterlassenschaft des Ministeriums für Staatssicherheit (Stasi/MfS) der DDR Einzug in die Zusammenstellung. Anhand dieser Fotografien untersuchte Klein Bildinhalte, Sichtbarkeitsordnungen und Blickregime; seine Arbeit verschiebt dabei den Fokus von der künstlerisch-dokumentarischen Bildproduktion hin zu Prozessen der Selektion, Rezeption und Interpretation von Bildern. Darüber hinaus regt sie zur Reflexion über den gegenwärtigen Blick auf die jüngere deutsche Geschichte an.

Jens Klein, 1970 im thüringischen Apolda geboren, begann bereits während seines Studiums der Fotografie an der Hochschule für Grafik und Buchkunst (HGB) in Leipzig, nicht nur selbst zu fotografieren, sondern Fotografien anderer (häufig anonymer) Autorschaft zu verarbeiten. In seinen Werken erscheint neben seinem eigenen immer auch der fotografische Blick anderer.

Ausgangsmaterial für den Werkkomplex »Hundewege« stellen Fotografien dar, die er in den Archiven der Behörde des Bundesbeauftragten für die Unterlagen des Ministeriums für Staatssicherheit der ehemaligen DDR (BStU) recherchiert, ausgewählt und zusammengestellt hat. Der BStU verwaltet seit 1990/91 die Hinterlassenschaft des Ministeriums für Staatssicherheit, das innenpolitisch vor allem ein ideologisches Kontrollinstrument der Sozialistischen Einheitspartei gegenüber der DDR-Bevölkerung darstellte. Zur Beschaffung von Informationen wurden vom MfS ein komplexes System von Überwachungsmethoden ausgebaut und – weitgehend ohne Wissen oder Zustimmung der Betroffenen – Unmengen von Unterlagen angelegt. Um maximale Aussagekraft zu gewährleisten und den Einschränkungen durch kognitive Verzerrung oder selektive Wahrnehmung entgegenzuwirken, betrieb das MfS hohen Aufwand bei der Schulung seiner Mitarbeiterinnen und Mitarbeiter in Techniken der Konspiration, Observation und Dokumentation.[2] Fotografien kam in diesem Zusammenhang besondere Bedeutung zu. Als »Vorteil der fotografischen Informationsspeicherung« definierte das MfS die Möglichkeit, »operativ relevante Erscheinungen, operativ interessierende Personen, Spuren usw. [...] dauerhaft und genau« zu fixieren, »ohne äußerlich auf sie einwirken oder sie verändern zu müssen. Die auf fotografischem Wege gespeicherten Informationen« seien »nahezu unbegrenzt vervielfältigungsfähig, jederzeit abberufbar [sic!], verfügbar und nachprüfbar«.[3] Zu diesem Zweck bezog das MfS Fotografien aus unterschiedlichen Kontexten: von heimlichen Observationen und erkennungsdienstlichen Erfassungen, Beweis- und Tatortfotografien über Nachstellungen von Tathergängen und der Herstellung von Schulungsmaterial bis hin zur Aneignung von Privatfotos, die im Zuge von Hausdurchsuchungen bei Verdächtigen konfisziert wurden.[4] Den Umfang dieses heterogenen Materials beziffert der BStU auf 1,8 Millionen Fotodokumente;[5] hinzu kommen zahlreiche Fotografien, die sich im Aktenverbund befinden. Fast 30 Jahre nach dem Ende der DDR sind diese Fotografien – schon vor einer möglichen Verwendung im Kunstkontext – mit vielschichtigen Zuschreibungen und Referenzrahmen versehen und könn(t)en für diverse Narrative, visuelle Argumentationen und deren Hinterfragung genutzt werden.

Auftrag der Behörde des BStU ist es, »die Unterlagen der Staatssicherheit der DDR zu sichern und zu bewahren«, »die Öffentlichkeit über Struktur, Methoden und Wirkungsweise des MfS zu unterrichten und zur historischen, politischen, juristischen und gesellschaftlichen Aufarbeitung der SED-Diktatur« beizutragen. Zu diesem Zweck stellt der BStU die Unterlagen »nach den gesetzlichen Vorschriften des Stasi-Unterlagen-Gesetzes Privatpersonen, Institutionen und der Öffentlichkeit zur Verfügung«.[6] Eine besondere Herausforderung ist dabei der Anspruch auf Transparenz bei gleichzeitiger Wahrung der Persönlichkeitsrechte.

In den Jahren 2008 bis 2016 begab sich Jens Klein regelmäßig in die sogenannte Runde Ecke, die Außenstelle des BStU in Leipzig, um Unterlagen einzusehen und Fotografien aus dem Archiv zu sichten. Entstanden ist daraus unter anderem der Werkkomplex »Hundewege. Index eines konspirativen Alltags«,

1 Jasper von Richthofen: Vorwort, in: Silke Wagler/Kai Wenzel (Hg.): Im Moment. Fotografie aus Sachsen und der Lausitz, Ausst.-Kat., Görlitz 2017/18, Kulturhistorisches Museum Görlitz, Staatliche Kunstsammlungen Dresden, Dresden 2017, S. 8.

2 Vgl. Karin Hartewig: Das Auge der Partei. Fotografie und Staatssicherheit, Berlin 2004, S. 32 f.

3 Definition: Fotografie, operativer Einsatz/Wörterbuch der politisch-operativen Arbeit (GVS JHS 001-400/81) JHS Potsdam-Eiche, April 1985, dokumentiert in: BStU (Hg.): Das Wörterbuch der Staatssicherheit. Definitionen des MfS zur »politisch-operativen Arbeit«, Berlin ^{2}1993, S. 118 f.; URL: www.gvoon.de/ddr/stasi/dokumente/woerterbuch/fotografie-operativer-einsatz.html (letzter Zugriff am 30. 10. 2018).

4 Vgl.: Hartewig, Das Auge der Partei (wie Anm. 2), S. 10.

5 Das Stasi-Unterlagen-Archiv in Zahlen; URL: www.bstu.de/ueber-uns/bstu-in-zahlen (letzter Zugriff am 29. 10. 2018).

6 Vgl. Aufgaben und Struktur; URL: www.bstu.de/ueber-uns/aufgaben-und-struktur (letzter Zugriff am 29. 10. 2018).

Abb. 1 und 2 (rechts)

JENS KLEIN | *Hundewege. Index eines konspirativen Alltags* | 2009–2012

Ausstellungsansicht, Galerie der Hochschule für Grafik und Buchkunst, Leipzig, 2012

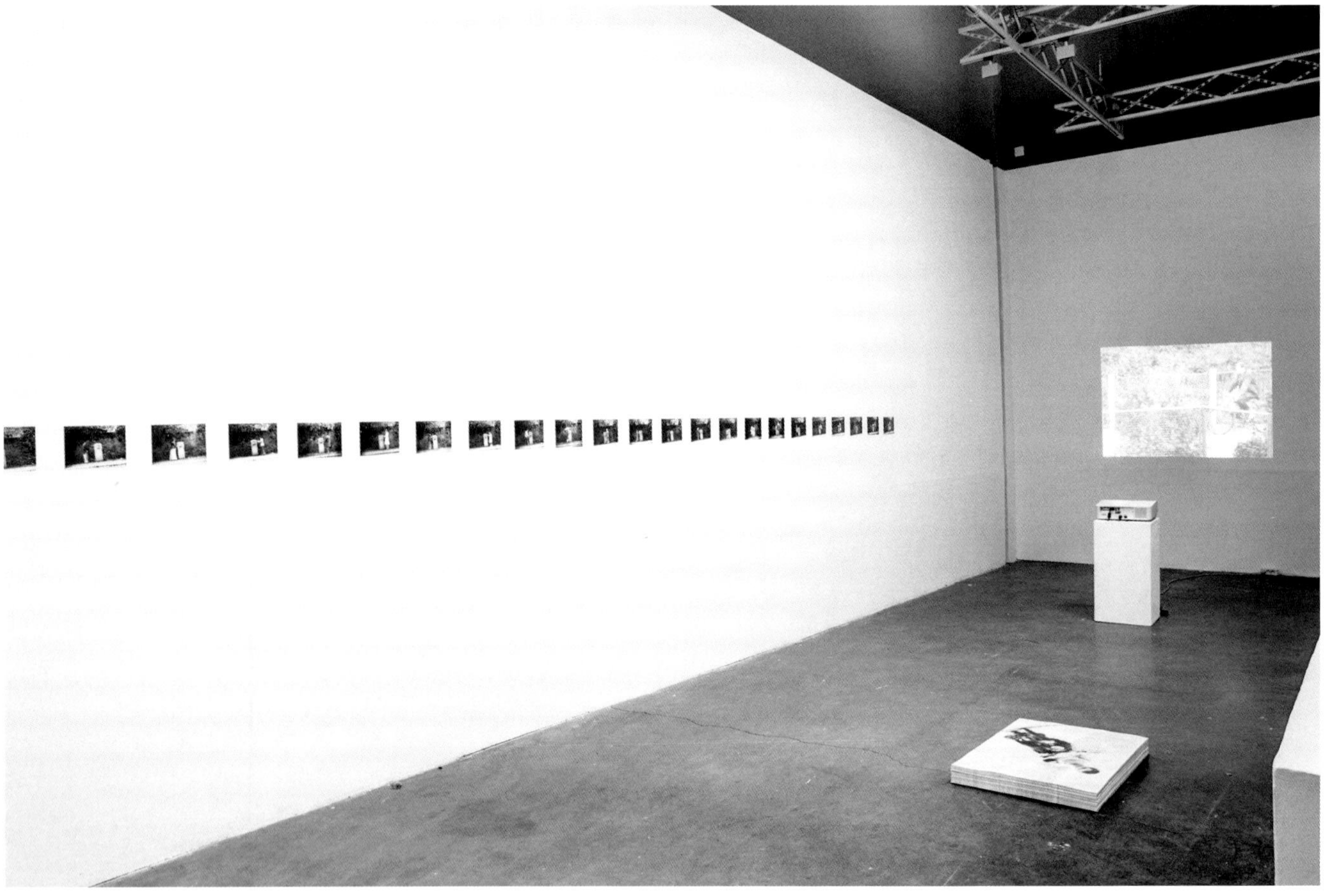

mit dem er 2012 sein Studium in der Fotoklasse von Peter Piller an der HGB abschloss.[7] Der Werkkomplex besteht aus den vier seriellen Bildfolgen »Briefkästen«, »Spaziergänger«, »KGA Seilbahn« und »Mopedfahrer« und den zwei Texten »Hundewege« und »Angststaub«. Kleins Entscheidung, die Bildfolgen als Reihe, Tableau, Projektion und Posterstapel zu zeigen, lässt sich als Versuchsanordnung unterschiedlicher Präsentationsweisen in Ausstellungsräumen lesen (Abb. 1 und 2), wobei die Bilder zu Objekten diverser visueller Interessen werden: Der serielle Charakter der Auswahl und die Strenge der Anordnung rücken die »Briefkästen« in die Nähe zu Fotoarbeiten aus dem Bereich der Konzeptkunst oder lassen an Bewegungsstudien denken (Abb. 6); die tableauartige Übersicht der »Spaziergänger« (Abb. 5) erinnert an Aby Warburgs Zusammenstellungen auf der Suche nach den »Pathosformeln«; der rhythmisierte Ablauf einer nicht endenden Reihe von Besucherinnen und Besuchern einer Kleingartenanlage ruft Erinnerungen an die subtile Komik der Filme Jacques Tatis wach (Abb. 7); die »Mopedfahrer« dagegen haben

7 2013 folgte die Serie »Ballons«. 2018 erschien im Verlag Spector Books in Leipzig die Arbeit »Sunset«.

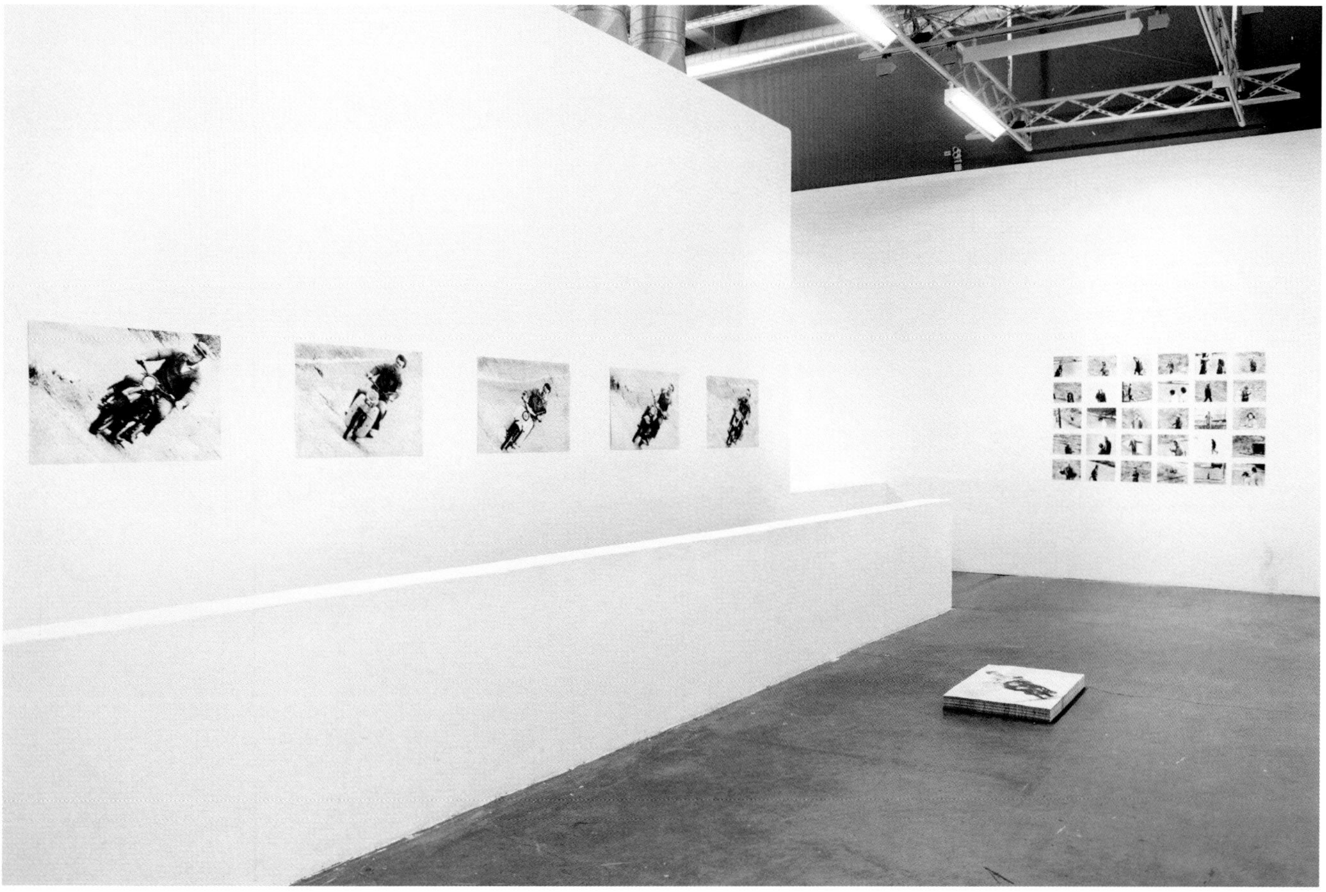

etwas von entschiedener Verwegenheit – das Poster zum Mitnehmen bietet keinen schlechten »Starschnitt«-Ersatz (Abb. 8). Ohne weitere Kontextinformation regt die Präsentation zum genauen Hinsehen und zur Reflexion über die Betrachtung und Funktion von Fotografie ganz allgemein an. Eine Publikation des Werkkomplexes versammelte die seriellen Bildfolgen in vier Einzelheften (Abb. 3 und 4); jedes der Hefte ist mit dem entsprechenden Serientitel versehen. Die Provenienz der Fotografien ist mit dem Vermerk gekennzeichnet: »Alle Bilder basieren auf Fotografien aus dem Archiv der BStU«; eine Auflistung der entsprechenden Archivsignaturen findet sich auf der jeweils letzten Seite der Hefte.

Kleins Auseinandersetzung mit der visuellen Hinterlassenschaft des MfS lässt sich in eine Reihe mit weiteren künstlerischen Bezugnahmen auf dieses Material stellen: In den ersten Jahren nach der Öffnung der Archive wurde Akteneinsicht prioritär Personen gewährt, denen Aufklärung über den Eingriff und Zugriff des MfS in und auf ihre Persönlichkeitsrechte zustand. So finden sich seit den frühen 1990er Jahren Beispiele künstlerischer Reaktionen auf die Konfrontation mit der »eigenen Akte«, wie beispielsweise die Arbeit »Bis auf weitere gute Zusammenarbeit Nr. 7284/85« (1993) der Malerin und Schriftstellerin Cornelia Schleime; sie ergänzt auf Postergröße aufgezogene Reproduktionen »ihrer« Akte mit über-

Abb. 3 a – d

JENS KLEIN | *Hundewege. Index eines konspirativen Alltags* | 2009 – 2012

Publikation, Institut für Buchkunst, Leipzig 2013

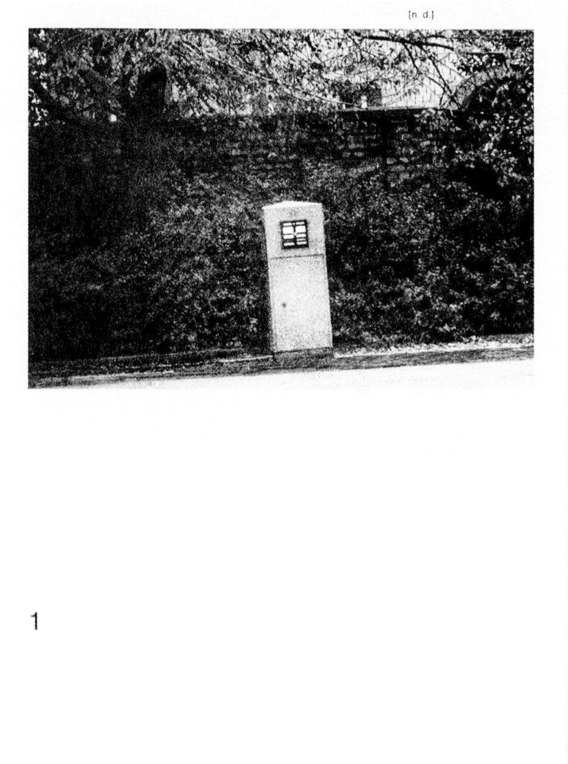

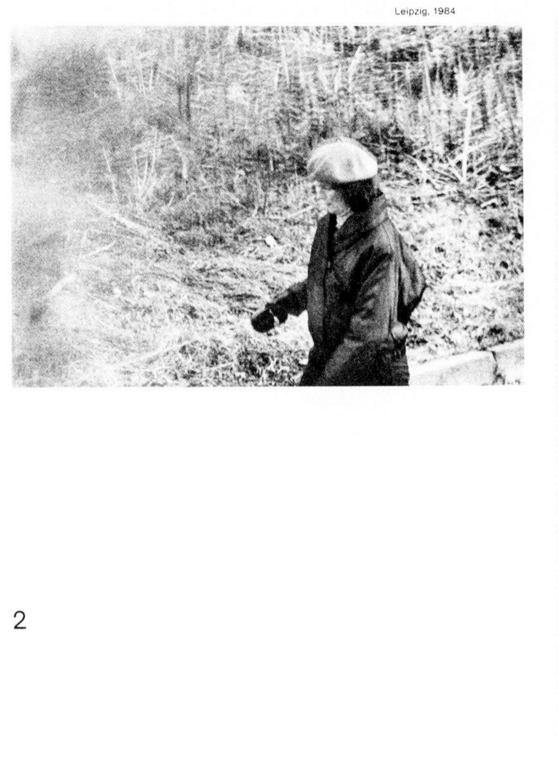

spitzten fotografischen Selbstinszenierungen. In diesen frühen Arbeiten werden häufig Text-Bild-Bezüge in den Fokus gerückt: Anhand der vom MfS erstellten Berichte, Protokolle und Bildlegenden – der Künstler Joerg Waehner bezeichnet sie als »Stasi-Prosa« – werden Übergriffigkeit, Anmaßung und Unzulänglichkeit der Observation heraus- und einer selbstbestimmten Präsentation gegenübergestellt.

Seit Ende der 2000er Jahre setzt sich vermehrt eine jüngere Generation von Künstlerinnen und Künstlern – als »nicht direkt Betroffene« mit mehr Distanz und (nicht immer) differenzierterem Blick – mit Material aus den BStU-Archiven auseinander. Dieser Generationswechsel fällt nicht nur mit einem gesteigerten künstlerischen Interesse an einer Archivthematik[8] zusammen, sondern wurde auch von Änderungen im Stasi-Unterlagengesetz begünstigt.[9] Die »zweite Generation« konzentriert sich stärker auf übergeordnete Themenkomplexe. Auf formaler Ebene lassen sich Merkmale feststellen, die sie von den Arbeiten mit der »eigenen Akte« unterscheiden: Meist liegt den Werken ein ausgeprägt fotografisches Interesse zugrunde; in der Regel wird auf Originaltexte des MfS verzichtet; Veränderungen oder Manipulationen am Bildmaterial werden kaum vorgenommen. Solche Untersuchungen der visuellen Hinterlassenschaft präsentieren sich häufig als Bild-Anordnungen, die in erster Linie die Bilder für sich sprechen lassen und erst im zweiten Schritt mit – faktischen, bewertenden oder auch literarischen – Kontextinformationen eine Leserichtung vorgeben. So versammelt der Fotograf

Leipzig, 1985

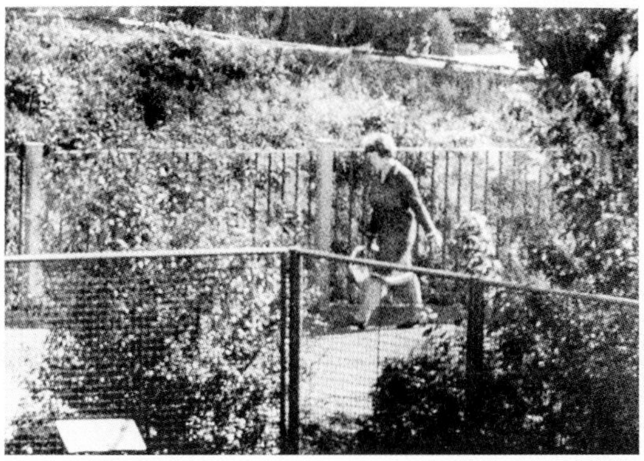

3

Leipzig, 1984

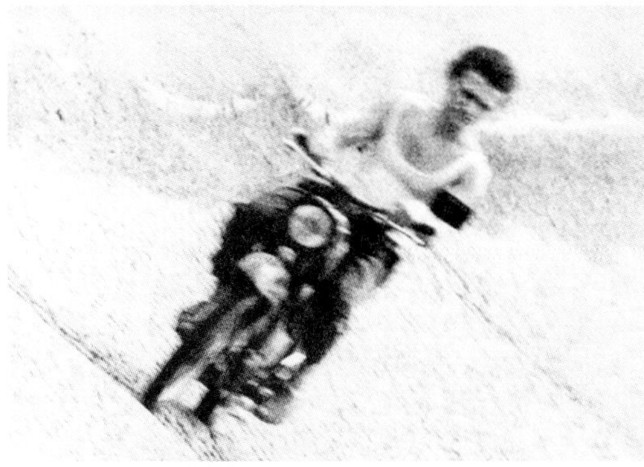

4

Simon Menner in »Top Secret. Bilder aus den Archiven der Staatssicherheit« (2013) vorwiegend Fotografien, auf denen Stasi-Mitarbeiterinnen und -Mitarbeiter für Schulungsmaterial posieren oder bei offiziellen Anlässen und organisierten Freizeitvergnügen abgelichtet wurden. In diesen Bildern versucht Menner, das System gewissermaßen im Blick auf sich selbst durchschaubar zu machen. Auch Arwed Messmer geht es darum, »die Bilder selbst zum Thema zu machen«.[10] Für »Reenactment MfS« (2014) führte er Fotodokumente zusammen, die im Zusammenhang mit gescheiterten Fluchtversuchen an der Berliner Mauer stehen, und kombinierte diese mit eigenen Aufnahmen. In einem 32-seitigen Begleitheft werden Informationen zum Bildträger, zur Archivsignatur und zum Anlass der jeweiligen Aufnahmen bereitgestellt.

Im Gegensatz zu Messmer oder Menner wählt Klein weder das Spektakuläre, Erschreckende (dem Messmer seine eigenen, »vollkommen unspektakulären, gleichsam beiläufig aufge-

8 Vgl. u. a. Hal Foster: An Archival Impulse, in: October Vol. 110 (2004), S. 3–22.; Okwui Enwezor: Archive Fever: Photography between History and the Monument; in: ders.: Archive Fever: Uses of the Document in Contemporary Art, Göttingen 2008, S. 11–51.

9 So folgte Mitte der 2000er Jahre, mit dem Wechsel der Behörde des BStU aus dem Geschäftsbereich des Bundesministeriums des Innern in den der Beauftragten für Kultur und Medien, eine Ausweitung der Zugangsmöglichkeiten für Antragstellerinnen und Antragsteller aus den Bereichen Forschung und Medien.

10 Arwed Messmer: Über mich; URL: https://arwedmessmer.de/ueber-mich (letzter Zugriff am 29.10.2018).

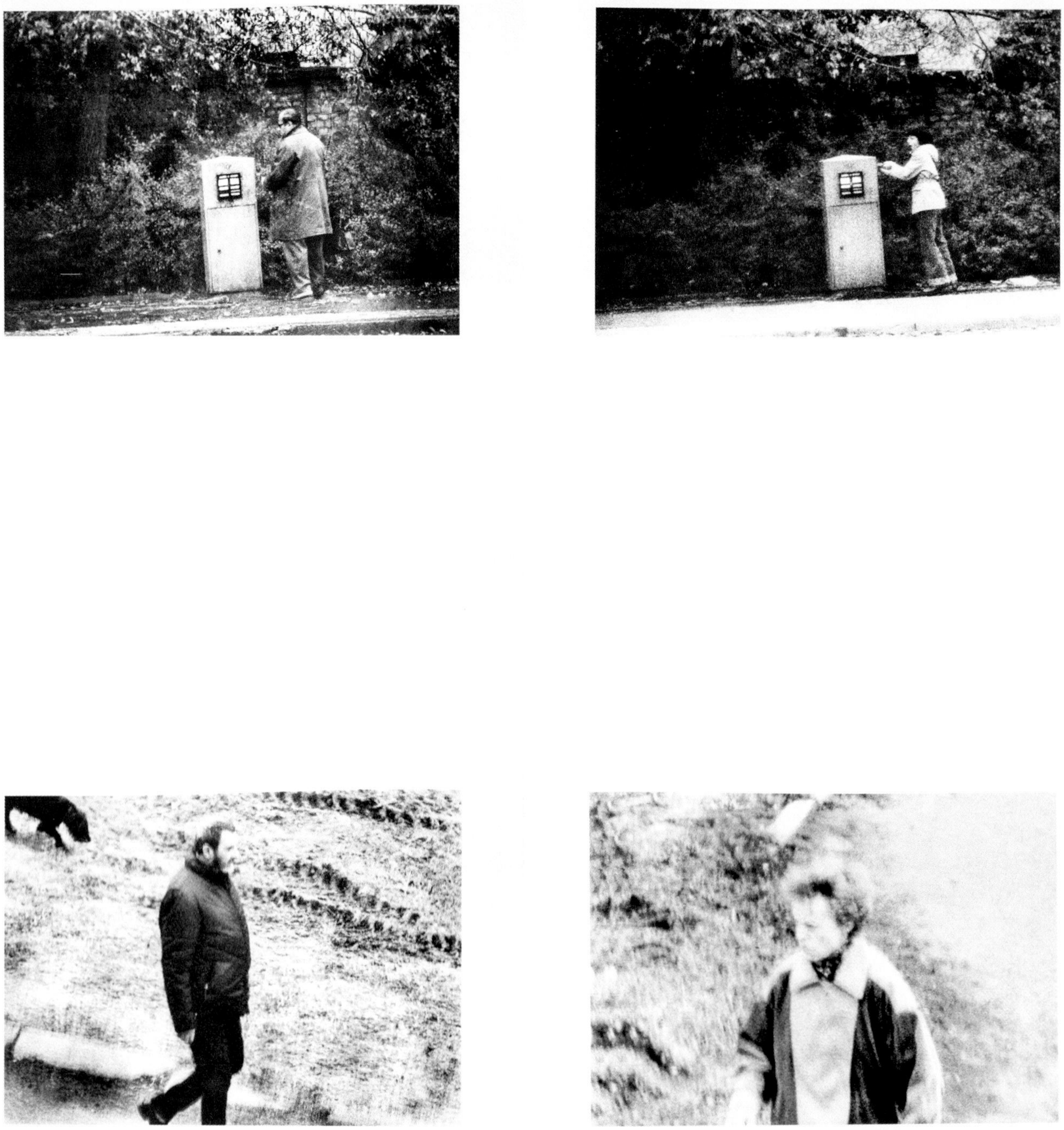

Abb. 4 a–d

JENS KLEIN | *Hundewege. Index eines konspirativen Alltags*
a) Briefkästen, b) Spaziergänger, c) KGA Seilbahn, d) Mopedfahrer | 2009–2012

Doppelseite der Publikation, Institut für Buchkunst, Leipzig 2013

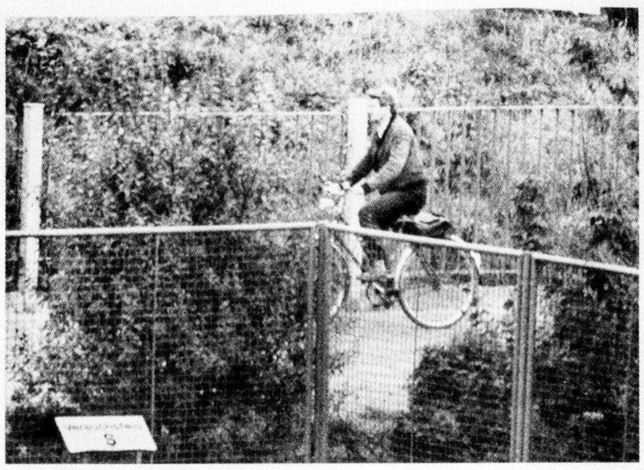

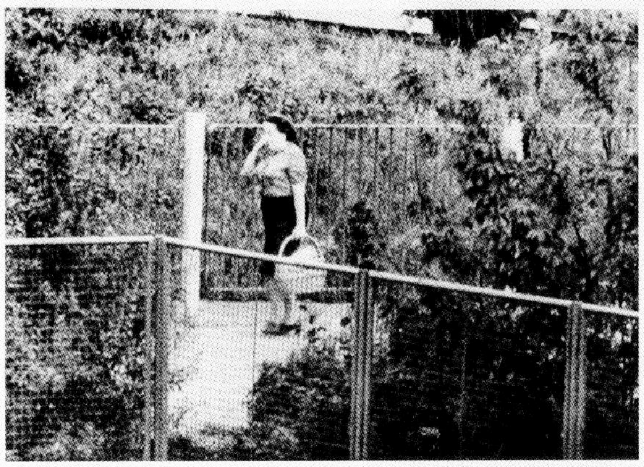

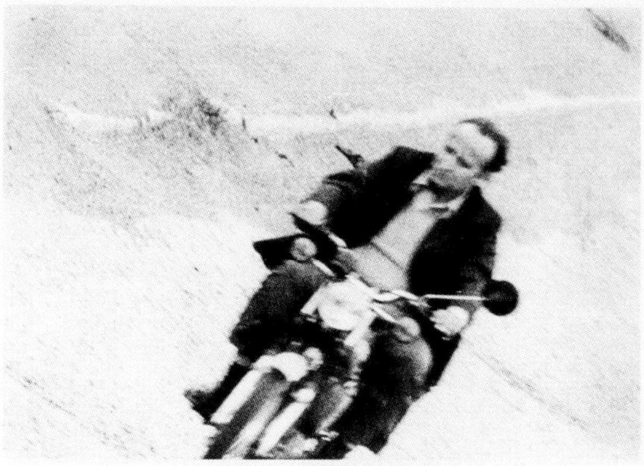

Abb. 5

JENS KLEIN | *Spaziergänger* | 2012

30 Fotografien als Tableau, Archiv-Pigmentdruck hinter Glas;
aus: »Hundewege. Index eines konspirativen Alltags«, 2009–2012

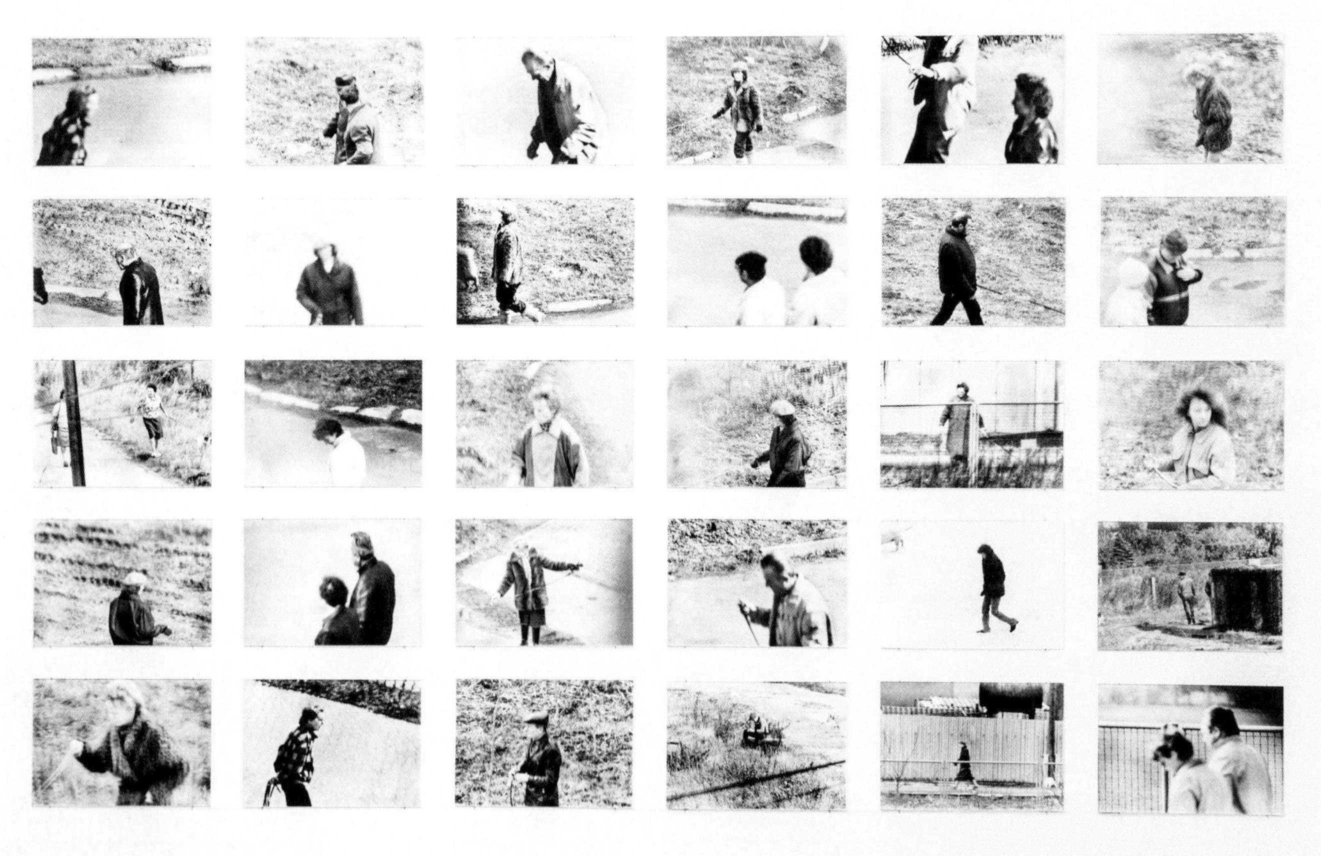

nommene[n] Fotografien«[11] gegenüberstellt), noch sucht er nach dem Bösen im Banalen (wie es Simon Menner in seinem Projekt herausstellt[12]). Kleins Auswahl zeigt alltägliche Handlungen – Personen, die Post aufgeben, den Hund spazieren führen, Moped fahren oder sich auf dem Weg zur Kleingartenanlage befinden. Diese Art der »Überwachungsbilder«[13] kann eher mit der hochaktuellen Debatte über präventive Maßnahmen einer flächendeckenden Überwachung des öffentlichen Raums in Bezug gesetzt werden, als dass sich an ihnen eine besondere Skrupellosigkeit des DDR-Geheimdienstes ablesen ließe. Klein lässt uns im Ungewissen,

11 Matthias Flügge: Arwed Messmers Reenactment MfS, in: Arwed Messmer: Reenactment MfS, Ostfildern 2014, Begleitheft, o. A.

12 Vgl. Made you Look: Nachgehakt: Interview mit Fotograf Simon Menner, 6. 12. 2013; URL: www.madeyoulook.de/2013/12/06/nachgehakt-interview-mit-fotograf-simon-menner (letzter Zugriff am 29. 10. 2018).

13 Der Medienwissenschaftler Dietmar Kammerer unterscheidet zwischen »Überwachungsbilder[n], die in Kontrollräumen von staatlichem oder privatem Sicherheitspersonal betrachtet werden«, und »Bilder[n] der Überwachung: Repräsentationen [...], die in massenmedialer Zirkulation das kollektive Bewußtsein dessen prägen, was Überwachung ist und was sie kann«. Vgl. ders.: Bilder der Überwachung, Frankfurt/Main 2008, S. 9.

14 Jens Klein: Vom Versuch die Vergangenheit einzuholen, theoretische Diplomarbeit, Leipzig 2012, S. 17.

Abb. 6

JENS KLEIN | *Briefkästen (Detail)* | 2012

25 Fotografien in Reihe, Archiv-Pigmentdruck hinter Glas; aus: »Hundewege. Index eines konspirativen Alltags«, Ausstellungsansicht, Galerie der Hochschule für Grafik und Buchkunst, Leipzig, 2012

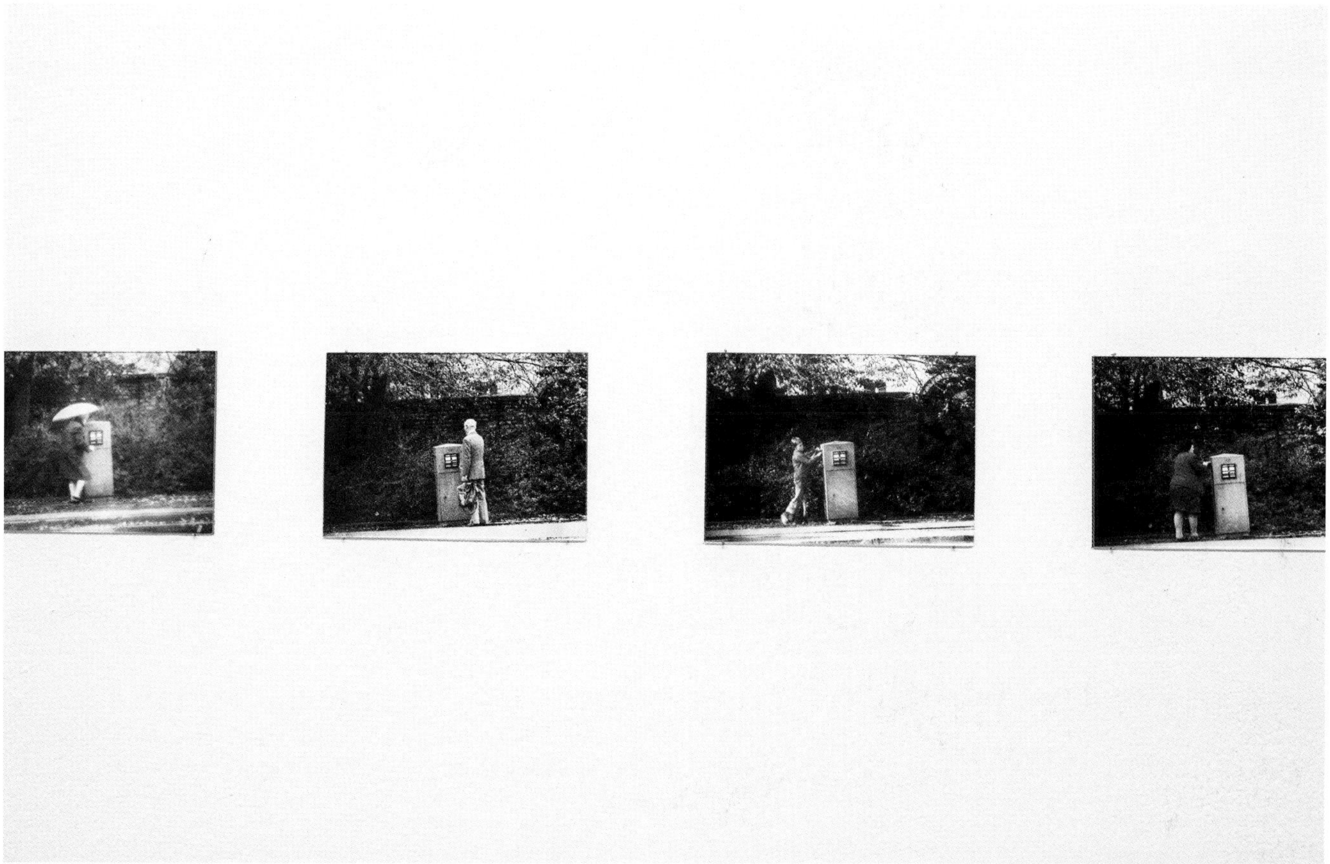

warum sich das MfS für die Orte oder abgebildeten Personen interessierte. Nach eigenen Angaben begann er seine Recherche mit der Motivation, »das Archiv neben seiner Funktion zur Sichtbarmachung von Herrschaftsstruktur auch als Alltagsarchiv der DDR zu betrachten«.[14]

Im Untertitel seines Werkkomplexes – »Index eines konspirativen Alltags« – sind die Ambivalenzen dieses Vorhabens bereits angelegt: Indexikalisch haben sich hier Spuren eingeschrieben, deren Vorhandensein gesichert, deren Interpretation jedoch offen ist. Als konspirativ wurden im MfS-Jargon Verhaltensweisen bezeichnet, die zur Geheimhaltung des eigenen Tuns, zur Wachsamkeit oder zur Täuschung des »Feindes« eingeübt wurden;[15] der Alltag lässt sich sowohl auf die gleichförmigen Abläufe der Archivarbeit, das Alltäglich-

15 Vgl. Definition: Konspiration; politisch-operative/Wörterbuch der politisch-operativen Arbeit (GVS JHS 001-400/81) JHS Potsdam-Eiche, April 1985, dokumentiert in: BStU, Wörterbuch der Staatssicherheit (wie Anm. 3), S. 219 f.; URL: www.gvoon.de/ddr/stasi/dokumente/woerterbuch/konspiration-politisch-operative.html (letzter Zugriff am 30.10.2018).

Abb. 7

JENS KLEIN | *KGA Seilbahn (Standbild)* | 2012

56 Fotografien, HD-Video Projektion, Loop; aus: »Hundewege. Index eines konspirativen Alltags«, Ausstellungsansicht, Galerie der Hochschule für Grafik und Buchkunst, Leipzig, 2012

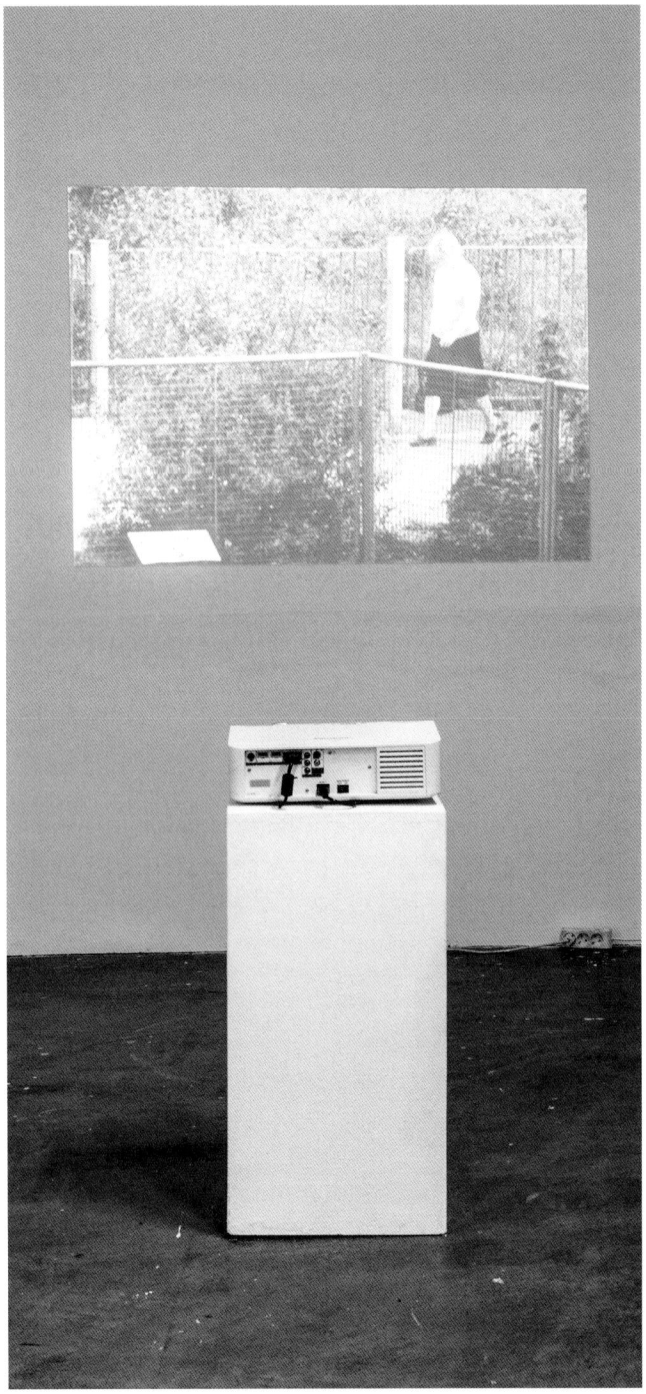

Gewöhnliche der abgebildeten Tätigkeiten wie auch auf den Alltag der beobachtenden Person(en) beziehen.

Weitere Anhaltspunkte für mögliche Interpretationen geben zwei Texte, die Klein im Verbund mit der Arbeit auf seiner Website zur Verfügung stellt. In einem der beiden – überschrieben mit dem Titel der Arbeit »Hundewege« – wählt Klein die literarische Form der Erzählung, wobei er übergangslos zwischen Erzählperspektiven der ersten und dritten Person wechselt. Diese Form lässt im Unklaren, ob es sich um die Beschreibungen seiner eigenen Spurensuche, den Gedankenfluss eines Stasi-Mitarbeiters oder die Perspektive eines Hundes handelt.[16] Im zweiten Text »Angststaub« legt er einen persönlichen Erlebnisbericht – eine Art Protokoll – seiner Recherche im BStU-Archiv vor. Hier folgt man Klein bei genauen Beschreibungen seiner Umgebung, von autoethnografischen Reflexionen hin zu sich wiederholenden Routinen, die seine vielen Aufenthalte zu einem ununterscheidbaren Ganzen kondensieren: von der Empfangssituation in der Behörde über Gebäudebeschaffenheiten und Einrichtungsgegenstände bis hin zur Kleidung und zu den Gesten der Sachbearbeiter und Aufseher. Sein Bericht geht weiter – von Spekulationen über das gesichtete Material bis hin zu Gedankenspielen über die Möglichkeit oder Unmöglichkeit eines nonkonformen Verhaltens seinerseits. Klein etabliert sich als Beobachter der Beobachter, der – nicht ohne Grund – unter argwöhnischer Beobachtung der wachenden Behörde agiert. So endet sein Bericht: »Nur zu berechtigt fand ich das Misstrauen, hätte ich mich doch schon längst dieser kleinen schwarz-weißen Fotografien bemächtigt, sie nach draußen gebracht, sie der Freiheit und Zerstörung preisgegeben.«[17]

Klein verharrt nicht in kritischer Distanz zu seinem Untersuchungsgegenstand. Auf seine Herangehensweise ließe sich eine Aussage des israelischen Künstlers Roee Rosen über-

Abb. 8

JENS KLEIN | *Mopedfahrer (Detail)* | 2012

7 Fotografien, Offsetdruck; aus: »Hundewege. Index eines konspirativen Alltags«, Ausstellungsansicht, Galerie der Hochschule für Grafik und Buchkunst, Leipzig, 2012

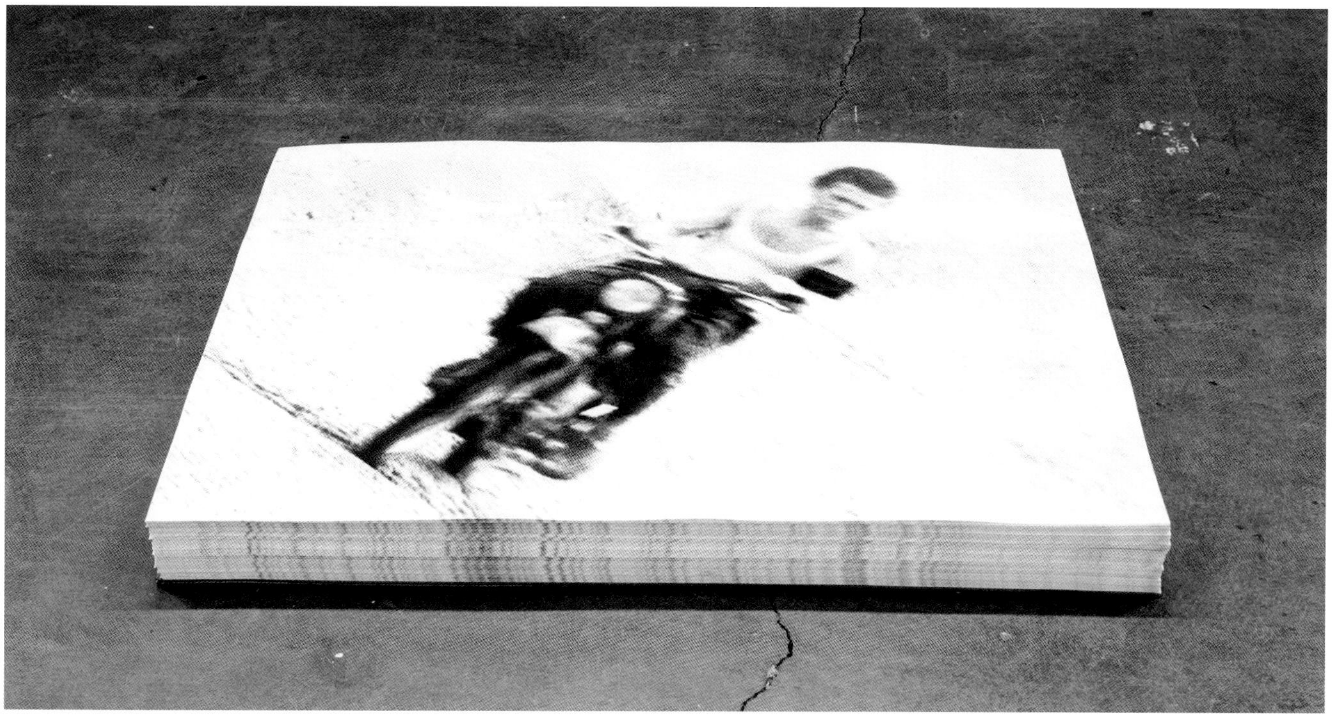

tragen, der sich gegen eine Kunst ausspricht, »die aus einer selbstgerechten Haltung heraus produziert wird (und in der sich die Kritik auf ein ›Anderes‹, welches sich vom Kritisierenden klar unterscheidet, gerichtet ist)«.[18]

»Hundewege« verdoppelt, verdrei- oder vervierfacht den Blick und damit den Moment (in) der Fotografie. Die vermeintlich neutrale Präsentation wird zum Beobachtungskarussell, das den inkriminierenden Blick des MfS, den der schützend-erhaltenden BStU-Behörde, den des spurensuchenden Künstlers und den der Betrachterinnen und Betrachter der Arbeit im Kunstkontext gleichermaßen involviert.

Auch die israelische Theoretikerin Ariella Azoulay plädiert dafür, Bedeutung und Interpretation archivierter Fotografien in Bewegung zu halten. Sie unterscheidet in diesem Zusammenhang zwischen zwei Denkansätzen:[19] dem »Ereignis der Fotografie« (event of photography) und dem »fotografierten Ereignis« (photographed event). Im Gegensatz zum Konzept

16 Jens Klein: Hundewege, in: ders.: Hundewege. Index eines konspirativen Alltags, Leipzig 2012, o. A.; URL: www.jensklein.com/download/Jens-Klein_Hundewege_dt_engl.pdf (letzter Zugriff am 4.10.2018).

17 Jens Klein: Angststaub, in: ebd.

18 Roee Rosen/Moshe Zuckermann: Über das Verhältnis von Kunst und Geschichte, in: Moshe Zuckermann (Hg.): Tel Aviver Jahrbuch für deutsche Geschichte, Geschichte und bildende Kunst, Göttingen 2006, S. 15–36, hier S. 26.

19 Ariella Azoulay: Archive, in: Political Concepts. A Critical Lexicon, New York 2012; URL: www.politicalconcepts.org/issue1/archive/ (letzter Zugriff am 20.10.2018).

des »fotografierten Ereignisses«, dem eine funktionale und identifizierende Lesart folgt, beschreibt Azoulay das »Ereignis der Fotografie« als potenziell niemals abgeschlossene Reihe von Begegnungen; beginnend mit der Begegnung zwischen Kamera/Fotografin bzw. Fotograf und fotografiertem Ereignis/Subjekt und in der Folge zwischen Fotografie und Betrachterin/Betrachter. Um diese Bewegung/Begegnungen möglich zu machen, fordert Azoulay ein »right to (the) archive« – ein doppeltes Recht: einerseits das Recht auf Zugang zum Archiv – und damit die Möglichkeit zur (Neu-)Interpretation des dort verwahrten Materials –, andererseits das Recht darauf, selbst am Prozess der Archivierung beteiligt zu sein.[20]

Identifizierung, Festschreibung und Erhalt »fotografierter Ereignisse« stellen zugleich wichtige und grundlegende Aufgaben des Archivs dar; sie ermöglichen Ablage, Zuordnung und Orientierung. Dabei laufen sie Gefahr, Fotografien auf ihre Funktion als visuelle Belege für vorab definierte Ereignisse zu reduzieren.[21] Susan Sontag zufolge kann es »kein – fotografisches oder sonstiges – ›Beweismaterial‹ für ein Ereignis geben, solange das Ereignis nicht als solches definiert und charakterisiert worden ist. Und niemals kann fotografisches Beweismaterial Ereignisse konstruieren, genauer gesagt: identifizieren; der Beitrag, den die Fotografie leistet, erfolgt immer erst, nachdem ein Ereignis als solches definiert wurde.«[22] Diese Beobachtung gilt gleichermaßen für die Ablagesysteme im Archiv des MfS wie für ihre Nachfolge in den Archiven des BStU – wenn auch unter grundlegend anderen Prämissen: Während das MfS versuchte, seine »Beweismittel« sowie die »Art und Weise ihrer Erlangung, ihre Beschaffenheit und die Ergebnisse ihrer Auswertung und Überprüfung [...] objektiv und vollständig zu dokumentieren«,[23] ist es Aufgabe des BStU, genau diese Strukturen der »Beweisführung« zu erhalten und offenzulegen, um Wiedergutmachung, Rehabilitation sowie die historische, politische und juristische Aufarbeitung zu ermöglichen. Diese Reversion der ursprünglichen Intentionen, mit denen das Material vom MfS angelegt wurde, wird seit über 25 Jahren von der Behörde des BStU vorangetrieben.

Die »meisten Künstler/innen, die sich mit Geschichte befassen«, sind der Kunsthistorikerin und Kritikerin Susanne Leeb zufolge jedoch »weniger an einer verbindlichen Erzählung interessiert [...] als an deren Unterminierung«.[24] Der israelische Soziologe Moshe Zuckermann spricht von einem künstlerischen »Vermengungsakt«, der sich weniger »auf ›Vergangenheit‹ als solche bezieht, sondern sich eher darauf ausrichtet, ideologische Gewissheiten der Gegenwart über die ›Vergangenheit‹ zu dekonstruieren (genauer: die

---

20 In diesem Sinne gewährleistet der BStU mit dem Recht auf Akteneinsicht das »right to the archive«; die Robert-Havemann-Gesellschaft (RHG) verwirklicht das »right to the archive« mit dem 1992 gegründeten Archiv der DDR-Opposition, in dem Geschichte und Erfahrungen von Opposition und Widerstand in der DDR selbstbestimmt dokumentiert und vermittelt werden. Vgl. Selbstdarstellung der RHG; URL: www.havemann-gesellschaft.de/ueber-uns/wer-wir-sind (letzter Zugriff am 30.10.2018).

21 Vgl. dazu u.a.: Allan Sekula: The Body and the Archive, in: October Vol. 39 (1986), S. 3–64; ders.: Reading an Archive, in: Liz Wells (Hg.): The Photography Reader, London/New York 2002, S. 443–452.

22 Susan Sontag: Über Fotografie, Frankfurt/Main [17]2006, S. 24.

23 Definition: Beweismittel/Wörterbuch der politisch-operativen Arbeit (GVS JHS 001-400/81) JHS Potsdam-Eiche, April 1985, dokumentiert in: BStU, Wörterbuch der Staatssicherheit (wie Anm. 3), S. 60f.; URL: www.gvoon.de/ddr/stasi/dokumente/woerterbuch/beweismittel.html (letzter Zugriff am 30.10.2018).

24 Susanne Leeb: Flucht nach nicht ganz vorn, in: Texte zur Kunst, Themenheft »Geschichte«, Bd. 76 (2009), S. 28–45, hier S. 29.

25 Rosen/Zuckermann, Über das Verhältnis (wie Anm. 18), S. 27.

26 Sontag, Über Fotografie (wie Anm. 22), S. 28.

27 Andreas Gebhardt: Heckenschützen mit Kamera. Hundewege des konspirativen DDR-Alltags, in: Kasseler Fotobuchblog, 15.2.2014; URL: http://kasselerfotobuchblog.de/heckenschuetzen-mit-kamera (letzter Zugriff am 29.10.2018).

kanonisch-ideologischen institutionellen Apparate der gegenwärtigen Praxis im Hinblick auf die Repräsentation von ›Vergangenheit‹ und ihre instrumentelle Vereinnahmung)«.[25] Kleins Arbeit lese ich als Angebot, nicht nur die »Erzählungen« der Stasi, sondern auch gegenwärtig vorherrschende »Erzählungen« im Bezug auf die ehemalige DDR zu unterminieren.

Indem er die Bilder dekontextualisiert und denarrativiert, lädt er in seiner bedeutungsoffen angelegten Präsentation zu neuen, unabhängigen Interpretationen ein. »Fotos, die von sich aus nichts erklären können, fordern unwiderstehlich zur Deduktion, Spekulation und Phantastereien auf«,[26] schreibt Susan Sontag. Klein scheint dieses Potenzial der Fotografie für seine Arbeit produktiv machen zu wollen. Sollten unterschiedliche Perspektiven nicht auch zu unterschiedlichen Interpretationen führen können? Wie diese ausfallen, hängt letztlich von den Standpunkten, Interessen und dem Vorwissen der Rezipientinnen und Rezipienten ab. Es liegt in der Sache, dass künstlerische Intention und Rezeption bedeutungsoffener Werke nicht deckungsgleich sein müssen oder auch ins Gegenteil umschlagen können. Beispielhaft beginnt die – durchaus begeisterte – Besprechung von Kleins Publikation (die ohne begleitenden Text erschien) auf dem Kasseler Fotobuchblog mit den Worten: »Dass die DDR ein kleingeistiger Scheißstaat war, wird in diesen vier schmalen Heften im Schuber aufs schönste deutlich: Mehr braucht es kaum, um den Beweis zu führen [...]. Jeder Kommentar erübrigt sich, weshalb man auf solche konsequenterweise verzichtet hat.«[27]

Kleins Arbeit für einen derartigen »Beweis« heranzuziehen, wird der Arbeit nicht gerecht; sie allein als Zeugnis eines problematischen Entstehungs- und Verwendungskontextes der Bilder zu betrachten, greift zu kurz. Klein lädt uns ein, genau hinzusehen: Wozu seine Arbeit darüber hinaus anregen kann, ist eine differenzierte Betrachtung zentraler Fragen der Perspektivität, Konstruktivität und Instrumentalisierung von Geschichte und Erinnerung. Innerhalb dieser Überlegungen bekommt dann vielleicht auch der DDR-Alltag wieder einen Platz.

SUSANNE ALTMANN

Tina Bara & Alba D'Urbano. Zwei Parallelen konvergieren

PARALLELBIOGRAFIEN

1983

Tina Bara ist 21 Jahre alt. Sie studiert Geschichtswissenschaften in Ost-Berlin und weiß genau, dass sie »am falschen Ort die falschen Gedanken«[1] studiert. Der einzige Lichtblick dabei, so erinnert sie sich, sind die Kunstgeschichtsvorlesungen. Bald schließt sie sich der Aktionsgruppe »Frauen für den Frieden« an.[2] Sie sammeln Unterschriften gegen ein neues Gesetz zur Frauenwehrpflicht, diskutieren, wie man das Land von innen heraus verändern könnte, oder machen Ausflüge in die mecklenburgische Landschaft; zum Beispiel jenen, als sie auf die Blechverkleidung eines militärischen Schießstands schreiben: »Wir wollen keine Zielscheiben sein.« In diesem Umfeld beginnt Tina Bara mit dem Fotografieren.

1983–1988

Alba D'Urbano ist 28 Jahre alt. Sie legt gerade ihr Malereidiplom an der Kunstakademie in Rom ab. Zuvor studierte sie Philosophie. Bereits mit 16 Jahren war sie in der außerparlamentarischen linken Opposition in ihrer Heimatstadt Tivoli aktiv. Sie rief dort das Hörfunkprogramm »Sagoma Deformata« für einen alternativen Sender ins Leben und wurde »für immaterielle Kulturarbeit« und damit für mediales Gestaltungspotenzial sensibilisiert.[3] Aus ihrer Faszination für die antibürgerliche studentische Revolte entwickelte sich ihr feministisches Bewusstsein. D'Urbano bereitet ihren Umzug nach West-Berlin vor, wo sie sich 1984 ansiedelt. Sie will mit

1 Vgl. Tina Bara: Lange Weile (Foto-Film, 2016, HDV, Ton, 62 min). Der Foto-Film besteht aus 400 Schwarz-Weiß-Fotografien, die Tina Bara zwischen 1983 und 1989 aufgenommen hat. Darin kommentiert sie »autobiografisch und fragmentarisch den Zusammenhang aus dem heraus die Fotografien entstanden sind und erzähle[t] aus heutiger Perspektive – 30 Jahre später – vom Beginn meiner [ihrer] künstlerischen Entwicklung und der Rolle der Fotografie innerhalb dieser [...]«, zit. nach: Gabriele Muschter/Uwe Warnke (Hg.): In einem anderen Land. Transformationsprozesse in Beispielen zeitgenössischer Fotografie in Deutschland, Berlin 2018, S. 22.

2 Vgl. Bara, Lange Weile (wie Anm. 1).

3 Vgl.: Tina Bara & Alba D'Urbano: Doppelte Anziehung. Ein Gespräch mit Susanne Altmann, in: Tina Bara/Alba D'Urbano: !Perla_Miseria!, Wien 2015, S. 28 f.

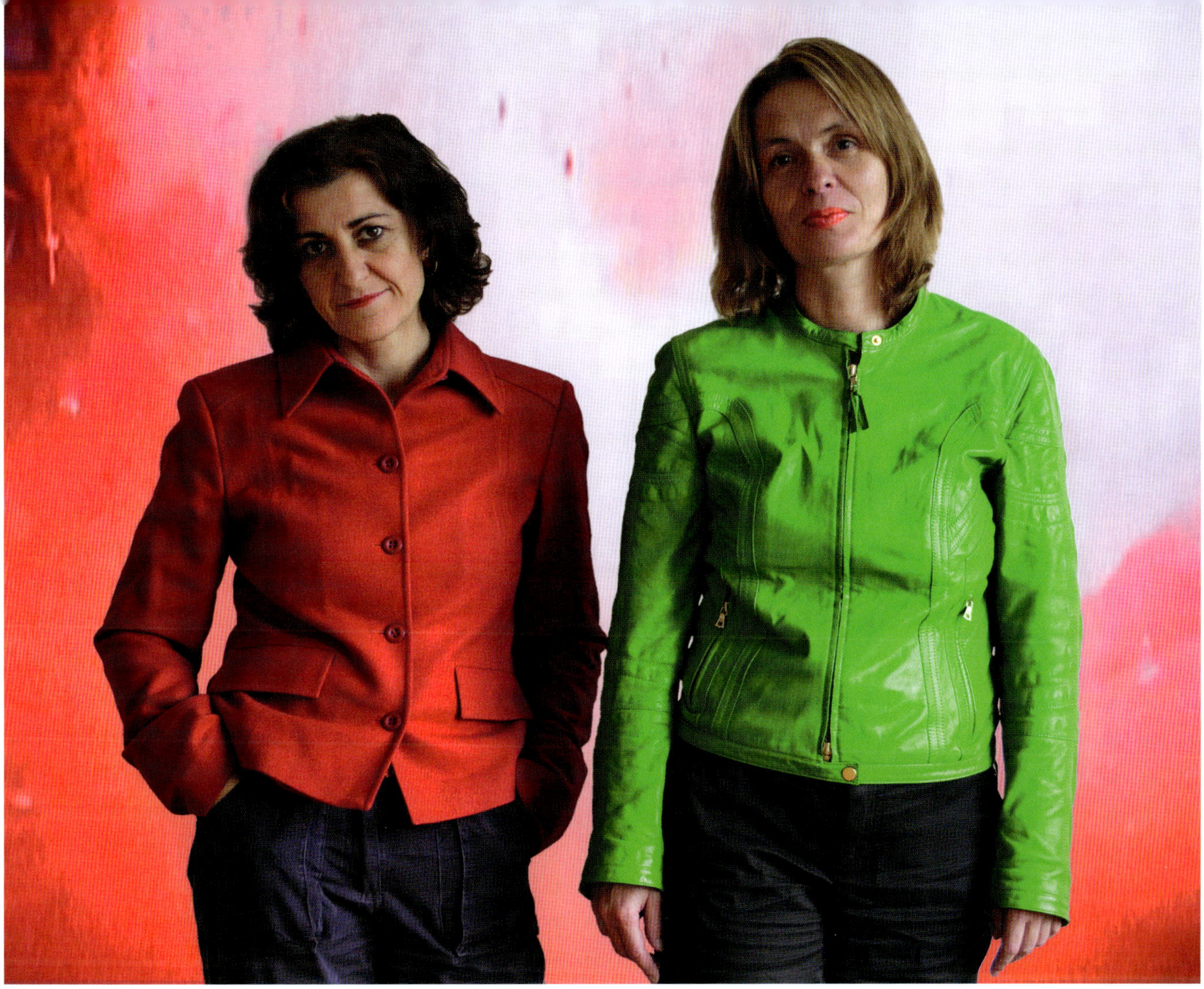

Abb. 1

TINA BARA & ALBA D'URBANO | 2005

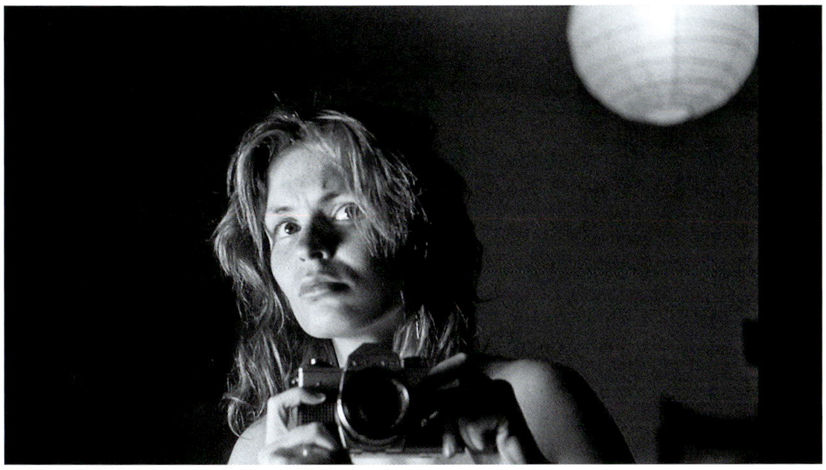

Abb. 2

TINA BARA | *Selbstporträt* | um 1987

Still aus: »Lange Weile«, Foto-Film, 2016

Abb. 3

ALBA D'URBANO | *Hautnah: Quem quaeritis non est hic* | 1996–1998

Fine Art Print

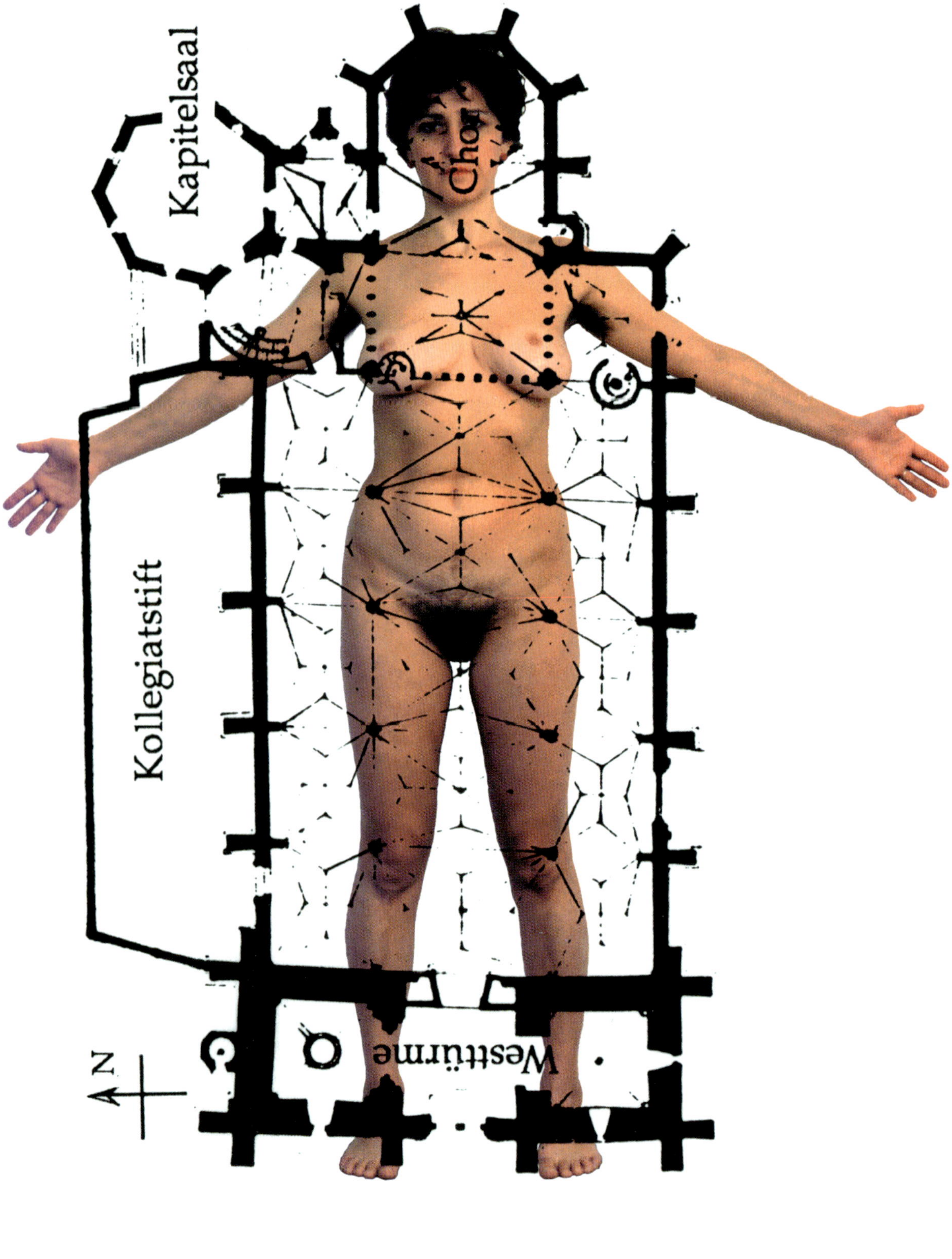

Abb. 4

TINA BARA | *Fotozyklus o. T.* | 1986/87

Ausstellungsansicht aus: »Junge Berliner Fotografen«, Haus der jungen Talente, Berlin, 1987

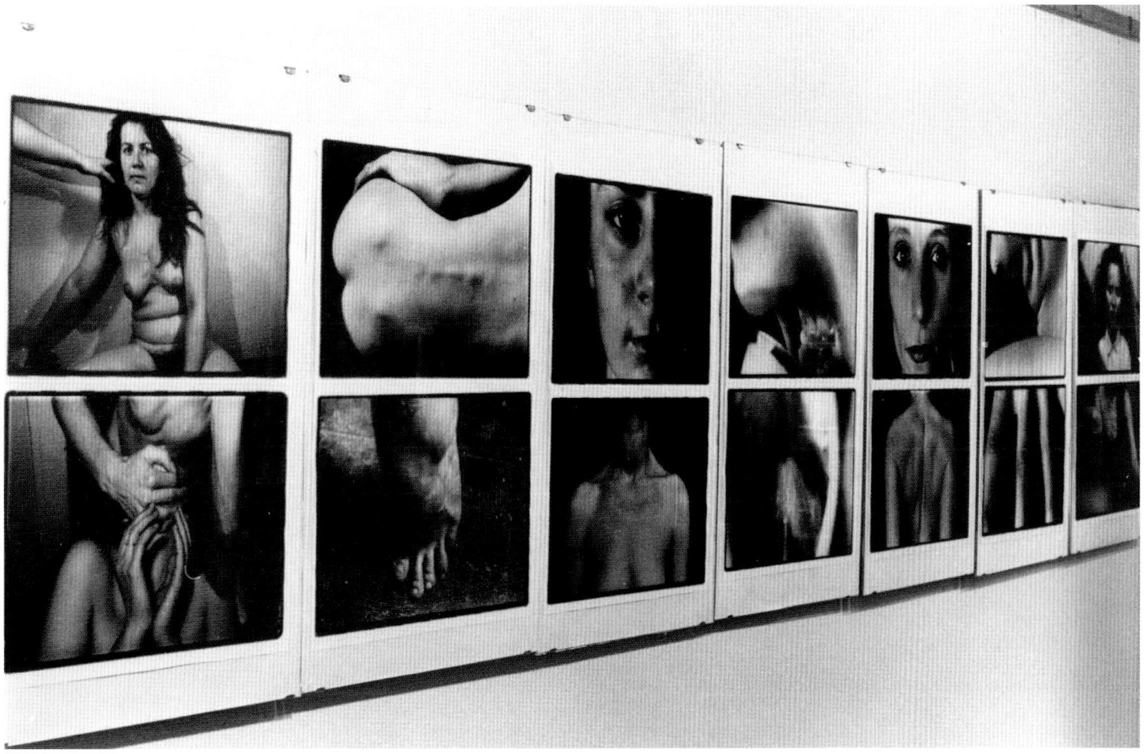

Film und Medienkritik arbeiten. Aufmerksam blickt sie auf die Posen der verführerisch aufgemachten weiblichen Nacktmodelle in der »Berliner Zeitung« und thematisiert deren Inszenierung von Körperlichkeit 1988 in einer Bildserie.[4] Auch das Thema der Verwundung untersucht sie, ähnlich wie zeitgleich Tina Bara – und doch anders, denn sie stellt es ausschließlich am eigenen Leib dar.

1988

Tina Bara hingegen sucht das Selbst meist im fotografischen Gegenüber. Bereits seit zwei Jahren lässt sie sich als Fernstudentin an der Leipziger Hochschule für Grafik und Buchkunst ausbilden, bei Arno Fischer, der ihr »Freiraum gibt« und bei dem »man sich nicht verstellen musste«.[5] Ihre Diplomarbeit in Geschichte hat sie zwar abgeschlossen, aber schon vorher erkannt, dass sie sich künstlerisch viel besser artikulieren kann. Schon 1986 wird sie, die Autodidaktin aus der Berliner Subkultur, in den Verband Bildender Künstler der DDR aufgenommen, was ihr eine gewisse wirtschaftliche Sicherheit gibt. Zum Ende des Studiums 1988 entsteht der 14-teilige Fotozyklus *o. T.*, der aus fast schmerzhaften Nahsichten von Frauenkörpern besteht; der Raum wird weitgehend zurückgedrängt von der physischen Präsenz: Haut, Haare, Körperöffnungen. Bara will damit »Intimität an einen

4 Interview der Autorin mit Alba D'Urbano und Tina Bara, August 2011, unveröffentlichte Passage: »Ich habe in den 1980er Jahren, wo mir das feministische Denken sehr nah war, aufmerksam auf die Posen der verführerisch aufgemachten BZ-Nacktmodelle und auf deren Inszenierung von Körperlichkeit geschaut. Die Serie dazu von 1988 wurde unheimlicherweise genau an derselben Wand in der UdK Berlin ausgestellt, wie 20 Jahre später unsere gemeinsamen ›Story Tales‹, ein Teil der Arbeit ›Covergirl‹ von 2008/09.« (Alba D'Urbano).

5 Tina Bara im Interview mit der Autorin, Sommer 2009, unveröffentlicht.

Abb. 5 und 6

TINA BARA | aus: *Lange Weile Archiv* | 1983–1989

Silbergelatine

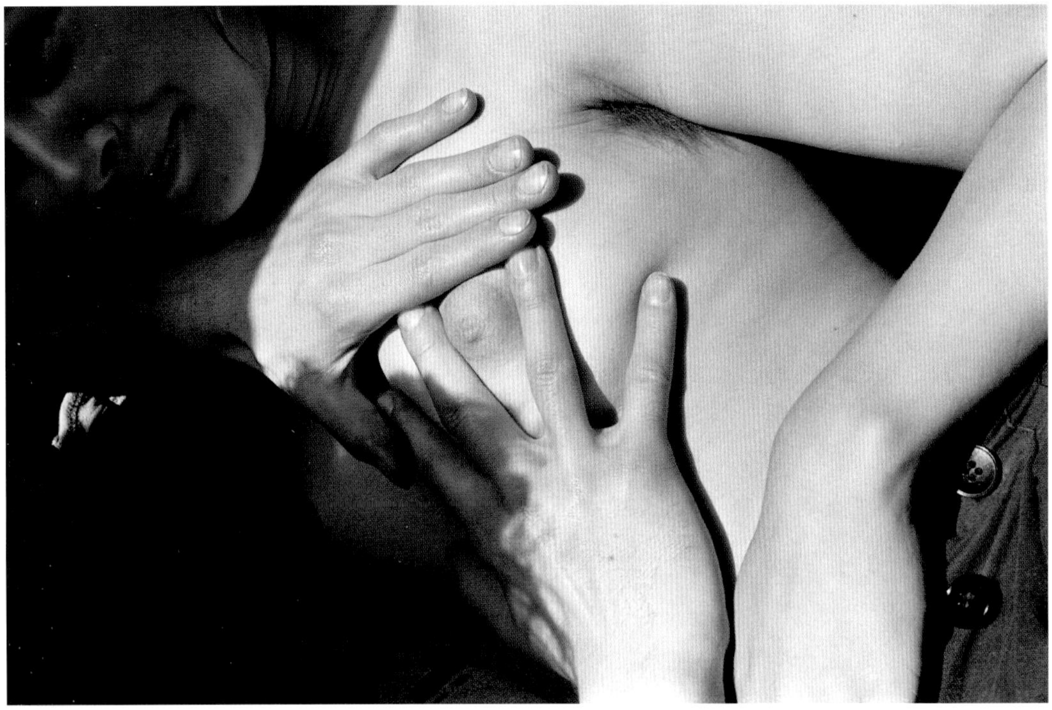

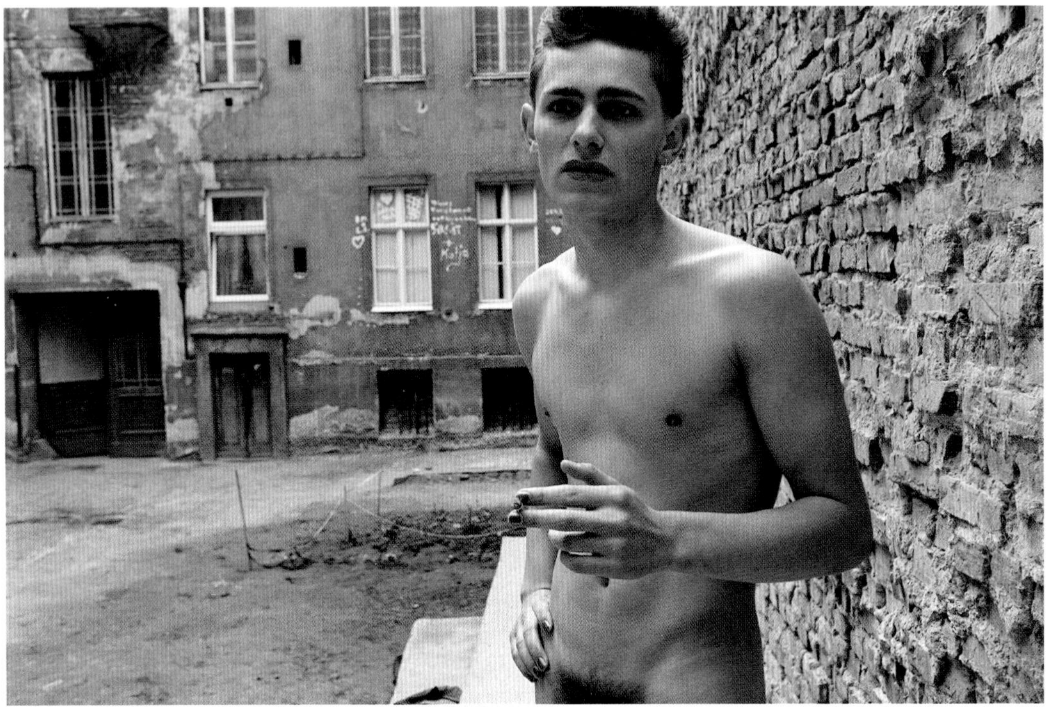

Abb. 7

ALBA D'URBANO | *Collezione* | 1995–1997, aus: »Il Sarto Immortale«, 1995–2000

Fine Art Print

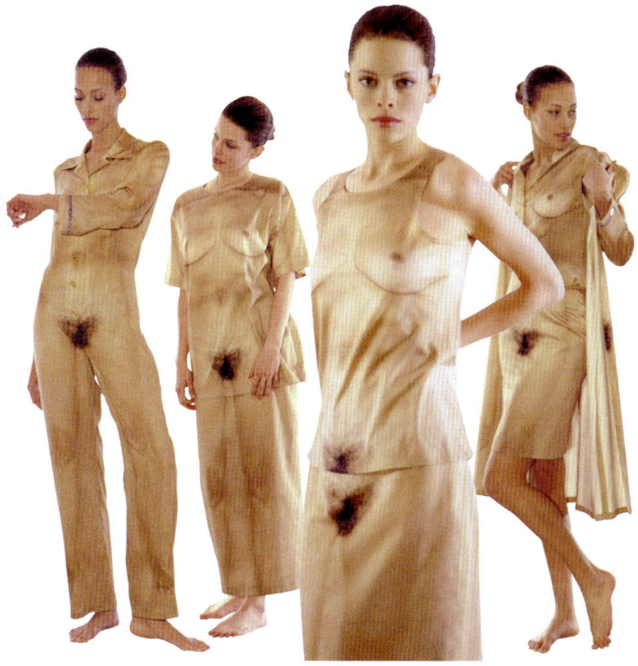

gesellschaftlichen Zustand« des Unbehagens koppeln.[6] Doch ihre Konzentration auf die Frau als Sujet stellt keine programmatische Entscheidung dar, sondern entsteht aus ihrem realen Lebenszusammenhang. »Mein weiblicher Blick ergab sich aus meiner Biografie und aus der persönlichen Identitätssuche. Abgrenzende feministische Selbstbehauptung war nicht unser Ding.«[7] So erinnert sie sich 2009, aber auch daran, dass sie sich in keiner Weise gegen diese allmähliche Entwicklung eines spezifisch weiblichen Blicks gewehrt habe. Unter der obrigkeitsstaatlichen Kontrolle der DDR, die bis in Familien hineinsickerte, kann Haut als letztes persönlich verfügbares Territorium gelten. Dem autoritären Zugriff war selbst Kleidung ein Politikum, was unter anderem aus den Repressalien gegenüber der DDR-Punkbewegung und deren Habitus deutlich wird.

1995

Nach Lehraufträgen in Frankfurt/Main und Offenbach wird Alba D'Urbano als Professorin an die Hochschule für Grafik und Buchkunst Leipzig berufen. Zunächst unterrichtet sie Computergrafik, 1998 übernimmt sie die Klasse für Intermedia. Sie begreift ihre künstlerische Arbeit als Schnittstelle zwischen realer Körperlichkeit und digitaler Visualität. In diesem Sinne generiert sie auf der Grundlage ihres eigenen Körpers dessen Computerbild und fertigt daraus lebensgroße, gleichsam paradoxe Kleidungsstücke an. Denn diese Hautkleider entblößen und verhüllen ihre Trägerinnen zugleich, sie führen den Exhibitionismus und die Perfektion digitaler Bildwelten ad absurdum – besonders im Hinblick auf den weiblichen Körper. Zudem stellt sie Haut als Schutzvorrichtung der eigenen Individualität, aber auch als »erstes Instrument und Ort des Austauschs mit dem Anderen«[8] zur Diskussion – um diese Definition von Didier Anzieu zu entleihen. Als relativ traditionell und an Fallbeispielen argumentierender Psychoanalytiker untersucht Anzieu in seinem Werk »Das Haut-Ich« zwar die gesellschaftlichen und identitätsstiftenden Funktionen von Haut, geht aber nur wenig auf deren Geschlechtsspezifik ein.

Alba D'Urbanos »Haut-Kleider«, die gleichzeitig Selbstporträts, also »Haut-Ichs« ihrer Urheberin sind, denken Anzieu gleichsam kritisch weiter – in Bezug auf manipulierte Oberflächen des Körpers, in Bezug auf die Fragmentarisierung des Körpers je nach Rollenmodell. Doch ebenso wie bei Anzieus archaisch aufgestellten Denkfiguren[9] stellt »Hautnah«, ob angezogen oder auf Kleiderbügeln präsentiert, immer wieder die Frage nach Verletzung und Verletzlichkeit – nun aber gleichsam im virtuellen Kontext, wo Identität nicht mehr an die eigene Haut gebunden ist und wo die Grenzen der Individualität entlang neuer Parameter verlaufen.

6 Susanne Altmann: Entdeckt! Rebellische Künstlerinnen aus der späten DDR (Ausstellungspublikation Kunsthalle Mannheim), Mannheim 2011, S. 10.

7 Tina Bara im Interview mit der Autorin, Sommer 2009, unveröffentlicht.

8 Didier Anzieu: Das Haut-Ich, Frankfurt/Main 1998, S. 13.

9 Vgl. ebd., bes. ab S. 131: Die neun Funktionen des Haut-Ichs.

Abb. 8–10 (unten und rechts)

TINA BARA & ALBA D'URBANO | aus: *Siegerehrungen* | 2003

Zehn Lamba Prints, unten: Ausstellungsansicht aus »Bellissima«, Hochschule für Grafik und Buchkunst Leipzig, 2003

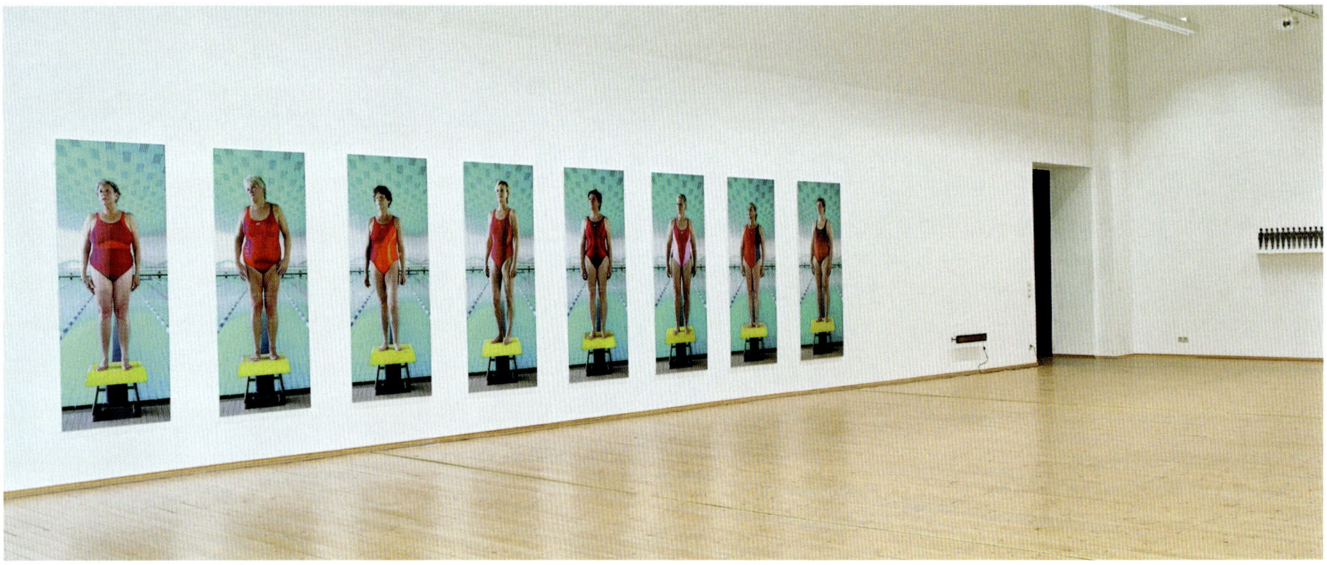

KONVERGENZ

1998

Bis hierher wurde der jeweilige künstlerische und soziale Reifeprozess der beiden Künstlerinnen parallel nachvollzogen, um jetzt zu dem Moment zu kommen, wo sich ihre Bahnen – reich an bislang jeweils unbekannter geistiger Nähe – auch physisch kreuzen. Das geschieht, wenig überraschend, in Leipzig, an der Hochschule, an der die eine lehrt (D'Urbano), die andere (Bara) bis 1989 studierte, 1991 ein externes Diplom bei Arno Fischer ablegte und seit 1993 ebenfalls eine Professur innehat. Bara und D'Urbano entwickeln eine gegenseitige Neugier auf ihre bisherigen Arbeiten und erkennen bald, dass dieses Interesse nicht nur persönlicher Natur ist, sondern dass besonders in der kritischen Reflexion von Körperoberflächen, von weiblicher Physis innerhalb von gesellschaftlichen Spannungsfeldern ihr größter gemeinsamer Nenner zu finden ist.

2003

Ihre erste große Gemeinschaftsarbeit mit dem Titel »Siegerehrungen«[10] entsteht. Eine Annäherung hatte bereits vorher stattgefunden, als Alba D'Urbano Tina Bara einlud, eine Art konzeptuelles sowie fotografisches Porträt von ihr anzufertigen, wofür sie sich einem subtilen, sehr ausführlichen Fragenkatalog zu stellen hatte.[11] Dies geschah in einer Phase, in der sich Bara zunehmend kritisch mit dem Medium Fotografie auseinandersetzte: »Ich begann stärker seriell und konzeptuell zu arbeiten als früher, Texte kamen hinzu, prozessuale Aspekte, Momente von Kommunikation und Begegnung wurden wichtig. In dieser Situation habe ich durch Alba eine unglaubliche Dynamik erfahren. Wir teilten das Interesse an Themen wie Körper und Haut, hatten eine gemeinsame intellektuelle und psychologische Basis.«[12]

10 Bara/D'Urbano, !Perla_Miseria! (wie Anm. 3), S. 63–70.

11 Portrait Alba/Tina Ritratto, in: ebd., S. 42–47.

12 Tina Bara & Alba D'Urbano: Doppelte Anziehung. Ein Gespräch mit Susanne Altmann, in: ebd., S. 27.

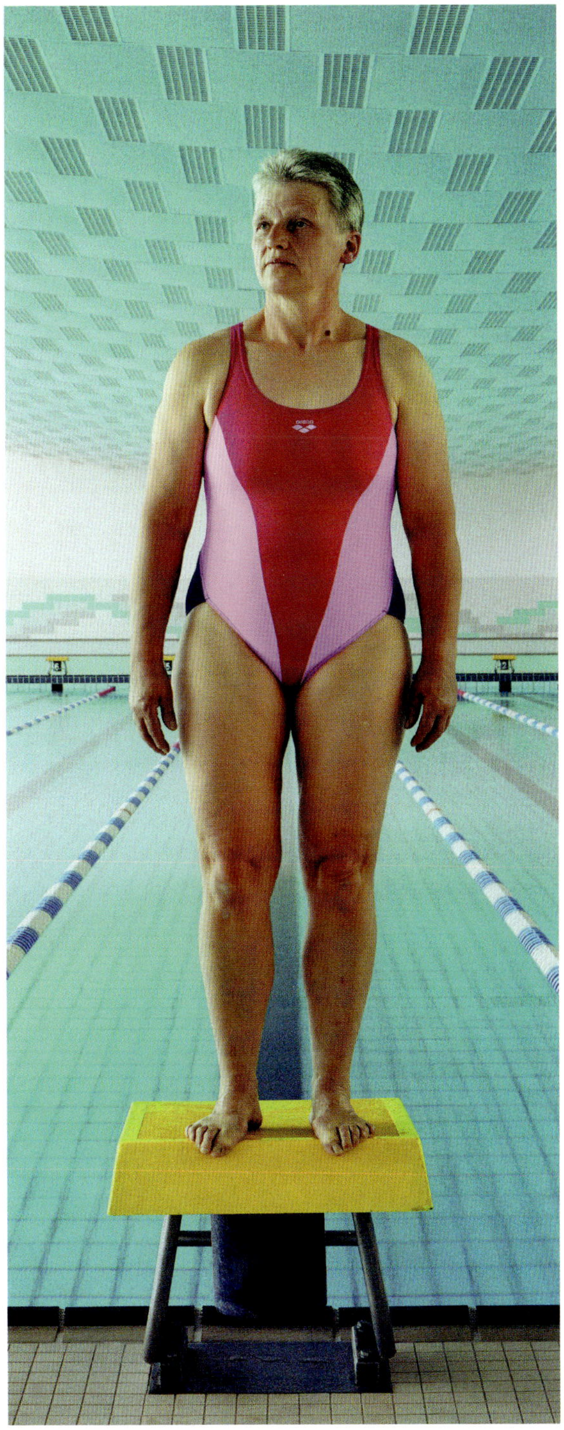

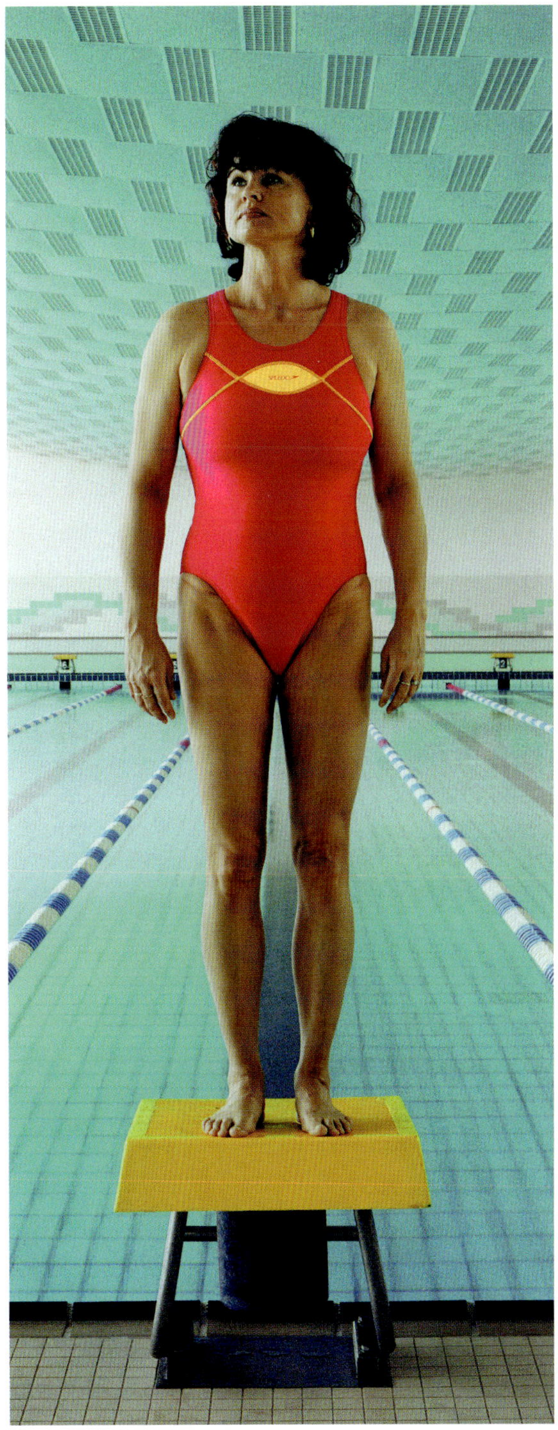

Das gemeinsam entwickelte Projekt »Siegerehrungen« fußt auf einer Idee von D'Urbano, die »das Bild mit den DDR-Schwimmerinnen zunächst vor [ihrem] inneren Auge«[13] sah. »Siegerehrungen« besteht aus zehn nicht ganz lebensgroßen Farbporträts ehemaliger Leistungssportlerinnen. Auf den gelben Startblöcken einer Leipziger Trainingsschwimmhalle wiederholen sie im Schwimmanzug jene Posen, die sie viele Jahre zuvor auf Siegerpodesten (unter anderem der Olympischen Spiele) eingenommen haben. Die unsichtbare Erinnerungsarbeit, die das Künstlerinnenduo bei den Porträtierten stimuliert, ist ebenso Teil der Arbeit wie eine sachliche Information zu deren sportlichen Verdiensten. In dieser Arbeit trifft die Untersuchung von individueller Weiblichkeit auf die Revision des »deutsch-demokratischen« Images von der sozialistischen Sportnation DDR, die so ihre internationale Überlegenheit zu demonstrieren suchte. D'Urbano und Bara analysieren derlei Zusammenhänge in einer Zeit (2003), in der es noch nicht gerade en vogue ist, die DDR-Vergangenheit künstlerisch zu thematisieren und schon gar nicht, diese in geschlechterkritische Diskurse einzuspeisen. Die nachträgliche Selbstermächtigung, die aus den Posen der Athletinnen spricht, wird jetzt sowohl zu einer speziell persönlichen wie auch zur universell gesellschaftlichen und politischen Geste. In der Monumentalität dieser Standfiguren klingt die Heroenpropaganda vergangener Zeiten ebenso an wie das Bekenntnis zur eigenen Biografie und Körperlichkeit. Letztere ruft auch den generellen öffentlichen Umgang besonders mit dem weiblichen Alterungsprozess auf, der noch immer mit Scham und Unsicherheit kodiert wird.[14] An der gelassenen, selbstbewussten Schönheit dieser Sportlerinnen zwischen 40 und 66 Jahren perlen abschätzige Urteile einfach ab. Bemerkenswert ist der Umstand, dass sich dieser Fotozyklus aus der Erfahrung zweier Künstlerinnen speist, von denen nur die eine den betreffenden historischen Zeitraum miterlebt hat und die andere ihr dringliches Interesse am Verständnis dieser Epoche einbringt.[15]

2006

In der Folge der Kooperationen von D'Urbano und Bara, die um diese Zeit in enger Taktung entstehen, ragt besonders das 2004 begonnene und 2006 fertiggestellte Vorhaben »Kunstwerke« heraus.[16] »Kunstwerke« besteht sowohl aus Videoclips wie auch aus einer Reihe von szenischen Fotografien. Vor Alba D'Urbanos Kamera agiert Tina Bara in einem giftgrünen Etuikleid aus dem persönlichen Fundus ihrer italienischen Partnerin. Bereits mit diesem Outfit und der stabilen Fönfrisur Baras klingt die Ästhetik der 1960er Jahre an. Verstärkt wird das visuelle Klima noch von den montierten Hintergründen, die typische Interieurs dieser Zeit zeigen. In den 36 Videoclips erscheinen diverse Bühnenbilder des Filmarchitekten Ken (Klaus) Adam (1921–2016), die dieser ab 1962 für sieben James-Bond-Filme entwarf. Bei den Fotoinszenierungen »Kunstwerke« handelt es sich um Abbildungen aus Hochglanzmagazinen wie »Casa Bella« oder »Die Kunst und das schöne Heim« sowie um ikonische Aufnahmen modernistischer Villen des Fotografen Julius Shulman (1909–2009). In dieser Kulisse nun präsentiert die Protagonistin (Tina

13 Ebd.

14 Insofern fügt sich »Siegerehrungen« sehr interessant zu früheren Verarbeitungen des weiblichen Alterungsprozesses durch die ostdeutschen Künstlerinnen Gundula Schulze Eldowy (Tamerlan, Berlin 1979–1987) und Gabriele Stötzer (Gespräche, 1984).

15 Sozusagen auf dem Nährboden der »Siegerehrungen« entstanden 2006 mit »Olympos« und »Playstation« zwei weitere Variationen zum Thema Körperpolitik, weibliche Selbstermächtigung und Alter. Vgl.: Bara/D'Urbano, !Perla_Miseria! (wie Anm. 3), S. 71–76.

16 Ebd., S. 80–97. Eine umfängliche textliche und visuelle Darstellung von »Kunstwerke« einschließlich assoziierter Projekte findet sich unter http://bara.durbano.eu/de/projects/kunstwerke (letzter Zugriff am 6. 2. 2020).

17 Ich verweise hier auf ein bislang noch selten analysiertes Beispiel einer Fusion von technologischen Fortschrittsutopien mit einem ästhetischen Modell: das Projekt »Cybersyn« (Stafford Beer, 1971/72), mit dem die Wirtschaft des sozialistischen Chile computergestützt vernetzt und von einem zentralen Hauptquartier aus verwaltet werden sollte.

Abb. 11

TINA BARA & ALBA D'URBANO | aus: *Kunstwerke* | 2004–2006

Installationsansicht *Kunstwerke 36* aus: »Stile der Stadt. Kunst und Konsumarchitektur«, Große Bergstraße, Hamburg, 2006

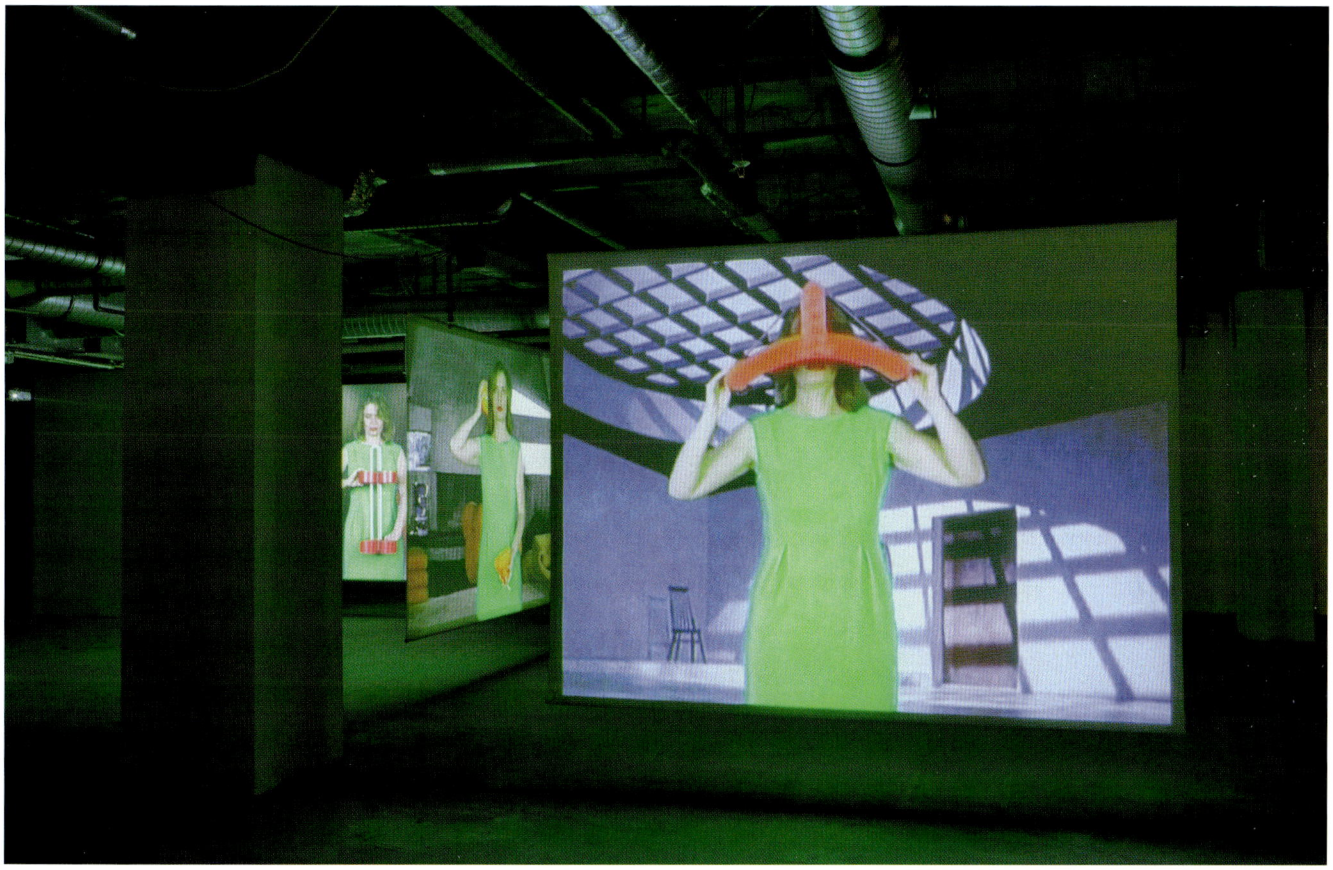

Bara) meist rote oder orangefarbene Haushaltsutensilien mit entsprechendem Retrochic und meist völlig obskurer Funktion. Bekanntermaßen war der Stilwille dieser Periode entschlossen auf technischen Fortschritt und entsprechende Gesellschaftsutopien gerichtet – gleichgültig, auf welcher Seite des Eisernen Vorhangs.[17] Die Umsetzung solcher Utopien blieb jedoch Männersache und Frauen dienten weitgehend als rollentreue Erfüllungsgehilfinnen dieser Entwürfe. Als geradezu klassische Bildreferenzen können hier sowohl Richard Hamiltons (1922–2011) berühmte Collage »Just what is it that makes today's home so different, so appealing?« von 1960, in der unter anderem Staubsauger und Lockenhaube die Antwort formulieren, und ebenso Martha Roslers (*1943) nicht minder bekannter Film »The Semiotics of the Kitchen« von 1974 dienen, in dem die Künstlerin aggressiv mit Küchengeräten operiert und stets kurz vor einer emotionalen Eruption zu stehen scheint.

Im Falle der »Kunstwerke« überwiegt nun gespielte Selbstbeherrschung der Protagonistin, die dann aber jeweils am Ende einer sechsteiligen Sequenz durch eingespielte Filmzitate mit Bombenexplosionen aufgelöst wird. Bei allem slapstickartigen Humor, den diese Inszenierung im Rückspiegel des 20. Jahrhunderts mit sich bringt, werden die 1960er Jahre

Abb. 12

LUCHINO VISCONTI | *Bellissima* | 1951

Still (mit Anna Magnani und Tina Apicella)

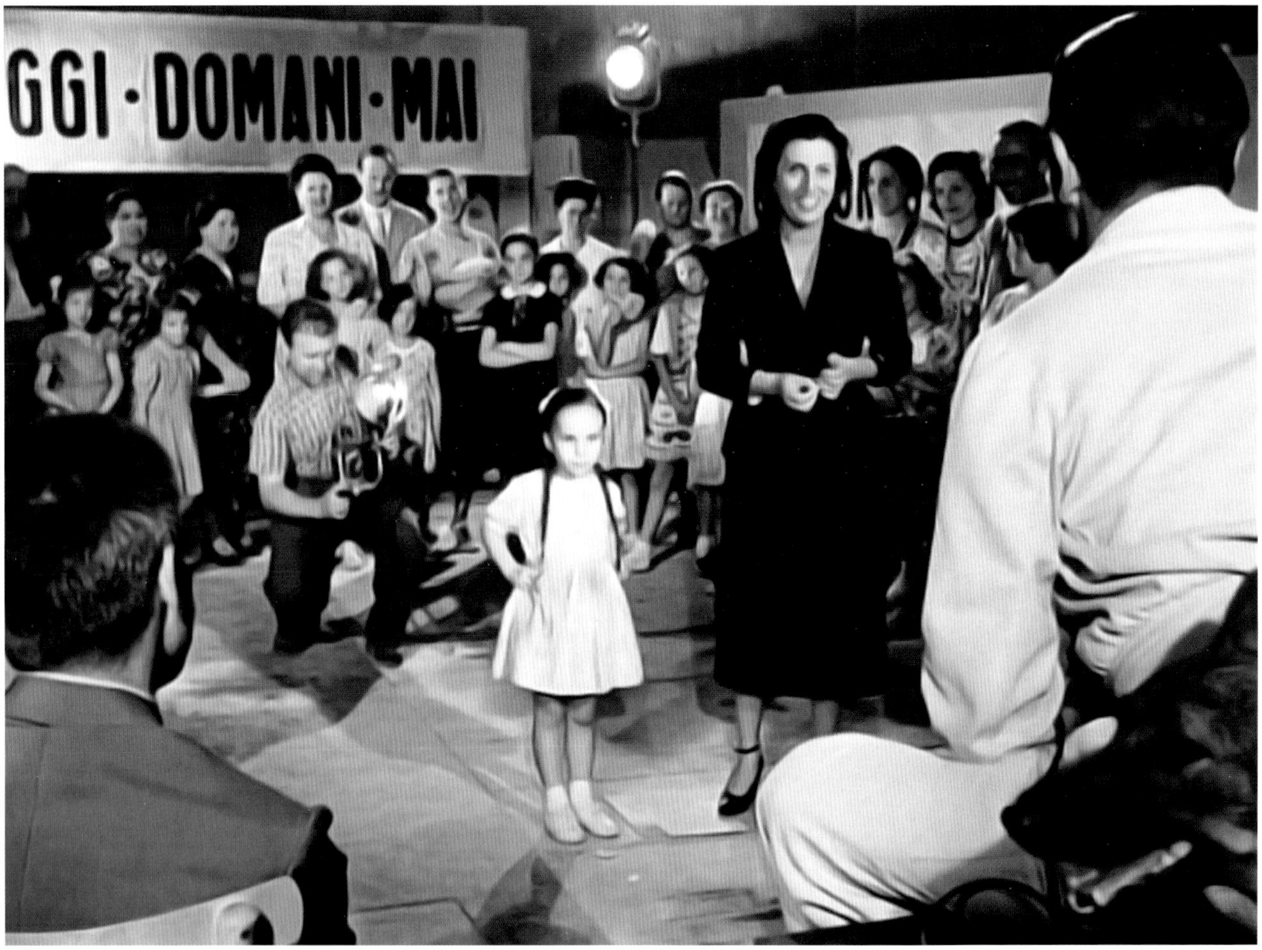

ganz ernsthaft als Schlüsselmoment der traditionellen Rollenvergewisserung aufgeführt. Doch zeitgleich bildete sich – in der westlichen Welt zumindest – eine starke Frauenbewegung heraus; im Wechselspiel mit politischem Aktivismus, mit Kritik am Vietnamkrieg und Kaltem Krieg sowie sexueller Revolution. Auch dafür stehen die jeweiligen Entladungen sowie die unterliegende Rezitatorenstimme des linksaktivistischen Dichters Allen Ginsberg (1926–1997) mit seiner »Lecture about Meditation and Poetry«.

Für D'Urbano und ebenso für Bara sind die 1960er und frühen 1970er Jahre ein biografisch prägender Erfahrungsraum, den sie mit »Kunstwerke« zusammenführen und in dem sie ihre gemeinsamen Wurzeln sowohl in ästhetischer wie auch intellektueller, gar ideologischer Hinsicht ergründen. Die ironische Distanz, die sie sich in der Form von »Kunstwerke« verordnen, kann und soll nicht darüber hinwegtäuschen, welchen neuen Zwängen sich visualisierte Weiblichkeit im Zeitalter digitaler Manipulierbarkeit zu stellen hat. Dazu

Abb. 13

ALBA D'URBANO | *mit Mutter, Tivoli* | ca. 1959

Schwarz-Weiß-Fotografie

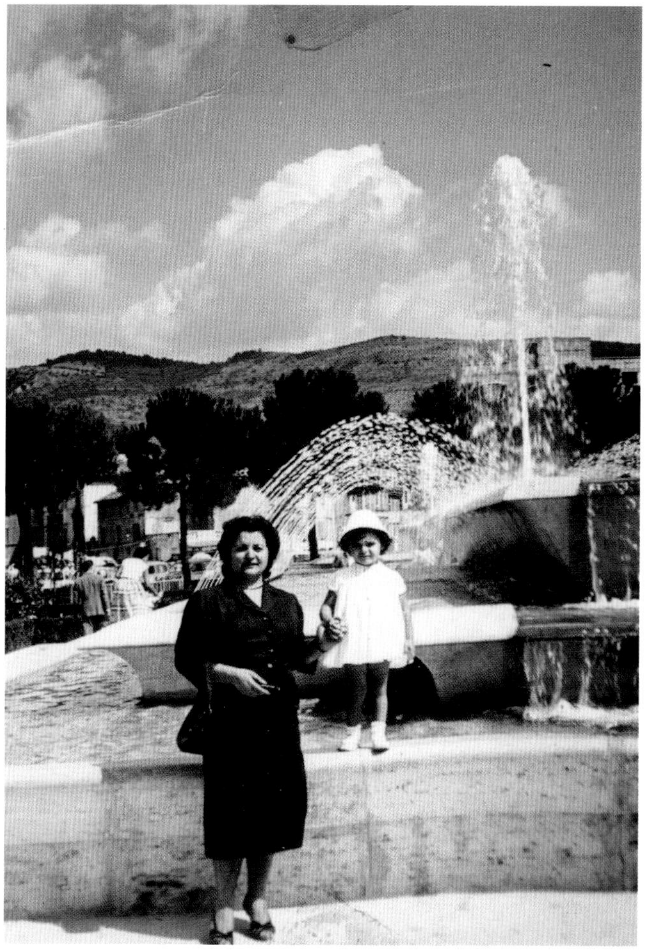

kommt eine sozusagen alterslose Konsumkritik, denn gegen den heutigen Produktwahn nimmt sich die damalige Kaufneigung und Haushaltsoptimierung (die gleichzeitig eine Optimierung der Hausfrau ist) fast rührend aus.

Noch 2006 beginnen Bara und D'Urbano mit einem nächsten Langzeitprojekt namens »Bellissima«[18], das in verschiedenen Themengruppen bis 2011 bearbeitet wird. Es handelt sich dabei ebenfalls um eine Reihe von fotografischen und filmischen Inszenierungen, bei denen nun Mutter-Tochter-Konstellationen, also seit frühen Mariendarstellungen existierende Familienarchetypen, im Zentrum stehen.

Den Auslöser für »Bellissima« brachte Alba D'Urbano aus ihrem eigenen kulturellen und biografischen Erfahrungsraum ein. Einerseits faszinierte sie der gleichnamige Film von Luchino Visconti (1906–1976) aus dem Jahr 1951, in dem eine Mutter (dargestellt von Anna Magnani) ihre kleine Tochter als Schauspielerin etablieren möchte und dabei wie besessen sowohl eigene Hoffnungen wie auch tradierte Rollenmuster auf das Mädchen projiziert.[19] Mit den besten Absichten betreibt sie die soziale wie fiktionale Objektifizierung von Frauen.

Die Frage, ob sich derlei komplexe Abhängigkeitssituationen zwischen Müttern und Töchtern im Bild festhalten lassen, führt zum zweiten thematischen Auslöser von »Bellissima«, nämlich zu einem Familienschnappschuss, der D'Urbano selbst mit ihrer Mutter vor einem Springbrunnen zeigt; eine Ausflugsidylle, bei der die Drei- oder Vierjährige, niedlich mit Hütchen ausstaffiert, die Hand ihrer dunkel gekleideten, ein wenig matronenhaft wirkenden Mutter ergreift. Aus dieser Vorlage, die übrigens auch modellhaft einer Einstellung in Viscontis »Bellissima« gleicht, entwickelt sich jetzt ein Bildzyklus – und zwar zeigt dieser Tina Bara mit ihrer eigenen, 2001 geborenen Tochter vor einem ähnlichen Hintergrund.

18 Bara/D'Urbano, !Perla_Miseria! (wie Anm. 3), S. 111–139 sowie http://bara.durbano.eu/de/projects/bellissima (letzter Zugriff am 6.2.2020).

19 Für die intellektuelle Entwicklung der dortigen Nachkriegsgeneration spielte der neorealistische Film Italiens eine große Rolle. Das Spektrum reichte dabei von linker Sozialkritik im Sinne von Pier Paolo Pasolini oder Michelangelo Antonioni bis hin zum bürgerlichen (Salon-)Kommunismus eines Luchino Visconti oder Bernardo Bertolucci.

Abb. 14 und 15 (rechts)

TINA BARA & ALBA D'URBANO |
Schwebender Ring (Orbit & Posa) | 2007/2009
aus: »Bellisima«, 2006–2011

Videostills

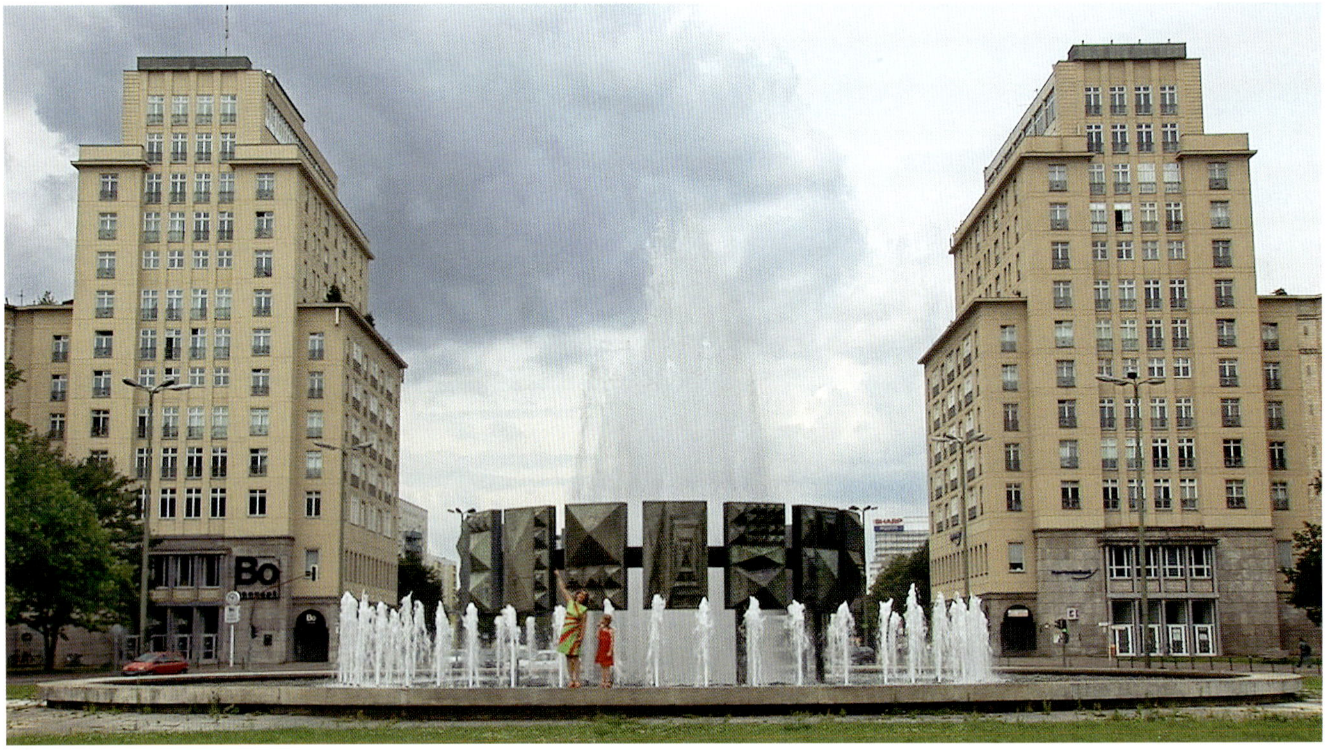

Der Travertinbrunnen im italienischen Tivoli entstand etwa zehn Jahre vor der runden Brunnenskulptur auf dem Straußberger Platz in Berlin. Beide Brunnen spiegeln den Optimismus der Nachkriegsjahre und den Wunsch nach einer intakten, einladenden Umwelt: Auch hier ist mehr Verbindendes als Trennendes zwischen den zwei Gesellschaftssystemen zu verzeichnen. In der »Bellissima«-Kooperation identifiziert Alba D'Urbano vor allen anderen gemeinsamen Projekten die »gegenseitige Bezugnahme« am deutlichsten: »In beiden Systemen existieren architektonische Zeugnisse von politisch motiviertem Wiederaufbau. Die Arbeit geht von einem Fotomotiv vom Ende der 1950er Jahre aus, das mich und meine Mutter in meiner Heimatstadt Tivoli vor dem gerade wieder aufgebauten Brunnen des Hauptplatzes zeigt. Tina hat es praktisch nach Berlin transportiert, als zeitliche und räumliche Dislokation.«[20]

Für Bara allerdings enthält der »Schwebende Ring« (1967, so auch der Untertitel dieser Werkgruppe von »Bellissima«[21]) des namhaften DDR-Metallgestalters Fritz Kühn (1910–1967) dieses spezifische Lebensgefühl noch heute als gleichsam historische Konserve. Im Film dagegen kann sie ihrer Tochter

20 Tina Bara & Alba D'Urbano: Doppelte Anziehung. Ein Gespräch mit Susanne Altmann, in: Bara/D'Urbano, !Perla_Miseria! (wie Anm. 3), S. 20.

21 http://bara.durbano.eu/de/projects/bellissima/schwebender-ring (letzter Zugriff am 6. 2. 2020).

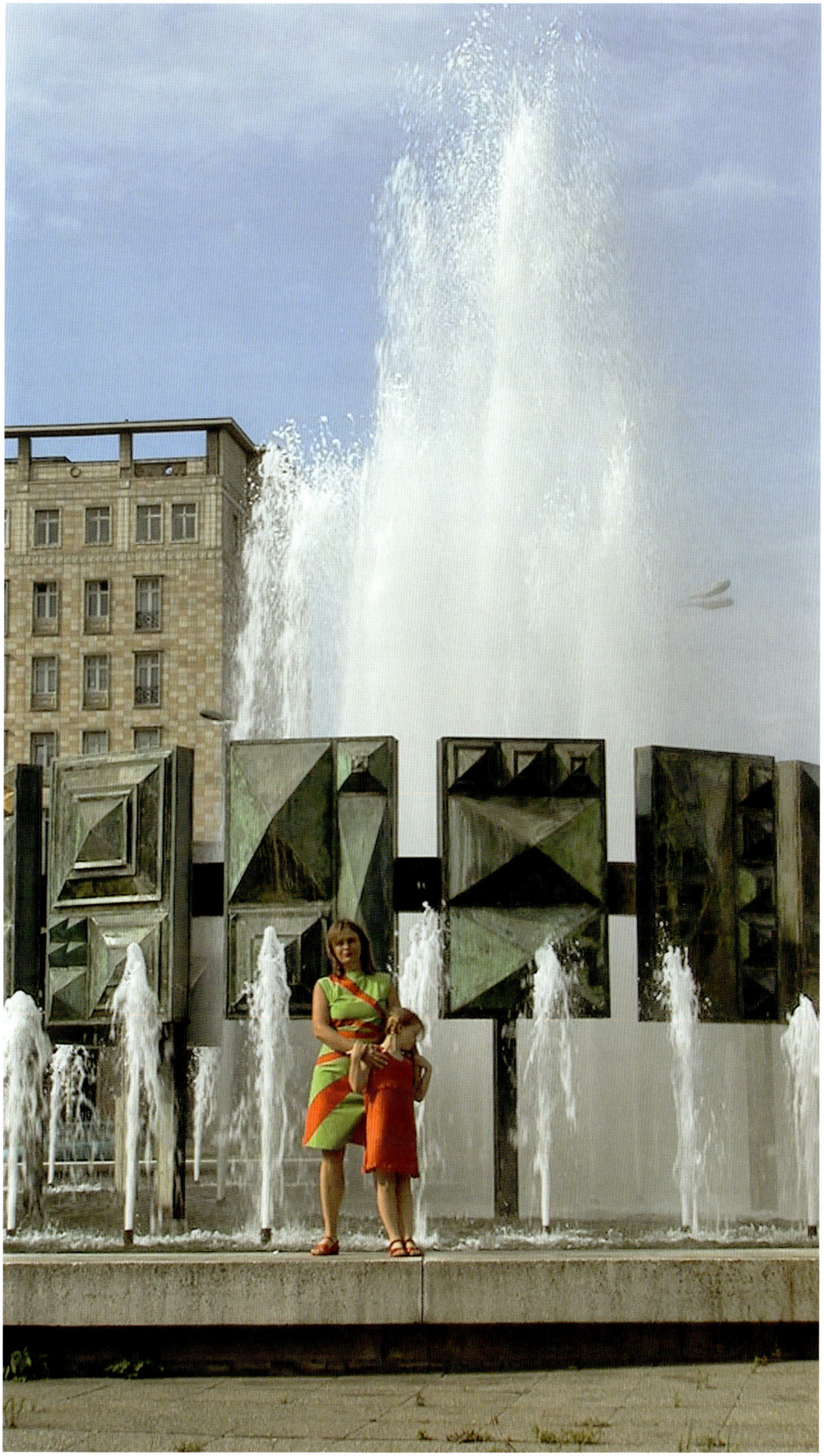

Abb. 16

TINA BARA & ALBA D'URBANO | *Politecnico (Back stage)* | 2006/2009 | aus: »Bellissima«, 2006–2011

Digitaler C-Print

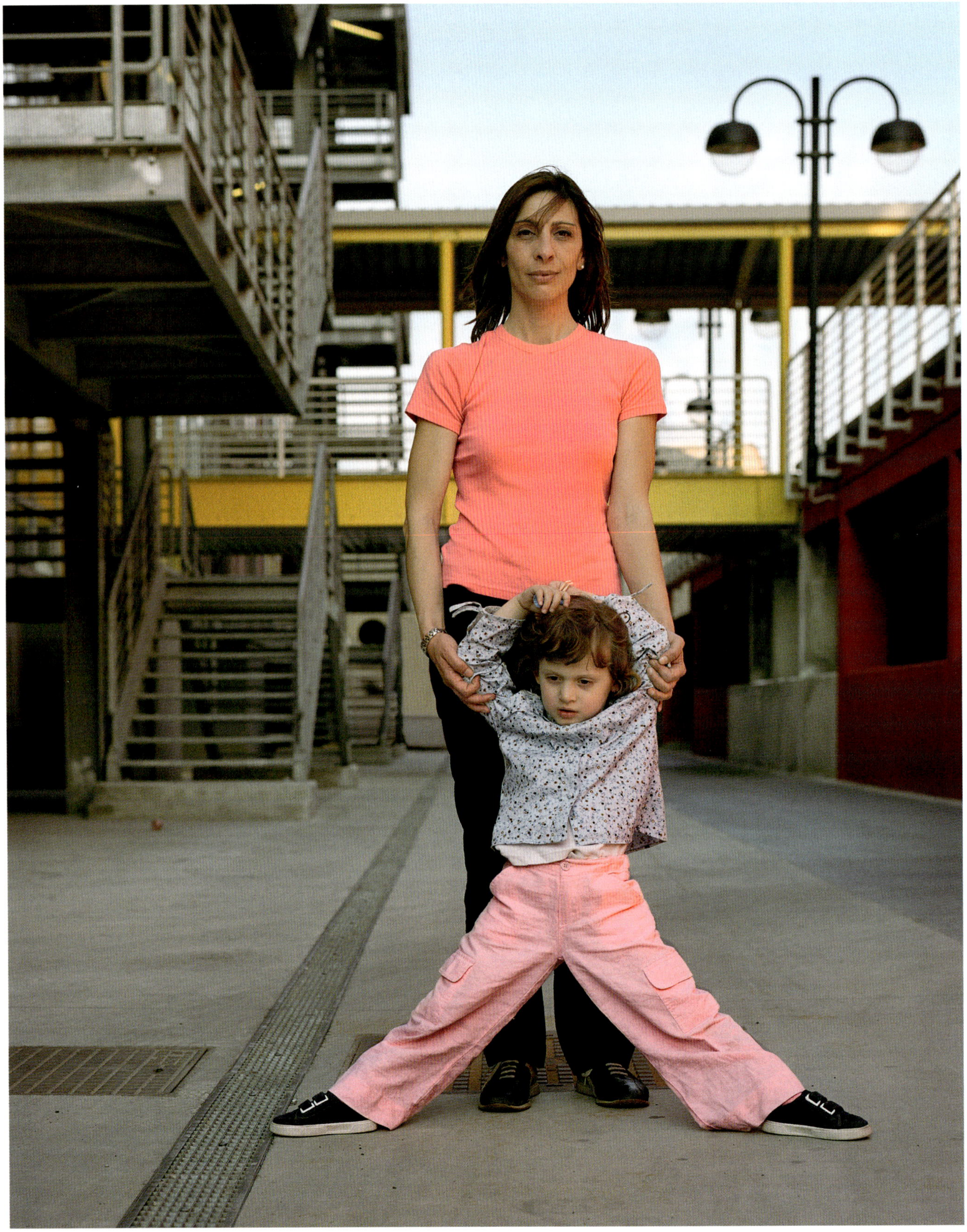

Abb. 17

TINA BARA & ALBA D'URBANO | *Politecnico (Madri & Figlie)* | 2006/2009 | aus: »Bellissima«, 2006–2011

Videostill

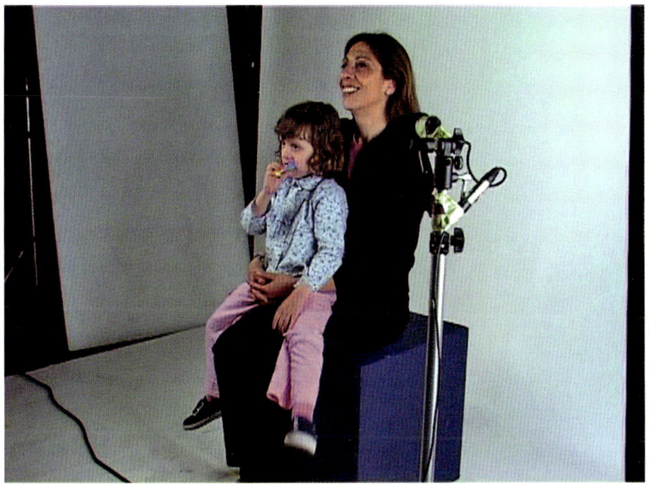

zu diesem Zeitpunkt nur spielerisch die seltsamen Konventionen ihrer eigenen ostdeutschen Kindheit vermitteln; so etwa mit Marschbewegungen oder rituellen Handzeichen aus dem Repertoire sozialistischer Massenchoreografien. Häufig münden die Anstrengungen in liebevollem Körperkontakt zwischen Mutter und Tochter.

Diese Art Körperkontakt, der gleichermaßen kindliche wie mütterliche Selbstvergewisserung bedeutet, dieses Haut-an-Haut-Sein, spielt auch in den zum »Bellissima«-Zyklus gehörenden Doppelporträts von zehn Mutter-Tochter-Paaren eine Rolle. Damit heben die Künstlerinnen – erneut – das Thema intergenerationeller Projektionen auf eine allgemein relevante Ebene. Die für den Werkteil »Politecnico«[22] verpflichteten Mütter und Töchter werden anfänglich in einer fiktiven Casting- oder Drehsituation aufgenommen. Zunächst sprechen die Mütter, nur partiell inszeniert, über ihre Wünsche und Vorstellungen hinsichtlich der Zukunft ihrer Töchter, die – bewusst oder unbewusst – am eigenen Lebensweg und den eigenen Ambitionen abgeglichen werden. Sodann folgen kleinere Auftritte der Mädchen, bei denen sie ihre darstellerischen Fähigkeiten hinsichtlich des fiktiven Filmprojekts demonstrieren. Jene weiblichen Schönheitsideale und Verhaltensnormen, die in der zeittypischen, aber kritischen Konstellation des Visconti-Films noch sehr markant ausgespielt wurden, sind 2006 nur noch rudimentär auszumachen. Trotzdem gelingt es Bara und D'Urbano in einer assoziationsreichen Verklammerung von autobiografischen und historischen Aspekten, die noch immer präsenten familiären und gesellschaftlichen Anforderungen an das Rollenverhalten von Frauen und Mädchen zu diagnostizieren.

2007

Die vorläufig letzte realisierte Teamarbeit von Alba D'Urbano und Tina Bara erstreckt sich fast parallel zu »Bellissima« ebenfalls über mehrere Jahre, von 2008 bis etwa 2011. Wie jene weist auch »Covergirl: Wespen-Akte«[23] in der Umsetzung eine intermediale Fülle von Elementen auf. Die Arbeit gründet auf einem Zufallsfund, den Alba D'Urbano 2007 beim Besuch einer Ausstellung in der Galerie für Zeitgenössische Kunst Leipzig machte. Sie fand dort eine Installation der spanischen Künstlerin Dora Garcia vor, die sich im Gestus künstlerischer Forschung mit geheimdienstlichen Repressalien während der DDR-Zeit auseinandersetzte und dafür offenbar Zugang zu Materialien aus einem Berliner Stasi-Archiv erhalten hatte. Alba D'Urbano fertigte zunächst ein Gedächtnisprotokoll ihres Ausstellungsbesuchs an: »Danach betraten wir einen lichtdurchfluteten Raum, in dem einige Gruppen von Schwarz-Weiß-Fotos an den Wänden hingen [...] Meine Aufmerksamkeit wurde auf eine Reihe von Bildern gelenkt

22 http://bara.durbano.eu/de/projects/bellissima/politecnico (letzter Zugriff am 6.2.2020).

23 Bara/D'Urbano, !Perla_Miseria! (wie Anm. 3), S. 140–143 und 155–181 sowie http://bara.durbano.eu/de/projects/covergirl (letzter Zugriff am 6.2.2020).

Abb. 18

Buchcover *Rooms, Conversations, Dora García, Zimmer, Gespräche*, Ausstellungskatalog Galerie für Zeitgenössische Kunst Leipzig | 2007

aus dem Projekt: »Covergirl: Wespen-Akte«

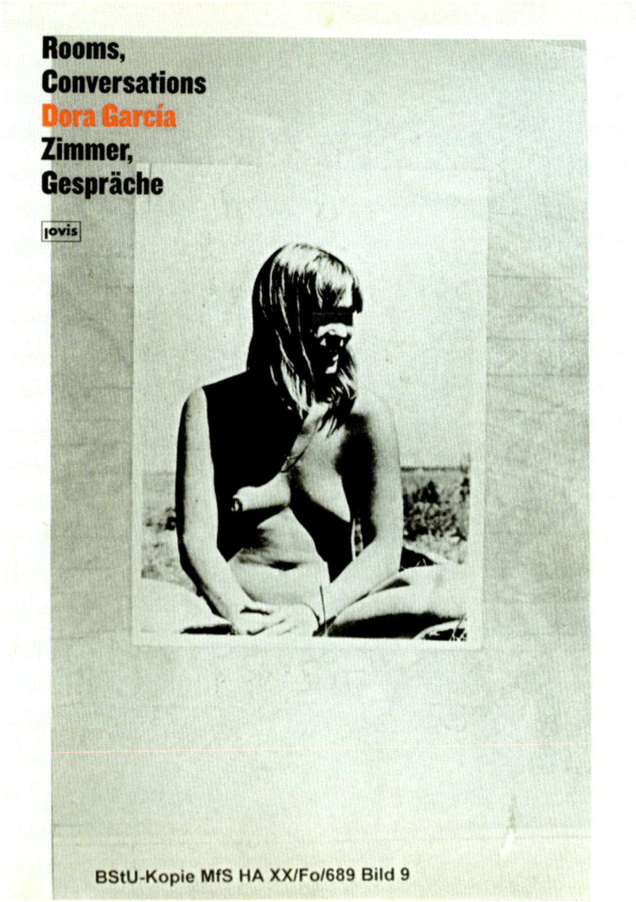

[...] Porträts bzw. Gruppenfotos im Freien. Aus den Fotos kommt eine Stimmung von heiterem Miteinandersein [...] Es handelt sich hierbei fast nur um junge Menschen, junge Frauen. Die Körper sind nackt, sie sind nah beieinander, umrahmt von Pflanzen und Körben: ein Ausflug, dachte ich. Auch bei diesen Bildern ist die Anonymisierungsarbeit gründlich durchgeführt worden [...] Ich konnte mir die Hände vorstellen, wie sie die Augen der jungen Frauen sorgfältig mit kleinen viereckigen, schwarzen Schleiern bedecken – eine Umkehrung des Tschador-Prinzips, eine Umkehrung der üblichen Zensurarbeit: Nicht nackte Körperteile sind verdeckt worden, sondern die Augen; verwunderlicherweise waren die schwarzen Streifen von den erogenen Regionen des Körpers gen Gesicht emigriert [...]«.[24] Außerdem konstatierte D'Urbano noch einen gewissen dekorativen Effekt und fragte sich, ob der von der Künstlerin Garcia herbeigeführt oder bereits im Geheimdienstmaterial angelegt war. Sie nahm eine Publikation an sich, auf deren Titelseite prominent eines der Fotos mit einer sitzenden Nacktfigur abgebildet ist: ein perfektes »Covergirl«, das Marketingeffekte und mediale Aufmerksamkeitsökonomien mit einer weiblichen Nacktfigur bedient. Später fand Tina Bara das Druckerzeugnis im Atelier ihrer Partnerin und war schockiert. Denn das Bild zeigt sie selbst, mühelos erkennbar trotz des schwarzen Balkens über der Augenpartie.[25]

Eine Aufnahme aus dem Jahr 1983 ist ein Dokument jener eingangs erwähnten Landpartie, die die Gruppe der »Frauen für den Frieden« unternahm. Bei einer Hausdurchsuchung in der Wohnung eines Gruppenmitglieds hatte sich die Staatssicherheit die privaten Abzüge angeeignet; sie befinden sich heute im Archiv des Bundesbeauftragten für Stasi-Unterlagen (BStU). Tina Bara fühlte sich in ihrer Intimität doppelt verletzt – einmal rückwirkend von dem geheimdienstlichen Zugriff und dann durch die Intervention der Kollegin, die diese Dokumente als Ausstellungsstücke benutzte, offenbar ohne sich Gedanken um die Privatsphäre der Abgebildeten zu machen, deren Identität sie nicht zu kennen schien. Dies hätte der Ausgangspunkt einer juristischen Untersuchung sein können, doch Bara und D'Urbano entscheiden sich, den Vorfall in eine größere künstlerische Untersuchung zu Persönlichkeitsrechten, zur Legitimität künstlerischer Strategien, zur Aneignung von fremdem, gefundenem Bildmaterial

24 Bara/D'Urbano, !Perla_Miseria! (wie Anm. 3), S. 159.

25 Ebd., S. 170.

Abb. 19 (oben)

TINA BARA | *Ausflug der Frauen für den Frieden* | 1983

aus: »Covergirl: Wespen-Akte. Story Tales«, 2007–2009, Fotografie

Abb. 20 (unten)

ALBA D'URBANO | *Naturist Meeting (Copy VI)* | 2011

aus: Alba D'Urbano & Tina Bara, »Covergirl: Naturist Meeting (Copy I–VIII)«, 2007–2010/11, Zeichnung

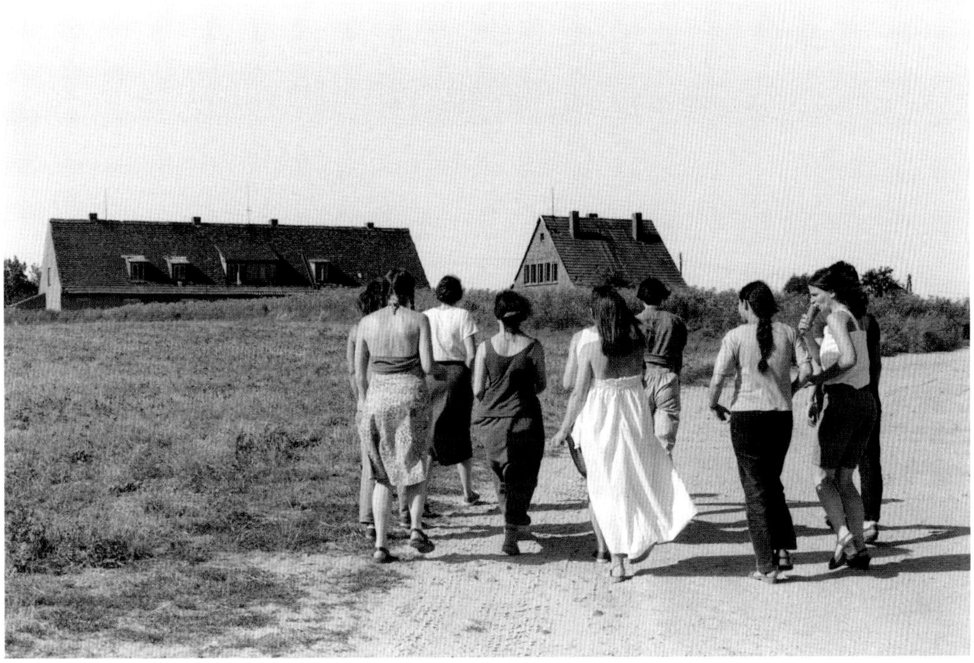

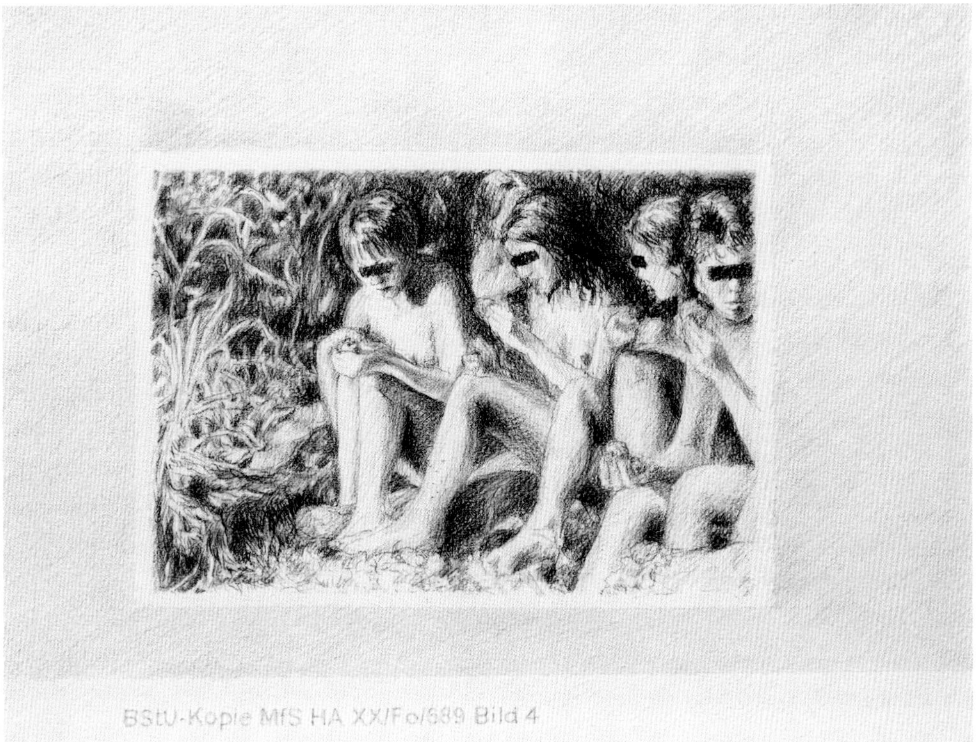

Abb. 21

ALBA D'URBANO & TINA BARA |
Covergirl: Re-Action | 2008/09

aus: »Covergirl: Wespen-Akte«, 2007–2011, Videostill

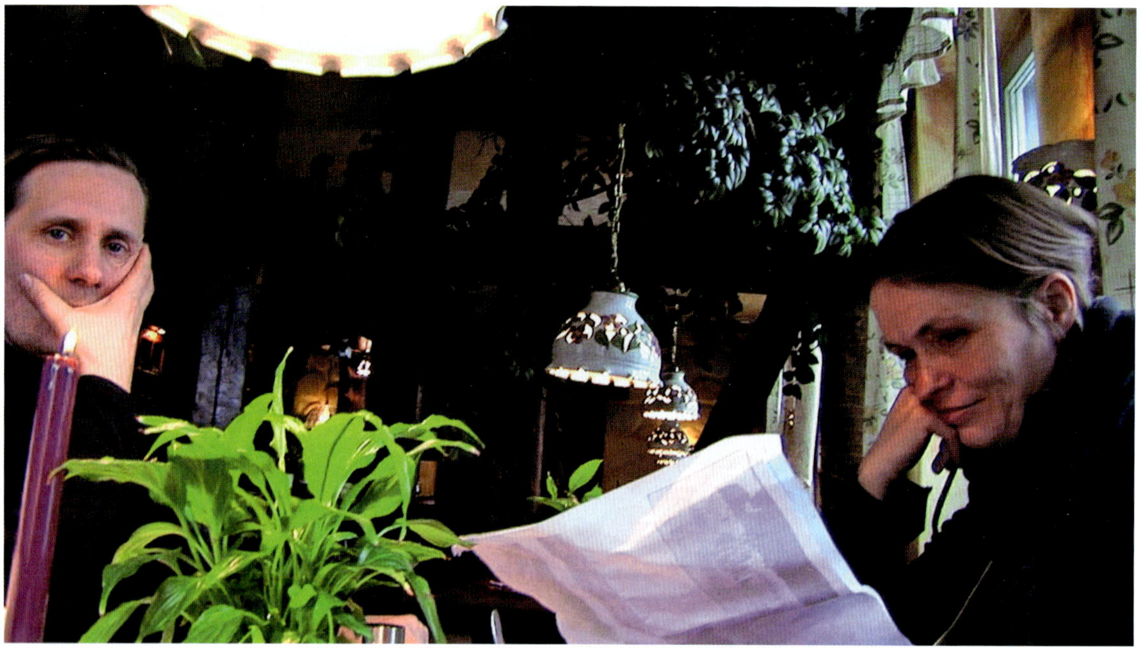

und zur persönlichen Reaktion auf derlei schmerzhafte Übergriffe münden zu lassen.[26] »Covergirl« bekommt einen Untertitel, und zwar »Wespen-Akte«, nach der Bezeichnung jenes operativen Staatssicherheitsvorgangs, unter dem die Frauengruppe observiert und schikaniert wurde.

Die methodische Rückaneignung vollzieht sich in verschiedenen Schritten. Alba D'Urbano, die in Rom einst Malerei studierte, fertigt minutiöse Bleistiftzeichnungen der acht Fotografien an, inklusive der schwarzen Balken und der Aktenstempel der Bundesstelle für Stasi-Unterlagen.

Tina Bara ihrerseits trifft sich nach Jahrzehnten gezielt mit ihren Mitstreiterinnen von damals (darunter mit den namhaften DDR-Bürgerrechtlerinnen Katja Havemann – von der auch einige Fotos stammen – und Ulrike Poppe). Dabei entstehen Filmaufnahmen mit Interviews bei der Sichtung der Originalfotos, Reflexionen sowie Rückenporträts der Protagonistinnen von einem Ortstermin an dem bewussten See. Die daraus resultierende vielteilige Installation spiegelt den Prozess der Re-Appropriation formal, inhaltlich und letztlich auch medienkritisch wider.

Schließlich gipfelt die Arbeit in einer performativen Badeszene, die Bara mit einem schwarzen Balken über den Augen beim Schwimmen in einem Leipziger See zeigt. Sie ist nackt und doch nicht nackt, denn sie trägt eines von Alba D'Urbanos Hautkleidern, als Symbol für die wiedererlangte Selbstbestimmung, die durch diverse Macht- und Deutungsmechnismen ausgehebelt worden war. In dem Auftreten der Bezugsgröße Haut schließt sich der Kreis zu früheren Werken beider Künstlerinnen: zu den Hautporträts von Tina Bara aus den 1980er Jahren, die die eigene Haut als Spiegel der gesellschaftlichen Zustände und Zugriffe und als letzte Bastion dagegen definierten; eine Bastion jedoch, die – wie »Wespen-

26 Ebd.

Abb. 22

ALBA D'URBANO & TINA BARA |
Covergirl: Re-Flection | 2010/11

aus: »Covergirl: Wespen-Akte«, 2007–2011, Videostill

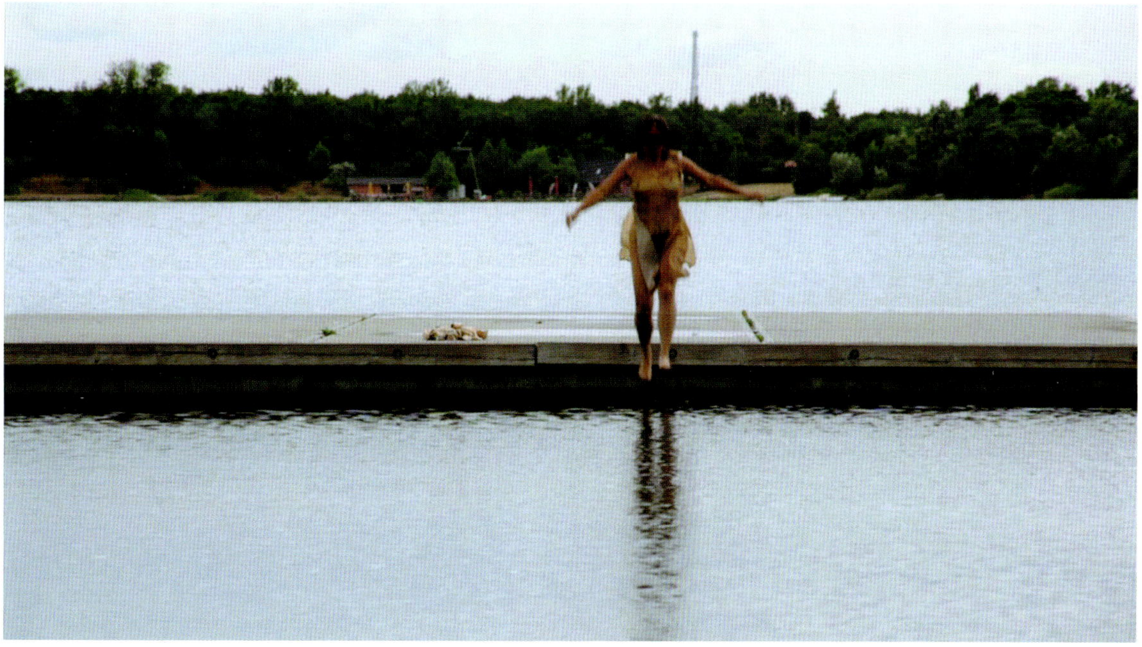

Akte« zeigt – keineswegs unverletzt blieb. Und buchstäblich objekthaft im performativen Einsatz des Hautkleides, das die Zwänge spiegelt, denen diese Oberflächen von Weiblichkeit auch und besonders im digitalen Umgang mit sexualisierter Nacktheit nach wie vor ausgesetzt sind.

RESÜMEE

Die Künstlerinnenpartnerschaft zwischen Alba D'Urbano und Tina Bara entwickelte sich geradezu modellhaft und organisch. Die hier vorgestellten Arbeiten basieren stets auf der Prämisse gegenseitigen Respekts und des Interesses an den teilweise fremden, teilweise vertrauten Erfahrungsräumen der jeweils anderen Künstlerin. Dennoch verlieren sie sich nie im Anekdotischen oder Exotischen, sondern folgen vielmehr dem Bedürfnis, biografische Impulse miteinander zu verschränken und damit auch noch immer existierende Klischees von Ost- und Westsozialisation zu entlarven. Als Betrachterin oder Betrachter wird man zum Zeugen einer wechselseitigen Öffnung, die bisweilen schmerzhaft und intim verläuft. Zudem führt die jeweilige strukturelle Distanz der in die Erlebnisse nicht persönlich involvierten Partnerin zur stilistischen Klärung als Kunstwerk. Über Jahre hinweg ist zu beobachten, wie entscheidende Berührungspunkte – weibliche Identität, Untersuchung von Machtmustern, die Kritik von künstlerischen und sozialen Medien – identifiziert und im Zwiegespräch weiterentwickelt werden. Beide Künstlerinnen sind zu jeder Zeit in ihrer Eigenständigkeit sichtbar, sie verschmelzen also nicht zu einem »Gesamtkunstwerk« oder degradieren die eine zur Erfüllungsgehilfin für die andere. Besonders auf dem Gebiet der Reflexion von jüngerer, den Betrachterinnen und Betrachtern häufig biografisch noch präsenter Zeitgeschichte öffnen diese Kooperationen von Bara und D'Urbano Schneisen der Erkenntnis. Denn sie sind im besten Sinne Konstruktionen, die aus persönlichen Fundamenten zu einem regelrecht anthropologisch relevanten Wissensgewinn führen.

Abb. 23

ALBA D'URBANO & TINA BARA |
aus: *Covergirl: Wespen-Akte. Story Tales* | 2007–2009

Fotomontage

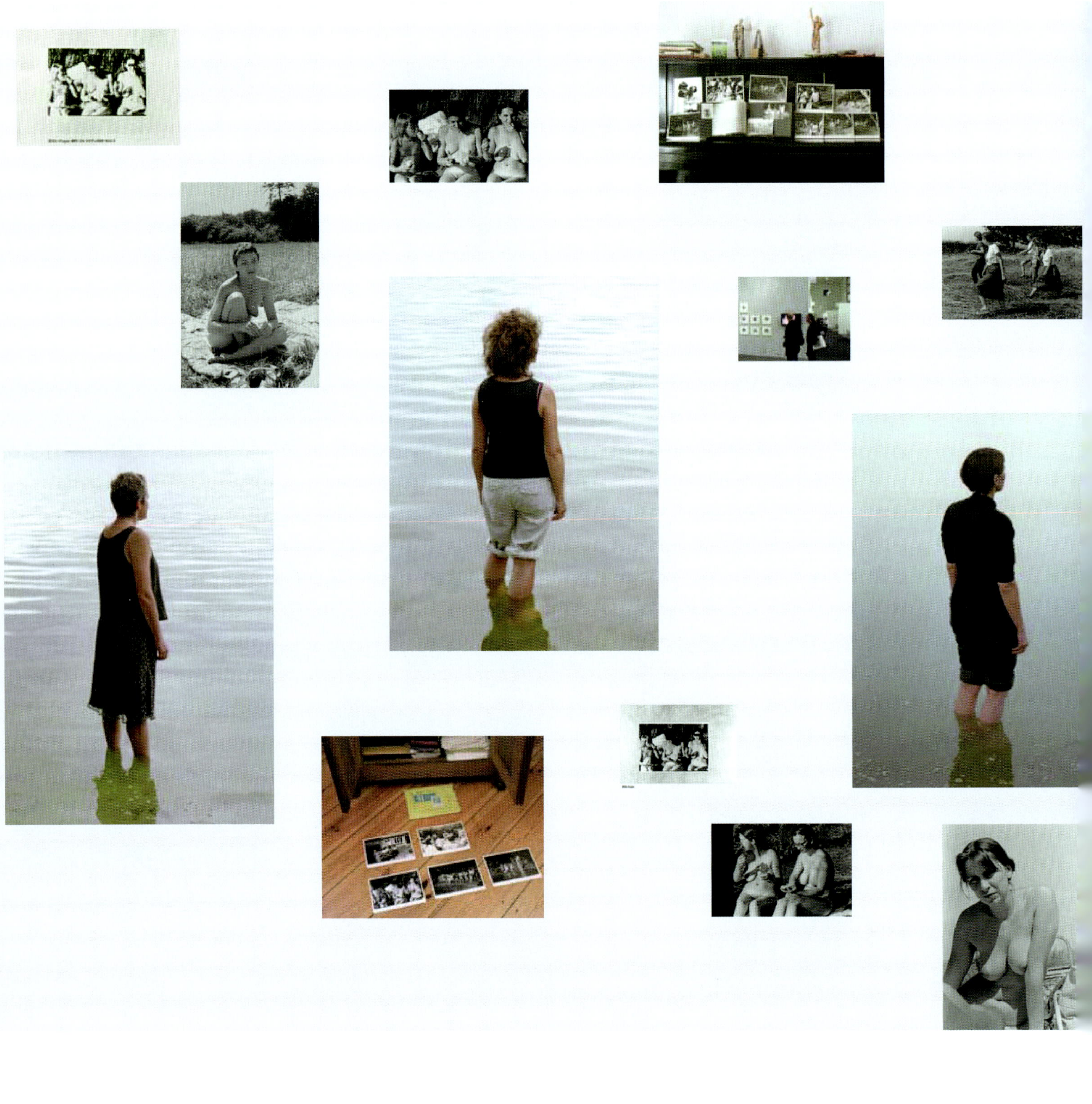

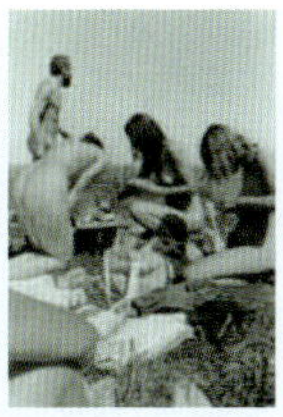
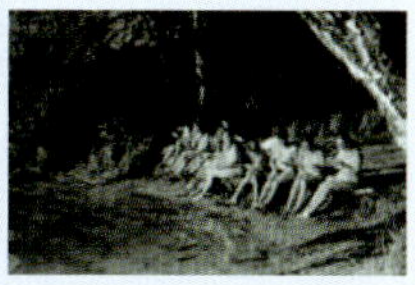
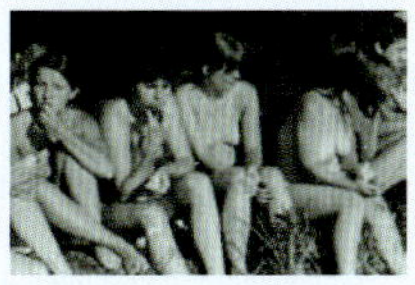
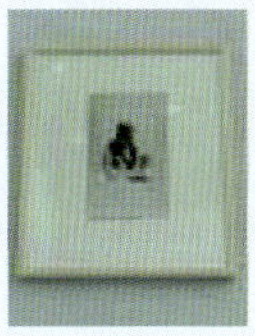
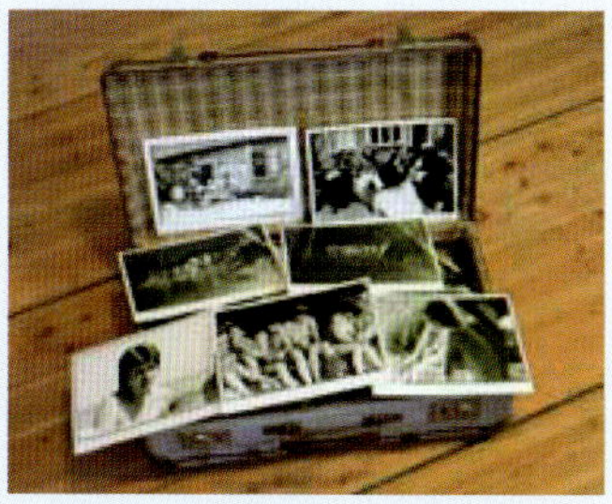
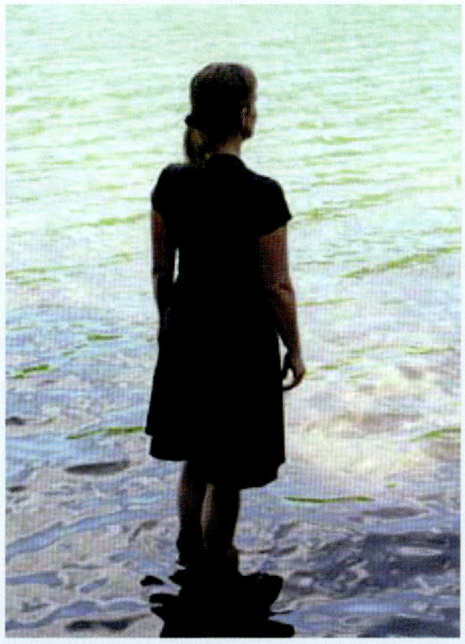
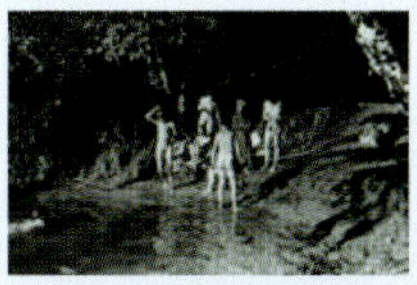
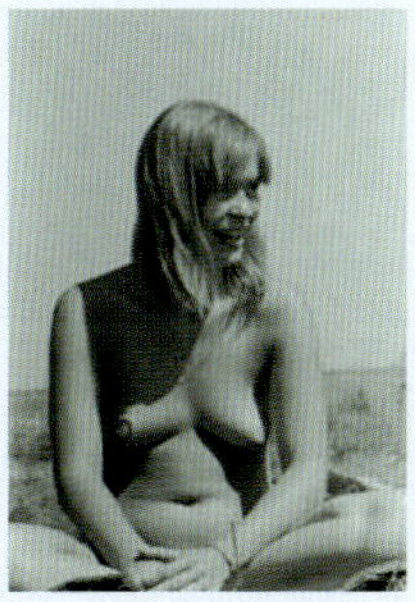
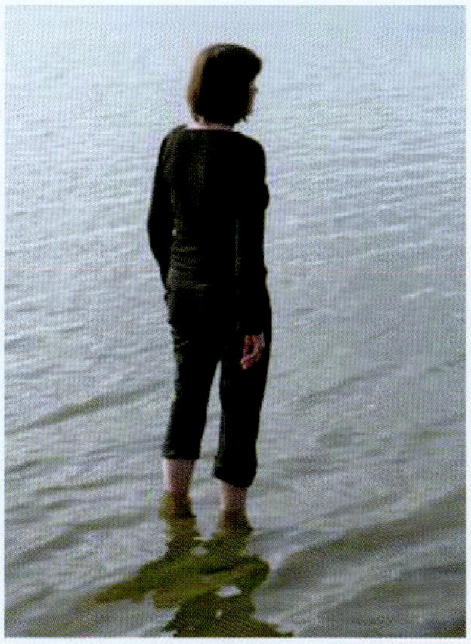
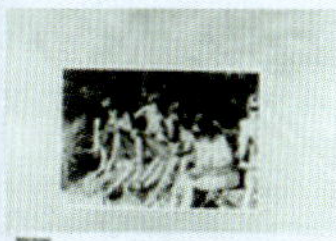
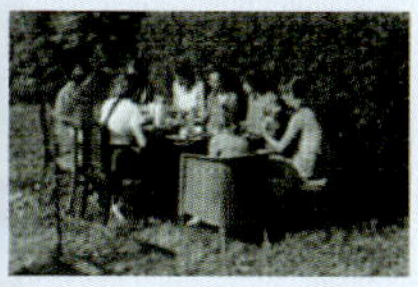
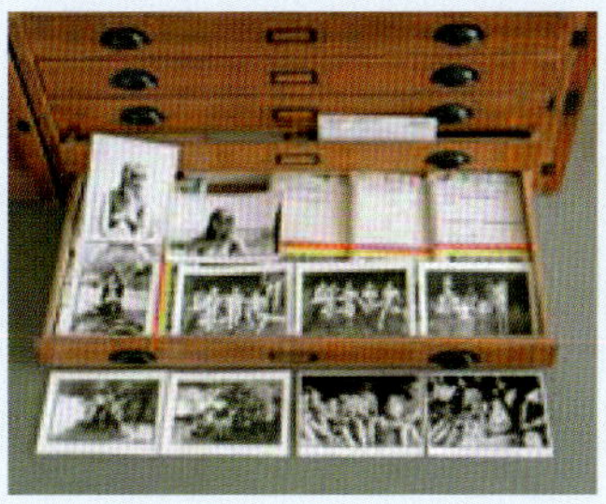
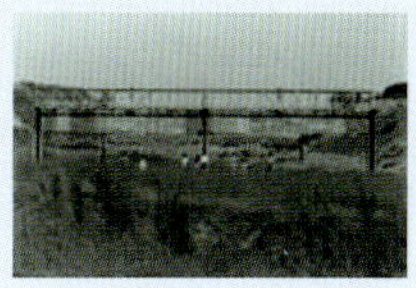
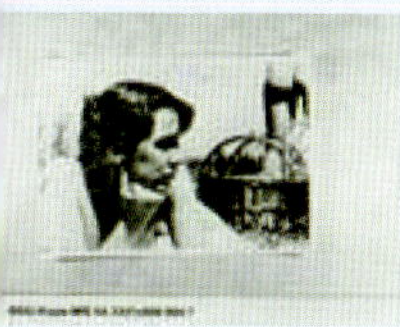
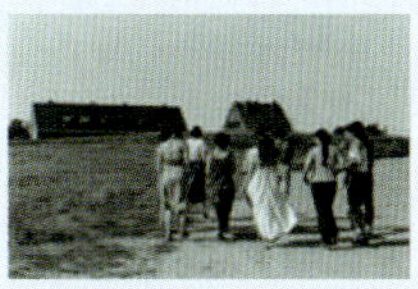

YANA MILEV

Auf Wiedersehen in Ha-Neu (Hanoi)! Kunde aus einem verlorenen Land – fünf Exkurse für Maix Mayer

EXKURS 1: WILLKOMMEN IN HA-NEU (HANOI)!

Am 15. Juli 1964 wurde der Grundstein von Halle-Neustadt (Ha-Neu) gelegt, am 9. August 1965 bekamen die ersten 50 Mieter ihre Wohnungsschlüssel überreicht. Block 612 war bezugsfertig und stand am Anfang einer mysteriösen Magie der Nummernfolge: WK I bis VIII, außerdem STUWZ, Delta 1 oder T2, Ypsilon- oder Punkthochhaus. Eine neue futuristische Sprache wurde hier gesprochen.

Halle-Neustadt war neben Eisenhüttenstadt, Hoyerswerda und Schwedt die Vorzeigeplanstadt der DDR und ist bis heute die größte ihrer Art, die jemals in Deutschland errichtet wurde. Die Saale markiert die Grenze zu dem über Jahrhunderte gewachsenen Halle mit seinen zwei Burgen und den grauweiß leuchtenden Franckeschen Stiftungen, mit den Jugendstilvierteln und den prächtigen Kirchen sowie der Kunsthochschule. Auf der anderen Seite, verbunden durch die monströse Hochstraße, steht die 1963 vom Politbüro beschlossene und in den folgenden Jahren durchgeplante Chemiearbeiterstadt: die Stadt der Moderne, die sich von Beginn an »abarbeiten« sollte an der gegenüberliegenden Altstadt, und deren Scheibenhochhäuser bewusst in Konkurrenz zu den Kirchtürmen jenseits der Saale hochgezogen wurden. Bis 1970 war die Fertigstellung der Stadt geplant, 1990 wurde der letzte Stein gesetzt – und heute, nachdem die Einwohnerzahl von etwas über 93 000 auf etwas über 45 000 geschrumpft ist, wird zurückgebaut. Der futuristische Planstadtgeist wurde aufgegeben, stattdessen wurde aus der Baustelle 1990 eine Rückbaustelle und ein soziales Ghetto für die »Lost Generation« der Wendezeit.

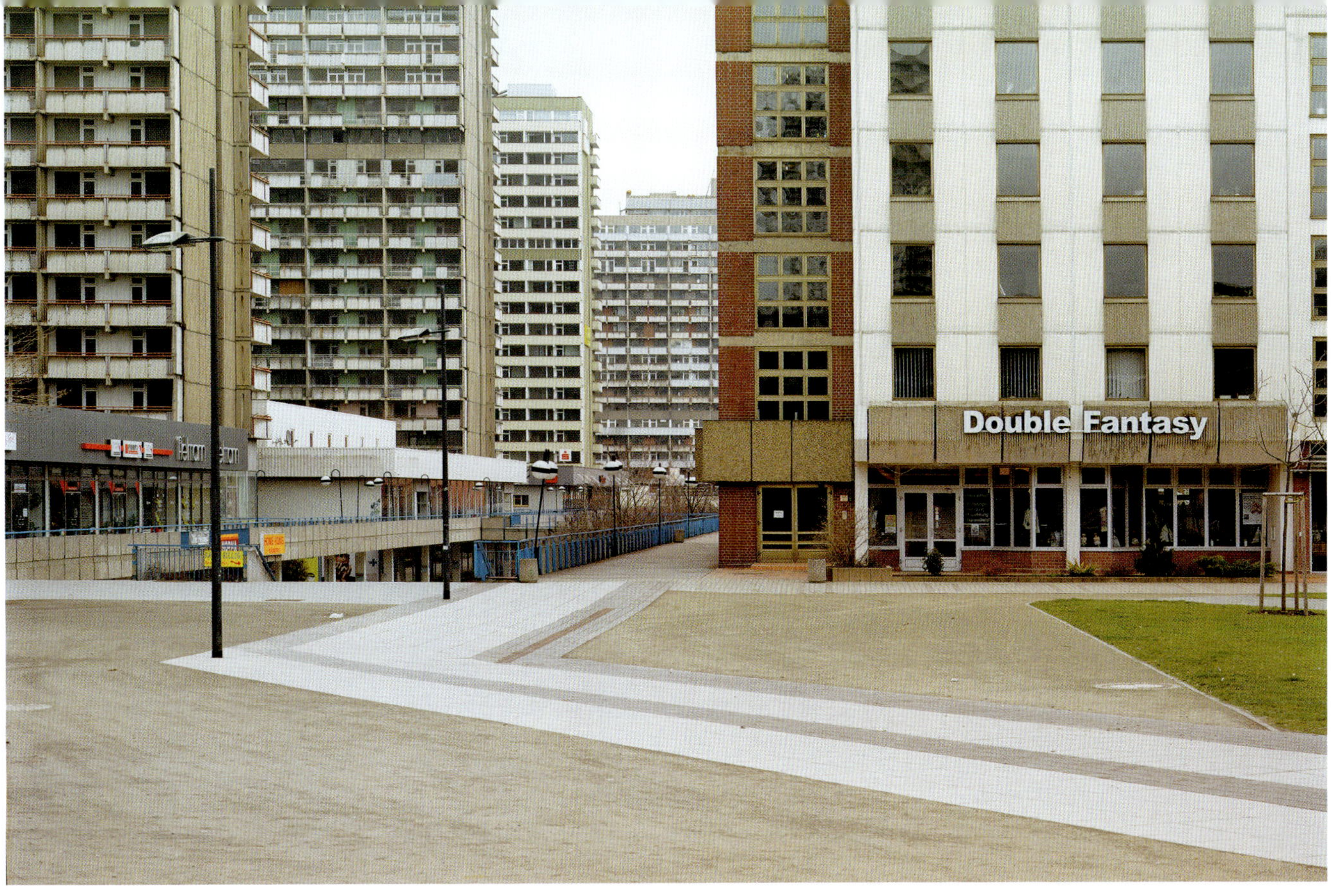

Abb. 1

MAIX MAYER | *ha_01* | 2004

C-Print

Ha-Neu war einst der ferne Orbit der schreibenden Arbeiter und Arbeiterinnen. Dichter wie Jan Koplowitz oder der Absolvent des Literaturinstituts Johannes R. Becher, Werner Bräunig, fanden auf der Baustelle in Ha-Neu die Schreibwerkstatt der Zukunft. Koplowitz verfasste 1969 in seiner Städtebaureportage »Die Taktstraße« die Ode »Die Zukunft läuft in Gummistiefeln«: »Ja, das ist leicht, beschwingt in/Dederon/Auf Dachterrassen tanzend sich/beflügeln, /um Mund an Mund – manch Dichter/schreibt davon –/den zärtlichsten der Schwüre zu besiegeln.«[1]

Der Fotoethnograf Maix Mayer hat in seiner Serie »Hanoi« die Zukunft der DDR, die in den Planstädten Hoyerswerda, Eisenhüttenstadt und im Besonderen in Halle-Neustadt begann, festgehalten. In dem ihm typischen Gestus umkreist er mit einer futuristischen Bildfindung eigene biografische Bezüge. Diese künstlerische Stilistik hatte er bereits in den »Anthropologischen Vexierbildern« entwickelt, einer ersten Fotosammlung mit Zeitzeugnissen aus den 1990er Jahren.

Mit der fotografischen Serie »Hanoi« ist Maix Mayer zweierlei geglückt: einmal die Zeugenschaft eines modernistischen Aufbruchs in der DDR, der eng mit der kulturellen Revolution des sogenannten Bitterfelder Weges verknüpft war. Und zum anderen das Verschwinden der Planstadtmetropolen nach der Wende 1989/90, die heute aus einer »westlichen« Sicht zu den Musterbeispielen ideologischer, gesellschaftlicher

1 Werner Bräuning u. a.: Städte machen Leute. Streifzüge durch eine neue Stadt, Halle 1969; Jan Koplowitz: Die Taktstraße. Geschichten aus einer neuen Stadt, Berlin 1969; ders.: Die »Taktstraße« (4). Die sozialistische Menschengemeinschaft – Geschichten aus Halle-Neustadt, in: Neue Deutsche Literatur 17/5 (1969), S. 69–115; ders.: Die verlängerte »Taktstraße« (1). Grund zum Feiern, in: Neue Deutsche Literatur 22/11 (1974), S. 3–51; ders.: Die verlängerte »Taktstraße« (2). Porträts befreiter Menschen, in: Neue Deutsche Literatur 23/5 (1975), S. 115–147.

Abb. 2

MAIX MAYER | *ha_02* | 2004

C-Print

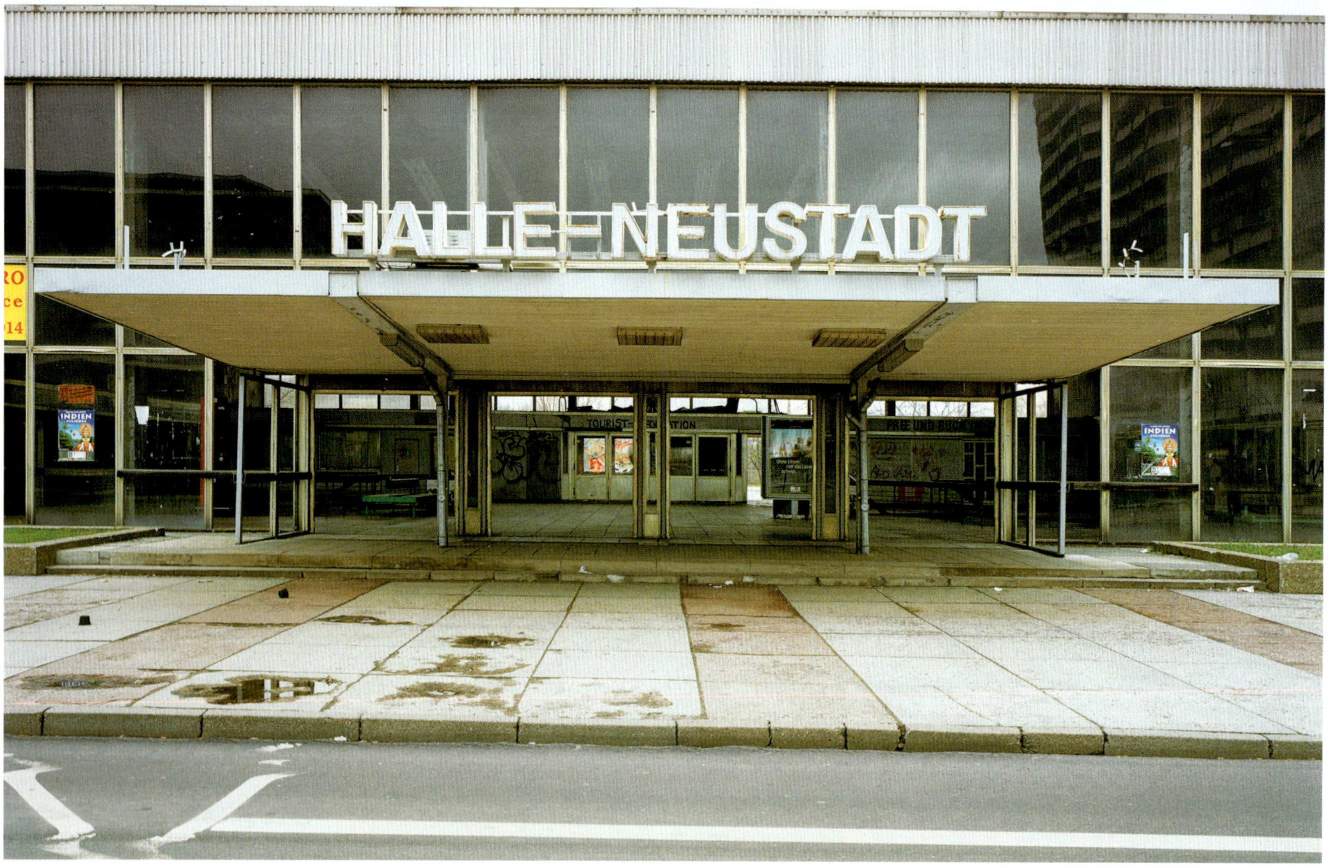

und kultureller Verfehlungen gehören. Gegen diese kulturkolonialen Verwerfungen im Osten, die seit den 1990er Jahren zum Trend der herrschenden Kultur- und Kunstrezeption gehören, helfen Bilder. Die Fotografien von Maix Mayer zeugen von einer kühnen Unternehmung, der Planstadtgründerzeit im östlichen Nachkriegsdeutschland, in der DDR. Ha-Neu reiht sich nahtlos in die Serie der Planstadtgründungen ein wie Brasilia von Otto Niemeyer oder die Wohnmaschinen, die Unités d'Habitation von Le Corbusier, die zwischen 1947 und 1965 in vier französischen Orten sowie in Berlin realisiert wurden. Die Planstädte der DDR sind vergleichbare Pionierleis-

2 Kristina Bauer-Volke/Ina Dietzsch (Hg.): Labor Ostdeutschland. Kulturelle Praxis im gesellschaftlichen Wandel, Berlin 2003.

3 Ina Merkel: Labor Ostdeutschland. Report, in: Kulturation. Online Journal für Kultur, Wissenschaft und Politik 1/2004; URL: www.kulturation.de/ki_1_report.php?id=63 (letzter Zugriff am 3.1.2019).

4 Vertrag zwischen der Bundesrepublik Deutschland und der Deutschen Demokratischen Republik über die Herstellung der Einheit Deutschlands (Einigungsvertrag), vom 31.8.1990 (Ausfertigungsdatum), Kapitel VIII, Kultur, Bildung und Wissenschaft, Sport, Art. 35 Kultur, Art. 36 Rundfunk, Art. 37 Bildung, Art. 38 Wissenschaft und Forschung, Art. 39 Sport, in: Bundesministerium der Justiz und für Verbraucherschutz in Zusammenarbeit mit der juris GmbH; URL: www.juris.de (letzter Zugriff am 3.1.2019).

tungen. Der Anspruch war futuristisch – wie auch der Anspruch der kulturellen Revolution dieser Zeit. Sie sind verschwunden, beinahe rest- und spurlos und mit ihnen eine spezifische Lebens- und Kulturform. Lebenswelten sind Geisterstädten gewichen und haben nur ein paar Gerüste und Hüllen hinterlassen, die den Ethnografen eine willkommene Fährte sind; eine Fährte zurück in die eigene Biografie. Maix Mayer fotografiert vorzugsweise Architekturen der 1960er und 1970er Jahre, die seine eigene Jugend und Geschichte beinhalten.

EXKURS 2: ERINNERUNGSKULTURELLE EXILIERUNG

Der Kultur- und Kunstwissenschaftlerin Kristina Bauer-Volke und der Soziologin Ina Dietzsch ist mit ihrer Studie »Labor Ostdeutschland. Kulturelle Praxis im gesellschaftlichen Wandel«[2], die sie 2003 im Auftrag der Kulturstiftung des Bundes realisierten, ein bemerkenswerter Einstieg in ein sich damals noch zögerlich entwickelndes Forschungsfeld gelungen. Ihr Bericht ist eine Momentaufnahme der Veränderungen und Problemlagen, die der gesellschaftliche Wandlungsprozess für die Kulturlandschaft in den neuen Ländern mit sich gebracht hatte. Es galt herauszufinden, was von der Substanz der Kultureinrichtungen der DDR 13 Jahre nach der Wende noch geblieben war, was davon unter den neuen Bedingungen weiter oder anders funktionierte, wo sich neue Entwicklungen beobachten ließen und was der Wegbruch von kulturellen Praxen an Defiziten, an Regressionen und Zusammenbrüchen offenlegte. Der Forschungsaufriss definiert kulturelle Praxen rückgebunden an gesellschaftliche Entwicklungen, was auf einen in der DDR entstandenen genuinen Kulturbegriff verweist: Kultur wird als ganze Lebensweise, als Handlungs- und Deutungspraxis gesehen, die nicht zu trennen ist von ihren sozialen, politischen und materiellen Voraussetzungen, also nicht zu trennen ist von Arbeit. Somit können Allianzen zwischen Kulturarbeit und Arbeitsförderung wie auch Kulturarbeit als Arbeiterförderung als DDR-spezifisches Kulturmodell beschrieben werden. »Kultur ist nicht nur Staatsauftrag, nicht nur vor dem Untergang zu schützendes humanistisches Erbe, sie ist vor allem das, was die Menschen aus ihrem Leben machen. Und das ist höchst verschieden«, resümiert Ina Merkel die Ergebnisse aus dem Projekt »Labor Ostdeutschland«.[3] Eine solche Einsicht ist bis heute eine Seltenheit in der ostdeutschen Kulturforschung. Immer noch dominiert das einseitige Narrativ von der staatlich beschränkten und überwachten Kultur und der durchweg Stasi-indoktrinierten Kulturzensur, die kulturelle Mitläufer auf der einen Seite und Dissidenten auf der anderen Seite produziert habe. Mit dem Einigungsvertrag wurden die Abwicklung und Löschung der Kultur, der Wissenschaft und Forschung, der Bildung und des Sports, also von gesellschaftlichen Bereichen beschlossen, die in der DDR stark ausgeprägt waren.[4] Die Löschung hinterließ irreversible Spuren in den sozialen Feldern, die auch als »Wendetrauma« bezeichnet werden. Obwohl kontrastierende Forschungsergebnisse wie die von Bauer-Volke und Dietzsch oder auch von Hannes Bahrmann und Christoph Links,[5] von Wolfgang Engler,[6] Dietrich Mühlberg,[7] Manfred Weckwerth,[8] Wolfgang Bergemann[9] oder

5 Hannes Bahrmann/Christoph Links: Am Ziel vorbei. Die deutsche Einheit – Eine Zwischenbilanz, Berlin 2005.

6 Wolfgang Engler: Die Ostdeutschen. Kunde von einem verlorenen Land, Berlin 2000.

7 Dietrich Mühlberg: Woher wir wissen, was Kultur ist. Gedanken zur geschichtlichen Ausbildung der aktuellen Kulturauffassung, Berlin 1983.

8 Manfred Weckwerth: Erinnern ist Leben. Eine dramatische Autobiografie, Leipzig 2000.

9 Wolfgang Bergemann: Theater in der DDR. Chronik und Positionen, Berlin 1997.

von Gerd Dietrich[10] in der Öffentlichkeit präsent sind, ebenso hervorragende filmkünstlerische Zeugnisse wie von Andreas Dresen,[11] Christoph Rüter,[12] Wolfgang Heise,[13] Jürgen Böttcher,[14] Konrad Wolf[15] oder von Egon Günther,[16] wird diese Sichtweise auf die DDR-Kultur in der heutigen BRD von der veröffentlichten Meinung vorwiegend folklorisiert und als »Ostalgie« an den Rand geschoben. Bis heute scheint die offizielle Erinnerungspolitik von dem Wehler'schen Grundsatz, die DDR sei nichts weiter als eine Fußnote in der Weltgeschichte,[17] beherrscht zu sein, wie auch von dem Grundsatz des Historikers Hubertus Knabe, in der DDR habe es keine eigenständige Identität und demgemäß keine Erinnerungskultur gegeben, sondern nur Opfer, Täter und Mitläufer.[18] Der Historiker Karsten Krampitz widerspricht: »Will man vom Leben in der DDR erzählen, greifen die Denkfiguren Täter, Mitläufer und Opfer schlicht zu kurz.«[19] Und er verdeutlicht, dass sich in der heutigen offiziellen Erinnerungspolitik die meisten ehemaligen DDR-Bürger nicht wiederfinden.[20] Der Historiker Gerd Dietrich wiederum äußert, dass es eine zusammenfassende Geschichte der Kultur in der DDR bzw. eine Kulturgeschichte der DDR, die der vielfältigen Kulturlandschaft Rechnung tragen würde, nicht gebe.[21] Zu dieser DDR-Kulturlandschaft gehören die Verlage, die Bibliotheken, die Theater, die Jugend- und Sportklubs, die Zirkel und Klubs des Kulturbunds, die Musikschulen und Musikkabinette, die Kinos, dazu gehört Architektur und Städtebau mit unzähligen öffentlichen Sportplätzen, Spielplätzen und Veranstaltungsräumen. Dazu zählt auch Industrie- und Planstadtdesign hervorragender Architekten wie Hermann Henselmann, Herbert Lachmann oder Richard Paulick. Dieses kulturelle Erbe wurde nach 1990 aus der Agenda der »kulturellen Substanz«, wie sie im Einigungsvertrag im Artikel 35 definiert wurde, gestrichen. Den Akt der Abwicklung der DDR-Kulturlandschaft bezeichnete der Historiker David Johst als »demokratische Säuberung«.[22] Als Beispiel sei hier die Zerstörung der Buchkultur nach der Wende genannt, der zahlreiche Verlage, der DDR-Buchhandel und die DDR-Bibliotheken zum Opfer fielen. Es war die größte Büchervernichtung nach dem Zweiten Weltkrieg und sie wurde in aller Stille vollzogen. Vereins-, Gewerkschafts- und Betriebsbibliotheken wurden geleert, Verlage abgewickelt und privatisiert, der Buchhandel geschlossen.[23]

Mit kulturellen Neuerungen wie etwa dem Bitterfelder Weg,[24] der Bewegung Schreibender Arbeiter,[25] der Akademie der Künste,[26] dem Kulturbund,[27] dem Arbeiter- und Studententheater,[28] der Arbeiter- und Bauernfakultät[29] oder dem Literaturinstitut Johannes R. Becher[30] wurde den Werktätigen die Gelegenheit gegeben, sich dem künstlerischen Schaffen zu nähern und die Realität künstlerisch zu begreifen. Tausende in Volkseigenen Betrieben integrierte Zirkel, Theatergruppen, Chöre und Singegruppen, Foto- und Filmgemeinschaften, Orchester und Jugendklubs haben den Werktätigen ein Anrecht auf Kunst und Kultur an der Basis geboten. Was der Historiker David Johst für die politischen Denkmäler beschreibt oder Christoph Links für die Verlage und den Buchhandel, betrifft im Grunde die gesamte Infrastruktur der Kulturbetriebe, kulturellen Träger, entsprechender Formate und Einrichtungen des kulturellen Erbes in der DDR und vor allem die Erinnerungskultur von Millionen Menschen. Der in Ludwigshafen geborene Rechtswissenschaftler Dieter Simon, erster Präsident der Akademie der Wissenschaften nach der Wende, nannte diese Vorgänge in den neuen Bundesländern »damnatio memoriae«.[31] Simon stellte dieser Einschätzung den Begriff des Exorzismus[32] vergleichend zur Seite. Genau dieser Prozess der erinnerungskulturellen »Austreibung«, oder »Vertreibung« hat das verordnete Vergessen[33] zur Folge und, in den Worten der Sozialwissenschaftlerin Tanja Bürgel, eine metaphysische Obdachlosigkeit,[34] die von der Autorin vorliegender Ausarbeitung im Begriff der »erinnerungskulturellen Exilierung« zusammengefasst wird.

10 Gerd Dietrich: Kulturgeschichte der DDR. Bd. 1–3, Göttingen 2018.

11 Andreas Dresen: Gundermann, Pandora Film, D, 2018.

12 Christoph Rüter: Die Zeit ist aus den Fugen, D, 1990.

13 Wolfgang Heise: Der Ausländer, DEFA-Dokumentarfilm, DDR/D, 1987/2004.

14 Jürgen Böttcher: Jahrgang 45, DEFA-Spielfilm, DDR, 1966; ders.: Drei von Vielen, DEFA-Dokumentarfilm, DDR, 1961.

15 Konrad Wolf: Der nackte Mann auf dem Sportplatz, DEFA-Spielfilm, DDR, 1974.

16 Egon Günther: Lots Weib, DEFA-Spielfilm, DDR, 1965.

17 Hans-Ulrich Wehler: Deutsche Gesellschaftsgeschichte 1949–1990. Bd. 5, München 2008, S. 361.

18 »Auch die behauptete ostdeutsche Identität gibt es nicht und gab es nie. Es gab Täter, Mitläufer und Gegner des Regimes. Viel wichtiger ist für mich deshalb die Unterscheidung zwischen Tätern und Opfern, zwischen Privilegierten und Ausgegrenzten.« Zit. nach Hubertus Knabe: Brauchen wir die Quote?, in: Die Zeit, Nr. 46, 9. 11. 2017, S. 14.

19 Karsten Krampitz: Erinnerungspolitik. DDR neu erzählen, in: Deutschlandfunk, 3. 10. 2018; URL: www.deutschlandfunk.de/erinnerungspolitik-ddr-neu-erzaehlen.1184.de.html?dram:article_id=427797 (letzter Zugriff am 19. 4. 2019).

20 Ebd.

21 Hannes Schwenger: Kulturgeschichte der DDR. Denn wir brauchen keine Lügen mehr, in: Der Tagespiegel, 6. 11. 2018; URL: www.tagesspiegel.de/kultur/kulturgeschichte-der-ddr-denn-wir-brauchen-keine-luegen-mehr/23353942.html (letzter Zugriff am 19. 4. 2019).

22 David Johst: Demokratische Säuberungen, in: ders.: Demokratischer Denkmalsturz? Über den Umgang mit politischen Denkmälern der DDR nach 1989. Deutschland Archiv, Bundeszentrale für politische Bildung 2016; URL: www.bpb.de/geschichte/zeitgeschichte/deutschlandarchiv/231079/demokratischer-denkmalsturz-ueber-den-umgang-mit-politischen-denkmaelern-der-ddr-nach-1989 (letzter Zugriff am 3. 1. 2019).

23 Die durch den Leipziger Kommissions- und Großbuchhandel entsorgten Bücher wurden später von Pfarrer Martin Weskott und seiner Kirchengemeinde in Katlenburg bei Göttingen teilweise eingesammelt und auf Basaren für mildtätige Zwecke zu einem Spendenpreis angeboten: Christoph Links: Was blieb vom Leseland DDR?, Bundeszentrale für politische Bildung, 2. 3. 2009; URL: www.bpb.de/apuz/32146/was-blieb-vom-leseland-ddr?p=all (letzter Zugriff am 20. 11. 2018); Martin Weskott (Hg.): Die vergessenen Bücher. Was mit der Buchproduktion der DDR nach 1990 geschah, Katlenburg 1995; Micha Haarkötter: In aller Stille abgewickelt. Vom Verschwinden der DDR-Betriebsbibliotheken, in: taz.de, 10. 8. 1994; URL: www.taz.de/Archiv-Suche/!1549011&s=MICHA%2BHAARKÖTTER&SuchRahmen=Print (letzter Zugriff am 12. 4. 2019); Christoph Links: Literatur auf der Resterampe, Zeit-Online, 20. 6. 2008; URL: www.zeit.de/2008/26/Verramschung-DDR-Verlage (letzter Zugriff am 20. 11. 2018); Christoph Links: Das Schicksal der DDR-Verlage. Die Privatisierung und ihre Konsequenzen, Berlin 2009.

24 Im Zentrum des 1959 ins Leben gerufenen Bitterfelder Weges stand die Frage, wie den Werktätigen ein aktiver Zugang zu Kunst und Kultur ermöglicht und die Arbeiterklasse am Aufbau des Sozialismus mit künstlerischen Mitteln beteiligt werden könnte. Dazu sollten unter anderem Künstlerinnen und Künstler sowie Schriftstellerinnen und Schriftsteller in den Fabriken arbeiten und Arbeiterinnen und Arbeiter bei deren eigener künstlerischer Tätigkeit unterstützen.

25 Mit der Bewegung Schreibender Arbeiter wurden Werktätige der Produktion unter dem Motto »Greif zur Feder, Kumpel!« gefördert und ausgebildet. Daraus sind auch professionelle Schriftsteller hervorgegangen.

26 Die Ostberliner Akademie der Künste wurde 1950 gegründet. Ihre Präsidenten waren: Heinrich Mann 1950 (nominell), Arnold Zweig 1950–1953, Johannes R. Becher 1953–1956, Otto Nagel 1956–1962, Willi Bredel 1962–1964, Konrad Wolf 1965–1982, Manfred Wekwerth 1982–1990 und Heiner Müller 1990–1993.

27 Der Kulturbund der DDR wurde am 8. August 1945 als »Kulturbund zur demokratischen Erneuerung Deutschlands« unter anderen von Johannes R. Becher als »geistiges und kulturelles Parlament« gegründet. In verschiedenen themenorientierten Kommissionen und Arbeitsgemeinschaften konnten hier Menschen aus allen sozialen und kulturellen Schichten aktiv werden.

28 Das Arbeiter- und Studententheater war eine Form des Laienspieltheaters in der DDR.

29 Arbeiter- und Bauernfakultäten (ABF) dienten Arbeitern und Bauern sowie deren Kindern zur Vorbereitung auf ein Hochschulstudium.

30 Das Literaturinstitut Johannes R. Becher wurde 1955 in Leipzig gegründet. Ganz im Dienste der Trinitas Produktionsarbeit, Vaterland und Dramatik musste die Literatur den Prüfstein der Balance aus kritischem Realismus und Vision bestehen. Beispielhaft ist hierfür Heiner Müller etwa mit seinem Stück »Lohndrücker«. Berühmte Absolventen waren Heinz Czechowski, Adolf Endler oder Paul Gratzik.

31 Dieter Simon: Verordnetes Vergessen, in: Gary Smith/Avishau Margalit (Hg.): Amnestie. Oder die Politik der Erinnerung, Frankfurt/Main 1997, S. 21–36.

32 Ebd.

33 Ebd.

34 Tanja Bürgel: Prekäre Jugend im Osten Deutschlands, in: Harald Blum (Hg.): Prekäre Identitäten (Berliner Debatte Initial 6), Berlin 2006, S. 4–14.

Das Verdienst des französischen Soziologen Pierre Bourdieu ist die Definierung der vier Kapitalsorten einer Gesellschaft, die aus ökonomischem, sozialem, kulturellem und symbolischem Kapital bestehen. Da Bourdieu von einem bürgerlichen Gesellschaftsmodell (des Besitz- und Bildungsbürgertums) ausging, hatte er in seinem Kapitalsortenmodell den Versuch unternommen, die Ungleichheitsfixierung im sozialen Raum zu durchbrechen, indem er jeder Kapitalsorte eine Konvertierbarkeit zuschrieb. Auf das DDR-Kulturmodell ist das Bourdieu'sche Kapitalsortenmodell nicht anwendbar. Im Idealfall war hier der Souverän, also das Volk, der Inhaber aller Kapitalsorten gleichzeitig. Dass dieser Idealfall eine Utopie war und blieb, war für viele Ende der 1980er Jahre Grund und Ursache für Rebellion und Revolution. Die Suprematie der SED in Wissenschaft und Forschung, in Sport und Kultur sowie in der Wirtschaft war nicht haltbar. Die Mehrheit der DDR-Bürger Ende der 1980er Jahre wollte eine Emanzipation von der SED-Vorherrschaft und von einem Sozialismus sowjetischen Typs, eine tatsächliche Souveränität im Sinne von »Wir sind das Volk«. Die kapitalistische Gesellschaft als Systemadaption zum Preis der Systemlöschung war für viele jedoch keine Alternative. Infolgedessen führte der Wegbruch der Einheit von Arbeit, kulturellen Praxen und Lebensräumen seit 1990 zu einer bis heute anhaltenden erinnerungskulturellen Exilierung. Hanoi in den Fotografien von Maix Mayer ist ein Zeugnis davon.

Im Sinne von Karsten Krampitz brauchen wir heute einen neuen Blick auf die DDR, der sie weder verklärt noch dämonisiert. Eine solche Erzählung braucht auch eine neue Sprache, die aus dem Reduktionismus des Unrechtsstaats und aus dem verordneten Vergessen, was auch immer Kolonisierung heißt, befreit. Maix Mayers fotoethnografische Spurensuche verbindet sich mit dem inneren Auftrag der erinnerungskulturellen Wiederentdeckung des Verdrängten und Vergessenen, des Verlorenen und Verstellten in den eigenen biografischen Umgebungen. Das eigene Gedächtnis und gleichzeitig das kollektive Gedächtnis zu dekolonisieren, sowohl mit dem Blick nach hinten wie auch mit dem Blick nach vorn, ist eine Geste der Freiwerdung, die in der Bildsuche von Maix Mayer stattfindet. Ein Wort aus der jüdischen Tradition lautet: »Das Vergessenwollen verlängert das Exil, das Geheimnis der Erlösung heißt Erinnerung.«

EXKURS 3: REISE IN DIE VERLORENE ZUKUNFT DER MULTIPLEXE

In der DDR war die Planstadt eine zukunftsorientierte Wohngegend, nach der städtebaulichen Idee des Staates für die 15 Industriebezirke und nach der Plattenbau-Devise: »Städte machen Leute«.[35]

Mit dem Treuhandgesetz von 1990 wurde innerhalb von nur vier Jahren die Planstadtzukunft eingeebnet – mitsamt den Biografien. Über dieses Kapitel der Verwerfung des futuristischen Kulturmodells in der DDR ab 1990, das sich in der Planstadt, die auch immer eine Kombinatsstadt war, manifestierte, gibt es bis heute noch keinen etablierten Diskurs. Während im Jahr 1981 Halle-Neustadt mehr als 93 000 Einwohner zählte, hat sich die Bevölkerungszahl seit 1990 mehr als halbiert. Mit der Deindustrialisierung und der akut einsetzenden Arbeitslosigkeit begann die Ära der Ostfluchten. Sie brachte die soziologische Kohorte der Exil-Ostdeutschen[36] hervor sowie die für die Nachwendezeit typisch gewordenen Stadtsegregationen mit anschließenden soziologischen Konfliktthemen. In einem Ende 2000 vorgelegten Bericht wurde der Leerstand von etwa einer Million Wohnungen in Ostdeutschland, vor allem in den Plattenbauten, festgestellt, was einer Quote von 13 Prozent entspricht. Die Kommission empfahl, innerhalb von zehn Jahren 300 000 bis 400 000 leer stehende Wohnungen vom Markt zu nehmen. Ziel sollte es sein, eine städtebaulich geordnete

Abb. 3

MAIX MAYER | *ha_08* | 2004

C-Print

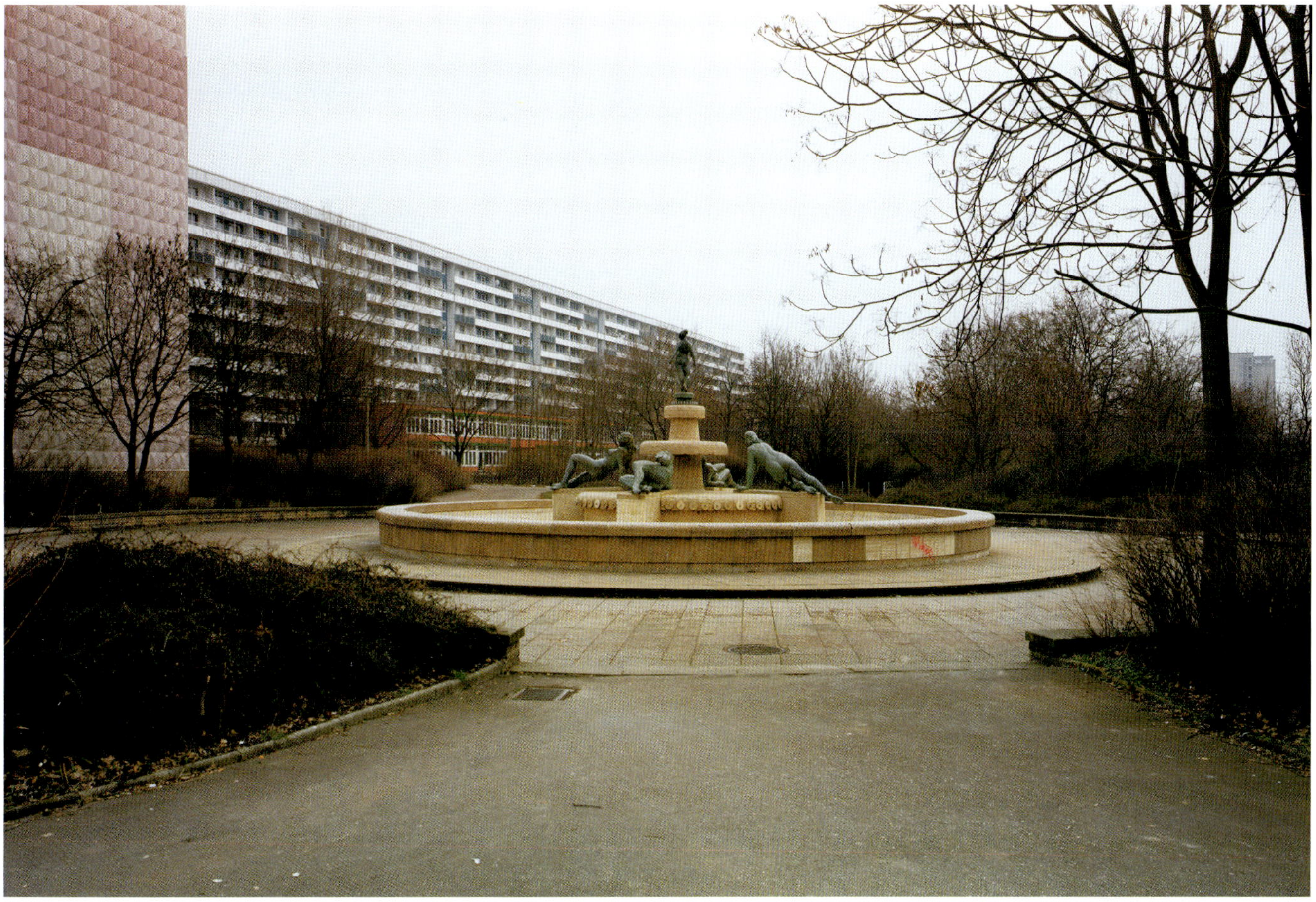

Entwicklung der schrumpfenden Stadtteile zu unterstützen. Die Kommunen wurden aufgefordert, sich der neuen Aufgabe des »Managements des Stadtumbaus« zu widmen.

Ha-Neu, einst das sozialistische Plattenbau-Vorzeigeprojekt, gilt heute als sozialer Brennpunkt und ist als solcher immer wieder in der Diskussion. Mit der Arbeit ging die Zukunft verloren. Wer in den 1990er Jahren als Jugendlicher erleben musste, wie bei den Eltern nicht nur die Arbeit wegbrach, sondern auch die Umgebung, die Bezugsrahmen, das Milieu, der Habitus, der wurde sehr schnell und sehr plötzlich erwachsen. Diese Art traumatischer Einschnitte ist identisch mit Kriegsfolgen. Auch dieses Thema wurde bisher nur ansatzweise im Diskurs der »Wendekinder« und »Eisenkinder« aufgearbeitet. Die Sozialwissenschaftlerin Tanja Bürgel fasst das Phänomen der prekarisierten Jugend, der verlorenen Generation in den soziologischen Kontext der Mauerfall-Kinder:

35 Bräunig u. a., Städte machen Leute (wie Anm. 1).

36 Yana Milev: Wer sind die »Exil-Ostdeutschen«?, in: Demokratie gegen Menschenfeindlichkeit, Heft 2/2019, S. 52–71.

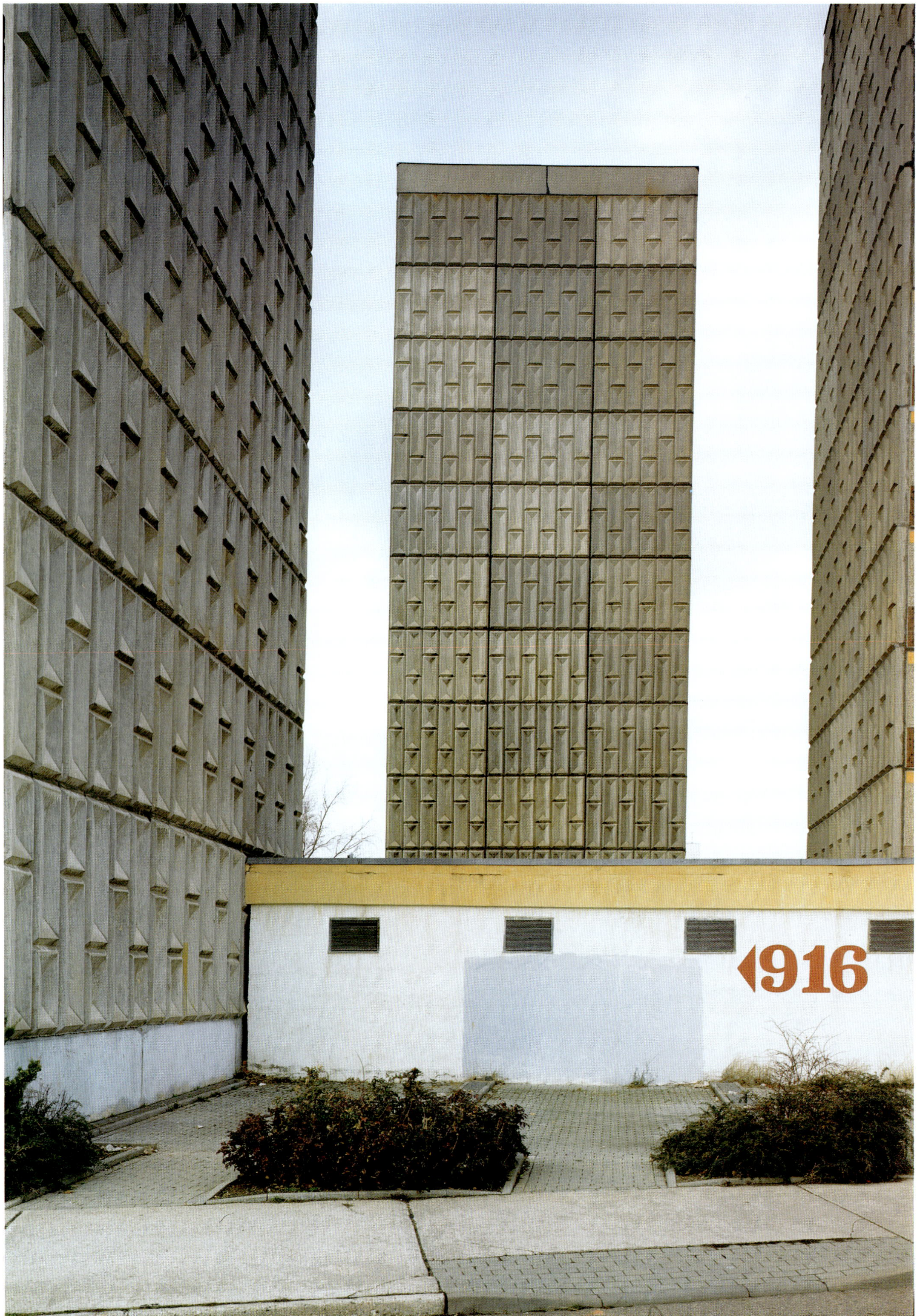
916

Abb. 4

MAIX MAYER | *ha_12* | 2004

C-Print

»Für die uns interessierenden Nachfahren der nach Kriegsende Geborenen, die wir die ostdeutschen *Mauerfall-Kinder* nennen, fiel der Sturz der bipolaren Weltordnung und das Ende der DDR mit den Turbulenzen ihres individuellen Erwachsenwerdens zusammen. Im Unterschied zu ihren Altersgefährten im Westen wurden sie von der anschließenden Umbruchskrise, von der kurzfristigen Umstürzung des gesamten Schulsystems ebenso wie von plötzlichen Abstürzen der Eltern in Arbeitslosigkeit oder aber auch von deren anstrengenden Aufbrüchen in berufliche Neuanfänge in besonderem Maße getroffen.«[37] Für die »generation precaire«[38] kam der Wegbruch der Zukunft konkret mit dem Ende der Arbeit aufgrund der Abwicklungen durch die Treuhand AG und mit der damit einhergehenden Auflösung der DDR-Zivilgesellschaft. Dieser Prozess vollzog sich ab 1990 geradezu direkt-reversiv zur einstigen antifaschistisch-demokratischen Umwälzung, zurück zur bürgerlichen Gesellschaft. Die »Entbürgerlichung«,[39] die sich in der DDR ab den 1950er Jahren weitreichend vollzogen hatte, wich ab 1990 einer neuen »Verbürgerlichung«. In dieses Setting gehörten neben den umfassenden Privatisierungen und der Einführung des Bürgerlichen Gesetzbuches von 1900 etwa 35 Gesetze zugunsten der Privatwirtschaft, wie das Insolvenzgesetz, das Gesamtvollstreckungsgesetz oder das Vermögensgesetz, der Transfer von bürgerlichen Eliten[40] aus den Altbundesländern, die bis heute zentrale Positionen in Ostdeutschland innehaben, sowie der bereits erwähnte Abriss der komplexen Industrie und ihr Rückbau zu einer heute sogenannten kleinteiligen Wirtschaft[41]. Der Ausschluss aus der Produktion bedeutete – wie gesagt – für Millionen einen synchronen Ausschluss aus einem komplexen Lebensraum, somit auch aus dem werktätigen Kulturschaffen. Der Soziologe Wolfgang Engler analysiert in seiner Forschung bereits seit Anfang der 1990er Jahre den Zusammenhang von Leben und Arbeit. Die ostdeutschen Betriebe »waren schon sehr spezifische Gebilde. Teilweise schlossen sie an Traditionen großer paternalistischer Unternehmen des späten 19. und frühen 20. Jahrhunderts an, die ja auch teilweise erhebliche Fürsorgepflichten für die Belegschaften übernahmen. Das wurde bei den großen Kombinaten in der DDR und im Osten überhaupt dann aber noch erheblich ausgebaut. Sie bildeten wahre *Multiplexe*, die mehrere Funktionen gleichzeitig versahen; die Arbeit stand im Mittelpunkt, aber um sie herum formierte sich eine Gesellschaft im Kleinen. Was war nicht alles Teil dieser Unternehmen: Da gab es Kinderkrippen, Kindergärten, Ferienheime, Kinderferienlager, Saunen, Physiotherapien, Buchhandlungen, Bibliotheken, Malzirkel, Chöre, Gärtnereien, Schneidereien, Fotozirkel, Werkstätten für Tischler, Theatergruppen, Zirkel für Schreibende, Polikliniken, Verkaufsstellen [...]«[42]

---

37 Tanja Bürgel: Generation Precaire. Mauerfall-Kinder auf unsicherem Terrain. Zur Orientierungskrise und metaphysischen Obdachlosigkeit junger Ostdeutscher, in: Yana Milev/Franz Schultheis (Hg.): Entkoppelte Gesellschaft. Ostdeutschland seit 1989/90. Tatbestände, Berlin 2019, S. 461–490, hier S. 463.

38 Ebd.

39 Vgl. Gerhard A. Ritter: Die DDR in der deutschen Geschichte, in: Vierteljahrshefte für Zeitgeschichte 59 (2002), S. 171–200; vgl. Hannes Siegrist: Wie bürgerlich war die Bundesrepublik, wie entbürgerlicht die DDR? Verbürgerlichung und Antibürgerlichkeit in historischer Perspektive, in: Hans Günter Hockerts (Hg.): Koordinaten deutscher Geschichte in der Epoche des Ost-West-Konflikts, München 2004, S. 207–244.

40 Michael Bluhm/Olaf Jacobs: Wer beherrscht den Osten? Ostdeutsche Eliten ein Vierteljahrhundert nach der deutschen Wiedervereinigung. Eine Studie der Universität Leipzig und des MDR, in: Milev/Schultheis, Entkoppelte Gesellschaft (wie Anm. 37), S. 55–85.

41 Vgl. Kleinteiligkeit der ostdeutschen Wirtschaft. Gibt es spezifische Wachstumshemmnisse für die Bildung größerer Unternehmenseinheiten? Studie im Auftrag der Beauftragten der Bundesregierung für die neuen Bundesländer, DIW Econ GmbH, Berlin 2015; URL: https://diw-econ.de/wp-content/uploads/2015/06/DIW-Econ_Kleinteiligkeit-der-ostdeutschen-Wirtschaft_v4.0_online.pdf (letzter Zugriff am 29. 4. 2019).

42 »Arbeit war das Nadelöhr, durch das jeder hindurch musste«, Interview mit dem Soziologen Wolfgang Engler, Heute im Osten/Damals im Osten, Mitteldeutscher Rundfunk, 12. 9. 2013; URL: www.mdr.de/zeitreise/ddr/wolfgang-engler-interview100.html (letzter Zugriff am 13. 1. 2020).

Abb. 5–7

MAIX MAYER, aus dem Buch: Maix Mayer, »Anthropologische Vexierbilder oder die zerbrochene Symmetrie« (Projekt Gullivers Reisen), Dresden 1995

Die zahlenmäßig größte Gruppe in der DDR-Kulturlandschaft bildete, trotz Opposition und Subkultur, die Gruppe der sogenannten kulturschaffenden Werktätigen, der werktätigen Intellektuellen und der werktätigen Künstlerinnen und Künstler, die in der Planstadtzukunft und im Zukunftskombinat, im »Multiplex« lebten. Diese Gruppe zerbrach mit dem Ende der DDR von einem Tag auf den anderen.

Was bis heute davon bleibt, sind Zeugnisse wie die fotografische Serie »Hanoi« von Maix Mayer. Er schuf sie 2004 als Studie zu den architektonischen Utopien der DDR-Moderne. Analog dazu fotografierte Mayer Plattenbausiedlungen in Magdeburg und die Ruinen abgerissener Kombinate, etwa im VEB Getreidewirtschaft Pasewalk oder im VEB Automobilwerk Zwickau. Mit den Fotobänden »Die vergessenen Orte der Arbeit«[43] von 2013 und »Spuren der Arbeit«[44] von 2015 dokumentierte Maix Mayer die Konsequenzen des Rückbaus der Arbeit und der Kultur, den Umbau der einstigen Arbeits- und Lebensräume zu Problemgebieten. Mayers Fotoethnografien der Ruinen einstiger Lebens-, Arbeits- und Kulturformen sind Reisen in die verlorene Zukunft der »Multiplexe«.

EXKURS 4: STERN WARTE STERN

Maix Mayer kommt aus der DDR, wurde dort geboren, sozialisiert und blieb bis zur Wende im Jahr 1990. Er gehörte somit der Kohorte der Bevölkerungsmehrheit an, die im Jahr 1990 zum 3. Oktober 17 Millionen Menschen zählte, abgerechnet der bis dahin Ausgereisten von 1989 und 1990. In den 1990er Jahren beschrieb er, beginnend mit seiner fotoethnografischen Trilogie »Anthropologische Vexierbilder«, »Haus Raum« und »Pilzsuche«, die Verwandlung der ihm vertrauten Umgebung, der biografischen Orte und Erinnerungen. Bereits in dieser Trilogie, die ganz am Anfang von Maix Mayers Reisen in eine verlorene Zukunft steht, zeichnet sich deutlich der Weg des Anthropologen durch die kulturkolonialen Zonen ab. Dass es sich gleichzeitig um sein biografisches Gebiet handelt, macht die Sache künstlerisch brisant. Der Mann, der durch sein Land geht und es nicht mehr wiedererkennt, sich selbst nicht mehr wiederfindet. Hier ist ein Tarkowski-Motiv eingewebt, das den Anthropologen mit dem Philosophen vereint. Wie soll Sinn wiedergefunden werden, der von der neuen Zeit verworfen wurde? Wie überleben? Der ethnografische Wanderer in der Zone, der Stalker, findet verschiedene Versatzstücke, die seine Erinnerung zurückholen. Es ist ein Gewächshaus, das er wiederfindet, eine Hütte im Wald, ein Wasserturm. Es sind Häuserkanten und Winkel, es ist das Gebüsch nebenan und das Himmel-Hölle-Zeichen auf dem Asphalt. Fernes, allzu Fernes, Schwarz in Schwarz, beobachtet von der Sternwarte. »Stern Warte Stern« nennt Mayer auch eine Serie in den »Anthropologischen Vexierbildern«. Hier ist das Klettergerüst auf einem verwaisten Spielplatz zu sehen, das aussieht wie ein Objekt im Kosmonautentrainingszentrum Baikonur.

Bereits in seinen Fotografien der frühen 1990er Jahre hat sich Maix Mayer auf seine Rolle als teilnehmender Beobachter im Labor der verschwundenen Vergangenheit und somit Zukunft spezialisiert. Das Zukunftsthema ist ein Vergangenheitsthema, wie in »Stalker«, das Forschen in die unbekannte Ferne, um Partikel der verlorenen und kulturkolonial ausgelöschten Vergangenheit zurückzuholen. Das alles gleichzeitig auch als Elemente seiner Biografie, denn ohne Herkunft keine Zukunft.

Inzwischen sind Maix Mayers Fotoethnografien international gewürdigte Zeugnisse der Umbrüche und sozialen Transformationen, die mit dem Verschwinden der Symbole und sozia-

43 Maix Mayer/Olaf Jacobs/Holger Jancke: Die vergessenen Orte der Arbeit, Halle 2015.

44 Maix Mayer/Olaf Jacobs: Spuren der Arbeit, Halle 2015.

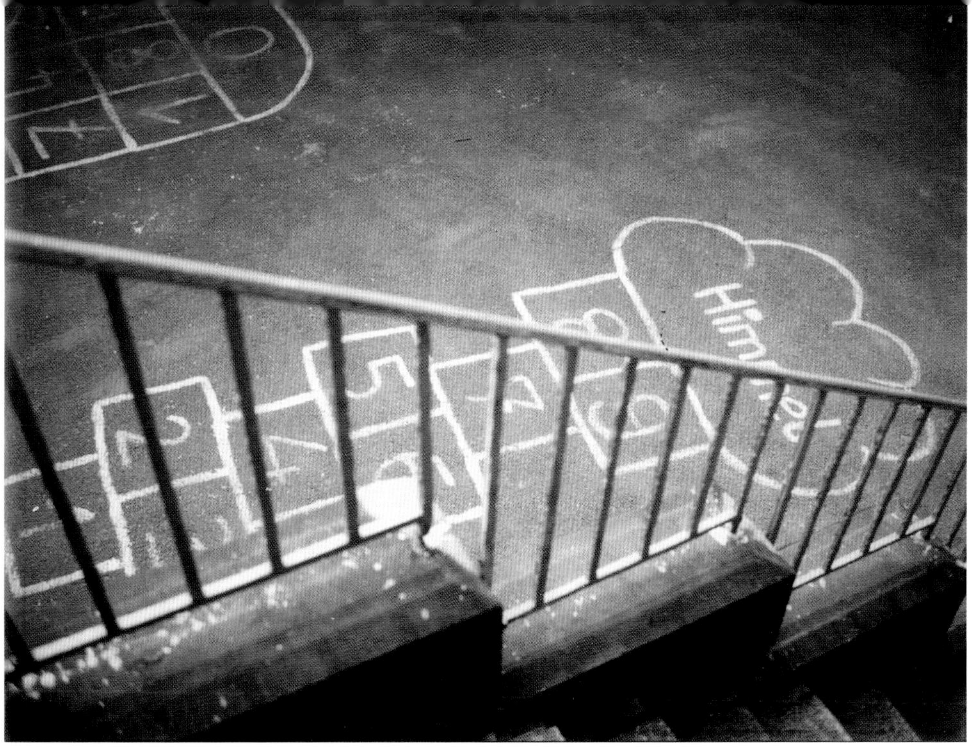

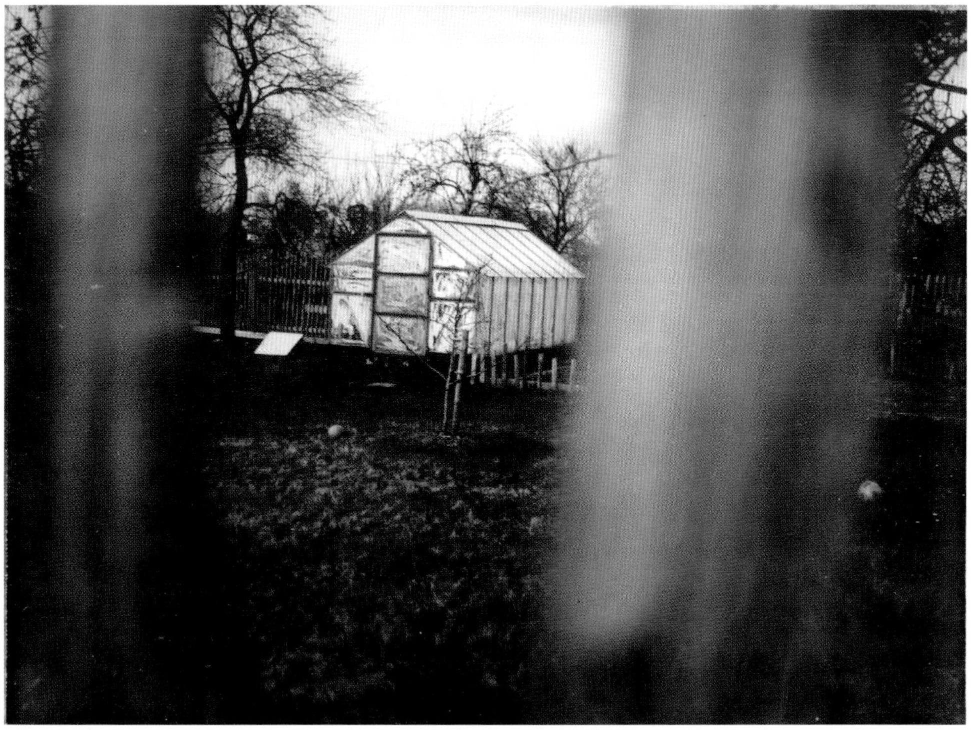

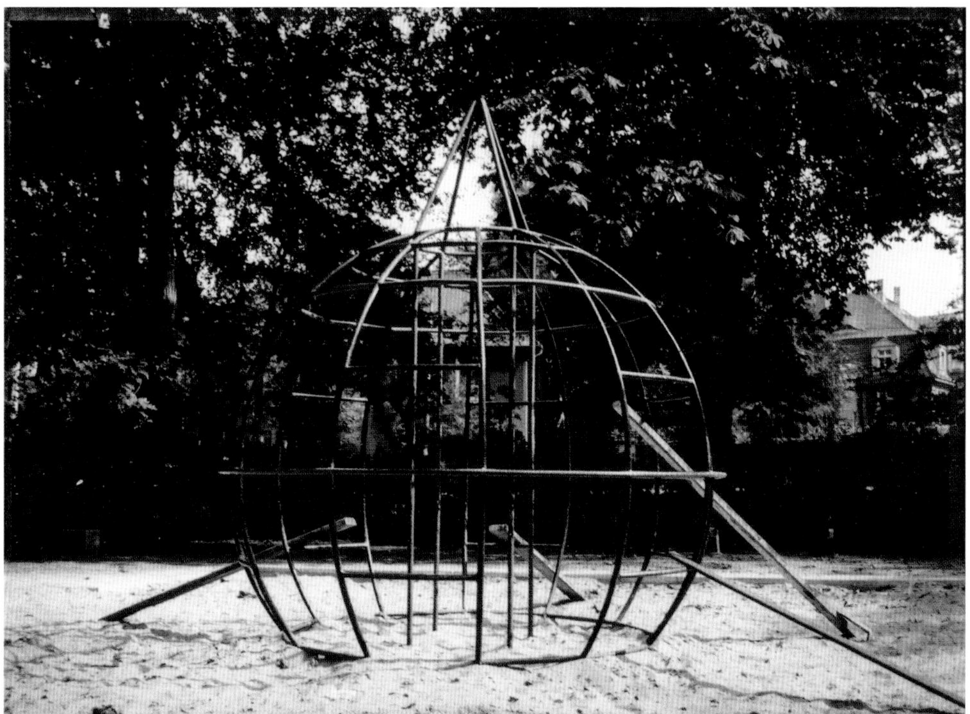

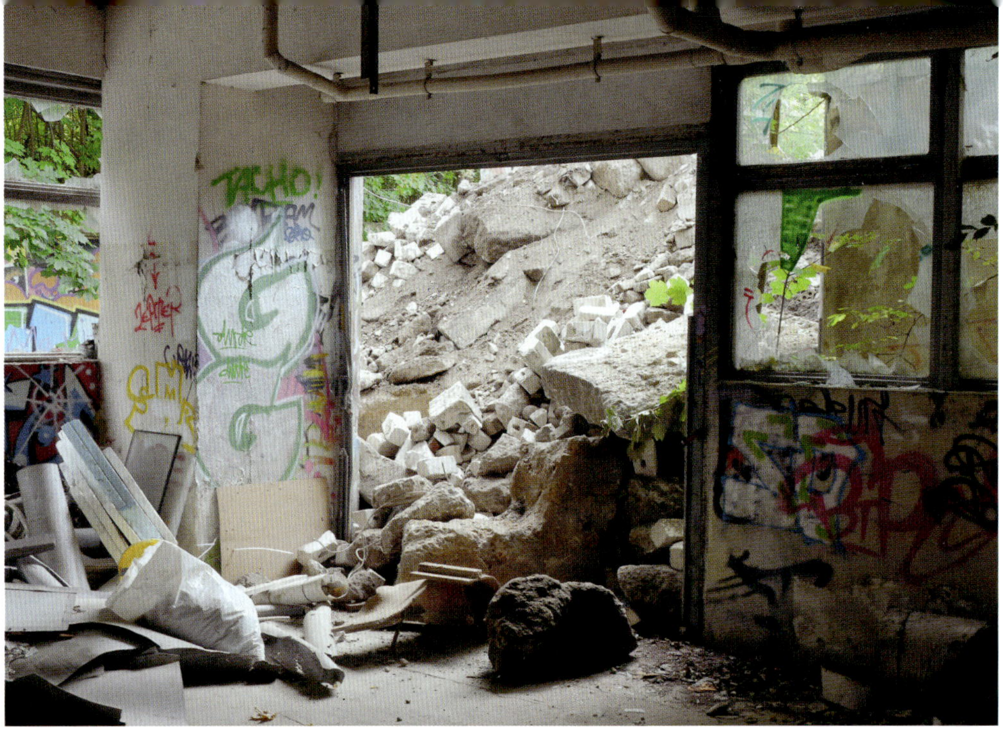

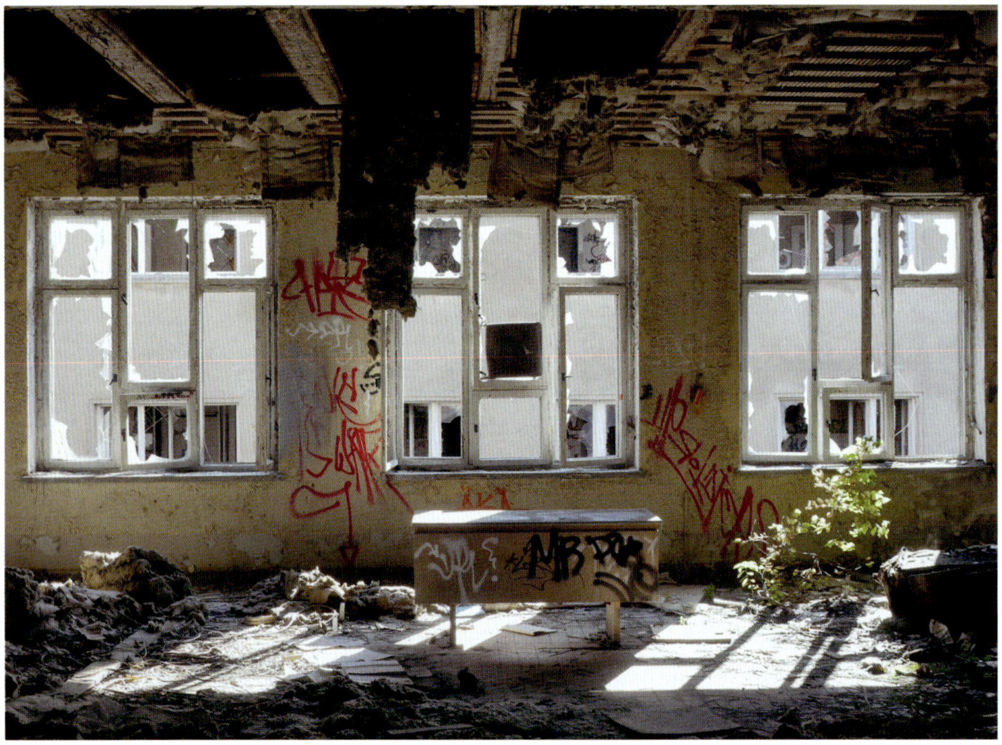

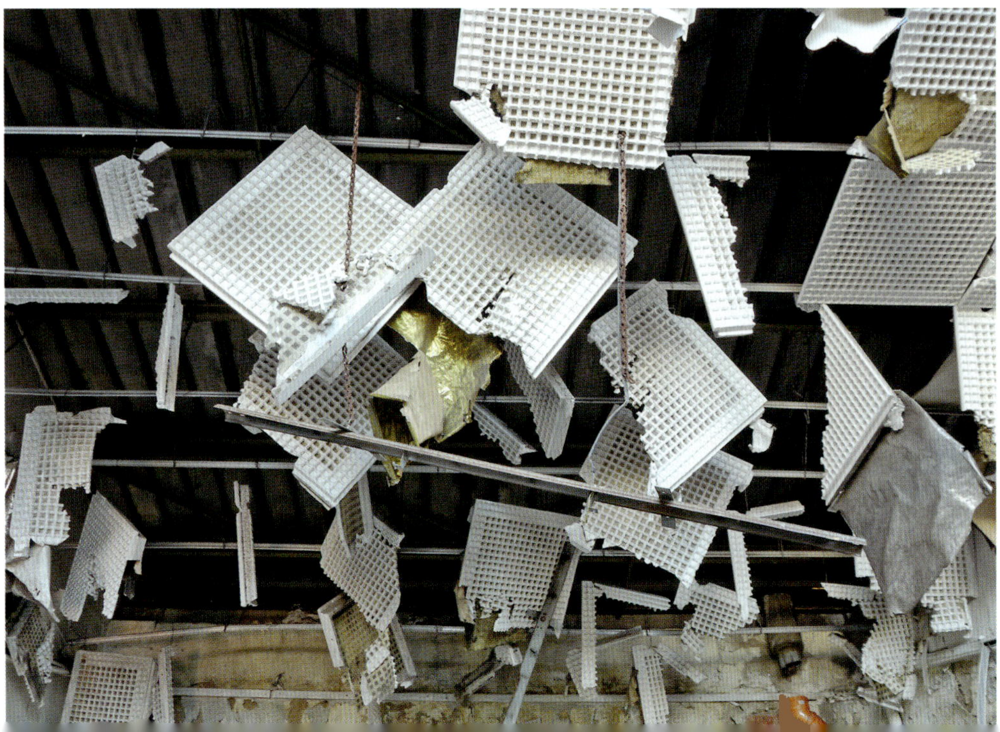

Abb. 8–10

MAIX MAYER, aus dem Buch: Olaf Jacobs (Hg.), Maix Mayer, »Spuren der Arbeit« 2015, Halle 2015

len Bezugsrahmen einhergehen. Mit dem Zusammenbruch des Ostblocks ging nicht nur die Ära des Kalten Krieges zu Ende. Weggerissene Wirtschafts-, Lebens- und Kulturkomplexe blieben bis heute ohne Alternative. Freigesetzte Belegschaften in Millionenhöhe sind heute an den Rand gedrängte Mehrheiten. Maix Mayers Fotoethnografien erzählen diese Geschichten. Und er erzählt damit auch seine eigene Geschichte. Mayers Reise in die verlorene Zukunft der »Multiplexe« ist eine Art Echoortung der bislang verlorenen Utopie. Doch wäre sie vollständig verloren, gäbe es keine Reisemotivation. Die Vergangenheit existiert weiter als Nachbild auf dem Horizont. Sozialwissenschaftler sind sich mittlerweile darin einig, dass in Zukunft die gesellschaftlichen Innovationen, zu denen die »Multiplexe« gehören, im Osten entstehen werden, da die Ostdeutschen den Totalumbau der Gesellschaft und den Abstieg in die Armutsverfestigung bereits 20 Jahre vor der westdeutschen Teilgesellschaft erlebten und somit in Zukunft wichtige Orientierungshilfen mitbringen.

EXKURS 5: AUF WIEDERSEHEN IN HANOI (HA-NEU)!

Von der Sternwarte aus kann Maix Mayer Ha-Neu ganz gut sehen. Er beobachtet die Stadt aus der Perspektive des Futurums und imprägniert die Spuren der Zukunftsversprechen. Für die nächste Zukunft. Aus seiner »Hanoi«-Serie werden in diesem Beitrag vier Fotografien abgebildet: »ha_01«, »ha_02«, »ha_08« und »ha_12« (Abb. 1–4). Die Titel hat Mayer analog zur Planstadtstilistik entworfen. Eine Besonderheit in Halle-Neustadt war der Verzicht auf Straßennamen, stattdessen wurden alle Wohnblöcke und Eingänge nach einem für Außenstehende kaum zu durchschauenden Prinzip durchnummeriert. Ausgangspunkt dafür war das Kreuz Magistrale/S-Bahn. Jeder Wohnkomplex hatte eine oder zwei Ziffern für die Hunderterstelle mit Ausnahme der Häuser entlang der Magistrale, die alle eine führende Null hatten, wenn der Eingang zur Magistrale zeigte. Die Zehnerstelle hing davon ab, die wievielte Straße vom zentralen Kreuz aus gesehen betrachtet wurde. Die Einerstelle war das entsprechende Gebäude – beispielsweise hatte der I. Wohnkomplex die 0 als erste Stelle. Eine typische Adresse war etwa Block 107, Haus 2. Diese Art des Adresssystems ist mit dem in Japan vergleichbar und somit war Ha-Neu Tokyo näher als jeder anderen Stadt im fernen Deutschland. Nach der Wiedervereinigung wurde dieses System zugunsten von Straßennamen abgeschafft.

Zukunftsversprechen des spurensuchenden Fotoethnografen Mayer sind, neben der Titelgebung, in kleinen Details zu finden, etwa in der Leuchtschrift »Double Fantasy« in »ha_01«. Hier wird der Austausch von einstigen Kultur- und Jugendklubs, Sternwarten, öffentlichen Plätzen, Springbrunnen, Kinos, Polikliniken, Schulen oder Kindergärten mit Oasen des Billigwarenkonsums als Doppelspiel in Szene gesetzt. Dumpingwaren und Leerstand als Reste der Zukunftsversprechen. Dumpingware aus Asien, die aus der einstigen Planstadt einen Ramschladen für Arme, Anonyme und von weit her Gereiste macht. Würde man »ha_01«, »ha_02«, »ha_03« bis »ha_90 000«, so viele »ha's«, wie es einst Bewohnerinnen und Bewohner in der Planstadtzukunft gab, als anthropologische Vexierbilder in den Himmel projizieren, würden dort 90 000 Sterne als ferne Milchstraße aufleuchten. Die Reise zurück in die Zukunft ist weit. Vielleicht kommt man auch nie an.

Auf Wiedersehen in Hanoi![45]

45 Vorliegender Artikel verwendet Textauszüge aus dem Textabschnitt 7.1.2. »Der Zerfall der Einheit von Arbeit, kulturellen Praxen und Lebensräumen«, in: Yana Milev, Entkoppelte Gesellschaft – Ostdeutschland seit 1989/90. Band 2: Umbau, S. 277–284, Berlin 2019.

Anhang

AUTOREN

Susanne Altmann
Studium der Kunstgeschichte und Philosophie in Dresden und New York, 2004 Forschungsstipendium an der University of Oxford, Lehraufträge unter anderem an der Hochschule für Gestaltung Karlsruhe und der Hochschule für Bildende Künste Dresden; arbeitet als Kunsthistorikerin, Kuratorin und Publizistin in Dresden mit dem Schwerpunkt auf kritischer, genderbasierter Kunst sowie Kunst der Transformationsgebiete um 1989; 2018/19 Kuratorin der Ausstellung »Medea muckt auf! Radikale Künstlerinnen hinter dem Eisernen Vorhang« im Lipsiusbau für das Albertinum, Staatliche Kunstsammlungen Dresden, und das Wende Museum of Cold War, Culver City (CA/USA)

Katja Böhlau
Studium der Kunstgeschichte und Theaterwissenschaft in Berlin und Wien, seit 2016 Stipendiatin am DFG-Graduiertenkolleg »Das fotografische Dispositiv« an der Hochschule für Bildende Künste Braunschweig, laufendes Promotionsvorhaben zu Männlichkeiten in der Modefotografie der DDR; Kunsthistorikerin mit den Schwerpunkten Geschichte und Theorie der Fotografie, Fotografie in der DDR und Modeforschung

Margret Hoppe

1999/2000 Studium der Philosophie und Kunstgeschichte an der Universität Leipzig, 2000–2007 Studium an der Hochschule für Grafik und Buchkunst Leipzig, 2005/06 Studium an der École Nationale Supérieure des Beaux-Arts in Paris, 2007/08 Förderpreis der Wüstenrot Stiftung für Dokumentarfotografie und Preis »gute aussichten/junge deutsche fotografie«, 2007–2009 Meisterschülerin an der Hochschule für Grafik und Buchkunst Leipzig bei Prof. Timm Rautert und Prof. Christopher Muller, 2009 Marion Ermer Preis, 2010 Stipendium des Freistaates Sachsen, seit 2011 Promotionsstudium an der Hochschule für Gestaltung Offenbach, 2012/13 Projektmanagerin an der Hochschule für Gestaltung Offenbach, 2014 Kunstpreis der Sachsen Bank und Stipendium des DAAD für Projekt in Indien, 2017–2019 Residenz in Marseille in Kooperation mit Le Garage und Goethe Institut, lebt und arbeitet als freischaffende Fotografin in Leipzig

Dr. Bertram Kaschek

Studium der Kunstgeschichte, Philosophie und Neueren deutschen Literatur in Marburg und Berlin (Freie Universität), 2003–2016 wissenschaftlicher Mitarbeiter am Institut für Kunst- und Musikwissenschaft der Technischen Universität Dresden, 2006/07 Predoctoral Fellow am Getty Research Institute, Los Angeles, 2009 Promotion an der Technischen Universität Dresden, 2009–2014 Mitarbeiter im Teilprojekt »Das subversive Bild« des Sonderforschungsbereichs 804 »Transzendenz und Gemeinsinn« an der Technischen Universität Dresden, seit April 2016 wissenschaftlicher Mitarbeiter am Kupferstich-Kabinett der Staatlichen Kunstsammlungen Dresden im Rahmen eines von der VolkswagenStiftung geförderten Projekts über den Fotografen Christian Borchert

Dr. Robert Lorenz

1998–2004 Studium der Europäischen Ethnologie, Bohemistik und Psychologie in Berlin, Brno und Prag, 2016 Promotion im Fach Europäische Ethnologie an der Humboldt Universität Berlin, seit 2012 freier Ausstellungskurator, 2016–2019 wissenschaftlicher Mitarbeiter im ESF-Projekt »Sorbenwissen« am Institut für Slawistik der Technischen Universität Dresden und am Sorbischen Institut Bautzen, seit 2018 wissenschaftlicher Mitarbeiter am Sorbischen Institut Bautzen; 2018 Monografie »Schlesische Metamorphosen. Ethnografie Görlitzer Identitätserzählungen nach 1990«

Dr. Agnes Matthias

Studium der Kunstgeschichte und Empirischen Kulturwissenschaft in Karlsruhe und Tübingen, 2003 Promotion am Kunsthistorischen Institut der Universität Tübingen, 2004/05 Stipendiatin der Alfried Krupp von Bohlen und Halbach-Stiftung im Programm »Museumskuratoren für Fotografie«, kuratorische Tätigkeit unter anderem für das Fotomuseum am Münchner Stadtmuseum, das Museum Folkwang Essen, das Kupferstich-Kabinett, Staatliche Kunstsammlungen Dresden; 2011–2014 Leiterin der Grafischen Sammlung am Kunstforum Ostdeutsche Galerie Regensburg, 2014–2016 Kuratorin für Fotografie an den Staatlichen Ethnographischen Sammlungen Sachsen, Staatliche Kunstsammlungen Dresden, Leiterin des Digitalisierungs- und Erschließungsprojekts der dortigen Fotobestände, seit 2019 Kuratorin für Forschung und wissenschaftliche Kooperation an den Staatlichen Kunstsammlungen Dresden

PD Dr. Yana Milev

1986–1992 Studium Bühnen- und Kostümbild an der Hochschule für Bildende Künste Dresden, 1992–1995 Meisterschülerin bei Günter Hornig, 1992–2003 Künstlerin der Galerie EIGEN+ART Leipzig/Berlin, 1997 Künstlerin der Documenta X, 1997–1999 Ethnografische Studien in Japan, anschließend fünfjähriges Doktoratsstudium für Philosophie an der Hochschule für Gestaltung Karlsruhe und an der Akademie der bildenden Künste Wien, ebenda 2008 Promotion zu einem Thema der politischen Theorie. 2009–2019 Wissenschaftliche Mitarbeiterin und Projektleiterin am Seminar für Soziologie (SfS) der Universität St. Gallen (HSG) sowie am Institute for Cultural Studies in the Arts (ICS) der Zürcher Hochschule der Künste (ZHdK). 2014 Habilitation zu einem Thema der Visuellen Soziologie an der Universität St. Gallen und Ernennung zur Privatdozentin für Kultursoziologie ebenda, seit 2017 Projektleiterin des Forschungsprojektes »Entkoppelte Gesellschaft – Ostdeutschland seit 1989/90«, das als mehrbändige Reihe publiziert wird

Christin Müller

Studium der Kulturwissenschaften in Hildesheim, freie Kuratorin und Autorin, 2011–2013 Stipendiatin der Alfried Krupp von Bohlen und Halbach-Stiftung im Programm »Museumskuratoren für Fotografie«, kuratorische Tätigkeit für das Museum Folkwang, Essen, das Kupferstich-Kabinett, Staatliche Kunstsammlungen, Dresden, das Münchner Stadtmuseum und das Jeu de Paume, Paris. Im Anschluss u. a. Kuratorin der Ausstellung »Cross Over – Fotografie der Wissenschaft + Wissenschaft der Fotografie« im Fotomuseum Winterthur, Wanderausstellung »Dokumentarfotografie-Förderpreise der Wüstenrot Stiftung 12«, zusammen mit Florian Ebner die Ausstellungsreihe »with/against the flow. Zeitgenössische fotografische Interventionen« im Auftrag des Instituts für Auslandsbeziehungen und künstlerische Leitung der »Biennale für aktuelle Fotografie« 2017 in Mannheim, Ludwigshafen und Heidelberg; seit 2014 Assistentin des Fotosammlers Thomas Walther sowie Lehraufträge an der Universität Leipzig, der Universität Hildesheim und der Hochschule Hannover

PD Dr. Gisela Parak

Studium der Bildhauerei und Kunsterziehung an der Akademie der Bildenden Künste München, 2008 Promotion im Fach Kunstgeschichte an der Ludwig-Maximilians-Universität München, 2015 Habilitation an der Staatlichen Kunstakademie Stuttgart; arbeitet als Kuratorin und Fotohistorikerin, 2013–2016 Leitung des Museums für Photographie Braunschweig, 2016–2019 Projektleiterin des Forschungsprojekts »Bergbaukultur im Medienwandel – Fotografische Deutungen von Arbeit, Technik und Alltag im Freiberger Raum« an der Technischen Universität Bergakademie Freiberg, seit Juli 2019 Betreuung des Forschungsbereichs »Visual History« am Deutschen Schifffahrtsmuseum Bremerhaven

Elisabeth Pichler

Studium Kommunikationsdesign an der Fachhochschule Potsdam, Masterstudium »Kulturen des Kuratorischen« an der Hochschule für Grafik und Buchkunst in Leipzig, seit 2013 freie kuratorische Tätigkeiten, seit 2016 Stipendiatin am DFG-Graduiertenkolleg »Das fotografische Dispositiv« an der Hochschule für Bildende Künste Braunschweig, laufendes Promotionsvorhaben »Archive auf Umwegen. Potentiale eines künstlerischen Umgangs mit der visuellen Hinterlassenschaft des Staatsapparats und der oppositionellen Kräfte der ehemaligen DDR«

Dr. Eva Pluhařová-Grigienė
Studium der Kunstgeschichte, Romanistik, Psychologie und Osteuropastudien in Kiel, Berlin und Prag, 2013 Promotion im Fach Kunstgeschichte an der Universität Leipzig, 2011 bis 2017 wissenschaftliche Mitarbeiterin am Institut für Kunst- und Bildgeschichte der Humboldt-Universität zu Berlin, seit 2019 wissenschaftliche Mitarbeiterin am Institut für Ästhetisch-kulturelle Bildung der Europa-Universität Flensburg; Forschungen zur Fotografie und visuellen Kultur in Mittel- und Osteuropa, Mitorganisatorin der Konferenzserie »Photographic Histories in Central and Eastern Europe«, 2017 Monografie »Die Migration der Bilder. Das Memelgebiet in fotografisch illustrierten Büchern 1889–1991«

Silke Wagler
Studium der Kunstgeschichte, Geschichte und Kommunikationswissenschaften in Dresden, Florenz und London und Ausbildung zur Kulturmanagerin, seit 2003 Leitung des Kunstfonds des Freistaates Sachsen, Staatliche Kunstsammlungen Dresden, verantwortlich für Konzeption, Organisation und Realisierung von sammlungsbezogenen Ausstellungs-, Ausstattungs-, Vermittlungs- und Publikationsvorhaben; Arbeits- und Interessenschwerpunkte sind realsozialistische und nonkonforme Kunst aus der DDR und dem ehemaligen Ostblock, zeitgenössische Kunst; Jurymitglied in verschiedenen Beiräten und Kunst-am-Bau-Wettbewerben des Freistaates Sachsen und des Bundes

Kai Wenzel
1998–2004 Studium der Kunstgeschichte in Leipzig und Prag, 2004/05 wissenschaftlicher Mitarbeiter am Geisteswissenschaftlichen Zentrum Geschichte und Kultur Ostmitteleuropas Leipzig, 2005–2007 Stipendiat der Zeit-Stiftung Hamburg, seit 2008 Kurator der kunst- und wissenschaftsgeschichtlichen Sammlungen am Kulturhistorischen Museum Görlitz, seit 2019 stellvertretender Direktor der Görlitzer Sammlungen; Mitglied verschiedener Redaktionen und Fachgremien, unter anderem stellvertretender Sprecher der Facharbeitsgruppe bildende Kunst im Kulturraum Oberlausitz-Niederschlesien

Dr. Sylvia Ziegner
1992–1999 Studium der Kunstgeschichte, Völkerkunde, Klassischen Archäologie, Celtic Civilisation, Scottish Ethnology und Scottish History in Leipzig, Edinburgh und Marburg, 2011 Promotion im Fach Kunstgeschichte an der Philipps-Universität Marburg, 1999–2011 freie Mitarbeiterin unter anderem im Bildarchiv Foto Marburg, in der Deutschen Fotothek, SLUB Dresden, dem Kunstfonds, Staatliche Kunstsammlungen Dresden, dem Stadt- und Bergbaumuseum Freiberg, dem Vogtlandmuseum Plauen und dem Sächsischen Landesamt für Archäologie; seit 2011 Mitarbeiterin im Depot/Archiv der Stiftung Bauhaus Dessau

BILDNACHWEIS

Christin Müller,
Ein Blick zurück und nach vorn

Abb. 1: Staatliche Kunstsammlungen Dresden, Kunstfonds, Inv.-Nr. 10/2016, Förderankauf der Kulturstiftung des Freistaates Sachsen, © VG Bild-Kunst, Bonn 2020, Falk Haberkorn, © SKD, Kunstfonds

Abb. 2: © Jana Schulz

Abb. 3: © VG Bild-Kunst, Bonn 2020, Sven Johne

Abb. 4: Staatliche Kunstsammlungen Dresden, Kunstfonds, Inv.-Nr. 22/2/2014, Förderankauf der Kulturstiftung des Freistaates Sachsen, © Sebastian Stumpf, © SKD, Kunstfonds

Abb. 5: Staatliche Kunstsammlungen Dresden, Kunstfonds, Inv. Nr. 37/8/2016, Förderankauf der Kulturstiftung des Freistaates Sachsen, © Luise Schröder, © SKD, Kunstfonds

Abb. 6: Staatliche Kunstsammlungen Dresden, Kupferstich-Kabinett, Inv.-Nr. D2013-1, © VG Bild-Kunst, Bonn 2020, Wols, © SKD, Kupferstich-Kabinett, Repro: Andreas Diesend

Abb. 7: Staatliche Kunstsammlungen Dresden, Kupferstich-Kabinett, Inv.-Nr. D2019-47, © Timm Rautert, © SKD, Kupferstich-Kabinett , Repro: Herbert Boswank

Abb. 8: © Anna Vovan

Abb. 9: © Katarína Dubovská

Abb. 10: © Adrian Sauer

Eva Pluhařová-Grigienė,
Fotogeschichte schreiben nach 1989

Abb. 1–4: Repro: Eva Pluhařová-Grigienė

Robert Lorenz,
Im Dichterwinkel

Abb. 1–14: Sächsische Landesbibliothek – Staats- und Universitätsbibliothek, Deutsche Fotothek

Abb. 1: df_bo-pos-17_0000289 © SLUB Dresden, Deutsche Fotothek, Christian Borchert

Abb. 2: df_bo-pos-59_0000019 © SLUB Dresden, Deutsche Fotothek, Christian Borchert

Abb. 3: df_bo-pos-59_0000043 © SLUB Dresden, Deutsche Fotothek, Christian Borchert

Abb. 4: df_bo-pos-59_0000045 © SLUB Dresden, Deutsche Fotothek, Christian Borchert

Abb. 5: df_bo-pos-59_0000049 © SLUB Dresden, Deutsche Fotothek, Christian Borchert

Abb. 6: df_bo-pos-59_0000071 © SLUB Dresden, Deutsche Fotothek, Christian Borchert

Abb. 7: df_bo-pos-59_0000056 © SLUB Dresden, Deutsche Fotothek, Christian Borchert

Abb. 8: df_bo-pos-59_0000076_001 © SLUB Dresden, Deutsche Fotothek, Christian Borchert

Abb. 9: df_bo-pos-59_0000037 © SLUB Dresden, Deutsche Fotothek, Christian Borchert

Abb. 10: df_bo-pos-59_0000027 © SLUB Dresden, Deutsche Fotothek, Christian Borchert

Abb. 11: df_bo-pos-59_0000023 © SLUB Dresden, Deutsche Fotothek, Christian Borchert

Abb. 12: df_bo-pos-59_0000002 © SLUB Dresden, Deutsche Fotothek, Christian Borchert

Abb. 13: df_bo-pos-59_0000018 © SLUB Dresden, Deutsche Fotothek, Christian Borchert

Abb. 14: df_bo-pos-59_0000031 © SLUB Dresden, Deutsche Fotothek, Christian Borchert

Bertram Kaschek, Poetologie der Fotografie

Abb. 1: Repro: Harf Zimmermann, © Erbengemeinschaft Arno Fischer

Abb. 2: Berlinische Galerie, 03.03.03, © Berlinische Galerie, Repro: Elisabeth Witte

Abb. 3: Staatliche Kunstsammlungen Dresden, Kupferstich-Kabinett, Inv.-Nr. D 1977-28, © SKD, Kupferstich-Kabinett, Repro: Andreas Diesend

Abb. 4: Sächsische Landesbibliothek – Staats- und Universitätsbibliothek Dresden, Deutsche Fotothek, Bo. Neg. 006/047-048, © SLUB Dresden, Deutsche Fotothek

Abb. 5: Doppelseite aus: C'était la France, S. 108 f., © Repro: Andreas Diesend, SKD

Abb. 6: Staatliche Kunstsammlungen Dresden, Kupferstich-Kabinett, Inv.-Nr. D 1977-39, © SKD, Kupferstich-Kabinett, Repro: Andreas Diesend

Abb. 7: Sächsische Landesbibliothek – Staats- und Universitätsbibliothek Dresden, Deutsche Fotothek, df_bo-pos-12_0000179, © SLUB Dresden, Deutsche Fotothek, Christian Borchert

Abb. 8: Sächsische Landesbibliothek – Staats- und Universitätsbibliothek Dresden, Handschriftensammlung. Mscr. Dresd. App. 2802, 2283 (2), © SLUB Dresden

Abb. 9: Sächsische Landesbibliothek – Staats- und Universitätsbibliothek Dresden, Deutsche Fotothek, df_bo-pos-51_0000109, © SLUB Dresden, Deutsche Fotothek, Christian Borchert

Kai Wenzel, Günter Rapp

Abb. 1 – 12: Sächsische Landesbibliothek – Staats- und Universitätsbibliothek Dresden, Deutsche Fotothek

Abb. 1: df_rp-c_0090001, © SLUB Dresden, Deutsche Fotothek

Abb. 2: df_rp-n_0160001, © SLUB Dresden, Deutsche Fotothek

Abb. 3: df_rp-t_0400001, © SLUB Dresden, Deutsche Fotothek

Abb. 4: df_rp-a_0100060, © SLUB Dresden, Deutsche Fotothek

Abb. 5: df_rp-a_0100064, © SLUB Dresden, Deutsche Fotothek

Abb. 6: df_rp-h_0060053_054, © SLUB Dresden, Deutsche Fotothek

Abb. 7: df_rp-b_0790028, © SLUB Dresden, Deutsche Fotothek

Abb. 8: df_rp-d_0670071, © SLUB Dresden, Deutsche Fotothek

Abb. 9: df_rp-f_0070019, © SLUB Dresden, Deutsche Fotothek

Abb. 10: df_rp-c_0100067, © SLUB Dresden, Deutsche Fotothek

Abb. 11: df_rp-d_0770041, © SLUB Dresden, Deutsche Fotothek

Abb. 12: df_rp-d_0770043, © SLUB Dresden, Deutsche Fotothek

Agnes Matthias, Latenz der Bilder

Abb. 1, 3–10: © Evelyn Richter

Abb. 2 : Werner Lieberknecht, Dresden, © Evelyn Richter

Sylvia Ziegner,
Das fotografische Werk von Hajo Rose

Abb. 1: Stiftung Bauhaus Dessau, I 771 F, © VG Bild-Kunst, Bonn 2020, Hans-Joachim Rose / Image by Google

Abb. 2: Bauhaus-Archiv Berlin, 5309, © Ingrid Kranz

Abb. 3: Stiftung Bauhaus Dessau, I 43025, © VG Bild-Kunst, Bonn 2020, Hans-Joachim Rose / Image by Google

Abb. 4: Stiftung Bauhaus Dessau, I 1104 b F, © VG Bild-Kunst, Bonn 2020, Hans-Joachim Rose / Image by Google

Abb. 5: Stiftung Bauhaus Dessau, I 833 F, © VG Bild-Kunst, Bonn 2020, Hans-Joachim Rose / Image by Google

Abb. 6: Stiftung Bauhaus Dessau, I 43029, © VG Bild-Kunst, Bonn 2020, Hans-Joachim Rose

Abb. 7: Stiftung Bauhaus Dessau, I 43385, © VG Bild-Kunst, Bonn 2020, Hans-Joachim Rose

Abb. 8: Stiftung Bauhaus Dessau, I 43174, © VG Bild-Kunst, Bonn 2020, Hans-Joachim Rose

Abb. 9: Stiftung Bauhaus Dessau, I 43033, © VG Bild-Kunst, Bonn 2020, Hans-Joachim Rose

Abb. 10: Stiftung Bauhaus Dessau, I 43036, © VG Bild-Kunst, Bonn 2020, Hans-Joachim Rose

Margret Hoppe,
Görlitzer Fotografiegeschichte

Abb. 1–13: © VG Bild-Kunst, Bonn 2020, Margret Hoppe

Kai Wenzel,
Görlitzer Fotografiegeschichte

Abb. 1: Kulturhistorisches Museum Görlitz, Inv.-Nr. 84-1988 und 85-1988, © Kulturhistorisches Museum Görlitz, Foto: Kai Wenzel

Abb. 2: Kulturhistorisches Museum Görlitz, Inv.-Nr. 184-2018, © Kulturhistorisches Museum Görlitz, Foto: Kai Wenzel

Abb. 3: Kulturhistorisches Museum Görlitz, Inv.-Nr. 3634-2009, © Kulturhistorisches Museum Görlitz, Repro: Kai Wenzel

Abb. 4: © Ratsarchiv Görlitz

Katja Böhlau,
Sachsens Städte im Modebild der DDR

Abb. 1–10 : Repro: Katja Böhlau

Gisela Parak,
Fotografische Erbeaneignung und Traditionspflege in der DDR

Abb. 1–5: Repro: Gisela Parak

Silke Wagler,
Kunstfonds im Fokus

Abb. 1–12: Staatliche Kunstsammlungen Dresden, Kunstfonds

Abb. 1, 3–7, 9–11: Inv. Nrn. 96/5/91/, 96/11/91, 96/3/91, 96/9/91, 96/12/91, 96/10/91, 96/8/91, 96/17/91, 96/28/91, © SKD, Kunstfonds, Repro: Stefanie Recsko © Matthias Rietschel

Abb. 2: Auftragsunterlagen des Büros für Bildende Kunst beim Rat des Bezirkes Dresden, Rietschel, Matthias, Vertrag 5/89, © SKD, Kunstfonds, Repro: Silke Wagler

Abb. 8: Materialsammlung zu Matthias Rietschel, Vertrag 5/89 und Inv. Nrn. 96/1-32/91, © SKD, Kunstfonds, Repro: Silke Wagler

Elisabeth Pichler,
Momentaufnahmen der besonderen Art

Abb. 1, 2, 6–8: Foto: Jens Klein, © Jens Klein

Abb. 3 a–d, 4 a–d: © Jens Klein

Abb. 5: Staatliche Kultursammlungen Dresden, Kunstfonds, Inv.-Nr. 24/2019, Förderankauf der Kulturstiftung des Freistaates Sachsen, © SKD, Kunstfonds, Repro: Herbert Boswank

Susanne Altmann,
Tina Bara & Alba d'Urbano

Abb. 1: Foto: Nicolas Reichelt, © Tina Bara & Alba D'Urbano

Abb. 2: Still-Foto: Tina Bara, © Tina Bara

Abb. 3: Foto: Alba D'Urbano, © Alba D'Urbano

Abb. 4–6, 19: Foto: Tina Bara, © Tina Bara

Abb. 7: Foto: Alba D'Urbano, © Alba D'Urbano

Abb. 8–10, 18, 20, 22: Foto: Tina Bara & Alba D'Urbano, © Tina Bara & Alba D'Urbano

Abb. 11: Foto: Martin Kunze, © Martin Kunze

Abb. 12: Still-Foto aus Luchino Visconti, »Bellissima«, 1951

Abb. 13: Still-Foto: Quirino D'Urbano, © Alba D'Urbano

Abb. 14–17, 21: Still-Fotos Tina Bara & Alba D'Urbano, © Tina Bara & Alba D'Urbano

Abb. 23: Fotomontage: Alba D'Urbano, © Tina Bara & Alba D'Urbano

Yana Milev,
Auf Wiedersehen in Ha-Neu (Hanoi)!

Abb. 1–10: © courtesy Galerie Eigen + Art Leipzig/Berlin/VG Bild-Kunst, Bonn 2020, Maix Mayer

Abb. 3: Staatliche Kunstsammlungen Dresden, Kunstfonds, Inv.-Nr. 62/2007, Förderankauf der Kulturstiftung des Freistaates Sachsen, © SKD, Kunstfonds, Repro: Herbert Boswank

Die Herausgeber haben sich bemüht, für alle Abbildungen die entsprechenden Rechtsinhaber zu ermitteln. Sollten dennoch Ansprüche offen sein, bitte die Herausgeber um eine Benachrichtigung.

Diese Publikation erscheint anlässlich der Tagung
»Im Moment. Neue Forschungen zur Fotografie aus Sachsen und der Lausitz«
8.–10. März 2018
Kulturhistorisches Museum Görlitz, Barockhaus, Neißstraße 30, Johannes-Wüsten-Saal

und im Rahmen der Ausstellung
»Im Moment. Fotografie aus Sachsen und der Lausitz«
des Kulturhistorischen Museums Görlitz und des Kunstfonds, Staatliche Kunstsammlungen Dresden
18. November 2017 – 15. April 2018
Kaisertrutz Görlitz

Herausgeber

Staatliche Kunstsammlungen Dresden

Staatliche Kunstsammlungen Dresden,
Kunstfonds
Silke Wagler
Residenzschloss
Taschenberg 2, 01067 Dresden
Tel. +49 (0) 351 4919 2000
besucherservice@skd.museum
www.skd.museum

Generaldirektorin der Staatlichen Kunstsammlungen Dresden
Dr. Marion Ackermann
Kaufmännischer Direktor
Dirk Burghardt

GÖRLITZER SAMMLUNGEN für Geschichte und Kultur
Kulturhistorisches Museum

Görlitzer Sammlungen,
Kulturhistorisches Museum
Kai Wenzel
Neißstraße 29, 02826 Görlitz
Tel. +49 (0) 3581 671355
museum@goerlitz.de
www.goerlitzer-sammlungen.de/khm

Direktor der Görlitzer Sammlungen
Dr. Jasper von Richthofen

KULTURNY RUM HORNJA ŁUŽICA-DELNJA ŠLESKA
KULTUR Raum
OBERLAUSITZ-NIEDERSCHLESIEN

Tagung

Idee und Konzeption / Projektleitung
Silke Wagler
Kunstfonds, Staatliche Kunstsammlungen Dresden

Kai Wenzel
Kulturhistorisches Museum Görlitz

Projektteam Görlitz
Kai Wenzel
Dimitar Stoykow jr.
Lars Laurenz

Sekretariat Dresden
Swetlana Kunz

Sekretariat Görlitz
Christina Hübner

Marketing Dresden
Martina Miesler
Andrea Vogt

Öffentlichkeitsarbeit Görlitz
Kerstin Gosewisch

Presse und Kommunikation Dresden
Stephan Adam und Team

Tagungsband

Konzeption / Redaktion / Bildredaktion
Silke Wagler, Kunstfonds, Staatliche Kunstsammlungen Dresden
Kai Wenzel, Kulturhistorisches Museum Görlitz

Gesamtlektorat
Karin Damaschke, Bautzen

Verlag
Sandstein Verlag, Dresden
Goetheallee 6, 01309 Dresden
T +49 (0) 351 440780
verlag@sandstein.de

Korrektorat
Sina Volk, Sandstein Verlag

Satz
Katharina Stark, Sandstein Verlag

Reprografie
Jana Neumann, Sandstein Verlag

Gestaltung
Michaela Klaus, Annett Stoy, Sandstein Verlag

Druck und Bindung
FINIDR s.r.o., Český Těšín

Die in diesem Band erstmals publizierte Bildserie »Görlitzer Fotografiegeschichte. Eine Bestandsaufnahme des Verschwundenen« von Margret Hoppe entstand mit Förderung durch die Kulturstiftung des Freistaates Sachsen. Die Maßnahme wurde mitfinanziert durch Steuermittel auf der Grundlage des von den Abgeordneten des Sächsischen Landtags beschlossenen Haushaltes.

Gefördert durch die Kulturstiftung des Freistaates Sachsen. Diese Maßnahme wird mitfinanziert durch Steuermittel auf der Grundlage des vom Sächsischen Landtag beschlossenen Haushaltes.

Sandstein Verlag, Dresden

Die Deutsche Nationalbibliothek verzeichnet diese Publikation in der Deutschen Nationalbibliografie; detaillierte bibliografische Daten sind im Internet über http://dnb.dnb.de abrufbar.

ISBN 978-3-95498-468-8

Abb. Titel

HANS-JOACHIM (HAJO) ROSE
Bauhäuslerin Käthe Schmidt, Weberin, 1931, Silbergelatinepapier
Stiftung Bauhaus Dessau, I 833 F
© VG Bild-Kunst, Bonn 2020, Hans-Joachim (Hajo) Rose/Image by Google

Abb. Frontispiz

CHRISTIAN BORCHERT
Kontaktbogen zu Porträts von Rainer Kirsch und Heinz Czechowski
© SLUB Dresden, Deutsche Fotothek, Christian Borchert, Bo. Neg. 006/047